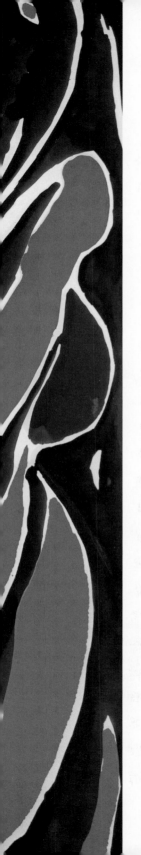

상담사와
심리치료사를 위한
직관

Intuition
in Psychotherapy
and Counselling

Rachel Charles 저 | 이선화 · 박애영 공역

학지사

역/자/서/문

　'직관'은 많은 사람들이 관심을 가지는 매우 흥미로운 주제다. 직관은 주로 철학이나 교육, 예술, 종교 영역에서 다루어졌고, 지금까지 상담이나 심리치료 영역에서는 다루어지지 않은 용어다. 직관이라는 개념은 이미 고대로부터 비롯되어 다양한 방식으로 정의되어 왔으나, 20세기 초의 실험심리학에서는 직관에 가장 근접한 용어로 좀 더 과학적인 용어라고 여긴 '통찰'을 제시하고 있다. 최근에는 초월영성적 접근이나 게슈탈트 치료에서 알아차림이나 자각이라는 용어를 사용하기는 하나, 이 두 용어가 직관과 동일한 의미는 아니다. 직관은 알아차림이나 자각 이전의 순간에 작용하는 어떤 것이라 할 수 있다. 정확하게 어떻게, 왜 그런지 알지 못하면서 뭔가를 아는 듯한 모호한 느낌인 직관을 나타낼 때 일반적으로 '전문적 판단' '장 본능' '내면의 소리' '예감' '직감'이라는 말을 주로 사용하고 있다. 하지만 사실 그것 이상의 과정을 설명하지 못하고 있다.

　많은 학자는 직관은 누구나 태어날 때부터 타고나며 계발할 수 있는 능력으로, 어떤 상황에서든 진실이 무엇인지 알려 주는 내면의 메시지라고 한다. 지금 이 순간 우리에게 필요한 것이 무엇인지 바로 알려 준다는 것이다. 하지만 직관에 대한 관심은 과학과 이성에 근거한 근대 학문의 출현으로 자취를 감추게 되는데, 특히 실증적 차원에서 인간의 내면에 접근을 시도한 심리학에서는 더욱더 관심의 대상에서 제외될 수밖에 없었다. 특히 심리학 영역에서는 과학으로 인정받기 위해 추상적이고, 비논리적이며, 비과학적인, 말로 설명할 수 없는 직관이라는 용어를 무시할 수밖에 없었을 것이다. 그러나 오늘날 직관의 중요성이 부각되고 있는데, 그 이유는 물밀듯이 넘쳐 나는 정보의 홍수 속에서 그것을 분류하고 분석하는 우리의 능력에 한계를 느끼기 때문인 것으로 보인다. 그래서 의식적으로든 무의식적으로든 태어날 때부터 타고난 신비한 감각인 직관에 의존해야 한다는 것이다.

실제로 상담사나 심리치료사들은 상담 장면에서 직관을 많이 경험하고 있고, 이를 적용하고 있다. 그럼에도 이것을 구체적으로 설명하지 못하는 상황이다. 특히 상담 장면에서의 직관은 상담의 초기 사정단계, 상담관계의 형성단계, 치료단계, 사례의 정신역동 이해, 내담자에 대한 이해, 내담자의 통찰 허용 등 다양한 단계에서 일어나 결국 상담의 성과에 영향을 미칠 수 있으므로, 이것이 주는 메시지를 명확하게 이해하는 것은 상담사에게 매우 중요하다고 볼 수 있다.

이 책에서 저자는 상담 장면에서의 가치 있는 치료적 관계를 확립하기 위해 직관을 사용해야 하고, 직관을 사용하지 않고는 상담이나 심리치료를 할 수 없다는 주장을 하고 있다. 특히 상담 회기 중에, 혹은 회기와 회기 사이에 직관을 사용할 수 있는 다양한 경험과 방법을 제시하면서, 공감과 직관의 관계에 대해서도 한 장(章)을 할애할 정도로 공감 역시 중요하게 다루었다. 또한 직관의 개념, 상담 및 심리치료에서 전문가들이 어떻게 직관을 이해하고 있는지, 어떻게 직관을 경험하고 있는지를 설명하며, 상담교육 현장에서의 직관 교육과 관련해 세 연구논문을 종합하여 제시하고 있다.

이 책을 번역하면서 몇 차례 탈고의 과정을 거쳤음에도 부분적으로 매끄럽지 못한 부분이 눈에 띈다. 또한 역자의 능력이 부족해 저자의 의도를 잘 전달하지 못한 부분에 대해서도 독자들의 너그러운 이해를 구한다.

  낯선 영역임에도 적극적으로 출판에 응해 주신 학지사의 김진환 사장
님 이하 편집부 팀원들께도 감사를 전한다. 또한 이 책의 출간을 기다리는
한국직관상담학회 임원들 및 회원들께도 감사를 드리며 학회의 무궁한
발전을 기원한다.

  이 책이 상담사와 심리치료사들의 내적 성장에 도움이 되길 진심으로
바라며, 특히 한국초월영성상담학회의 발전에 하나의 발판이 되길 바라
는 마음이다.

                                          정병산 자락에서
                                          이선화, 박애영

추/천/서/문

　이 책은 레이첼 찰스(Rachel Charles)의 상당한 임상 경험을 토대로 발간되었다. 이 책은 이론과 임상을 모두 다루고 있는데, 이는 치료적 동맹에 영향을 주는 주제들을 다룬다는 것을 의미한다. 따라서 레이첼 찰스가 한 장(章) 전체를 '상담 장면에서 대인관계 지각하기'에 관해 다룬 것은 그다지 놀랄 일이 아니다. '내담자가 무의식적으로 부인한 정서를 심리치료사가 경험하는가'와 같은 역전이 개념을 둘러싼 이야기들이 임상적 해석과 관련해 직관적 지각의 관점에서 질문을 던진 것으로 알려졌고, 이런 관점에서 보면 임상적 관심만큼이나 직관에 관한 연구가 매우 필요하다. 이 책은 문화적 · 철학적 · 심리학적으로 직관의 의미에 대한 폭넓은 분석을 제공하는 첫 사례다. 동시에 분리된 임상적 초점을 제시하면서 실제 심리치료사들의 경험과 견해를 질적 연구 측면에서 요약하고 평가한 자료를 담고 있다.

　저자는 상담사와 심리치료사들이 직면하는 어려움을 지적하고 있다. 이들은 업무에서 필요한 부분으로 직관에 가치를 두는 것에 비해 학문적으로는 직관이라는 주제에 대한 관심이 '부족'하다. 이 책이 설명하는 심층연구와 비평적 분석에 영감을 받은 레이첼 찰스의 관심은 이런 모순에 있으며, 이런 모순 때문에 저자는 이 문제를 다룬다. 그리고 상담사와 심리치료사들은 내담자의 욕구를 해석하는 과정에 여전히 직관을 사용하고 있다고 주장한다. 모순처럼 여겨질지도 모르지만, 상담사와 심리치료사들은 임상 용어든 이론적 용어든 직관현상의 특성을 제대로 설명하지 못하고 있음을 증명하고 있다.

많은 전문가는 직관적인 사람들의 이목을 끄는 것이 칼 융(Carl Jung)의 심리유형론에 있기 때문에 융의 연구에 주의를 기울이지 않고는 심리치료적 직면과 관련된 직관연구가 불가능하다고 주장한다. 일부 사람들은 융이 의식의 '뛰어난 기능'으로 직관에 우선순위를 매기는 것을 확립했다고 말한다. 의식의 이런 기능은 직관적인 사람들이 직관과정을 통해 세상을 경험하는 경향이 있음을 나타낸다. 이는 특정 개인이 다른 심리적 기능보다 직관에 더 빨리 접근한다고 주장하는 것으로, 이들을 더 '선천적으로' 직관적이라고 지적한다. 레이첼 찰스는 바로 이러한 주제들을 연구하였다. '직관유형'과 융의 유형론에 대한 저자의 연구가 주는 전반적인 의미는 이러한 논의가 역사적 분석과 심리학적 관점에서 가치가 있다는 것이다.

이번 출판에서 흥미로운 점은 레이첼 찰스가 많은 의문을 불러일으킨다는 것이다. 사람들은 훈련을 통해 자신의 직관능력을 강화할 수 있는가? 이 주제에 접근하는 방법 중 한 가지는 무의식적으로 상담 장면에서 직관으로 얻을 수 있는 비언어적 단서를 구체적으로 다룬다는 것이다. 여기에서는 지각내용을 연구하고 신체적 단서에 대한 치료사의 해독능력을 논의하고 있다. 예를 들어, '실제로 상담에서 직관을 얼마나 많이 알아차리는가? 그리고 단순한 추론은 얼마나 많은가?'와 같은 기본적인 문제들이 분명해진다. 저자는 이런 복잡한 관계를 회피하지 않는다.

앞부분에는 상담사 및 심리치료사의 수련이나 슈퍼비전과 관련해 더 많은 의문들이 나온다. 우선 우리는 '직관유형'이 자신의 유형론적 경향 때문에 상담사와 심리치료사라는 직업을 선택하는지 정확하게 물을 수 있다. 게다가 직관을 치료적 동맹에서 중요한 역할을 하는 것으로 보게 되

면, 직관과정 배양을 위해 임상수련을 어떻게 운영하는가 하는 문제가 생
긴다. 그 질문에 대한 답변을 위해 이 책에 제시된 질적 연구는 실험도구로
MBTI(Myers-Briggs Type Indicator)를 사용하고 있다. 이러한 접근의 가치는
저자가 심리치료사들의 유형론적 경향성을 평가하면서 직관능력에 대한
치료사 자신의 견해도 함께 조사했다는 것에 있다. 사실 레이첼 찰스는
MBTI에 해박하므로 독자는 한편으로는 복잡한 심리학적 평가로 특별한
통찰을 얻고, 다른 한편으로는 특별한 결과를 목격할 수 있다.

　모든 장에서 밝힌 것처럼 점점 분명해지는 것은 저자가 일부 돌들을 뒤
집지 않고 남겨 두었다는 것이다. 이런 식으로 이 책은 상담과 심리치료
업무의 한계를 넘어서 확실하게 기여한다. 본질적으로 이 책은 항상 우리
의 호기심을 끄는 능력인 직관을 더 많이 지지하는 역작이다. 실제로 많은
장에서 독자들에게 직관의 변화에 관해 심오한 토론장을 제공한다. 따라
서 레이첼 찰스는 이론적 분석과 비평을 임상연구와 결합하여 직관을 널
리 알리는 깊이 있는 연구를 이루어 냈다.

　결국 여기에서 저자의 의도는 단순히 자신의 주장을 확인하는 것도 아
니고 특별한 입장을 내세우는 것도 아니다. 오히려 이 연구는 직관을 주제
로 독자와의 약속을 지키기 위해 설계되었다. 모든 관심을 직관에 집중한
점은 이 책의 강점으로, 이론 연구와 임상연구, 질적 연구를 통해 광범위
한 참고문헌을 제공한다. 이는 더 나은 연구를 위한 자원으로서 이번 출판
의 가치를 강조한다. 레이첼 찰스는 상담사와 심리치료사들이 연구결과
로 도움을 받을 뿐만 아니라 직관의 학문적 정밀함, 임상적 타당성, 계발,
인식이라는 주제에 대해 확실하게 즐길 수 있는 연구를 제공하였다.

Tessa Adams, FRSA, PhD

London, 2004

감/ 사/ 의/ 글

이 연구는 무엇보다도 직관 워크숍뿐만 아니라 직관에 대해 연구하고 저술하도록 나를 설득한 동료 마거릿 데이비스(Margaret Davis)의 열의가 없었다면 결코 시작할 수 없었을 것이다. 융 분석가인 테사 아담스(Tessa Adams) 박사는 골드스미스 대학교의 나의 지도교수로서 수년간 함께하면서 매우 복잡한 주제를 지도해 주셨다. 그분께 심심한 감사를 드린다. 후반에는 심리학과의 크리스 프렌치(Chris French) 박사도 격려를 해 주셨다. 페트러스카 클락슨(Petruska Clarkson) 교수와 피터 그리슨(Peter Gleeson), 마우린 루덴(Maureen Luden), 안젤라 할(Angela Hall), 바바라 데일(Barbara Dale), 조안 켄달(Joan Kendall), 렌 코플러(Len Kofler) 박사, 리카르도 드라기-로렌츠(Riccardo Draghi-Lorenz) 등 피시스(Physis) 회원들도 많은 격려와 영감을 주었다. 크리스 하트(Chris Hart), 앤 베플러(Anne Baeppler), 마거릿 필드(Margaret Field), 바니 스미스(Barney Smith)와 리즈 몰(Lyz Mole), 그리고 이 주제에 대해 논의하고 연구에 참여하고 초안을 읽어 주는 등 내게 유용한 피드백을 해 주면서 기꺼이 자신의 시간과 경험을 나누어 준 모든 사람에게 감사를 전한다. 폴 로저스(Paul Rogers) 박사, 카렌 바일리(Karen Baillie), 엘비나 길버트(Elvina Gilbert)도 마찬가지로 직관영역의 연구를 하였고, 내게 자신의 논문과 박사 논문을 기꺼이 빌려주었다. 브라이언 손(Brian Thorne) 교수는 초기단계에 매우 유용한 몇 가지 제안을 해 주어 결과적으로 연구가 더 방대해지고 풍부해졌다.

　　이 책에 나오는 대부분의 사례는 비밀유지를 위해 이름을 표시하지 않았을 뿐만 아니라 오히려 나의 치료경험을 혼합하였다. 그런데 세부내용을 쉽게 바꿀 수 없는 부분에 대해서는 내담자들과 수련자들이 상담에서 다룬 내용을 사용하도록 기꺼이 허락해 주었다. 이들에게 큰 빚을 졌다.

　　나는 또한 심리치료와 상담수련 과정을 파악하는 데 도움을 준 벨페스트 인지치료센터(Belfast Cognitive Therapy Centre), 버밍햄 대학교, 동료 가르(Gar) 경, FE & HE의 하버링 대학, 정신통합 연구소, 인터-사이키(Inter-Psyche), 라이프 포스(Life-Force), 런던 성경 대학교, 심리치료와 상담 뉴 스쿨, 성 마틴 대학, 서섹스 다운 대학, 이스트 앵글리아 대학교, 이스트 런던 대학교, FE의 웨스트 노팅엄셔 대학, 윌트셔 대학 등에 감사를 전하고 싶다.

　　마지막으로 어려운 컴퓨터 문제를 해결해 주고, 연구와 저술을 하면서 이 책을 쓰는 긴 시간 동안 나의 빈자리를 견디어 준 남편 존에게 따뜻한 감사를 전하고 싶다.

저/ 자/ 서/ 문

   1996년 봄에 나는 지역 연수센터에서 상담사들을 위해 직관을 주제로 워크숍을 진행한 적이 있었다. 그 센터는 웨스트민스터 목회재단의 부속 기관인데, 어린 시절의 경험과 현재의 문제를 무의식에서 파헤치는 정신 역동적 접근을 중요시하는 분위기였다. 이 센터에서 왜 나를 초빙했을까 하는 호기심이 생겼다. 특별한 설명은 없었지만, 내가 직관적인 사람으로 보였을 수도 있고, 초창기 나의 전문수련 영역이 초월심리학의 틀이었기 때문일 수도 있다. 영적인 면과 직관적인 면 사이에는 어떤 연결이 있어 보인다. 이것은 어느 정도 사실일까? 내가 다른 심리치료사들보다 더 직 관적인 것은 통합적 접근을 하기에 앞서서 정신통합을 배웠기 때문일까? 상담 장면에서 어떻게 이런 능력이 이루어졌는가? 또 얼마나 유용할까?

   호기심이 발동하기 시작해 나는 먼저 동료들에게 자신이 직관적이라고 생각하는지를 물어보았다. 동료들 대부분은 자신이 직관적이라는 확신을 가지고 있었고, 이 주제에 대해 토론하기를 간절히 바라고 있었다. 그런 데, 동료들이 직관이라는 자질을 매우 가치 있게 여기는 것은 틀림없었지 만 직관이 가지는 본질에 대해서는 제대로 설명하지 못하고 있었다. 오히 려 다가오는 재앙을 어렴풋이 알아차려 대비하는 정도로 직관을 설명하 면서 육감, 귀 기울이기, 예감, 본능적인 느낌 정도로 생각하고 있었다. 하 지만 상담과 심리치료 분야에서 특히 직관을 설명하는 말을 찾기에 부심 하고 있다는 것은 주목할 만했다. 그래서 동료들 간에 직관이라는 주제에 대한 관심과 직관의 본질을 설명하는 능력의 차이가 있음을 알게 되었다.

　흥미로운 주제였기 때문에 그 워크숍의 참가자들은 열정적이었고, 워크숍에 참가했던 사람들로부터 얻은 여러 가지 경험들이 내게 도움이 되었다. 그럼에도 직관이 가지는 그 모호성 때문에 명확하게 정리가 안 된 것은 사실이었다. 이런 점 때문에 나는 직관에 대해서 가능한 한 더 빨리 그리고 깊이 있게 연구해야겠다고 생각하게 되었다. 나는 내담자에게 얻는 무의식적 메시지와 상담사나 심리치료사의 직관이 강력하게 관련이 있다는 가정을 바탕으로 정신분석과 관련된 문헌들을 뒤지기 시작했다. 그런데 상담 분야에서 직관에 대한 참고문헌이 거의 없다는 사실에 적잖이 놀랐다. 거의 유일한 자료가 분석심리학의 창시자인 칼 구스타프 융의 연구였는데, 융은 직관의 효율성에 관해서는 애매한 입장을 취하면서도 직관을 유형론의 핵심에 두고 있었다. 따라서 내 워크숍은 이론적인 토대는 있었던 셈이다. 로베르토 아사지올리(Roberto Assagioli)의 연구에서는 직관을 계발할 수 있다는 주장을 하고 있었다. 나의 정신통합적 접근 경험에 비추어 보아도 명상이나 시각화, 움직임, 미술이 직관을 계발하는 과정에 도움이 되었던 것 같다.

　그 워크숍은 매우 성공적이어서 많은 참가자에게서 상당한 경험과 통찰이 일어났다. 나만의 상상은 이제 불이 지펴졌지만, 나는 여전히 끝나지 않은 임무를 떠맡고 있었다. 나는 좀 더 연구해 보고 싶었고 상담업무에 좀 더 기여하고 싶었다. 확실히 이 주제에 대한 토대는 있었다. 그러던 중에 런던대학교의 골드스미스 단과대학의 연구 석사과정에 입학하게 되어 무척이나 기뻤다. 프로젝트의 목표는 인간이 가진 기능의 한 측면인 직관의 본질적 특성을 찾아내고, 직관의 이해를 돕는 어휘를 제시하고 그리고 상담과 심리치료 장면에서 직관의 역할을 연구하는 것이었다. 직관에 관한 지식은 전문수련이나 실무에 특별히 추천할 만한 토대를 제공하리라 예상했다.

　연구를 시작하면서 철학자들과 신비주의자들이 기여했던 점까지 포함하여 참고문헌들을 집중적으로 조사했다. 정신분석의 경우처럼 치료에 직접적으로 적용할 만한 직관에 관한 연구를 심리학에서도 거의 찾을 수 없었다. 그래서 부족한 정보에 대한 몇 가지 이유를 조사하다 보니 상담과 심리치료의 임상장면을 추론하는 데 필요한 심리학 이론을 발견하였는데, 어느 정도 관련이 있었다.

　직관과정에 관한 문헌에 의하면, 직관은 다른 방식으로 논리적이고, 그 범위가 매우 광범위하고, 공감적이며, 거대한 무의식과 관련이 있음을 알 수 있었다. 이러한 특성을 염두에 둔다면, 상담사와 심리치료사가 상담을 하는 동안 일어날 수 있는 사소한 것까지 이해하는 데 도움이 될 것이다. 이 연구를 하면서 실험심리학에서 발견한 가장 흥미로운 점 가운데 하나는 비언어적 메시지가 상담과정의 대화보다 더 많은 점을 보여 준다는 것이다. 비언어적 단서들을 직관적으로 모으면 상담사와 심리치료사가 직관유형이 되는 데 도움이 될 것이다. 그래서 직관유형의 특징에 대해서도 이 책에서 자세히 다룰 것이다.

　어떤 연구에서는 상담사나 심리치료사들이 무의식적인 대화를 감지하고 임상적 판단을 자제하는 것이 더 낫다는 결과를 제시하기도 한다. 이러한 연구는 수련과정에서의 부족한 점을 지적하고 있는데, 직관의 특성을 대부분 설명할 수는 있지만 모든 사람에게 직접적으로 가르칠 수는 없다는 것이다. 그럼에도 이러한 연구는 직관이 고양될 수 있고 계발될 수 있다는 나의 생각을 뒷받침해 주는데, 어떻게 계발할지에 관한 방법은 앞으로 계속 탐구해야 할 과제다.

　융의 저서를 연구하면서 나는 직관에 관한 융의 이론과 상담과정에서 이러한 현상이 작용하는 것 사이의 중요한 관계가 밝혀질 것으로 기대했다. 융의 이론을 깊이 연구한 개괄적인 목록을 이 책에 포함시켰다. 융 이론의 본질은 바로 직관의 정의다. 이것은 특히 내가 꼼꼼하게 연구했던 부분이고, 많은 심리학적 및 정신분석적 연구결과에 대한 문헌을 검토해서 비교했던 부분이다. 융은 직관현상에 관해 많은 주장을 했지만, 심리치료 과정에서 얻은 것보다는 대부분 철학, 종교, 문학작품 등에서 발췌한 것들로 예를 들었다. 이 때문에 나는 상담과정에서 심리치료사들의 직관경험의 특성을 조사하기 위한 질적 연구를 추진하였고, 직관경험의 과정이 어떻게 이루어지며, 상담을 하는 동안 어떤 결과를 이끌어 내는지 분명하게 밝히고자 하였다. 융의 연구와 관련된 내 가설은 대부분 입증되었지만, 연구결과에서는 융의 일부 개념이 입증되지 않아 융의 주장을 신중하게 재평가해야 한다고 지적한다.

이 연구를 통해 달성된 나의 두 가지 목표는 직관 함양을 위한 구체적인 의견을 제시하는 것과 상담사와 심리치료사들에게 도움이 될 수 있도록 직관을 가르치는 것이다. 하지만 시간적인 한계와 금전적인 한계로 인해 세 가지 질적 연구만 진행했기 때문에 내 연구결과는 예비단계에 불과하다. 그리고 연구의 대상이 내담자가 아니라 심리치료사에 한정되어 있지만, 이 연구는 새로운 지평을 열었을 뿐만 아니라 상담 및 심리치료의 과정과 실무에 있어서 특별한 점을 이해하는 데 도움을 주었다.

이 책을 집필하는 동안 일부 동료들은 내가 어떤 접근법을 연구하고 있는지 궁금해했다. 그들은 내가 인간중심적 관점이나 정신역동적 관점, 아니면 초월심리적 관점을 연구하고 있는지, 심지어 실존주의나 정신분석을 연구하는지 궁금해했다. 마치 자신들의 접근방식이 가장 직관적인 것으로 홍보되기를 원하는 것처럼 일종의 경쟁이 있었다. 사실상 객관적인 태도를 취하려고 노력하면서 현상학적인 질문을 던진 내 설명에 대해 동료들은 다소 의아해하는 반응을 보였고, 심지어는 기존에 존재하는 접근방식과는 다른 이런 내용으로 상담과 심리치료에 관한 책을 쓸 수 있을까 하는 회의를 나타내기도 했다. 이것은 상담사와 심리치료사들이 자신만의 관심 분야나 임상장면에서 선호하는 방식 혹은 자신의 신념체계를 옹호하는 데 얼마나 익숙해져 있는지를 보여 주는 것이다. 그래서 다른 전문가들이 기여하는 부분에 마음을 여는 것을 점점 더 어려워한다는 것을 알게 되었다. 게다가 내가 여자이기 때문에 이 책이 페미니즘 시각으로 쓰일 것이라고 미리 추론해 버리는 경향도 있는 것 같았다. 남자와 여자의 차이가 그다지 크지 않다는 연구결과가 있음에도 불구하고 '여자의 직관'이라는 생각, 즉 직관은 여자가 더 발달했을 것이라는 생각이 사람들의 마음속에 여전히 내재해 있다.

이 책은 기본적으로 비이론적인 입장을 취하는 연구 프로젝트에서 시작되었다. 기존에 있는 문헌 위에 새 이론을 정립하는 것이 목표였다. 직관의 본질에 대해 찾을 수 있는 근원이 무엇이든 기존의 증거들을 판단해 보고, 프로젝트를 위한 독창적인 연구결과를 비교하면서 이 연구가 이루어졌다. 이 연구에는 직관과 관련된 가장 중요한 개념들을 상담 및 심리치료와 관련이 있는 곳에 모아 이전에 시도되지 않았던 점들을 살피는 것도 포함되어 있다.

하지만 아무리 객관적이라 하더라도 이 연구를 이끌어 오면서 질문을 던진 사람이 바로 나라는 것을 깨달았다. 다른 사람은 다른 질문을 던졌을 수도 있다. 게다가 지난 몇 년 동안 나는 나만의 통합된 접근방식을 개발해 적용하고 있었다. 이 책에서는 나만의 접근방식으로 특히 상담 경험에서 수집한 사례들을 제시할 것이다. 물론 다양한 접근법 가운데 가장 훌륭한 것을 반영하겠다는 나의 의도도 있다. 가치 있는 치료적 관계를 확립하기 위해 우리의 직관을 사용해야 하는 것이 현실이다. 이 책은 우리가 직관을 사용하지 않고는 상담과 심리치료를 할 수 없다는 것을 증명해 보일 것이다.

차/ 례

제1장

직관을 무시하다

이 프로젝트를 하면서 신선한 정보를 제공하는 수준 높은 연구를 시작하기에 앞서 직관을 주제로 한 기존의 연구가 어떤 것들이 있는지 살펴보는 것은 중요하다. 나는 그런 현상에 대한 절차나 적용에 대한 중요한 저서들이 있을 것이라 예상했고, 이 저서들이 나의 의문에 대한 해답을 주리라 생각했다. 그래서 나 자신이 그러한 연구자들의 일원이 되어 기존의 연구들을 보면서 독단적인 내 생각을 진행시키는 것이 아니라 기존의 연구들에 힘입어 좀 더 발전시키고 생각을 보탤 수 있으리라 생각했다. 하지만 자료를 검토하다 보니 실제로 상담과 심리치료 분야에서 직관이라는 주제로 연구를 진행한 전문적인 학자들이 없다는 걸 알게 되었다. 상담과 심리치료 분야에서는 내가 연구하고자 하는 직관에 대한 자료가 거의 없었다. 이렇게 부족한 자료로 시작해 관련된 자료들을 조사한 다음, 상담 및 심리치료 과정을 추론해 나갔다. 이것은 다른 분야에서 가져온 생각들을 통합하는 것이기 때문에 만만치 않은 작업이었다. 한편으로는 이러한 새로운 시도와 도전이 매우 흥미롭기도 했다. 왜냐하면 상담전문가들에게 정말로 가치 있고 중요한 점을 제시할 수 있는 연구이기 때문이다. 하지만 참고자료는 거의 없었던 것에 놀랐고, 그동안 왜 이렇게 직관이라는 주제를 무시했는지 이해할 수 없었다.

이 연구와 관련해서 맨 처음 한 일은 직관에 대한 정의와 설명을 찾기 위해 사전과 백과사전을 뒤지는 것이었다. 내가 가지고 있던 펭귄 출판사에서 나온 『심리학 사전(*A Dictionary of Psychology*)』(Drever, 1952)은 너무 많이 봐서 책 모서리가 너덜너덜할 정도였지만 이 책으로 시작하는 것이 좋겠다는 생각이 들었다. 최소한 어떤 단서라도 제공해 주리라 믿었다. 이 책에는 직관이 '의식을 지각하는 단계에서 어떤 준비도 없이 즉각적으로 이루어지는 인식이나 판단'이라고 되어 있다. 직관과정이 거의 무의식적이라면, 이는 우리가 알고 있는 것을 어떻게 혹은 왜 알고 있는지에 대해 알지 못하는 불확실성을 남긴다는 것이 문득 떠올랐다. 이러한 점으로 직관의 정확한 특성에 대해서 상담사와 심리치료사들이 혼란을 느끼고 있는 이유를 설명할 수도 있다. 어떤 종류의 지식이 유용하게 쓰일 수 있다는 것을 깨닫지만, 이런저런 결론에 다다르는 단계는 꽤 애매모호하게 남아 있다. 그래서 직관과정은 정말 알 수 없는 것이라는 생각을 하게 된다.

내가 상담했던 한 사례가 갑자기 떠올랐다. 나는 한 젊은 여성과 한동안 상담을 한 적이 있는데, 그 여성과 첫 번째 상담을 할 때였다. 초기 면접 때 나는 그 내담자가 과거에 있었던 트라우마 때문에 고통받고 있다는 느낌을 받았다. 이런 여러 가지 생각들이 얽히면서 진행이 더디고 상담기간이 오래 걸릴 것이라고 예상했다. 그런데 그 내담자는 문제가 될 만한 어떤 이야기도 꺼내지 않았다. 그 내담자는 시원한 푸른 눈과 매력적인 미소를 지니고 있었으며 표면적으로는 밝아 보여서 마음을 열고 있는 것처럼 보였다. 우리는 주로 내담자가 아들과의 관계를 개선해 나가는 방법에 대해 이야기를 나누었다. 하지만 그때 왜 나는 그 내담자가 트라우마를 가지고 있다는 생각이 들었는지 설명할 방법이 없다. 그저 '예감'이라고 부를 수밖에 없을 것이다.

하지만 좀 더 자세하게 그때의 상담 장면을 생각해 보면, 어떤 어려움이 더 있을 것이라는 미세한 단서가 있었다. 감정의 영역을 건드릴 때마다 아주 미세한 단서이긴 하지만 그 내담자가 '방어적'이고, 눈가의 표정에 약간의 변화가 있고, 눈치채기 힘들 정도이긴 하지만 주저하고 있다는 느낌을 받았다. 그리고 두 손가락을 입술에 갖다 대는 습관이 있었는데, 그것들은 그 과정에서 포착할 만한 어떤 단서인 것처럼 보였다. 하지만 그건 단지 나의 해석일 뿐이었다. 나는 이런 관찰을 하면서 나중을 위해 일단은 아무런 지적을 하지 않았다. 그 후 몇 달이 지나 그 내담자는 자신에게 일어났던 끔찍한 일을 말로 표현할 수 있게 되었다. 우리는 그런 민감한 부분을 조심스레 같이 이야기했으며 그 일이 현재에 어떤 영향을 끼쳤는지를 탐색했다. 돌이켜 보면, 비록 많은 정보가 잠재의식 수준에서 얻어지는 것처럼 보이지만, 직관적 토대를 제공한 작은 단서를 인식할 만한 가능성이 있었다. 그렇다면 이 과정을 면밀히 검토해 보는 것은 어떨까?

펭귄 출판사에서 나온 사전에는 직관을 '과학적이기보다는 대중적인' 것으로 설명하고 있지만, 나는 심리학 문헌들을 찾아보고 실험연구가 행해졌다면 그것들도 다 찾아봐야겠다고 결심했다. 어쩌면 무의식적인 과정과 관련해 어떤 빛을 던지는 연구가 있을지도 모를 일이었다. 말콤 웨스트콧(Malcolm Westcott) 박사는 자신의 저서인 『현대의 직관 심리학을 향해 (Toward a Contemporary Psychology of Intuition)』(1968)에서 이 주제를 이야기하면서 역사적 맥락뿐만 아니라 이론적·실험적 맥락의 현상을 모두 검증해야 한다고 말하고 있다. 과거 50년 동안 다루어진 직관에 관한 연구를 보면 주목할 만한 연구는 불과 10개도 채 안 된다고 지적한다. 1931년부터 1941년까지의 『심리학 논문초록(Psychological Abstracts)』을 조사한 문헌을 보면 고작 20개 정도의 문헌만이 직관에 대해 언급하고 있고, 1941년부터 1967년까지는 이보다 더 적은 수의 참고문헌만이 있다. 게다가 대부분이 재판과정에서부터 예술비평에 이르기까지 광범위하지만, 대부분 철학적인 문제를 논의하고 있다. 비록 일부 학자들이 다양한 맥락 속에서 그 실용성을 권고하고 있다 하더라도 말이다. 웨스트콧은 또한 1950년대와 1960년대에 이르는 기간 동안 교육학자들이 창의성을 다루면서 직관에 대해 다시 관심을 보였다는 점도 지적하고 있다.

1978년까지 이러한 상황은 나아지지 않았다. 또 다른 심리학자인 토니 바스틱(Tony Bastick)은 컴퓨터를 이용해 철저히 검색(1982, pp. 6-7)하였다. 5개의 주요 문헌(*ERIC*, 1966년부터; *BIOSIS Previews*, 1972년부터; *ISMEC*, 1973년부터; *Psychological Abstracts*, 1967년부터; *Comprehensive Dissertations Abstracts*, 1861년부터)과 2,692,000개의 학술논문, 보고서, 학위논문을 조사한 결과, 불과 91개의 자료만 '직관'이라는 용어를 제목이나 내용 중에 언급했고, 그중 24개 문헌만 실제로 직관을 다루고 있었다. 내 연구도 마찬가지로 실망스러웠다. 기억과 직관(Wippich, 1994), 함축된 의미 배우기(Lieberman, 2000), 직관의 교육적 적용(Brown, 1993), 혹은 발견에서 직관의 역할(Bowers et al., 1990) 등과 같이 다른 학문 분야에서 가끔 찾을 수 있었다. 그나마 이러한 주제로 계속해서 연구가 이루어지지 않는 점에 대해서 애석해하는 학자들이 간혹 있다는 것이 주목할 만했다. 프릭(R. C. Frick)은 직관과 추론에 관한 모든 자료를 검토한 연구에서 "일반적으로 이런 알 수 없는 특징을 애석해하는 것을 넘어서서 연구하거나 직관이 가진 극적인 자질을 잠재적으로 탐구했던 학자들은 거의 없었다."(1970, p. 2)라고 말했다. 직관이 무엇인지 찾아내 정의하고 그것을 측정하고자 하는 몇 안 되는 시도들만이 오직 '절반의 성공'을 이룰 뿐이다. 12년 후에 토니 바스틱은 자신의 책 『직관: 우리가 생각하고 행동하는 법(*Intuition: How We Think and Act*)』(1982)에서 유사한 감정을 토로하고 있다. 바스틱은 직관에 대한 기존의 연구가 너무 부족하다 보니 그 부분에 '구멍'이 생겼고, 핵심개념에 다가갈수록 점점 더 미궁에 빠졌으며, 실증연구가 필수적이라고 말했다(1982, p. 7). 이러한 상황을 개선하기 위해 프린스턴 대학교에서 1994년에 의식연구 아카데미가 발족되었다. 이 아카데미는 지성의 명확함을 통해 직관을 포함한 마음에 대한 여러 학문 분야에 걸치는 전망을 연구하는 것을 목표로 삼았다(Davis-Floyd & Arvidson, 1997). 하지만 여기서 행해진 연구를 참고하자니 내게는 거의 도움이 되지 않았고, 게다가 상담과 심리치료에 대해서는 전혀 다룬 것이 없었다.

노벨상 수상자인 콘라트 로렌츠(Konrad Lorenz, 1951)가 직관을 '인간의 가장 중요한 인식능력 중의 하나'라고 정의했던 점을 고려한다면, 과거에 직관을 왜 그렇게 소홀히 다루고 연구자들의 관심을 받지 못했는지 알아볼 필요가 있다. 결국 이용할 수 있는 자료가 부족했던 것이 아니었다. 대부분의 사람들은 직관할 수 있는 능력을 가지고 있는 것처럼 보인다. 따라서 직관과정에 대한 연구를 할 기회는 무척이나 많았음에 틀림없다. 왜냐하면 취해야 할 행동방향에 대해 일상의 '육감'으로든 과학자의 놀라운 창의적 영감이 떠오르는 순간이든 간에 그 결과로 지식의 경계가 또 한 번 앞으로 나아가는 결과로서 '가공되지 않은 생생한 자료들'이 많이 있었기 때문이다.

심리학자들이 직관이라는 용어를 꺼리는 이유 중의 하나는 쾨스틀러(Koestler) 재단이 진지하게 연구를 했음에도 불구하고, 사람들이 직관이라는 것을 초자연적인 것과 관계된 것으로 여기거나, 아니면 일반적으로 회의적으로 여긴다는 사실과 관련이 있다. 그런 태도에는 분명 근거가 있었는데, 심령적 현상에 관한 일부 연구가 사기성을 띠었기 때문이다. 예를 들면, 분석심리학자인 칼 융(Carl Jung)이 'Miss S. W.'(Hélène Preiswerk이라는 이름의 사촌 동생)를 연구했는데, 이 사촌은 영매로 널리 알려져 있다. 융이 1899년부터 1900년까지 Miss S. W.의 교령회(산 사람이 죽은 사람과의 영혼과 교류를 시도하는 모임-역자 주)에 대해 기록한 것이 융의 학생논문의 기초가 되었다(CW 1, pp. 3-88). 처음에는 Miss S. W.의 몽유병적인 상태가 심리학적인 관심을 끌었는데, 융이 연구를 중단한 후에는 Miss S. W.의 이런 '발작'이 사라졌으며 옷에 작은 물체를 숨기기도 하고 몽유 상태인 척 숨기기도 했다. 이러한 불가사의한 상태에 대한 다른 연구도 있었지만 결론에 이르지는 못했다. 정신분석가인 아이젠버드(J. Eisenbud, 1946)는 임상과정에서 텔레파시에 대해 연구했지만, 환자의 치료에 도움이 될 만한 어떤 개념도 발견하지 못했다.

직관에 대한 연구가 왜 부족한가에 대한 또 다른 설명은 그것이 너무 감정적으로 치우쳐 객관성을 유지하기가 어렵다는 것이다. 직관은 어떤 사람에게는 가장 숭고한 영적 경험과 관련되고 어떤 사람에게는 본능과 관련되어 있다. 웨스트콧은 "직관에 관한 용어, 개념, 사실, 혹은 사실과 결합된 허구는 (작가의 신념이든 글의 문맥이든 간에) 모두 정서적인 부분을 함축하고 있다. 함축된 감정은 명상상태의 기쁨에서부터 강한 혐오에 이르는 폭넓은 범위를 포함한다."(1968, pp. 1-2)라고 기술했다. 심리학자인 올포트(G. W. Allport) 역시 "'직관'이라는 용어가 마치 과도한 정서적 부담을 나타내는 용어처럼 보이기 때문에 심리학에서는 직관에 대한 용어를 정의하는 것을 기피하고 있다."(1965, p. 545)라고 하며 이것이 문제라고 생각한다. 여기에서 인용한 이 구절은 '직관'이라는 용어 자체와 그 뒤에 숨어 있는 개념이 객관적인 분석에 있어서 그다지 중요하지 않다는 점을 나타내고 있다. 왜냐하면 어떤 결과를 해석할 때 정서적인 암시에 의존한다면 틀린 해석이 될 수도 있기 때문이다. 이러한 태도는 영감, 상상력, 창의성 등을 포함한 다른 개념을 연구하는 것까지 방해할 수 있다. 바스틱은 다른 연구결과를 참고하는 동안 정반대로 접근해 보면서 정서적인 측면을 현상의 고유한 부분으로 받아들여 "우리의 이론은 단순히 정보를 감정적으로 암호화하는 것이다. 우리의 사고와 행동은 일반적인 감정과 연관된 정보에 대한 암호를 해독하는 것으로, 우리가 이러한 감정들을 다시 경험할 때 회상되는 경향이 있다."(1982, p. 354)라고 하였다.

대부분의 사람들이 직관과 관련이 있는 것처럼 보이는데, 합리적인 절차가 분명하게 보이지 않기 때문에 주관적 경험은 마술처럼 보이거나 완전히 하찮은 것으로 보일 수도 있다. 실험심리학자들은 아마도 그 말이 이상하다고 생각할 수도 있지만, 질적 연구자들은 관찰자와 피관찰자 사이의 상호관계를 고려해 완벽한 객관성은 불가능하다고 생각한다. 그 연구에서 다루는 정서적 함축은 의식으로 주어져 부가적인 정보로 사용될 수있다. 적어도 이 책에서는 개별적인 과정을 실증적 연구와 통합하여 명시할 것이다.

개념에 대한 부정적 태도는 더욱더 일을 어렵게 만든다. '직관'이라는 용어를 사용하지 않는 대신에 심리학자들은 이러한 특성을 '무의식적 개념의 습득' '언어 이전의 개념의 형상화' '사회적 인지' 혹은 '은연중의 교육' 등과 같은 좀 더 '과학적'이라 생각되는 용어로 소개해 왔다. 이것은 직관현상이 전체로서 고려된 적이 거의 없었으며, 부분적으로 문헌 여기저기에 흩어져서 발견될 수 있음을 의미한다.

일반적으로 쓰이는 신뢰하기 어려운 '예감'이라는 단어와 직관을 서로 연결하는 것은 또 다른 문제를 제기한다. 예감이나 직관은 놀라울 정도로 정확할 수도 있고 물론 아닐 수도 있다. 이 책에서는 이 점을 계속해서 연구할 것이다. 이유야 어떻든 간에 대부분의 심리학자들은 이 단어를 기피하는 것처럼 보인다. 심리학자들이 채택한 직관에 가장 근접한 용어는 '통찰'이다. 바스틱은 두 용어 사이의 차이점에 대해 이야기하면서, 직관은 '통찰보다는 좀 더 오래되고 널리 쓰이는' 용어라는 결론을 내렸다. 하지만 통찰은 실험심리학에서 더 많이 사용하는 용어이므로 '좀 더 과학적인'(1982, pp. 29-32, 35-50) 용어로 생각할 수 있다. 이러한 관점이 갖는 문제점은 심리학이 문제해결에 주로 초점을 맞추면서 오직 실험분석을 할 수 있는 직관이나 통찰의 특성에만 초점을 맞추었다는 것이다. 바스틱은 이 두 가지 용어를 개념적 차이보다는 방법론적 차이로 생각하면서 상황에 맞게 바꿔서 사용하고 있다. 하지만 바스틱의 책이 특히 이론적 적용에 있어서 두 가지 용어의 개념적 차이에 대해 분명하게 지적하고 있기 때문에 이 말은 다소 모순된다. 상담과 심리치료에서 용어 사용에 차이가 있다는 점은 주목할 만하다. '직관'이라는 단어는 일반적으로 치료사 내면에서 일어나는 과정을 가리키는 말이다. 이것은 내담자 안에서 '통찰'을 일깨우는 역할을 할 수도 있고 내담자의 증상을 더 잘 이해할 수도 있다.

왜 직관을 무시하였는지에 대한 또 다른 이유가 있다. 초기의 고전적이고 철학적인 문헌을 보면, 비록 지성을 통하지 않은 앎의 방식인 직관과 관련된 경험을 특정한 마음상태에 대한 기술로 전달하더라도 직관과정에 대한 정확한 용어는 없다. 그 주제와의 최초의 연결은 신비적이거나 종교적인 특성을 지니고 있고 신이 인간과 소통하는 형태를 취해서, 이것은 계시나 예언 혹은 경고나 훈계 같은 것으로 나타나게 된다. 소크라테스(Socrates)는 행동과정에 충고를 해 주는 악마 혹은 '예지적 목소리'에 대한 자신의 경험에 대해서 매우 분명하게 설명하고 있다(Tredennick & Tarrant, 1954에서 Plato의 글 재인용). 그 당시에는 무의식에 대한 개념이 없었기 때문에 직관은 초자연적인 존재에 투사되었다. 그럼에도 불구하고 그러한 저술은 개념이라는 측면에 있어서 가치 있는 통찰을 제공하고 있으며, 그 기원에 대한 길잡이 역할을 하고 있다. 제8장과 제9장에서 좀 더 탐구할 것이다.

최근의 역사를 보면, 직관을 무시한 또 다른 이유를 1920년대 이후 몇십 년 동안 심리학적 사고에 중요한 영향을 미쳤던 행동주의에서 찾을 수 있다. 행동주의의 요점은 사람에게 주어진 자극으로 그 행동반응을 예측할 수 있다는 것이다. 이러한 행동주의는 다른 이론적 틀을 가지고 실험하고자 하는 연구자들에게 어려움을 야기했다. 게슈탈트 심리학자들과 자극-반응(S-R) 이론가들 사이에는 인지와 학습과정에 대한 논쟁이 있었다. 자극-반응 이론가들은 시도와 실패를 겪으면서 학습이 점차적으로 이루어질 수 있다고 주장한다. 반면에, 게슈탈트 심리학자들은 인지의 기초가 되는 전체적인 틀이 있다고 주장한다. 이 두 가지 이론의 입장을 정리한 결과가 통찰이다. 이런 논쟁에서 나온 교착상태는 직관이라는 주제와 관련된 문헌이 부족하게 된 원인으로 보이는데, 이는 연결관계를 본다든지 드러나는 패턴을 감지하는 것과 같은 면에서 그렇다.

코헨(D. Cohen, 1978)은 교육적 맥락에서 책을 썼는데, 이런 상황에 대한 책임을 몇몇 이론가들의 개인적인 성격에 두고 있다. 이 논쟁과 관련해서 13명의 저명한 심리학자들과 인터뷰를 한 후에 그는 '바꾸려 애쓰는 이기주의'라고 말하면서, 다른 관점을 가진 동료들의 연구를 마지못해 인정하거나, 아니면 냉정하게 비판적으로 다룬다고 말한다. 일부 심리학자들은 고집스러운 입장을 취하고 있는 것이 사실이다. 예를 들면, 존 브로더스 왓슨(John Broadus Watson, 1924)의 관점을 따르는 스키너(B. F. Skinner) 교수는 마음이 자연과학에 전혀 근거하지 않는다는 이유로 '마음'의 개념을 모두 부정했다. 예술적 창의성에 관한 연구에서 스키너 교수(1969)는 우연한 강화에 의해 마음을 완전히 통제할 수 있다고 보았다. 하지만 인간의 태도가 실험이나 통계적 분석이 잘 되지 않는다는 이유로 존재하지 않는 것처럼 묵살해 버리는 것은 불합리하다.

심리학자들이 직관에 대해서 진지하게 연구한 결과가 부족한 것은 직관이라는 기능을 사용하는 것이 임상자료에서 취합하기에 별 가치가 없다는 관점이 널리 퍼져 있었기 때문이다. 프로이트(Freud)는 직관에 대해서 경멸하는 투로 "직관과 예언……. 아마도 환상이나 소원충동의 충족으로 여기면 크게 틀리지 않을 듯하다."(SE XXII, p. 159)라고 지나가듯이 언급한 적이 있다. 직관은 공감(바스틱은 직관의 특징으로 제시했음; Bastick, 1982)과 마찬가지로 가르치거나 학습되는 것이 아니라는 가정하에 평가절하되거나 당연한 것으로 여겨져 왔으며, 치료사가 이러한 내면의 앎에 대한 소질을 갖는 경우도 있고 갖지 않는 경우도 있다(Greenson, 1960). 즉,

직관을 타고나는 경우도 있고 그렇지 않은 경우도 있다는 것이다. 물론 가장 유명한 예외로 칼 융이 있는데, 융은 직관을 매우 가치 있게 평가했으며 자신의 유형론에서 특별히 다루기도 했다(CW 6, 1923/1971). 이러한 이유로 본 연구에서는 융의 저서를 강조할 것이다. 나중에 테오도르 레이크(Theodor Reik)는 자신의 정신분석적 작업방식을 검토한 후에, 프로이트의 주장에도 불구하고 그 방법은 과학적이기보다는 직관적이었다고 결론을 내리고 있다. 테오도르 레이크의 경험은 『제3의 귀로 듣기(*Listening with the Third Ear*)』(1948/1975)에 명쾌하게 기술되어 있으며, 매우 유용한 자료가 되고 있다. 정신과 의사인 에릭 번(Eric Berne) 역시 직관에 대한 연구를 했는데, 직관을 주제로 쓴 여러 편의 글(1977)이 본 연구의 참고문헌이 되었다.

　　최근 몇십 년 동안 직관현상에 대한 진지한 연구를 무시해 왔다는 나의 견해는 좀 더 광범위한 문제를 제기하고 있다. 즉, 오늘날과 같이 과학이 발달한 시대에 '내면에서 오는 앎'(내부로 향하는 마음의 빛으로 본 생각, 원리, 진리)과는 반대 개념인 '외부에서 주어지는 앎'(관찰과 경험에서 오는 지식)을 중요시하는 것에 대한 문제 제기다. 1880년대에 레버렌드 제임스 맥코쉬(Reverend James McCosh)는 직관에 대한 철학적 조사에서 두 개의 '마음에 관한 학파'가 있음을 알아냈다. 어귀스트 콩트(Auguste Comte)가 실증주의 철학을 발전시키면서(1830~1842) '앎의 단계' 중에서 경험적이고 과학적인 지식을 가장 정점에 놓았음에도 불구하고, 그 당시는 각 학파가 '우위를 차지하기 위해 다투는' 시기였다(1882, p. 4). 20세기에 들어와 기술이 발전하면서 지성의 분석적이고 의식적인 형태인 논리와 이성에 치중하게 되었다. 철학적 관점에서 보면, 논리적 실증주의는 입증할 수 있고 인식할 수 있는 진술을 선호하여 형이상학적인 주장들을 부인하는 데 중요한 영향을 끼쳤다.

직관적인 번뜩임을 경험한 사람들이 이성은 단지 직관의 종에 불과하다고 말하면서 직관의 중요성을 인정하고 있지만, 대부분의 사람들은 아인슈타인(Einstein)의 상대성 원리를 포함한 위대한 과학적 발견들이 직관적인 번뜩임에서 나왔다는 사실을 잊어버린 듯하다. 수학자인 헨리 푸앵카레(Henri Poincaré)는 "우리는 우리의 이성작용 안에서 더 이상 직관에 호소하지 않는다. 철학자들은 직관이 단지 환상이라고 말한다. 순수한 논리는 동어 반복 외에 그 어떤 곳으로도 우리를 끌고 가지 못한다. 그것은 새로운 것을 창조해 낼 수 없을 뿐만 아니라 혼자서는 어떤 과학적인 문제도 창조해 내지 못한다."(1929/1969, p. 208)라고 자신의 입장을 밝혔다. 이 구절을 읽어 보면 과학적 발견으로 이끄는 창조적 정신의 도약은 직관과정에 의존한다는 것이 분명하다.

칼 융은 직관에 대한 관심이 부족한 것은 두려움에 기인한다고 말하고 있다.

느낌을 통해 우리는 알려진 것을 경험하지만, 우리의 직관은 미지의 숨겨진 것으로, 그것의 특성은 비밀이라고 지적한다. 그런 생각이 의식의 수준으로 떠오른다면, 의도적으로 뒤에 숨기려고 할 것이다. 왜냐하면 직관은 일찍이 신비스럽고 초자연적이며 미혹적인 것으로 간주되어왔기 때문이다. 인간이 자세히 알려고 하는 것은 숨겨져 있으며 신에 대한 두려움 때문에 그것들로부터 자신을 숨기려고 한다. 인간은 과학의 방패와 이성의 갑옷으로 자신을 보호한다. 인간의 계몽은 두려움에서나온다. 인간은 낮에는 질서가 잡힌 우주를 믿고 밤에는 그를 에워싸는 혼돈의 공포에 맞서고자 하는 이러한 믿음을 유지하려고 애를 쓴다(Jung, 1933/1961, p. 187).

경험 많은 정신과 의사인 융의 견해는 과학에 대한 일반적인 믿음을 적절하게 신뢰한다. 20세기 서양인들의 특징적인 태도는 개인의 정신 깊숙이 자리 잡은 혼돈의 두려움을 속이는 것이다. 사람들은 알려진 것과 이성적인 것을 다루는 동안 안전하다고 느낀다. 그러나 직관처럼 모호한 분야를 연구하는 것은 표면 아래를 자세히 조사하는 것을 의미하고, 그것은 두렵거나 불쾌한 것을 드러내는 위험부담을 수반하고 있다. 하지만, 인간 정신의 중요한 기능 가운데 하나이기 때문에 제외시킬 수는 없다.

테오도르 레이크(1948/1975, p. 137)는 억압과 부정은 사람들이 내보내는 신호를 즉시 인지하는 능력을 매우 제한한다는 흥미로운 관찰을 했다. 아마도 억압과 부정도 이와 마찬가지로 직관에 의해서 도달하는 인지과정을 분석하는 우리의 의지를 억제할 것이다.

* * * *

이번 첫 연구에서 어려움에 부딪힌 경험은 복잡한 미로를 마주한 듯한 느낌이 들었다. 하나의 참고문헌은 또 다른 방향으로 나를 이끌어 주어 열정을 가지고 임했고, 그러다 보니 의미 있는 성과가 나올 수 있었다. 이 모든 길을 따라가면서 이 길이 어떻게 핵심적인 문제를 더 잘 이해할 수 있도록 나를 이끌어 주는지를 생각하게 되었다. 예상했던 길에서 또 다른 벽에 부딪혀 꽤 자주 방향을 틀어야만 했다. 그러면서 많이 허둥댄 후에야 나는 여전히 또 다른 막다른 골목에 가까이 다가가고 있다는 사실을 알아차렸다. 그럼에도 불구하고 여러 갈래의 길이 나를 '집' 근처로 데려다 주었고, 이들은 내가 계속해서 탐구하도록 많은 용기를 주었다.

그러면 내가 지금까지 알게 된 것은 무엇인가? 직관에 관한 연구가 거의 없는 이유 외에 직관이 지각에서 크게 벗어나서 일어나는 과정이라는 것이 분명해졌지만, 우리가 어떻게 지식의 특정 부분에 도달하는지에 관해서는 여전히 신비에 싸여 있다. 이 단계에서 직관은 정확하고 유용하지만 언제나 그런 것은 아니라는 것을 지적하였다. 그래서 나는 직관을 의심하지 않고 지나치게 직관에 의지하는 것에 대한 하나의 경고로 받아들였다.

지금까지 직관이라는 주제에 대한 많은 참고자료를 읽으면서 역사적인 맥락을 이해하게 되었고, 논리와 이성이 어떻게 직관을 누르고 우위를 차지했는지를 알게 되었다. 특히 과학적인 원리를 따르는 전문수련과정을 만들려고 노력했던 초기 정신분석학자들이 이런 중요한 직관과정을 무시했다는 것이 놀라웠다. 소수의 전문가들만이 용기를 갖고 그런 분위기에 휩쓸리지 않았다. 뿐만 아니라 경험적으로 직관을 연구했던 소수의 심리학자들은 널리 유행하는 이론들에 계속해서 맞서야 했다. 그러나 나는 비록 수는 적지만 내가 던졌던 질문에 대한 행운의 출발점을 제안한 자료들이 있다는 것을 알기 시작했다.

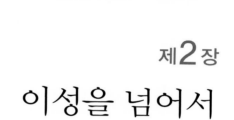

제2장

이성을 넘어서

직 관에 관한 문헌을 찾아보기 어려운데, 어떻게 직관의 본질에 관한 문헌을 찾을 수 있을까? 다행스럽게도 2개의 중요한 자료가 내 연구의 깊이를 더해 가는 데 빛을 밝혀 주었다. 첫 번째는 칼 융(Carl Jung)의 심리유형론(CW 6)으로, 이것은 확장된 직관의 정의를 제시하고 있다(paras 770-772). 두 번째는 토니 바스틱(Tony Bastick)의 『직관: 우리가 생각하고 행동하는 법(*Intuition: How We Think and Act*)』(1982)으로, 이 책에는 많은 직관연구의 목록이 포함되어 있다. 두 학자는 완전히 다른 관점에서 주제에 접근하고 있지만, 하나의 관점으로 다른 관점을 평가할 수 있다는 이점 때문에 나는 오히려 좋았다. 비록 두 권의 책 모두 임상에서 얻어진 경험적 증거는 없지만 직관의 커다란 줄기에 대해서는 배울 수 있었다.

테오도르 레이크(Theodor Reik)의 연구를 찾으려고 노력했지만 별 소득이 없을 때였다. 어느 날 카탈로그를 넘기고 있는데, 『제3의 귀로 듣기 (*Listening with the Third Ear*)』라는 제목이 갑자기 내 눈에 띄었다. 이상한 우연인지는 모르겠지만 마지막 판이 페이퍼백으로 다시 인쇄되어 있었다. 이 책은 내담자와의 상담내용에 대한 주관적인 진술서였는데, 놀랍게도 분석과정이기보다는 오히려 직관에 관한 것이었다. 나는 그 책을 몰입해 읽으면서 이 자료가 앞에서 말한 두 권의 책에서 빠진 사례자료를 적어도 일부라도 보충해 주리라 생각했다.

직관이 일부분을 이루고 있는 융의 유형론은 오랜 세월에 걸쳐 만들어졌다. 융은 사람들에 대해 전문적이고 개인적인 관찰을 하는 동시에 자기 자신의 심리를 꼼꼼히 조사하면서 토대를 만들었다. 융은 자신이 과학자라고 생각했으며 특히 독자들에게 '비판심리학'(CW 6, p. xv)을 알리기 시작했다. 하지만 일부 독자들은 융의 이론이 엄격하다고 했고, 특정 논평가들은 지나치게 트집을 잡기도 했다. 전통적인 심리학자들 몇몇은 특히 융의 이론에 반대가 심했다. 예를 들면, 에드워드 글로버(Edward Glover)는 융의 책을 '충격적인 부분을 삭제한 정신생물학과 동양철학의 촌스러운 조합'(1950, p. 134)이라고 비꼬듯이 말하기도 했다. 융의 이론은 임상에서 얻어진 자료보다는 오히려 문헌과 철학, 종교에 의해서 지지받고 있다는 평을 받고 있으므로 심사숙고할 필요가 있다. 특히 직관은 드러난 견해를 구체화하는 심리학 연구라는 평가로 거의 주목을 받지 못하고 있다. 하지만 융은 곧 나올 경험적 방법을 "사실은 그것 자체로 존재할 뿐만 아니라, 우리가 그것을 보는 대로 존재하기도 한다."(CW 6, p. 303)라고 지적했다. 다시 말하면 관찰대상은 기껏해야 관찰자에 의해 해석될 수 있을 뿐이고, 게다가 관찰자는 관찰대상에게 불가피하게 영향을 준다. 이는 최근에 연구 방법론에서 논쟁이 되고 있다. 융은 주관적 경험론, 즉 자신의 관찰이 객관적인 과학연구만큼 타당한 것으로 간주되기를 원했지만, 이 점 때문에 그 시대의 과학자들과 갈등을 겪었다. 다양한 비판에도 불구하고 융은 상당한 도움이 되는 직관에 관한 예리한 주장들을 했다.

정반대 주장을 하는 토니 바스틱은 현대의 무의식적 과정의 지식에 기초한 직관이론과 뇌가 작용하는 방법에 관한 이론을 정립한 심리학자다. 융과는 달리 바스틱의 글은 좀 과장되고 난해하며 책에 복잡한 도표를 그려 넣기도 해 솔직히 그의 생각을 이해하기 어려웠다. 이미 말한 것처럼 바스틱 역시 통찰과 직관을 동일하게 보았지만 개념이 완전히 같지는 않다. 하지만 그는 직관의 속성을 분명히 하였는데, 중요한 것만 따져도 20개가 넘는다. 그래서 이 연구결과들을 보면서 상담사와 심리치료사들의 내면에서 일어나는 과정과 직접적인 관계가 있는 속성들을 골라냈다.

직관의 기원

무엇보다 먼저 융의 사례를 보면서 '직관'이라는 말의 기원부터 살펴보면, 개념의 기원에 대해서 알 수 있다. 융의 정의(CW 6, para. 770)를 보면, 그는 라틴어 intueri를 언급하는데, 이는 독일어로 anschauen으로 번역하고 있다. 베인즈(H. G. Baynes)의 영어판 문헌(1923)에 따르면 '살펴보다 혹은 들여다보다(to look at or into)'라는 뜻인데, 융이 선택한 단어와 정확하게 일치하지는 않는다. 사실 다소 의미의 차이를 잃어버렸다. 『옥스포드 영어 사전(Oxford English Dictionary)』(Simpson & Weiner, 1989)에 나와 있는 기원도 정확하게 일치하지는 않는데, 이 사전에는 intueri를 '바라보다(look upon)' '숙고하다(consider)' '심사숙고하다(contemplate)'로 해석하고 있다. 『심리유형론(Psychologische Typen)』이 나오던 시기에 출판된 『카셀의 독일어 사전(Cassell's German Dictionary)』(Breul, 1909)에는 intueri를 '살펴보다(to look at)' '응시하다(contemplate)'로 정의하고, 그리고 형용사 anschauend를 anschauende Erkenntnis, 즉 '직관적인 지식(intuitive knowledge)'에서처럼 '직관적인(intuitive)' '관조적인(comtemplative)'이라고 정의하고 있다. 형용사나 부사로도 쓰이는 anschaulich에 해당하는 영어 단어는 '지각 있는(perceptual)' '직관적으로 분명한(intuitively evident)' 또는 '명백한(clear)'이다. 따라서 동사 anschauen에 담긴 의미는 명상, 지각, 명백함, 뭔가 직관적으로 분명한 것과 관련이 있고, 다소 피상적인 번역인 '살펴보다 혹은 들여다보다'와는 좀 다르다. '살펴보는 것'은 뭔가를 눈으로 보는 것이기보다는 내면 보기나 비전, 정신적인 이해, 인식하는 과정을 말한다.

하지만 융이 정의하는 직관은 주관적이거나 객관적일 수 있다는 생각으로 '안을(into)' 들여다보는 것과 '그냥 바라보는(at)' 것을 모두 포함하고 있다. 첫 번째는 '주제로부터 나오는 무의식적인 정신적 자료를 지각하는 것'이고, 두 번째는 자료의 지각은 그것들이 일깨우는 느낌과 생각, 대상의 잠재적인 지각에 의존한다(CW 6, para. 771). 이 두 개의 진술 중 첫 번째에서 '안을 들여다보는(looking into)'은 직관의 주관적인 종류와 같은 말이다. 이미 의식적으로 전부터 알고 있던 것이 아니라 정신을 인정하는 정보인 인식과정을 통해 자신을 들여다보고 평가하는 주관적 직관 종류를 언급하고 있는 것이 분명하다. 두 번째인 '살펴보는(looking at)'은 자신의 바깥에 있는 어떤 사물이나 사람을 지각하는 방법과 관련된 것으로, 생각과 느낌의 의식적인 자각과 결합하여 잠재적인 의식수준에서 정보를 알게 되는 것을 말한다.

자신을 자세히 알아가는 것과 관련이 있는 내적 성찰에 있어서는 당연히 내향적인 유형을 떠올리는데, 이런 사람들이 내적 성찰에 있어서는 외향적인 유형보다는 기질적으로 유리하다. 이 내용에 관해서는 제4장에서 다룬다. 상담 장면에서 진전을 이루려면 즉각적인 자기인식이 중요하다. 왜냐하면 상담사와 심리치료사의 개인적인 반응이 내담자와 관련된 생생한 정보를 제공할 수 있기 때문이다. 예를 들어, 최근의 상담에서 한번은 집에서 내담자의 이야기를 듣고 있는데 점점 피곤해지고 심지어 지루해하는 나 자신을 발견했다. 이런 일은 내겐 좀처럼 일어나지 않는 일이다. 사람들에게 열중하는 나를 알기 때문에 무기력해지는 나 자신을 발견하기는 드문 것이다. 가장 중요한 것은 지난밤에 잠을 잘 잤고, 내가 그런 식으로 느낄 아무런 이유가 없다는 것이었다. 그래서 이 지루함은 내 탓이 아니라 혹시 내담자에게 원인이 있지 않을까 하는 생각이 들었다. 나는 내담자에게 삶이 지루하지 않느냐고 물었다. 처음에 그 내담자는 깜짝 놀라더니 "이런 근사한 딸을 키우면서 어떻게 그런 생각을 할 수 있겠어요?" 하며 아니라고 부인했다. 하지만, 내담자는 일상적인 집안일이 지루하다는 것을 점점 표현하기 시작했다. 그러더니 결국 일에 도전하는 자신을 발견하면서 상담의 역동이 완전히 바뀌었다. 애초에 아무런 생각 없이 그 내담자의 이야기에 몰입하여 그 수준에서 반응하는 것은 매우 쉬운 일이었지만, 그것은 앞으로의 움직임에 거의 영향을 주지 못했다. 단지 나의 내면의 반응을 정보로 사용했을 때만이 효과적인 진전이 이루어졌다. 상담 및 심리치료의 맥락에서 이런 현상은 때로 '반응적 역전이'(Clarkson, 1995, p. 89)로 언급되고 있다. 이 점에 대해서는 제7장에서 좀 더 자세히 다루게 된다.

이와 마찬가지로 대상에 대한 인지력이 높은 사람인 경우에는 직관적 이해에 도움이 되는 단서를 발견할 수 있다. 계단 가까이에 문이 있는 새로운 상담실로 옮기고 나서 많은 상담을 한 후에야 나는 발소리가 상담에 얼마나 많은 정보를 제공하는지를 알게 되었다. 발소리가 요란한지 조용한지에 따라, 혹은 속도가 빠른지 느린지에 따라 그 사람의 기분뿐만 아니라 신체적 건강까지 그들의 역동을 짐작할 수 있었다. 처음에는 잠재의식적으로 이런 정보들을 받아들였지만 집중을 하고 들으니 훨씬 더 많은 정보를 의식적으로 이용할 수 있었다.

가이 클락스톤(Guy Claxton)은 저서 『토끼의 두뇌 거북이 마음(Hare Brain Tortoise Mind)』(1997)에서 융이 직관의 관점을 무의식의 산물이기보다 무의식을 아는 방법으로 여기고 있다는 이유로 융의 개념을 묵살했다. 경험주의 심리학자로서 클락스톤은 직관을 무의식으로부터 나오는 능력이라고 분류하고 있다. 클락스톤은 "융의 심리학…… 이제 무의식 그 자체가 직관을 가져오는 방법으로 이해되면서 좀 더 경험적인 토대에서 우리의 더 나은 견해로 보면 오히려 좀 열등하게 보인다."(p. 234)라고 말하고 있다. 사실 융은 앞에서 언급한 대로 직관을 '무의식적인 내용의 지각'이라고 표현하면서 마음속에 있는 내용을 지각하는, 즉 무의식을 바라보는 방법이라고 표현하기도 했다(CW 6, para. 899). 하지만, 융은 자신의 책에서 직관을 자기의 바깥에 있는 정보를 지각할 수 있는 무의식의 일부, 즉 무의식의 산물로 보았음을 암시했다. 이것은 특히 외향적인 태도와 관련이 있다. 외향적인 태도에서 무의식적 인식기능으로서의 직관은 전적으로 외부의 대상을 향하고 있다(para. 610). 개인적인 기질은 아마도 사람이 직관을 어떻게 경험하는가와 초점이 주로 내부에 맞춰지는지 아니면 외부에 맞춰지는지와 관계가 있어 보인다(제4장 참조).

명상에 대해 말하자면, 이것은 오늘날처럼 첨단기술이 빨리 전개되는 시대에 어쩌면 일반적인 방식에서 벗어나는 과정이다. 오늘날 누가, 특히 대기자가 줄을 서 있고 상담과정은 필요한 만큼만 제한하는 병원이나 기관에서 일하는 상담사가 조용히 숙고하는 시간을 가질 수 있겠는가? 그렇지만 명상은 직관과정의 중요한 부분이 될 수 있다. 공감에 대해서는 영성과 관련된 주제를 다루는 장에서 다루게 된다.

문단 951에서 융은 직관은 '무의식을 통한 지각'이라고 덧붙이고 있는데, 다른 말로 하면 직관은 무의식을 이용해서 지각하는 하나의 방법이고 단순히 '무의식을 들여다본다.'는 말과 정확하게 같지는 않다는 것이다. 게다가 문단 770에서 융은 직관이란 '무의식적인 방법으로 지각을 전달하는 것'이라고 정의하고 있는데, 특히 융이 강조한 부분이다. 따라서 융은 지각들 사이의 연결고리를 발견할 수 있지만, 그러한 중재가 일어나는 자각이 없는 인식과정을 직관이라고 생각하고 있다.

이러한 인용구에서 분명한 것은 융은 직관이 단지 무의식을 이해하는 방법이라는 관점만을 고수하지 않는다는 것이다. 이런 관점은 직관의 목적 가운데 일부일 뿐이다.

나의 상담과정을 보면, 이런 연결들이 얼마나 자주 일어나는지를 알 수 있다. 몇 주 전 한 내담자와 함께 있으면서 다양한 주제의 워크숍 안내책자를 집어 들었다. 그 안내책자를 내담자에게 줄 때만 해도 그 내담자가 예약을 한 그 주에 그런 변형효과를 얻게 될 줄 몰랐다. 하지만, 나는 그 일이 그 내담자에게 적절하리라는 것을 어렴풋이 알아차렸다. 이 중의 어떤 것도 논리적인 사고를 통해서 일어난 것이 아니었다. 분명히 그 내담자의 외로움과 인정받고 싶다는 갈망, 자기표현의 욕구와 창의성에 대한 발산, 그리고 스스로 즐기는 방법 등의 연결을 알아차리지 못한 채 이루어졌다. 이것과 합쳐져서 시기가 내담자에게 적절했던 것이다. 이런 경험이 있고 나서 그 내담자는 희생자가 되는 것을 마다할 수 있었으며, 자신을 위한 새 삶을 만들어 나가기 위해 스스로 책임을 지기 시작했다.

지금까지 라틴어 어원과 연결해서 요약을 하자면, 직관은 바라봄의 내적 형태이며, 명상과 명쾌함을 수반하는 인지과정이다. 융은 직관을 (1) 무의식을 사용한 인지형태, (2) 마음속에 있는 무의식적인 정보에 다가가는 수단, (3) 잠재의식적 수준에서 외부 대상이나 사람에 대한 정보를 얻는 방법, (4) 지각들 사이의 연결에 의해서 무의식적으로 찾아지는 과정으로 규정하고 있다. 주관적이고 객관적인 두 가지 직관은 라틴어 어원과 관련해 찾아볼 수 있다.

잠재의식적 지각

이 논의는 무의식적 지각 문제와 연결된다. 융의 책을 보면, 잠재의식적 지각이 존재한다는 가정하에 직관에 대한 언급이 여러 번 있다. 직관의 기능은 무의식적인 것을 지각하는 힘을 가지고 있으며, 이것은 무의식적 과정을 통해 지각들 사이의 연결을 찾을 수 있다.

만약에 직관과정이 무의식적이라면, 우리는 직관을 이루는 것이 무엇인지는 고사하고 어떻게 직관이 존재한다는 것을 알 수 있을까? 융은 "직관의 특성을 이해하기가 매우 어렵다."(CW 6, para. 610)라고 인정한다. 위에서 본 사례들을 반추해 보면서 무의식적인 연결을 추적하다 보면 직관의 특성을 이해할 수도 있고, 직관과정의 결과에서 직관의 특성을 추론할 수도 있다. 이 세상에서 일어나는 모든 현상을 오감(五感)에 의해 의식적으로 지각할 수는 없지만, 우리는 그럼에도 그 현상들이 주위 환경과 대상에 어떻게 영향을 끼치는지를 관찰함으로써 그 현상들의 존재를 알고 있다. 예를 들면, 비록 우리가 전파를 볼 수는 없지만 방송국을 선택해서 전파를 들음으로써 전파가 존재한다는 것을 아는 것처럼, 우리가 무의식의 과정 그 자체를 볼 수는 없지만 사람들의 행동, 느낌, 의식적인 생각과 지각이 보이지 않는 영향에 의해 어떻게 달라지는지를 보고 들을 수 있다.

프로이트(Freud)는 말실수, 실수하는 행위, 물건을 잘못 놓는 행위['착오(parapraxes)'와 같은 뜻으로 쓰인다] 등은 숨겨진 의미를 가지고 있으며, 의식적인 의도가 무의식적인 의도에 의해 억압되었을 때 그런 현상이 일어난다고 주장하였다(SE VI). 상담사와 심리치료사들은 그런 역동에 익숙하다. 예를 들면, 약속 시간에 늦게 온다든지, 아니면 상담 날짜를 '잊어버린다든지', 깊이 있게 그 주제를 다룰 시간적 여유가 없는 막판에 중요한 정보를 흘린다든지 등의 행동을 통해 내담자는 상담과정에 대한 저항을 보인다. 내담자가 이런 경향을 보이면 이것은 거의 틀림없이 어떤 불편한 진실에 직면하는 것으로부터 자신을 보호하려는 무의식적인 기제다.

정신분석이론에서 핵심은 무의식에 대한 개념이다. 하지만 프로이트가 무의식을 '발견'하지 않았다고 주장하는 사람도 있다(Ellenberger, 1970). 그러나 프로이트는 최초로 정상적인 정신활동과 비정상적인 정신활동 두 가지에 있어서 무의식의 기능을 방법론적으로 연구했다. 젊은 정신과 의사로서 융은 무의식의 기제에 대하여, 특히 단어연상 검사를 통해서 억압되어 고통스럽거나 힘들었던 경험을 심리학적으로 연구했다. 융은 환자들이 어떤 특별한 단어에 대해서는 무디면서도 천천히 반응을 하거나 전혀 연상을 하지 않는다는 점에 주목했다. 그 환자와 상담을 더 진행한 후, 그런 방해들이 정신적 갈등이나 상처와 관련되어 있음을 알게 되었다(Jung, 1963/1995, p. 170).

실제로 무의식의 과정을 안다는 것은 갈렌(Galen, AD 130~200년경)까지 거슬러 올라갈 수 있을 정도로 긴 역사를 가지고 있다. 하이트(Whyte, 1962/1967)는 이것에 대해 꽤 깊이 탐구하였는데, 여기에서 간단하게 요약할 필요가 있다. 실험심리학의 창시자인 갈렌은 우리가 지각에서 무의식적인 추론을 만든다는 것을 확신하고 있다(Siebeck, 1884, p. 195). 계속해서 이 주제는 다른 모습으로도 나타났다. 철학자이자 신학자인 성 토마스 아퀴나스(St. Thomas Aquinas, 1225?~1274)는 의식적인 지시 없이 진행했던 특정 기능의 원천으로서의 '영혼(soul)'의 산물에 대해 고찰하였다. 그는 "나는 영혼의 행위들과 분리하여 나의 영혼을 관찰하지 않는다. 따라서 영혼에는 우리가 즉시 알아차리지 못하는 과정들이 있다."(Gilbey, 1951, no. 292)라고 하였다.

융은 스위스의 물리학자인 파라셀수스(Paracelsus, 1493~1541)에 대해 깊이 있는 연구를 진행했는데, 마음과 감정이 질병을 어떻게 일으키는지에 대한 파라셀수스의 연구를 주로 되짚어 보는 것이었다. 융은 환자들에 대해 연구하면서 보이지 않는 영향이 생리학적인 변화를 초래한다는 것을 깨달았다. 융은 사실상 생물학적이고 영적인 힘이 있다고 믿었다(CW 15, p. 94).

영국의 플라톤 연구자였던 존 노리스(John Norris, 1632~1704)는 연구 초기단계에 무의식적 지각에 대해 "우리는 우리가 의식하지 못하고 있는 생각을 가지고 있을지도 모른다."라는 짧지만 명쾌한 글을 남겼다. 그는 마음은 자기를 아는 것으로부터 어떤 방해도 없이 창의적으로 작용할 수 있다고 보았다. 알기 어려운 개념의 특성에 대해 기술한 노리스의 『피상적인 고찰(Cursory Reflections)』(1690)에서는 더 많은 개념들을 보여 주는데, 보통 말로 표현되는 것들을 실제로 알아차리지 못하면서 개념들이 가질 수 있는 효과를 알아차리는 게 가능하다는 것을 깨달았고, "실제로 그것들에 대한 인식 없이도 개념들의 인상이 있을 수 있다."(Whyte, 1962/1967, p. 96)라고 하였다. 사람이나 사물에 대한 '인상'은 직관이 작동하는 하나의 방식이다(제10장 참조).

그러나 라이프니츠(Leibniz, 1646~1716)는 무의식적인 마음의 활동이라고 여겼던 부분에 대해서 더 자세한 설명을 하고 있다. 인간의 대뇌활동은 그 양이 너무 엄청나고 주로 의식의 경계선 아래에서 계속되기 때문에 측정할 수가 없으며, 그중에서 극히 일부만이 의식의 표면으로 떠오른다고 생각했다. 그는 "우리가 명료하게 가지고 있는 생각은 망망대해에 떠 있는 섬들과도 같은 것이다."(1765/1981, Bk II)라고 하였다.

18세기에도 여러 사람들이 무의식을 주목했는데, 그중에서도 특히 라이프니츠와 비슷한 생각을 가졌던 칸트(Kant, 1724~1804)의 연구가 인상적이다. 우리가 직접적으로 알지 못하는 인식을 칸트는 'dark'라고 명명했으며, 우리가 완전히 아는 것은 'clear'라고 불렀다. 'dark' 인식의 영역은 '측정할 수 없는' 부분이며, 반면에 'clear' 영역은 대조적으로 '의식을 향해 열려 있는', 극히 일부분까지도 알 수 있는 것이다(1798/1978, p. 18). 이런 차이점을 보면서 칸트는 마음의 본질에 대해 매우 경탄했다.

하지만 '무의식'을 인식과정과 동일하게 생각했던 요한 고틀리브 피히테(Johann Gottlieb Fichte, 1762~1814)도 이 영역을 연구했다. 시간이라는 틀 안에서 끊임없이 일어나는 의식의 경험이 자각의 근본적인 토대를 이룬다. 그는 "마음의 통각(統覺)적인 능력은 모든 의식의 궁극적인 토대를 포함하는 활동이지만, 그 자체는 의식에 결코 다다르지 못한다.”(1802, p. 161)라고 하였다.

18세기 말 무의식적 지각에 대한 증거들이 그것의 결과로부터 추론에 의해 분명하게 통합되었다. 하지만 빈의 프로이트의 스승들에게 직접적인 영향을 끼치게 될 윌리엄 해밀턴(William Hamilton)은 정신작용의 특성에 대해 체계적으로 연구하기 시작했다. 이 때문에 영국의 철학자와 물리학자들은 학파를 구성하였고, 환자의 몸과 마음을 하나로 보았기 때문에 이들을 ‘일원론자(monists)’라고 불렀다. 이들은 유기적인 힘과 물리적인 힘 사이의 경계는 무의미하다는 것을 경험을 통해 알게 되었다.

철학자의 아들이자 심리학자인 피히테(I. H. Fichte, 1796~1879)는 ‘전의식(前意識)’, 즉 존재의 사고개념을 제시했다. 이 ‘전의식’은 의식이 씨앗(embryo) 안에 있는 ‘마음의 중간 상태’, 즉 ‘단지 잠재의식적 상태’로 비록 표현은 못하지만 그럼에도 지성의 특성을 수행하고 있다는 것이다. 훗날 융의 연구에서도 보이는데, 융은 무의식을 ‘풍부’하고 ‘숨겨진 보물’들이 들어 있으며 창의적인 생각들이 잉태되는 장소라고 보았다(Whyte, 1962/1967, p. 159에서 Fichte의 글 재인용).

19세기 말 프레드릭 마이어스(Frederic Myers)는 무의식을 자기(self)의 개념 속으로 통합시켜 이를 ‘잠재의식적 자기’라고 불렀다. 이는 존재의 핵심으로서 무의식 과정의 수용을 나타낸다(1892, pp. 333-403).

심리학이 독립된 학문으로 발전하면서 통제된 상황하에서 무의식적 지각을 연구하는 데 대한 관심이 높아지고 있다. 이 분야의 몇몇 연구들을 본스테인과 피트맨(Bornstein & Pittman, 1992)의 책에서 볼 수 있는데, 그중 일부는 융의 유형론보다 앞선 것이다. 융은 틀림없이 이것들을 알았을 것이다. 예를 들면, 1898년에 시디스(B. Sidis)는 실험대상자가 볼 수 없을 만큼 멀리 떨어져 있는 카드 위에 쓰인 글자나 숫자를 말하게 하는 주제로 실험을 했다. 실험대상자들이 잘 안 보이거나 전혀 안 보인다고 불평을 하면 실험대상자들한테 추측해 보라고 했는데, 우연히 맞추는 확률보다 훨씬 더 높은 확률로 답을 맞혔다. 시디스는 우리 안에는 기본적인 깨어 있는 자기가 잘 감지하지 못하는 것을 지각하는 '반수면상태의 두 번째 자기'가 있다는 결론을 내렸다. 두 번째 자기에 대한 생각이 실험심리학의 맥락에서 나타난 것은 흥미로운 일이다. 이 부분은 제8장에서 상세하게 다룬다.

이렇게 역사적으로 사람들이 무의식에 대해 관심을 보였다는 사실로 미루어 볼 때, 융이 무의식적 지각이 실제로 존재한다고 가정한 것은 당연하다. 무의식은 우리 몸의 움직임을 관찰하고, 우리가 움직임의 영향을 알아차리든 못 알아차리든 우리의 기분과 행동에 영향을 주는 생각과 감정의 저장고와 상호작용하여 정보를 얻는다.

직관의 '유아적이고 원시적인' 측면

융의 책에서 '유아적'이고 '원시적'이라는 말은 경멸하는 의도가 아니라 오히려 글자 그대로 '발달적'이고 '진화적'인 측면을 의미한다는 점을 이해하는 것이 중요하다. 그러므로 융이 "직관은 유아적이고 원시적인 심리특성이 있다."라는 정의를 언급할 때(CW 6, para. 772), 직관의 이런 기능은 일찍이 인간의 역사에서 발전되었음을 의미한다. 이는 자라나는 아이들과 유사하다. 따라서 직관적이고 본능적인 행동은 분명히 아기들의 발달 초기에 나타나는 반면에, 말을 하는 후기 단계에서는 의도적이고 합리적인 사고가 발달한다. 그러나 융이 유형론에서 강조하듯이 직관적인 요소는 삶 전반에 걸쳐 크게 영향을 미치지만, 합리적인 방식을 지나치게 강조하는 현대 서구사회에서는 인정을 받지 못하고 있다.

융은 자신과 일반 서구인들의 무의식에 대해 더 많이 이해하기 위해 미개발 지역에서 방대한 양의 연구를 시작했는데, 이는 현대의 정신에 남아 있는 원시적 요소들을 더 분명하게 알아내기 위함이었다. 융이 발견한 것들은 그의 생각에 많은 정보를 주었는데, 특히 종교적 의식, 상징과 신화에 관한 것이었다. 융은 자서전에서 다음과 같이 말하고 있다.

　　나는 유럽인이라는 미명 아래 내 안에 감추어진 나의 인격의 그 부분을 찾기를 무의식적으로 원하고 있었다. 이 부분은 나 자신과 무의식적으로 대치하고 있으며, 사실은 내가 그것을 억누르고 있다……. 대부분의 이성적인 유럽인들은 자신에게 이질적인 면이 있다는 것을 많이 발견하고, 이런 합리성은 자신의 생명력을 희생시킨 대가로 얻어지며, 인격의 원시적인 면은 내면의 존재에게 다소 비난받는 것도 알지 못한 채 스스로를 자랑스러워한다(1963/1995, p. 273).

여기서 융은 자신의 이성적 사고영역과 반대되는 비합리적이고 더 원시적인 측면이 존재한다고 보았는데, 대부분의 지적인 유럽인들이 그런 것처럼 그도 마지못해 그것을 인정하고 있다. 하지만 그것은 생명력의 크나큰 손실을 가져오는 결과를 낳는다.

심리학자 가이 클락스톤은 생존을 돕기 위해 인간을 포함한 동물계 전체에 영향을 미치고 있는 '지성'에 대해 명료한 설명을 해 준다. 거미가 거미줄을 지어 먹잇감을 잡아들이거나 공기의 흐름이 급변하거나 예상치 못한 기류를 느꼈을 때 그 자리에 멈춰서 움직이지 않는 행동을 보이는 것처럼, 아기도 엄마가 앞에 있을 때 행복한 웃음을 짓지만 희미한 물체가 나타나면 고개를 다른 방향으로 돌린다(1997, pp. 16-17). 하지만 환경이 바뀌면 이러한 선천적인 반응이 충분하지 않을지도 모른다. 따라서 거미는 흰색 욕조에서 위험스럽게 눈에 띄면 그 자리에 멈춰서 움직이지 않을 것이며, 아기는 희미한 물체가 사실은 아무런 해가 없는 풍선이라도 그것을 보고 고개를 돌릴 것이다. 다음 발달단계는 앞으로의 행동을 취할 수 있도록 유용한 패턴을 기억하는 '노하우(know-how)'의 단계다. 아기는 머지않아 경험으로부터 풍선과 얼굴 사이의 차이점을 익히게 되고 부모의 얼굴도 확실히 구별해 내면서 거기에 따라 반응할 것이다. 아기의 뇌는 가변적이고 유연해서 선조들로부터 내려오는 내재된 경험뿐 아니라 특별한 자신의 경험으로도 형성된다. 우리는 이것을 통해 토니 바스틱의 직관이론에 기록된 5번 속성인 '경험에 의해 영향을 받는' 것을 확인할 수 있다.

다음 발달단계는 기본적 욕구로 많은 생물체에 내재해 있는 '호기심'을 통해 진화한다. 일반적으로 놀이를 통해 환경을 적극적으로 탐색하고 그것에 대해 더 많이 배우면서 자신의 능력을 확장하고 불확실성을 줄여 나간다. 이러한 과정에서는 의식적인 의도성이나 고의성은 필요치 않다. 즉, 노하우의 습득은 자연스럽게 일어난다. 더욱이 대부분의 경우에 먼저 언어가 발달하지만, 많은 동물군의 경우에는 전혀 말이 필요 없다. 그러므로 클락스톤은 "앎(knowing)은 근원적으로 내재적이며 실질적이고 직관적이다."(1997, p. 19)라고 자신의 주장을 밝히고 있다. 바스틱은 이것을 13번 속성인 '타고난 본능적인 지식이나 능력'으로 분류한다. 그러나 불행하게도 서구문화 속에서 우리는 앎(knowing)의 초기형태를 망각한 것처럼 보인다.

융과 같이 클락스톤은 이성에 지나치게 의존하는 경향에 대한 심각성을 강조한다. 클락스톤은 현대 서구사회에서 "우리는 정보수집, 지적능력, 성급함으로 특징지어지는 마음의 단순한 방식에 무심결에 갇혀 버렸다."라고 주장한다. 결과적으로 우리는 분석과 기술적 전문지식을 요하는 문제를 해결할 때 매우 훌륭하게 접근하게 되었지만, 어려운 곤경에 대처하는 이러한 접근법은 대개 적절하지 못한 방법들이다. 실제로 우리는 이러한

'지적인 무의식'[클락스톤은 이것을 '심하(undermind: 무의식적인 마음—역자 주)'라 불렀다]을 무시해 왔으며, 지적인 무의식이 무엇을 위한 것인지, 우리가 그것에 접근이 가능한지조차 기억할 수 없게 되었다. 만일 우리가 지적인 무의식을 조금이라도 생각한다면, 그것은 '우리의 이성과 규제를 위협하는 야생적이고 제멋대로인 특징을 지닌' 것으로, 그리고 '마음에 대한 프로이트파의 위험한 아성(牙城)'에 존재하는 어떤 것(p. 7)이라고 치부해 버린다. 그러나 상담사와 심리치료사는 그들의 연구영역이 인간이 가지고 있는 문제와 어려움인 만큼 그들 자신의 원시적인 요소를 직면할 수 있는 용기를 가져야 할 것이고, 기꺼이 직관적으로 대응해야 할 것이다.

테오도르 레이크는 이성이나 무의식에서 나오는 행동의 '규칙'은 관련성이 부족하다고 강조한다. 이러한 요소들은 원시적이고 발달되지 않은 특성을 나타내는 것이다. 더욱이 원시적인 요소는 여러 모순점들을 허용하는 능력을 지니고 있어 한 영역에서 다른 영역으로 쉽게 변화시킬 수 있다(1948/1975, p. 454). 상담 및 심리치료와 마찬가지로 심리적 고통으로 괴로워하는 인간의 복잡성을 이해하기 위해 원시적인 요소는 표면적으로 양립할 수 없는 요소들을 견디며 수용할 수 있는 이점을 가졌고, 제4장의 논의에서 볼 수 있듯이 직관유형의 특성이다. 그럼에도 그것은 논리적 · 언어적 양식에서 벗어나 무의식의 영역, 즉 어떤 이들은 도전적이며 심지어는 당황스럽다고 느끼는 부분으로 이동하려는 우리 자신의 의지를 필요로 한다. 따라서 상담사나 심리치료사가 그들 자신의 무의식과 익숙해질수록, 무의식을 하나의 자원으로 이용할 수 있다는 확신을 충분히 느낄 것이다.

동물과 마찬가지로 인간도 자신을 둘러싼 환경 속에서 주어진 상태에 따라 적응하면서 진화한다는 다윈의 이론(Darwin, 1859/1968)은 빅토리아 시대에 사회적 충격을 안겨 주었다. 이것은 우리의 많은 반응들이 사회 속에서의 교육의 산물이기보다 본능적이고 우리의 신경조직에 이미 내재되어 있음을 의미한다. 그러므로 영향력 있는 많은 서양철학자들은 의문을 제기했다. 특히 모든 지식이 경험으로부터 나온다고 믿는 경험주의자들은 더 그랬다. 예를 들어, 존 로크(John Locke)는 "마음이란 아무런 생각도 없이 어떤 특성도 없는 하얀 백지와 같다."라고 말한 바 있다. 로크는 "어떻게 마음이라는 존재가 채워지는 것일까? …… 이성과 지식이라는 산물이 어디에서 나오는 것일까?"라고 자문했다. 그의 대답은 "한마디로 이 모든 것은 경험으로부터 나온다."(1689/1997, II.i.2)라는 것이다.

프로이트는 다윈의 이론에 크게 영향을 받았다. 다윈은 어린 아들과 동물원에 갔을 때 아이가 예전에 덩치 큰 동물을 본 적이 없음에도 그 동물을 두려워한다는 사실을 알아차렸다. 다윈은 그와 같은 아동기 공포심이 잠재적 포식자에 대한 보호본능으로서 아이에게 이미 내재되어 있는 것이라고 추측했다. 프로이트는 이 생각을 받아들이고, 신경증적 공포증 같은 특정 아동기 장애는 태어나면서부터 타고난다는 이론을 주장했다(SE XII, pp. 316-326). 현재 많은 심리학자는 거미공포증이나 밀실공포증 등 여러 공포증들이 유전적 기원을 가지고 있다고 믿고 있다. 하지만 행동주의자들은 정반대의 견해를 주장한다. 왓슨(Watson)은 인간의 본성은 완전히 환경에 의해 영향을 받는다고 주장했다. 왓슨은 "만약 여러 명의 건강한 아이가 나에게 주어지고 그 아이들을 키울 수 있는 특정한 환경이 잘 형성된다면, 나는 그 아이들 중 어떤 아이라도 내가 마음먹은 대로 특정 분야의 전문가, 즉 의사, 변호사, 예술가, 상인, 단체장, 심지어는 거지나 도둑으로도 성장시킬 수 있다!"(1924, p. 104)라고 주장했다.

본성 대 양육 논쟁과 관련해 융이 어떤 관점을 가지고 있었는지 확인하는 일은 중요하다. 융은 프로이트의 이론이 다윈의 영향을 받았다는 점은 인정하지만, 자신의 이론은 18세기와 19세기 초의 철학자들에게서 크게 영향을 받았다고 주장했다(1963/1995, p. 184). 실제로 융은 아동기 발달에 관한 자신의 이론을 설명하면서 프로이트의 이론을 침해하지 않으려 했다. 융은 아이가 부모에게서 받는 영향에 대해 아이의 주관적 인상, 즉 개개인의 심리에 전달된 부모의 '이마고[imago(die imago, 신의 형상): 본인도 모르게 사람의 행동에 영향을 미치는 완벽한 모습으로 새겨져 있는 상상 속 인물의 상-역자 주]'를 고려하면서 프로이트와는 다르게 보았다. 무의식의 산물과 관련한 분석적 치료에서 이마고가 그 실제 대상과 동일시되는 것으로 추측해서는 안 된다(CW 6, para. 812). 여기서는 주체의 내적 상태와 무의식적 환상을 강조하고 있다.

　일반적으로 융은 성격발달을 환경적 여건과 유전적인 요소들의 종합으로 보았다. 융은 '원형(archetype)', 즉 '태곳적 이미지(primordial image)'의 관점에서 선천적 요소들을 생각하려 했다. 이 '원형'은 인간의 역사 속에서나 서로 다른 사회에서도 비슷한 경향을 보였으며 집단무의식의 산물이다. 원형은 출생, 결혼, 죽음과 같은 인류 보편적 경험에 대한 인간의 행동에서 쉽게 발견된다. 이와 같이 '원형'은 우리 인간성의 모체가 된다. 모든 개개인이 내적 심리 속에 이러한 '원형'들을 가지고 있으므로, 이를 통해 언어나 생각이 없이도 우리는 직접적으로 소통이 가능한 것이다. 이것은 상대에 대해 총체적으로 알게 해 주는데, 이는 바로 직관적이라 할 수 있다. 치료에서는 이런 즉각적인 지각을 사람이 직접적으로 타인과 무의식적 의사소통을 하는 것처럼 내담자와 '조율하는' 것으로 좀 더 평이하게 언급하고 있다. 이런 경험은 더 고조된 상태에서는 신비스러운 것으로 설명될 수 있다. 이에 대한 예시는 제5장과 제10장의 연구와 제9장의 사례에 나타나 있다.

　하지만 이러한 '원형'들은 그것들을 드러낼 수 있는 매체를 필요로 한다. 따라서 마음속 오래된 정신의 층으로부터 일어나서 의미로 채워지는 것이 상징적 이미지다. 이들을 이해하기 위해 중재적인 매체가 필요한데,

직관이 이 역할을 한다. 융은 "직관은 신화적 이미지의 지각, 즉 '관념'의 전 단계를 중재함으로써 아이의 강력한 인상과 원시적 원형 사이에 균형을 이루게 한다."(CW 6, para. 772)라고 말한다. 융은 이 '관념'이라는 용어를 원시적 이미지를 담아내는 의미를 표현하기 위해 사용한다(CW 6, para. 732). 융은 계속해서 "하지만 지금까지 '관념'이 상징적으로 재현되는 원시적 이미지의 조합된 의미인 것처럼, 관념의 본질은 단순히 어떤 것에 의해서 파생되거나 발달되는 것이 아니라 심리학적으로 말하자면 잠재적 가능성으로서 사고의 결합에 선험적으로 존재하는 것"이라고 말한다. 이 개념은 태초부터 모든 만물의 원형이 신들의 마음에 존재했다는 플라톤 철학의 전통에 이미 존재했다.

그러므로 직관적 이해나 통찰은 자연스럽게 나타나는 신화적 이미지로부터 기인한 것이고, 그 내부의 자연스러운 생명력으로 '스스로의 실현을 위해 분투노력하는 듯하다.'(CW 6, para. 736) 이성적 동화는 그러한 통찰을 관념과 환경조건의 주제, 시대정신으로 바꿀 수 있다.

과학계에 크나큰 파장을 불러왔던 관념의 전 단계로서 이러한 표상의 중요성을 밝혀 주는 좋은 사례가 몇 개 있다. 한 가지는 꿈 형태로 오는데, 이는 탁월한 발견으로 이어졌다. 겐트(Ghent)의 화학 교수인 케쿨레(Friedrich August von Kekulé)는 1865년의 어느 날 오후에 난로 앞에서 졸고 있었는데, 그때 그에게 길게 늘어진 원자들의 배열 형상이 보였다.

모두가 꼬여서 뱀처럼 얽혀 있다. 그런데 자세히 보자! 저게 무엇인가? 여러 마리 중 뱀 한 마리가 자기 꼬리를 물고 있는데 그 모양이 나를 조롱하듯 내 눈앞에서 빙그르르 돌고 있다. 마치 번개에 맞은 것처럼 나는 잠에서 깨어났다……. 꿈에 대해 배우자(Koestler, 1964/1989, p. 118에서 재인용).

자신의 꼬리를 물고 있는 뱀의 형상은 케쿨레에게 특정 유기화합물의 분자조직이 사슬이나 반지 모양에 가깝다는 획기적인 가설에 결정적인 단서를 주었다. 이것은 직관적 발현으로 이어지는 신화적 이미지의 고전적 예다.

아인슈타인(Albert Einstein)도 그의 창의적 과정에서 이와 유사한 점을 보인다.

> 언어로 쓰이거나 발화되는 단어들 모두 내 사고체계에는 아무런 역할을 하지 못하는 듯하다. 생각의 요소로서 심령적 실체는 특정 징후와 다소 선명한 이미지들이다……. (이 요소들은 오히려 '모호한 놀이'에 참여하고 있는 듯하고) …… 여기서 그것들은 자발적으로 재생산되고 결합될 수 있다……. 상호 의사소통이 가능한 말이나 여러 종류의 표시로 논리적 구조의 연결이 생기기 전에 이 결합에 의한 놀이는 생산적 사고에서 중요한 특징인 듯하다(Hadamard, 1945, pp. 142-143에서 Einstein의 글 재인용).

이 인용문에서 창의적 과정을 일으키는 것은 언어가 아니라 오히려 '심령적 실체'와 이미지라는 것이 분명하다. 이것들은 차후에 다른 사람들에게 이해 가능한 형태로 전해질 수 있는 '관념'이나 생각보다 선행된다. 이런 점에서 융과 아인슈타인의 견해가 일치한다.

또한 아인슈타인이 '결합에 의한 놀이'라는 표현을 썼다는 점은 주목할 만하다. 이는 '유아적'이라고 묘사되는 하나의 과정으로, 대개 아동기의 놀이를 지칭하기도 하고 발달심리학자들이 학습의 필수요소라고 여기는 부분이기도 하다. 이는 직관이 이성적 사고가 발달되기 전 어린아이에게도 분명히 있다는 융의 이론을 함축적으로 뒷받침해 주는 것이다. 상티스(De

Sanctis, 1928)에 의해서도 재검토된 바 있는 아이들을 대상으로 한 몇몇 실험에서 아이들은 성인들보다 시간, 크기, 형태에 대한 직관적 평가에서 더 뛰어난 것으로 나타났다. 이러한 결과는 "일반 논리적 사고의 완전한 발달을 이룬 성인들보다 아이들이 직관적 지각에서 더욱 빠르고 더 정확하다." (p. 25)라는 상티스의 주장을 분명하게 뒷받침해 주었다. 이것은 논리와 이성의 발달이 자연스러운 직관적 양상을 억압하는 것을 암시하는 듯하다.

그러므로 직관적 기능으로 재연결하는 한 가지 수단은 놀이 자극을 통해 아이들의 사고형태로 돌아가는 것이다. 직관적이고 창의적인 유형은 이것을 직감적으로 한다는 사실은 괄목할 만하다(제4장 참조). 융은 상상력을 일깨우고 무의식의 상징적 언어와 접촉하는 방법으로 그림 그리기와 모형 만들기를 추천했다. 그는 의미 있는 온갖 환상을 꿈꾸며 살던 호숫가에 작은 오두막, 성, 교회를 짓는 정교한 건축 게임을 통해 자신의 내면아이를 탐색했다. 융은 자서전에서 그 아이가 '텅 빈 벽'을 만날 때마다 어떻게 그림을 그리고 조각을 하곤 했는지 기술하고 있다. 각각의 창의적인 활동은 뒤따르는 연구에 출구(出口, rite d'entrée)가 되는 듯했다(1963/1995, pp. 197-199). 이러한 사례를 따름으로써 상담사와 심리치료사들은 직관의 근원으로 가는 통로를 열어 줄 수 있다. 마찬가지로 상담에서 예술치료는 내담자를 무의식과 다시 연결할 수 있도록 도와주는 귀중한 것으로 증명할 수 있다.

상담과 심리치료 분야에서 꿈은 종종 중요한 역할을 할 수 있다. 여기서 과제는 내담자의 자기이해를 도울 수 있도록 상징의 의미를 이끌어 내는 것이다. 프로이트는 자신의 꿈 분석이 자신과 타인의 정서적인 삶의 본질로의 깊은 통찰을 주었고, 이러한 과정의 소개는 '심층심리학(depth psychology)'을 만들면서 정신분석 분야에서 전환점을 맞았다고 생각했다(SE XXII, p. 7). 융도 마찬가지로 이러한 꿈 분석이 무의식으로의 길을 열어 주는 아주 중요한 수단이 된다고 믿었다(1984/1995, p. 3). 내담자는 해결책이 필요한 몇 가지 인상이 기억에 남아 있기 때문에 꿈을 가져올 수 있다. 레이크는 자신이 꾼 꿈의 의미를 풀어내는 과정을 솔직하게 묘사해 보였다. 레이크는 꿈속에서 살인죄로 판사 앞에 서 있었다. 그가 꾼 꿈의 상징과 자신의 실제 삶 사이의 연결고리를 만들어 나갈수록 자신의 내부에 숨겨진 소망이 점차 분명해졌다. 레이크는 최근에 출간한 책의 특정 부분을 혹평한 비평가들에게 자신이 옳다는 것을 증명하고자 했다 (1948/1975, pp. 38-43). 드러나는 의미는 자신의 성격에 대한 중요한 통찰을 제공한다. 이러한 직관적 지식은 강압적으로 되는 것이 아니다. 레이크의 사례가 보여 주듯이 퍼즐조각이 모두 제자리를 찾기 위해서는 때때로 인내가 필요하다.

하지만 직관적 지식은 융이 생각한 것처럼 직관의 중재과정이 전통적인 신화와 동화의 관점에서 '신화적' 상징과 관련될 필요는 없다고 말할 수 있다. 케쿨레의 뱀의 이미지가 사실 전통적인 신화적 이미지로 설명될 수는 있지만, 꿈과 몽상의 많은 상징은 현대의 삶에서 오는 장면들이다. 어쩌면 융은 우리가 우리 시대의 신화적 상징성을 띄는 이미지들을 창조했다고 생각할 것이다.

마찬가지로 직관은 전적으로 '원시적'이거나 '유아적'일 수는 없다. 기억할 것은 직관이 어쩌면 성숙된 경험이나 세련된 예술형식을 포함해 기억 속에 내재된 지식과 연결되는 결과일 수 있다는 것이다. 치료에서의 이러한 연상의 중요성은 제10장에서 다루게 된다.

직관의 비합리적 특성

이제 조사해야 하는 문제는 직관을 '비합리적 인식기능'으로 정의한 융

의 설명이다(CW 6, para. 770). 이 진술을 다른 결과와 비교해 보기 전에 우
선 융이 '비합리적'이라고 말한 의미가 무엇인지 확인할 필요가 있다. 융
은 이 용어를 이성과 반대되는 개념으로 나타낸 것이 아니라 오히려 '이
성을 넘어선[beyond reason(im Sinne des Ausservernunftigen)]' 어떤 것, 혹은
글자 그대로 '이성을 벗어난(outside reason)' 어떤 것, '그러므로, 이성에
기초를 두지 않는 어떤 것(something, therefore, not grounded on reason)'이
라고 설명한다. 융은 달이 지구 주위에 존재하고, 염소(Cl)가 하나의 원소
인 것처럼 이 개념에 기본적인 사실을 포함시킨다. 융은 직관을 사고나 감
정 기능이 작용하는 방식으로 설명하지 않을 뿐만 아니라 이성의 법칙에
종속되지도 않고 '우연히 일어날 수 있는 즉각적인 지각'이라고 지적하고
있다. 『챔버 21세기 사전(*Chambers Twenty-First Century Dictionary*)』
(Robinson & Davidson, 1999)에 나온 정의, 즉 '추론이나 분석과정 없이 사
물의 본질을 즉각적으로 지각하는 마음의 힘' 역시 이러한 인상을 준다.
직관의 진실성 문제에 관한 것은 또 다른 주제인데, 이 책의 다른 곳에서
다루어진다.

　　융은 직관을 논리적으로 사고하지 않는 마음의 산물이라고 했다. 여기에
는 적어도 여러 학문 분야의 연구진들 사이에 상당한 동의가 있었다. 미국
의 심리학자인 알렉산더 귀오라(Alexander Guiora)는 직관을 추론과 비교하
면서, 직관은 '이론적 원칙', 즉 외부의 단서가 논리적 판단에 부적합하다
고 파악되는 형태에 따라 달라지지만, 추론은 '특이한 연상의 중재'를 통해
만들어진다고 설명한다(1965, p. 782). 한 번 더 어떤 새로운 방식으로 결합
하여 다른 요소로 이루어진 '개념'인 것이다. 하지만 추론은 '아리스토텔
레스의 논리의 법칙을 따라' 주어진 정보나 전제로부터 도출되는 결론에
의해 특징지어진다. 따라서 어떤 것을 논리적으로 생각하는 것에 기초하여
판단에 이르게 된다. 나아가 결론에 도달하는 단계들이 알려지게 된다.

상담사와 심리치료사의 상담과정의 어떤 부분이 논리적이고 또한 얼마나 많은 부분이 지각되지 못하고 일어나는지를 평가하기는 어렵지만, 분명히 두 가지 모두 필요하며 때로는 서로 연결되어 작용할 수도 있다. 일과 관련된 스트레스로 인한 신경쇠약 증상을 보이는 한 내담자가 내 앞에 앉아 있다면, 이때 나는 그 내담자가 해야 하는 많은 일들을 '못 해요.'라고 말할 수 있어야 한다고 추측하는 것이 합리적이다. 나아가 나는 그 내담자에게 충분히 휴식할 수 있는 방법에 대해서 알려 줄 것이고, 좀 더 자주 휴식을 취하라고 얘기해 줄 것이다. 그리고 다시 직장으로 돌아갈 준비가 되면, 그 내담자가 커피나 차를 마시거나 점심을 먹으면서 적절한 휴식시간을 가지도록 권할 것이다. 또한 그 내담자가 시간을 얼마나 잘 관리하는지 지켜볼 것이다. 이러한 과정은 논리적이고 의식적이다. 이것과 유사하게 나는 내 직관이 나를 자극하고 있는 것처럼 느낀다. 예를 들면, 나는 스트레스가 단지 일 때문이 아니라 가족들의 요구 및 기대와도 관련이 있음을 그 내담자가 아들에 관한 이야기를 할 때의 목소리 톤이라든지, 남편에 관한 이야기를 할 때 보이는 작은 비웃음을 통해 알 수 있었다. 몇 가지 가벼운 질문을 한 후에, 나는 내담자의 가족들이 자신의 일을 대부분 끝까지 마무리 짓지 않고 내버려 둔다는 사실을 알았다. 빨랫감을 세탁기에 넣지만 밖에 널지는 않는다든지, 저녁을 준비하면서 고기만 꺼내 놓고 채소는 준비하지 않는다든지, 한쪽 벽만 페인트칠하고 바로 옆의 벽은 그냥 내버려 둔다든지, 항상 내담자가 모든 것을 마무리해야 하는 상황이었다. 이때 나는 다시 논리적인 사고로 바꾸어서 그 내담자가 실제적인 도움을 요청해야 하며 여러 가지 일을 잘 마무리할 수 있도록 구체적인 요구를 할 필요가 있다는 것을 밝혔다. 이러한 상담에서처럼 직관과 이성은 내담자에게 도움이 되도록 창의적으로 서로 함께 작용한다.

유레카!

대부분의 상담사와 심리치료사는 내담자와의 상담에서 곤란함을 느끼거나 중요한 무언가가 빠져 있다는 느낌을 깨닫는 순간을 잘 알 것이다. 갑자기 어떤 연결고리가 만들어지고 '그래, 바로 이거야!' 라는 외침이 나오는 때를 말한다. 마침내 해결책이 나온 것이다. 슈퍼비전을 받던 한 상담사가 나에게 바로 그런 경험을 이야기했다. 그 상담사와 상담을 위해 온 내담자는 내담자의 복장도착 행위(이성의 옷을 입는 행위-역자 주)로 인해 당황해하고 있었는데, 내담자 자신을 심하게 괴롭히면서 수치심을 일으키게 하는 이 욕구의 원인을 찾을 수가 없었다. 그 내담자는 항상 아내가 외출을 하면 이러한 행위를 비밀리에 하곤 했다. 논리적으로 이론을 적용해 보면, 이런 행위는 어린 시절 어머니를 잃은 경험과 관련이 있음을 암시했다. 하지만 그 상담사의 직관은 이러한 해석을 제시하지 않도록 자신에게 말하고 있었다. 시간이 흐른 후에 그 상담사는 해답을 찾았다. 그 내담자는 아내가 직장에 있을 때 아내가 너무도 그리워서 아내의 옷을 입곤 했던 것이다. '그래, 바로 이거였어!' 하고 자신이 비정상이 아니라는 것을 깨닫는 순간 얻을 수 있었던 안도감은 엄청났다. 나중에 알게 된 사실이지만, 이전의 상담사는 그 내담자의 복장도착 행위가 어머니와의 관계에서 비롯되었다고 말했다는 것이다. 불행하게도 이러한 상담은 그 내담자의 수치심만 증가시켰다. 이것은 그 내담자에게 정신역동적 이론보다 직관이 더 큰 도움이 되었음이 증명된 사례다.

많은 과학자와 수학자, 발명가들이 직관의 비합리적인 면을 증명하였는데, 그들 중 일부는 자신들의 획기적인 통찰 경험을 설명하고 있다. 이런 경험들은 흔히 '유레카 효과'라고 알려져 있다. '유레카 효과'는 아르

키메데스(Archimedes)가 복잡하게 디자인된 왕관의 부피를 측정하는 방법을 발견하였을 때 처음 경험했다고 알려져 있다. 어떤 기하학 공식도 그에게 도움이 되지 못했다. 그러던 어느 날, 아르키메데스가 욕조에 들어가기만 했을 뿐인데 그는 중요한 사실을 깨닫게 되었다. 욕조에 들어가면서 흘러넘친 물의 부피가 자기 몸의 부피와 같다는 것을 알게 된 것이다. 흘러넘친 물의 부피는 쉽게 측정할 수 있는 것이어서 그는 너무나 기뻐 "유레카!"라고 외쳤다. 논리적인 이성보다는 이런 갑작스러운 통찰이 문제에 대한 해답을 그에게 주었다. 아서 퀘스틀러(Arthur Koestler)가 『창조의 행위(The Act of Creation)』에서 지적한 것처럼 왕관의 부피에 관한 문제는 수학 공식과 관련이 있는 정신적 연상 작용에 속한 것이고, 목욕하는 것은 개인의 청결과 관련이 있는 전혀 다른 차원에 속한다. 단지 이 두 가지 차원이 무의식적으로 만나서 뜻밖의 자각으로 해결책이 떠오르면서 그것 자체를 직관적 통찰로 제시하게 된 것이다. 퀘스틀러는 이러한 과정을 '이연현상(bisociation: 서로 관련이 없는 두 가지 사실이나 아이디어를 하나의 아이디어로 통합하는 것 – 역자 주)'이라고 부른다(1964/1989, p. 107).

이러한 경우는 심리치료에서 대부분 분명하게 일어난다. 예를 들어, 책이나 연극에서 잘 알려진 인물이나 캐릭터와 상담을 신청한 내담자 사이에 연상이 이루어지는데, 이때 그 사례를 이해하는 단서가 제공되기도 한다. 레이크는 이러한 경험 몇 가지를 제시한다. 그 가운데 한 가지 사례는 짧으면서도 이해하기 어려운 꿈에 관한 해석인데, 내용은 다음과 같다. 내담자는 여동생에게 "하하, 5센트가 10센트보다 더 커."라고 말했다. 그 내담자는 자신이 꿈속에서 단지 농담을 던졌을 뿐이라고 생각해 아무런 연관을 짓지 못했다. 무엇이 그토록 웃겼을까? 내담자나 레이크는 해답을 찾을 수가 없었다. 하지만, 갑자기 그 내담자의 배경에 관한 정보 하나가 머릿속에 떠올랐다. 그것은 내담자가 여동생을 재정적으로 도와주고 있다

는 사실이었다. 그리고 레이크의 마음속에 '햄릿'의 주인공이 생각의 조
각처럼 떠올랐는데, 왕자가 두 신하 로젠크란츠(Rosencrantz)와 길덴스턴
(Guildenstern)의 위선을 폭로하고자 그들을 놀리고 조롱하는 장면이었다.
나중에 알게 된 사실이지만 그 내담자의 여동생은 자신이 요구하는 돈의
액수가 항상 작다고 불평을 하였는데, 사실 여동생의 요구는 내담자에게
점점 큰 짐이 되고 있었다. 그리고 레이크는 그 해석을 확신하였다. 내담
자는 여동생에게 비꼬는 식으로 더 이상은 이런 상황을 견딜 수 없다고 말
하고 있었던 것이다(1948/1975, pp. 188-190).

　실험심리학의 선구자 가운데 한 명인 빌헬름 분트(Wilhelm Wundt)는
1862년에 다음과 같이 말했다.

>　우리의 마음은 아주 다행스럽게도 잘 갖추어져 있기 때문에, 이런
>정교한 마음 작용에 대한 최소한의 지식이 없이도 우리의 생각에 대한
>가장 중요한 근거를 제공한다. 단지 그 작용의 결과만이 의식으로 드
>러날 뿐이다. 이런 무의식적인 마음은 우리를 위해 창조하고 생산하며
>마침내는 우리의 무릎에 잘 익은 과일을 던져 주는 알려지지 않은 어
>떤 존재와도 같은 것이다(Whyte, 1962/1967, p. 160에서 재인용).

　분트는 상당한 양의 활동이 무의식에서 일어나 시간이 지난 후에 어떤
창조적인 생산물로 나타나게 된다고 확신했다. 분트의 이론은 저명한 과
학자인 헨리 푸앵카레(Henri Poincaré)에 의해 다시 검토되었다. 푸앵카레
는 1913년에 그의 평론인 『수학적 창조(Mathematical Creation)』에서 자신
의 경험에 대한 사례들을 제시하였다. 푸앵카레는 다음과 같이 결론을 내
렸다.

길고 무의식적인 사전 작용에 대한 분명한 조짐이자 표시인 이런 갑작스러운 깨달음의 출현이 처음에는 너무나 굉장했다. 수학적 발견에서 이런 무의식 작용의 역할은 내게 반박의 여지가 없는 듯이 보인다(Ghiselin, 1952, p. 38에서 Poincaré의 글 재인용).

융은 이러한 직관의 내용물을 '주어진' 성격으로 묘사했다. 그 내용물은 합리적 사고과정에서처럼 의식적으로 나온다기보다 자기 자신의 합의에 의해 나타난다. 레이크(1948/1975, pp. 193-197)는 이와 같은 경험을 정신분석적 맥락에서 기술하고 있다. 레이크는 가장 중요한 문제는 논리에 의해서가 아니라 직관에 의해 해결된다고 주장한다.

(분석가) 결론을 탐색하는 것도 아니고 하나를 건너뛰는 것도 아니면서 자신의 가장 심오한 통찰에 도달한다. 자신에게 가장 좋은 방법은 결론이 자신에게 나타나기를 기다리는 것이다. 그는 길든 짧든 마음을 졸이며 조마조마한 상태가 지속될 때, 이런 특별하고 심리학적으로 중요한 바로 그 순간 '그래, 바로 이거야!' 하는 경험을 한다(pp. 192-193).

이것은 어떤 드러나는 도움 없이 결론에 도달하기 전에 일종의 '수동성', 즉 기다리는 기간을 의미한다.

이러한 성격에 대한 예술영역의 수많은 보고서에서도 대개 '영감'으로 묘사하였다. 초기 영국의 작곡가인 윌리엄 버드(William Byrd)는 그것을 '불가사의하게 숨겨진 힘'이라고 언급했고, 자신의 음악에서 가장 멋진 선율은 스스로의 조화로 일어났다고 밝혔다(Maine, 1993, p. 117). 버드는 자신의 마음상태가 느릿느릿 활동적이지 못할 때조차도 그 아름다운 선율들이 풍성하게 자기에게 떠올랐다는 사실을 알았다. 이와 같은 묘사에서 버드는 의식적으로 하는 생각과 스스로 자신에게 다가오는 '아이디어' 사이를 분명히 구분하고 있다. 프랑스 화가인 세잔(Cézanne) 역시 지각할 수 있는 이미지가 나타날 때까지 오히려 다른 색깔로 그림을 그리면 이성적인 생각이 멈추는 것처럼 보였고 "내가 색깔을 칠하고 그것을 생각하기도 전에 그것은 대상이 되어 버린다."(Haftman, 1954, p. 137)라고 하였다. 어느 한 강의에서 하우스만(A. E. Housman, 1933, p. 49)은 '수동적이고 비자발적인 과정'보다 활동이 적은 시적인 영감에 대한 자신의 경험을 이야기했다. 하우스만은 위대한 시가 탄생하는 데 지성을 수단으로 사용할 수 없으며, 실제로 지성은 그런 위대한 시를 창작하는 데 방해만 될 뿐이라고 확신했다. 하우스만은 물론 시 작품이 만들어진 후에 그 작품을 인정하는 데에도 이성을 신뢰할 수 없다고 언급했다.

특정 행동심리학자들은 '소위 직관과정에 의한 발명과 발견은 단순히 우연 때문'이라고 말하며, 분트와 융의 의견에 동의하지 않았다. 예를 들어, 샤를 니콜(Charles Nicolle)은 1932년 『발명 생물학(Biologie de l'Invention)』이라는 저서에서 '발명/발견은 우연'이었다고 주장했다(Hadamard, 1945, pp. 18-19). '우연(chance)'이 발명에 도움이 된다는 증거는 분명히 있다. 레이크(1948/1975)는 정신분석적 경험의 실제에 관한 저서에서 분류나 공식화보다는 불확실성과 우연이 더 지배적이라는 사실을 인정하면서 "운좋은 휴식시간, 운이 없는 실수들, 시도와 실수들, 긴장감과 놀람 등 이 모든 것은 정신분석이 지성적 모험을 하도록 만들어 준다."(p. 198)라고 하였다. 레이크는 꿈에 초점을 둔 한 사례를 설명하였다. 꿈속에서 내담자는 아버지와 함께 배에 타고 있는 자신의 모습을 보고 있다(p. 266). 내담자가 "엄마는 아빠가 떠나는 사실을 알아요?"라고 아버지에게 질문을 한다. 아버지는 울기 시작했고 어머니에게 말하는 것을 잊어버렸다고 했다. 그래서 부자는 전화를 걸기로 했다. 그들은 육지에 도착했고, 꿈은 이렇게 끝났다. 내담자는 이 꿈의 어떤 부분과도 아무런 연관을 짓지 못했다. 레이크는 갑자기 자신도 모르게 혹시 내담자가 연극 〈아웃워드 바운드(Outward Bound)〉를 아는지 물었다. 이 질문에 내담자는 깜짝 놀랐는데, 바로 조금 전 내담자 역시 똑같이 그 연극에 대해 생각하고 있었기 때문이다. 그 꿈과 연극의 주제 사이에는 분명히 유사점이 있는 것은 사실이지만, 두 사람 모두 동시에 그 연극을 떠올렸다는 사실은 순전히 우연이었다. 결과적으로 최근의 내담자 아버지의 죽음과 내담자 자신의 죽음에 대한 무의식적 두려움과 관련해 의미 있는 해석을 내릴 수 있었다.

물론, 우연히 일어나는 사건들이 창의적이고 흔치 않은 연결의 기회를 증가시킨다는 것은 인정할 만한 사실이다. 언스트 크리스(Ernst Kris, 1939)는 우연이라고 보이는 것이 사실은 '이전의 전의식(前意識)적 경험의 결과'라고 제안함으로써 이 개념을 수정한다(p. 383). 하지만 직관이 발휘되기 위해서는 어떤 식으로든 이러한 경험과 잘 맞아떨어지는 행운이 따르는 우연한 사건이 일어난다.

* * * *

심리학자는 물론 철학자, 과학자, 예술가들 사이에서 직관이 합리적 사고과정이 아니라는 융의 견해를 뒷받침하는 폭넓은 합의가 있었다는 점이 분명해졌다. 하지만 직관은 인간의 어려운 문제를 이해하는 데 주축이 될 수 있다. 상담과 심리치료에서처럼 삶의 문제를 해결하는 데 도움을 주는 비분석적 과정이 상당히 포함될 수 있다는 것이다. 우리는 어떤 사람이 타인을 만날 때 생기는 '직감적이고 직접적인 앎(knowing)'을 끌어낼 수도 있다. 어쩌면 우리가 말을 하기 전에도 내재적으로 각인되어 있는 노하우

(know-how)는 종종 비언어적인 개인적 경험을 통해 얻어진 개인사에 관한 전문지식과 더불어 우리에게 더 큰 자원이 될 수 있다. 구체적으로 이해하기 전에 몇 가지 요소가 결합될 필요가 있다. 전의식(前意識) 정보와 더불어 무의식적 분석과 단순한 운(運)은 직관이 작용하는 데 필요한 연결을 만드는 역할을 할지도 모른다.

하지만 이것은 단지 그림의 일부에 불과하다. 직관의 특성에 대해 논의된 것들이 더 많이 있다.

제3장

전체적이고 완전한 지식

이 장(章)의 주제를 생각해 보면서 나는 불현듯 만화경의 이미지가 마음속에 떠올랐다. 내가 만화경을 흔들며 돌리자 의미 있는 새로운 짜임새가 될 때까지 색채와 형상이 바뀌며 어우러졌다. 상상 속에서 나는 그렇게 많은 요소들이 조화롭고 아름다운 전체를 형성해 가는 방식에 두려움을 느꼈다. 게다가 나는 다양한 부분에서 어떤 형태가 드러날지 예측조차 할 수 없었다.

이것은 내게 마치 직관은 전체적인 인식형태라는 융(Jung)의 개념의 다채로운 표현처럼 보였다. 융의 정의를 보면, "직관의 내용은 이 개념이 어떻게 성립되는지를 설명하거나 알아내지 못할지라도 그 자체로서 전체적이고 완전하게 표현된다." (CW 6, para. 770)라고 주장한다. 이 진술에는 두 가지 중요한 측면이 있다. 첫째, 직관은 문제의 그 주제에 대한 전체적 이해를 제공하면서 의식에 도달해서 그 자체를 완전한 구조로 드러내는 그 순간에 관여한다. 둘째, 때로는 '신비스러운' 것으로 설명되는 직관의 특성에 대한 언급인데, 그 이유는 사람은 이 같은 새로운 이해가 성립된 과정을 기억해 낼 수 없기 때문이다.

토니 바스틱(Tony Bastick, 1982)은 '전체적이고 완전한'이란 개념을 다소 다른 용어, 즉 '포괄적인 지식'으로 사용한다. 바스틱은 이것을 15번 속성(p. 25)으로 설명하면서 한 장(章) 전체에 심혈을 기울일 만큼 매우 중요하게 생각했다. 바스틱은 포괄적인 지각으로서의 직관에 대한 로크의 견해(Locke, 1690/1997)와 같은 철학저서에서부터 푸앵카레(Poincaré)의 직관 수학자들에 대한 관찰(p. 236)에까지 이르는 많은 참고문헌을 언급한다. 그들의 발명에서 필수적이고도 새로운 것이 무엇이든 사전에 계획하지 않고도 사실상 이미 만들어져 나온 전체로서 그들에게 왔다는 것이 공통적인 요인이다. 그러나 바스틱의 논의 중에 대부분은 완전한 개념에 관한 주장이기보다는 직관과정에 관한 포괄적인 특성과 관련이 있다. 이것은 특히 연속적인 것이 아니라 병렬적인 과정으로, 그리고 각 부분에서 전체 형태를 식별하는 능력으로 마음속에서와 외부환경 모두의 주변 단서들을 수용하는 것과 관련이 있다.

  그럼 이것은 상담 장면에서 어떤 의미인가? 상담사나 심리치료사는 암묵리에 기꺼이 내담자와의 관계에서 발생하는 일은 무엇이든 자신의 개인적 반응을 주시하면서 수용적이어야 하고, 동시에 내담자의 태도, 몸짓, 어조, 말의 속도 등에서 미묘한 단서를 포착해야 한다. 또한 이와 같이 얻은 어떤 정보라도 과거 이력이나 현재 상황과 관련해 알고 있는 사실들과 결합해야 한다. '병렬적인 과정(parallel processing)'이라는 용어는 그와 같은 모든 단서들이 꼭 만화경 속에서처럼 바뀌고 재결합하듯이 하나의 새로운 개념이 저절로 나타날 때까지 동시에 꼼꼼히 살펴서 평가할 필요가 있다. 따라서 그 부분이 새로운 질서, 새로운 전체를 만들게 된다. 그러나 누구도 이러한 새 개념이 어떻게 있을 수 있는지 미리 판단할 수는 없다. 바스틱의 입장은 "완전한 직관은 내·외적 지각의 상호작용과 내부 정서의 인지적 맥락으로 정보의 지속적인 통합에 있다."(1982, p. 187)라는 진술로 요약된다. 따라서 상담사나 심리치료사는 느낌과 신체적 반응, 사고에 관해서 내부에서 전달되는 것이 무엇이든지 내담자로부터 오는 정보와 결합하며, 이것은 어떤 의미 있는 개념이 떠오를 때까지 치료사의 생각과 느낌 등의 명암(明暗)에 번갈아 가며 영향을 미칠 것이다. 이 모든 것은 무의식적으로 또는 의식적인 지각의 바로 아래, 즉 전의식(前意識) 상태에서 일어난다(3번 속성).

바스틱의 '직관적 사고이론'은 많은 정보가 정서적으로 부호화되어 있다는 2번 속성, 즉 '정서적 개입은 직관의 모든 양상에 중심이 된다.'(p. 84)는 개념에 바탕을 둔 것이다. '정서'라는 말은 몸에서 경험한 것처럼 느낌을 의미한다. 바스틱은 직관과정을 통한 생리적 자극을 측정했던 실험을 언급하면서, 정서는 몸과 마음의 상호작용적 현상이라고 결론짓는다. 그는 어떤 해답이 떠오르기 전의 긴장감과 그것이 나타날 때의 안도감이나 흥분까지도 설명한다. 게다가 바스틱은 직관유형의 사람을 공감적인 사람처럼 정서적으로 민감하고도 변덕스러운 사람으로 이해한다(공감은 제7장에서 더 논의된다).

따라서 토니 바스틱의 이론에서 정서는 사고와 관련된다(p. 84). 이것은 융의 주장과는 다소 차이가 있다. 왜냐하면 느낌이나 감각, 지성은 본질적으로 서로 맞물려서 표현되며 직관과정의 토대가 되기 때문이다. 융의 유형론에서는 직관의 심리적 기능을 다른 인식기능인 감각기능과 대비시켰고, 개인이 다른 것에 집중하는 동안에는 어느 하나를 받아들일 수 없다는 것을 토대로 한다. 이사벨 마이어스(Isabel Myers)는 자신의 유형 지표를 융의 이론에 기초하였는데(제4장 참조), 이것을 같은 주파수에서 두 개의 라디오 방송을 듣도록 시도한 것과 비교한다(Myers & Myers, 1980/1993, p. 174). 즉, 감각들이 귀 속에서 요란하게 울려 대는 동안은 직관에 귀를 기울일 수 없다. 그러나 많은 논평자들은 실질적인 문제로서 감각을 직관과 반대로 본다. 예컨대, 정신과 의사이자 분석가인 안소니 스토르(Anthony Storr) 박사가 언급하기를 잠재의식 수준에서 환경으로부터 단서를 포착하는 능력은 '현실을 정확히 인지해 내는 최고 수준의 감각기관'을 필요로 한다고 하였다(Storr, 1973, p. 77). 우리가 살펴본 것처럼 바스틱은 직관이 가진 상호작용하는 피드백 특성을 강조하면서, 훨씬 더 나아가 이 특성이 느낌, 생각과 마찬가지로 신체감각과 관련이 있음을 강조한다. 그렇지만 『심리유형(*Psychological Types*)』의 문단 771에서 융은 생각을 함께 해야 하는 '추상적' 직관과 구별하면서, 적어도 사물의 실제와 관련된 '구체적' 직관에서 일부 감각적 개입이 있을 수 있음을 인정한다. 바스틱은 몸을 통해 인지적 연상과 지각에 영향을 주는 많은 동시적 변화에 관해 적고 있는데, 이는 몸의 상태에 번갈아 가며 계속해서 변화를 준다는 것이다. 이것은 분석적 사고와는 꽤 달라서 한꺼번에 모두 생기기보다는 점차적으로 나오는 일련의 양식으로, 각각의 단어, 구절, 문장이 뒤따른다. 이와 같이 바스틱의 이론에 따르면, 직관과정에서 핵심은 분리되기보다는 인지적, 신체적, 정서적 상태의 뒤엉킴에 있다.

그럼에도 불구하고, 직관에서 다른 기능의 관련 정도는 논쟁이 되어 왔다. 정신통합(1965/1975)의 창시자인 로베르토 아사지올리(Roberto Assagioli)는 직관 사용에 대한 기술을 설명하면서 의식영역에서 아마도 그 과정을 방해할지도 모르는 다른 기능들을 일시적으로 제거하도록 학생들에게 상기시킨다. 체계화되지 않은 사고와 감정적 반응, 신체적 산만함은 직관의 등장이나 인지가 '불가능하거나 어려워'지도록 강요하는 것처럼 보인다 (1965/1975, p. 219). 이처럼 아사지올리는 마음을 고요하게 가라앉히는 동양의 명상수행을 따르고 있다. 학생들의 목적은 의식영역에서의 '심리적 정화'를 수행하는 것이다. 이들은 직관이 들어오도록 고요히 가라앉히는 수행을 하게 된다. 이와 같은 접근은 영적 수행으로 간주될 수 있으므로 제9장에서 심도 있게 논의된다. 상담사나 심리치료사는 내부의 수다를 잠재움으로써 달리 지각하지 못할 수도 있는 직관적인 정보에 접근할 수 있다. 이런 수행은 아마도 상담을 하는 동안보다는 상담 회기와 회기 사이에 많은 무의식적 과정이 완전해질 것이므로 특별한 가치가 있을 수 있다.

융은 직관에 관한 정의(CW 6, para. 770)에서 다른 점을 언급하기를 직관의 이상한 점은 "바로 감각에 의한 인식도, 느낌도, 지적 추론도 아니지만 직관 역시 이런 형태들로 드러날지도 모른다."는 것이라고 하였다. 여기에서의 의미는 분명하진 않다. 특히 이런 진술은 융에 따르면, '원칙적으로는 다양한 조건하에서 동일하게 남아 있는' 심리적 '기능'에 대한 정의를 부인하는 것으로 보인다(CW 6, para. 731). 직관이 심리적 기능으로서 어떻게 동일하고, 때로는 세 가지 기능 가운데 하나로 가장하여 나타날 수 있을까? 융의 이론도 이런 측면에서 혼란스러워 보인다. 바스틱의 연구가 직관과정에 대한 충분한 설명을 제공하지만, 여전히 직관이 도달한 정확한 형식에 관해서는 해답이 나오지 않는 의문을 남긴다. 융은 직관과정이 어떤 느낌이나 생각, 신체감각으로 나타날지도 모른다고 암시를 하지만, 그 과정을 제시하지 못하고 있다. 유형론에서 융은 감각을 직관과 정반대에 두면서, 감각은 이미 언급한 대로 특히 '구체적인' 형태와 관련이 있음을 인정한다.

직관의 형식에 관한 정확한 설명은 파악하기 어려운 것처럼 보이지만, 다양한 유형이 있음을 그 논의에서 제시한다. 이처럼 융 또한 '주관적'이거나 '객관적인' 직관에 대해 언급한다(CW 6, para. 771). 두 번째 유형에서 융은 대상의 잠재의식적 지각에 의존한 자료를 의미한다. 그러나 두 번째 유형 역시 분명히 주관적 측면인, 대상에 대한 지각에 의해 일깨워진 느낌과 생각을 포함한다. 다른 기능들도 결국 그렇게 관련되어 있을까? 융의 정의에서 이 부분은 직관이 '자료' 형태로 도달한다고 암시한다. 그 당시 어떻게 '전체적이고 완전한' 그와 같은 자료가 있을까? 언제나처럼 융 이론의 문제점은 경험적 자료가 부족하다는 것이다.

적어도 상담과 심리치료에서 정확한 형식이나 직관이 나타나는 형태에 관한 질문은 이 책의 제10장에서 더 논의되는데, 상담 장면에서 치료사들의 경험에 바탕을 둔 사례들을 제시한다. 제10장에서 행해진 연구는 임상적 맥락에서 최소 13개 유형의 직관을 설명한다. 융의 말처럼 일부는 느낌이나 생각, 신체감각으로 나타난다는 점에서는 맞지만, 다른 것들은 그가 언급하지 않은 인상이나 농담, 시각적 이미지의 형태를 가질 수도 있다. 나의 슈퍼비전을 받는 한 상담사는 남성 내담자와 상담을 하는 동안 자신이 '만지지 마.'라고 쓰인 '샌드위치' 광고판을 들고 있는 강한 남자의 이미지를 어떻게 해서 갑작스레 떠올리게 되었는지에 대해 들려주었다. 이것은 여성과 관련한 그 내담자의 곤란한 느낌에 대해 핵심적인 몇 가지 작업을 가능하도록 이끌었다. 중첩된 많은 의미는 마치 그런 중심적 어려움에 대한 약칭처럼 이러한 단일 이미지와 연관되었다. 이 사례에서 상담사는 직관을 신뢰하고, 그것을 상담에서 다음 단계로 나아가는 길잡이로 받아들였다.

포커싱 기법의 선구자인 유진 젠들린(Eugene Gendlin, 1978/1981)은 직관은 몸에서 완전한 '감각 느낌(felt sense)'을 만들기 위해 형성되는 것이 매우 분명하다고 보았다. 그 과정을 기술하면서 젠들린은 학생이나 내담자에게 집중할 한 가지 대상을 선택하도록 요청한다. 대상에 빠져들지 않으면서 전체 안에서 다시 떠올려 몸에서 무엇이 일어나는지 주의를 기울이도록 요구한다. 젠들린은 계속해서 "전체적인 것에 대한 감각, 흐릿한 불안정감이나 그에 관한 불분명한 몸의 감각 및 그 모든 것들을 느껴 보라."라고 한다. 다음 단계는 감각 느낌의 특성에 중점을 두고서 '손잡이'로 묘사된 하나의 단어나 구절, 이미지를 마음에 떠올려 이끌어 내는 것이다. 이것은 적합한 대상을 찾는 것을 보장하는 감각 느낌과 비교된다. 그리고 그 사람은 "무엇이 그 전체적인 문제에 대하여 나를 그토록 …… 하게 하는 거죠?"(pp. 173-174)라고 질문한다. 전반적으로 그 문제에 관한 것일 뿐만 아니라 전체적인 감각 느낌으로서 몸에서 주어진 지혜에 관한 것이 그 핵심이다.

마이어스와 마이어스(Myers & Myers, 1980/1993)는 융이 단지 지나가는 말로 언급한 주제를 받아들인다. 게다가 그것은 누군가의 관심을 사로잡는 무엇이든 그 가능성을 감지하는 직관능력이라는 것이다. 그들은 "직관을 선호하는 사람들은 그런 가능성을 추구하는 데 매우 열중해서…… 그들은 집중하여 현실 상황을 직시하지 못한다."(p. 2)라고 언급한다. 그러나 그들은 그 가능성에 대한 이런 관심이 포괄적 절차에 대한 기회를 늘리는 그런 방식을 탐구하지는 않는다. 최근 나는 자신의 결혼 생활에 대해 걱정하고 있었던 한 내담자를 상담하는 동안 크리켓 경기가 생각났다. 내가 그 내담자에게 공을 던질 때마다 그 내담자는 공을 쳐서 멀리 보냈다. 내가 다시 또 다른 공을 내담자에게 던지면, 또 다시 쳐서 멀리 보냈다. 그 내담자와 관계를 맺는 방법을 찾을 수 없어서 나는 절망감에 빠졌다. 동시에 나는 그 내담자가 집에서 남편에게도 이렇게 했을 것이라는 인상을 받았는데, 내담자는 남편의 접근방식을 가볍게 여겼다. 결국 그 남편은 더 이상 노력하지 않고 가족과 함께하기보다는 자신이 아끼는 오토바이를 타며 시간을 보내는 것을 선택했다. 남편이 이민 갈 것을 이야기해 왔고, 남편이 자신을 떠날 것이라며 내담자가 두려워했음에도 불구하고, 나는 그들의 결혼 생활이 개선될지도 모른다는 가능성을 느꼈다. 내담자에게 느낀 크리켓 경기 이미지를 알려 주자, 내담자는 자신이 남편을 떠나도록 무의식적으로 몰아간 것에 대해 책임을 느끼기 시작했다. 이렇게 해서 개선 작업이 시작될 수 있었다. 크리켓 경기는 내게 그 내담자가 행한 것을 설명해 줬을 뿐만 아니라, 공이 멀리 날아가기보다는 실제로 가까운 관계에 기회를 주면서 다시 날아올 수도 있다는 가능성을 입증해 주었다. 이와 같은 이미지의 작용은 과거와 현재, 미래에도 계속되었으며, 그 의미를 이해하려는 어떤 노력도 전혀 하지 않았다. 더 많은 가능성이 감지될수록 분명히 이질적인 현상들 사이에 더 많은 연결을 만들 수 있다. 이것은 새롭고도 완전한 실체를 차례로 생성할 가능성을 높여 준다. 만약 상담사나 심리치료사가 직관에 도달한다면, 그래서 열린 마음으로 주변의 단서들을 눈여겨보고 그 가능성을 알아차리게 된다면, 이것은 포괄적인 과정의 중요한 측면이 된다.

정신분석가인 리처드 보드(Richard Board, 1958)는 '분석가의 무의식에서 솟아나는 창의적 연상작용의 직관적 통합'(p. 233)과 '새로운 구조가 이루어지는 방법'(p. 236)에 관해 기술하였다. 이것은 보드가 갑작스러운 요소들의 재조합이 있는 게슈탈트 현상의 특징과 비교한 것이다. 이러한 통합된 형식은 각 부분들을 더한 것보다 더 크다. 실제로 게슈탈트 치료의 목적은 사람들이 전적으로 자기 자신이 될 수 있도록 잠재적 통합을 포함한 다양한 요소들의 조화에 있다. 클락슨(Clarkson) 교수가 지적한 것처럼 게슈탈트 접근법은 의도적으로 '우뇌'를 발달시키며, 은유와 심상화, 움직임을 사용하는 특징이 있고, 원칙적으로 과거와 현재의 경험들을 더 잘 이해하고 통합되도록 한다(1989, pp. 1-2). 따라서 게슈탈트 접근법은 근본적으로 직관적이다. 게슈탈트 치료의 창시자인 프리츠 펄스(Fritz Perls)는 분석과 지나친 지적인 접근을 거부하지만, 근대 형태주의 심리학자들은 사회적 맥락에서 몸과 느낌, 마음의 완전한 통합을 지향하도록 내담자들을 안내한다. 상담사나 심리치료사는 감수성과 자각을 의도적으로 격려하며 내담자의 존재와 환경에 대한 전적인 분위기에 더욱 쉽게 귀를 기울일 수 있다. 클락슨은 게슈탈트 체계의 완전성과 '모든 상징과 단어, 억양과 형태가 삶과 비극 및 유머로 깊이 감동하는 테피스트리 직물에 어떻게 섞여서 짜이는지'를 강조한다(1989, p. vi).

좀 더 과학적인 접근방법을 취하는 심리학자 피터 앤더슨(Peter Anderson)은 비언어적 의사소통의 전문가로 직관이 전체적인 상황을 흡수하고 게슈탈트 패턴을 구현해야 한다는 데 동의한다. 즉, 그는 "다중 채널의 게슈탈트 인상은 인간의 직관이 기준이 되며, 반대로 단일 채널의 분리된 언어적 메시지는 논리가 기준이 될 것이다."(1999, p. 23)라고 하였다. 더구나 비언어적 메시지는 종종 인간의 상호작용의 기초로서, 때로는 더 작은 신호들로 이뤄진 완전한 실체로서 자주 표현된다. 손짓을 하거나 큰 소리를 내지 않고 누군가와 논쟁을 하거나 얼굴표정만을 사용하는 것을 시도해 보라! 마찬가지로 따뜻한 말투와 미소, 어떤 몸짓도 사용하지 않고 오로지 말로만 사랑을 표현하면 어떨까? 이런 식으로 표현하는 사람은 누구든 그들의 메시지를 성공적으로 전달하지 못할 것이다.

아사지올리(1965/1975)도 직관의 완전한 본질은 전체를 형성하는 다양한 부분들의 통합과 한데 묶어야 한다고 생각하며 "그것은 주어진 상황이나 심리적 실제의 전체를 파악한다는 측면에서 합성기능이다."(p. 217)라고 하였다. 쉽게 이해할 수 있는 전체 형성에 연관성을 만드는 것은 심리치료 과정에서 두드러진 양상이며, 상담사나 심리치료사의 사례를 이해하는 데 기여할 뿐만 아니라 내담자의 통찰도 일으킬 수 있다는 것이다.

이런 과정에서 바스틱은 풍부한 배경지식과 경험이 요구되며, 거기에 완전히 몰입해야 한다는 것을 인정한다(1982, p. 174). 대부분의 상담사나 심리치료사들은 상담의 초기단계에서 내담자와 관련된 정보수집의 중요성을 생각하는데, 특히 자유연상은 대개 정신분석적 접근에서 이를 위한 도구가 된다. 어떤 통찰이 일어나기까지는 배양기간이 필요할 수도 있다. 이것은 어쩌면 너무 빨리 해석을 제공해서는 안 된다는 것을 가리킨다.

바스틱의 직관적 지식에 관한 이론에서 그런 배양기간은 다른 연결이 이루어질 수 있도록 '감정들' 사이에서 표류하도록 한다. 바스틱이 제시하는 의견은 정서적·인지적 요소와 함께 운동감각을 통해 형성된 정보가 이런 경향으로 암호화된다는 것이다(p. 78). 또한 경험으로 이뤄진 개념의 연상과도 관련된다. 바스틱은 자유연상이 이들에 관한 내용과 결합을 보여 주기 위해 어떻게 사용될 수 있는지에 관해 밝히고 있다(p. 209). 귀오라 등(Guiora et al., 1965)은 상담 장면에서 직관과 관련된 서두진술에서 현상의 '특이한 연상 양상'에 대해 언급한다(p. 215). 자유연상은 감정들의 새로운 결합을 허용하며 그 과정에서 포괄적·비선형적 특성과 그에 따른 직관적·비분석적 개념의 가능성도 증가시킨다. 바스틱의 연구는 자유연상의 정신분석적 기법에 추가내용을 덧붙여 주는데, 이는 직관적 이해에 도달하는 데 있어 내담자와 분석가 모두에게 유용한 것이다.

사람들이 직관에 도달하는 방법을 설명하지 못하는 이유는 심리학 문헌에 잘 기록되어 있다. 실제로 웨스트콧(Westcott, 1968)은 이런 특성과 관련된 독립적인 해설자들 사이의 합의에 대해 언급하고 있는데, 그가 가장 흥미를 가진 것은 직관에 도달하는 단계의 모호함이다. 실험심리학자들은 직관에 관한 연구에서 그들이 의식적이고 논리적인 사고를 할 수 없도록 의도적으로 주제에 유용한 정보를 제한하는 조건을 부과하면서 이러한 양상을 이용했다. 직관과정의 특성에 대해 설명할 수 없는 이유는 그것이 자각의 바로 직전에 일어나기 때문이다. 융은 "그것은 무의식적인 방식으로 지각을 조정하는 기능이다."(CW 6, para. 770)라고 정확하게 지적한다. 자각을 벗어난 이러한 과정은 내담자와 내담자 이력의 셀 수 없는 인상으로 만들어질 수도 있고, 관련 있는 많은 다른 요인들, 예를 들어 상담사나 심리치료사의 전문적·개인적 경험과 결합될 수도 있다.

테오도르 레이크(Theodor Reik, 1948/1975)는 직관은 의식적·무의식적 지각에 관한 동화의 결과지만, 후자인 무의식적 지각에 중점을 둔다고 생각한다. 이러한 결합과 마음의 연결방식을 돌이켜 볼 때 적어도 다음과 같다면 이해될 수 있다. 즉, "사실, 우리는 우리가 심리적 사실을 인지하는 그런 과정에 따라 모든 구성요소를 분석할 수는 없다."(p. 132)는 것이다. 그것이 결과가 없을 거라는 가정하에 이런 종류의 분석이 거의 시도된 적이 없었다고 할 수 있을까? 그러나 레이크는 자신의 저서에서 비록 그런 해석이 처음 그에게 일어났을 때 이유를 설명할 수 없었다 하더라도 레이크가 특정한 해석에 도달한 단계를 일부는 추론할 수 있다. 레이크가 기억하는 사례는 한 젊은 남자(레이크의 내담자)와 그의 여자 친구 사이에서 일어난 열띤 언쟁에 대해 다룬 것이다. 그 여자 친구는 기분이 계속 언짢은 상태였고, 자신이 너무 말라서 살을 찌워야 한다고 불평했다. 레이크의 직관은 즉시 내담자에게 그 다툼의 잠재적 의미는 실제로 소녀의 모습보다는 아이에 관한 것이라고 말했으나, 상담에서 그 같은 해석을 지적할 근거가 아무것도 없었다. 그 뒤에 레이크는 그 소녀가 약 18개월 전에 낙태를 했다는 것을 기억해 냈다. 레이크는 그때 이 정보가 현재의 자각을 벗어나 어딘가에 존재하며 무의식적으로 '살찌우다'라는 구절과 결합했음을 알아차렸다. 이 구절은 더불어 임신이란 생각을 촉발시켰다.

여기에서 융의 정의로 일부 특성을 만들 필요가 있다. 그것은 전체적으로 설명할 수 없는 것이기보다는 경우에 따라서는 전체 형태에 기여함으로써 결국은 직관이 되는 조각들을 떠올릴 가능성이 있을지도 모른다.

흥미롭게도, 무엇이 직관에 필요한 병렬적인 과정을 제한할 수 있는가에 대하여 생각해 볼 만하다. 토니 바스틱은 직관의 포괄적 본질을 논의하면서, 불안이 몸에서 일어나는 동시다발적이고 상호작용적인 피드백 체계를 방해함으로써 억압하는 요인이 되었다는 것을 알았다(p. 215). 바스틱은 특히 새로운 반응이 관련된 기억과 학습에 관한 불안의 부정적 효과를 연구한 50개의 논문을 언급하면서, 스트레스가 '기능적 고착'과 감정들의 결합 억제를 일으킨다고 결론지었다(p. 233). 이것은 상담사나 심리치료사가 직관에의 접근을 통하여 긴장을 완화하고 스트레스로 인해 고통받지 않아야 한다는 것을 시사한다. 결과적으로 스스로를 돌보는 것이 중요하다. 나는 이따금 상담사들이 충분한 에너지를 갖고서 원기를 회복하고 영양상태가 좋다고 느끼지 않는지에 근거하여 '건강한 이기심'이라는 개념을 제안하는데, 그러면 상담사들은 다른 누군가에게 완전히 드러낼 수 있을 것 같지 않다. 상담사나 심리치료사는 중요한 직관에 기여할지 모를 그런 미묘한 단서들을 포착하기 위해 긴장을 늦추지 말아야 한다.

주관적 확신에 대한 의문

완전한 직관에 대한 경험은 종종 직관과 함께 정확한 느낌과 확신을 수반한다. 이것은 특히 '유레카'의 순간에 나타나게 되는데, 이때 직관은 의식에 도달하고 그 사람은 아마 "그래, 바로 이거야!"라고 외칠지도 모른다. 나는 불안해하면서 예민해져 있는 한 내담자에 관한 기록을 끝내던 어느 날 이례적인 직관을 갖게 되었는데, 그 내담자는 죽음의 공포를 동반한 공황발작을 경험하고 있었다. 몇 가지 이완훈련을 통해 내담자를 안내하기에 앞서 나는 그 내담자에게 자신을 안정시키는 데 도움이 되도록 심호흡을 몇 번 하도록 제안했지만 그 내담자는 심호흡하는 것을 힘들어했다. 그 내담자는 이렇게 심호흡하는 것이 자신에게 아무 도움이 되지 않는다고 불만을 토로했다. '심호흡(deep breath)'이란 단어를 적는 동안 나는 무의식적으로 첫 번째 단어의 어미와 두 번째 단어의 어두를 빠뜨리고는 나 자신이 '죽음(death)'이라고 대신 적고 있는 것을 알았다. 난 깜짝 놀라 멈추고는, 그 순간 내담자를 그토록 두렵게 하는 것은 죽음이 아니라 계속해서 살아갈 삶에 대한 두려움이란 것을 깨달았다. 바로 그것이었다! 증거도 없고 내담자 자신에게 확증조차 없었지만, 나는 그 직관이 맞다고 전적으로 확신했다. 그 후에 우리는 그 내담자의 억압된 창의성을 표출하는 방법을 찾기 시작했고 공황증상은 점차 진정되었다.

경고와 관련된 말은 확신과 연결되어 이루어져야 하는데, 때로는 진실한 직관의 순간을 경험할 필요가 있다. 융의 정의에서 보면, 융은 내적 정확성을 주장하는 것이 아니라 확신과 함께 오는 직관의 주관적 경험을 강조하고 있다. 그러나 이것은 정확성을 암시한다. 융은 자신의 저서에서 직관을 최상의 지식형태로 여겼던 스피노자(Spinoza)와 베르그송(Bergson)의 철학에서 영향을 받았다고 시인했다(CW 6, para. 770). 그럼에도 불구하고 베르그송은 자신의『창조적 진화(Creative Evolution)』란 저서에서 "변증법은 직관을 증명하는 데 필요하며, 또한 직관은 그 자체로서 개념들로 쪼개져 다른 사람들에게 전해지도록 하기 위해서도 필요하다……." (1913, p. 251)라고 말했다. 따라서 직관은 가장 좋은 지식의 토대이고, 이는 논리와 이성으로 검증되어야 하며, 다른 사람들에게 전달되기에 앞서 지성적 언어로 탈바꿈되어야 한다.

　　일부 철학자들은 직관이 부정확할 수도 있다는 말이 불합리하다고 주장할지도 모른다. 만약 결과가 부정확하다면, 전혀 직관적인 것이 아니라 그저 잘못된 추측이었다는 것을 의미한다. 이것은 그 용어를 사용하는 구체적인 방식을 언급하며, 게다가 그것은 일단 누군가가 그것들을 충분히 이해하면, [비(非)추론적으로] 진실이라고 볼 수 있는 분명한 주장에 관한 것이다. 러셀은 "그것은 종종 전체 혹은 결국에는 분명한 주장들이 직관을 통해 알 수 있는 것으로 알려져 있으며, 직관은 여기서 특정한 종류의 지적 혹은 이성적 통찰로 확인된다." (Audi, 1995, p. 382에서 Russell의 글 재인용)라고 말한다. 그러나 상담과 심리치료에서 직관은 다면적 과정이지 전적으로 분명한 주장과 관련된 것이 아니다. 따라서 다양한 글에서 언급된 경고는 진지하게 받아들여야 한다.

　　융은 직관에서 경험된 확실성을 감각에서 경험된 확실성과 비교하면서, 주된 차이점으로 후자는 신체적 토대에서 일어난다고 하였다. 융은 직관에 대한 확신은 "자신의 문제의 기원이 분명한 정신적 경계 상태에 달려 있다."라고 주장한다(CW 6, para. 770). 융이 부가설명을 하지 않아 이것으로는 융이 의미하는 바를 분명히 알 수는 없다. 단지 융은 환경 혹은 그 자체로부터 잠재의식으로 포착할 수도 있는 단서들에 대한 내적 긴장상태를 언급하고 있다고 추측할 수 있다. 하지만, 어떻게 정확성이 '긴장상태'에 달려 있는지를 이해하기란 쉽지 않다.

상담 장면에서 상담사와 심리치료사는 항상 내담자에 대한 어떤 직관에 기초한 해석을 확인하는 선택권이 있다. CW 6의 문단 772에서 융은 많은 직관이 그 뒤에 그들의 구성 성분들로 세분화되어 베르그송이 권고한 대로 합리화될 수 있다고 언급한다. 정확하게 어떻게 직관이 상담과 심리치료 장면에서 입증되는가는 제10장에 서술된 연구에서 밝혀지는데, 이 장에서는 완전히 인지적이지는 않지만 적어도 6가지 방식이 있다고 밝힌다.

아사지올리는 예감에 의해 인상 깊게 생각하기 쉽고, 나아가 진실과 허위 직관들 사이에서 구별할 충분한 인식능력을 갖지 못하는 사람들에 대해 언급한다. 아사지올리는 직관을 인식능력과 협력하여 이용할 수 있도록 다양한 기능의 계발을 권장한다(1965/1975, p. 222). 따라서 이 같은 충고에 주의를 기울이는 상담사와 심리치료사들은 그와 같은 다양한 기능을 계발하는 데 관심을 보일 것이다.

토니 바스틱(1982)은 정확성의 주관적 측면(10번 속성, p. 25)을 강조하는데, 이것 역시 객관적 정확성과 동일시될 수는 없다. 따라서 바스틱의 속성 목록에는 '직관이 정확할 필요는 없다.'(9번 속성)는 내용도 들어 있다. 정확성에 대한 느낌은 매우 강력한 것일 수 있다. 따라서 상담사와 심리치료사는 이런 방식으로 주어진 정보에 따라 행동하기 전에 그런 느낌이 오도될 가능성에 대해 알아차려야 한다.

****

이 시점에 나는 직관의 주된 속성에 대한 올바른 이해를 하게 되었다고 느꼈다. 직관의 비합리적 특성을 연구하면서 나는 당시 전체적인 측면을 주시했었는데, 그 과정은 직선적이기보다 오히려 포괄적인 방법이다. 그리고 직관은 의식 속에 완전한 구조로서 다양한 형태로 온다는 것을 알았다. 그 과정이 자각을 벗어나 일어나기 때문에 그 단계들이 분명치는 않지만, 돌이켜 보면 때로는 많은 연결을 이해하는 것이 가능하다. 상호작용하는 몸·마음 현상, 즉 다른 현상과 함께 일어나는 복합적인 피드백 체계에 의존하는 근거가 융보다는 바스틱에게 치우치는 것으로 보였다.

여기저기에 있는 암시들은 사람이 직관에 좀 더 개방적이 되도록 하는 특성을 만들어 왔다. 그때 내 마음속에 끊임없이 계속되던 의문은 바로 '어떤 사람은 선천적으로 다른 사람들보다 더 직관적인가?' 였다. 이것이 지금 나를 유혹하는 분야여서, 나는 이것을 다음 장(章)의 주제로 결정했다.

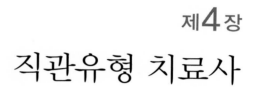

제4장

직관유형 치료사

‘유 형’이라는 단어를 언급하면서, 사람들을 특정 상자 속에 가두는 것을 꺼리는 나 자신을 발견했다. 인간은 매우 복잡한데 어떤 방식으로 그들을 범주화할 수 있을까? 그러나 내게 워크숍 운영제의를 할 때 나를 직관적인 사람으로 보았다면, 다른 사람들이 내 안에서 본 것은 도대체 무엇인가? 마치 내가 사람들을 잘 이해하고 상황을 재빨리 파악할 수 있어서 명성이라도 얻은 것처럼 보였다. 물론 이 분야에 종사한 초기 몇 해 동안은 당연히 그렇게 생각하고 있었다. 당시 나는 음악과 춤, 연극에 대한 애정도 있었고 그런 것들에 예민하다는 것을 알고 있었다. 과거에는 나 자신에 대해 그런 식으로 생각해 보지 않아서 그와 같은 말에 놀라긴 했지만, 나는 ‘신비스러운’ 혹은 다소 ‘다른 세계의’(비즈니스에서의 이점이 아니라) 존재로 언급되어 왔음을 회상했다.

내가 융 이론의 한 분석가와 직관유형을 논의하고 있을 때, 그 분석가는 내게 직관에 대해 중요한 역할을 부여한 융의 유형론에 기초한 MBTI(The Myers-Briggs Type Indicator)[1]를 연구해 볼 것을 권유했다. 나 자신도 MBTI의 긍정적 접근방식과 틀에 박히지 않으면서 오히려 암시적 특징만을 제시하는 것 때문에 이것에 끌렸다. MBTI는 사람들이 자신과 타인을 더 잘 이해하고, 왜 그들이 자신들의 방식대로 행동하는지를 더욱 잘 알 수 있게 한다.

융의 유형론

융의 개념들이 이 조사에 매우 도움이 되기 때문에 그의 유형론 구조에 관한 간단한 개요를 여기서 제시하는 것은 가치가 있다. 어쩌면 독자들은 직관이 어떻게 자리 잡고 있는지를 제대로 인식하게 될 것이다. 인간의 다양한 성격을 고려해 융(Jung)은 무수히 많은 다양성과 특성들의 결합을 구체화하는 모형을 고안하기 위해 그 스스로가 보기에는 거의 불가능한 일을 착수했다. 그러나 융이 마침내 이르게 된 구조는 원칙적으로는 간단하며 내·외향성의 개념에 기초를 두고 있다. 이와 같은 용어들이 사람의 정신에너지가 이동하는 방식에 대해 언급하는 것을 이해해야 한다. 외부세계로 향하는 외향성, 아니면 내면의 존재로 향하는 내향성이 그것이다. 이런 두 가지 상반된 태도는 행동이 아닌 오히려 의식의 구조를 특징짓는 것을 말한다. 융은 상당히 많은 사례를 살펴본 후에 그것들에 이르렀으나 불행하게도 우리는 융의 임상연구에서 확실한 사례들을 전혀 얻지 못했다. 그러나 이 두 가지 태도의 구별은 저명한 심리학자인 아이젱크(H. J. Eysenck, 1952)에 의해 폭넓은 지지를 얻게 되었는데, 그는 조심스레 통제된 양적 연구를 이용해서 인간의 성격에서 두 가지 태도의 존재를 확인하였다. 성격을 분석하고 기술할 수 있는 다양한 방식이 있지만, 아이젱크는 "이것들은 많은 다른 방법론을 이용하면서 다른 연구자들이 계속해서 발견해 온 것으로, 이 두 가지 차원은 나아가 인간의 행동과 행위를 설명하는 데 어쩌면 가장 중요한 것들로 인정받을 수도 있다."(1965, p. 60)라고 하면서 개념의 유용성을 인정하고 있다.

그러나 융은 그와 관련된 것들이 적절히 차별화되는지, 다시 말해 그것들이 그들의 행동양식, 버릇, 동작 등을 통해 드러나는 것처럼 확실히 한

가지 방식을 다른 것보다 더 선호하는지를 통하여 내·외향적 성격을 구분하는 것이 가능하다고 유일하게 인정한다. 분명한 것은 대부분의 사람들은 삶에 대한 접근방식이 내·외향성을 통합하지만, 융은 각 개인이 다른 것을 제치고 한 가지 태도를 선호하는 경향이 있다고 언급하고 있다.

사람들이 내·외향적이 되기 쉬운 유전적 성향을 가지고 있는가, 아니면 이러한 요소들이 환경과 조건의 결과인가 하는 문제가 제기된다. 융은 부모교육의 중요성을 인정하는 한편, 내·외향성뿐만 아니라 일반적으로 선천적 유형을 고려하였고, "결정적 요인은 분명 아이의 성향에서 드러난다." (CW 6, para. 560)라고 하였다. 이것은 바로 MBTI(The Myers-Briggs Type Indicator)가 취한 이론적 관점으로, 유형을 왼손이든 오른손이든 둘 다 글을 쓰려는 자연스러운 경향에 비유하면서, '그 가설에서 유형은 선천적인 것이며, 오른손잡이나 왼손잡이처럼 성향을 타고난다.'(Myers & Myers, 1980/1993, p. 168)는 것이다. 이것은 오른손잡이가 왼손을 사용하는 것이 또는 왼손잡이가 오른손을 사용하는 것이 불가능하다는 의미가 아니라 단지 좀 더 어색하게 느껴진다는 것이다. 유형이 타고난 것이라면 치료사에게는 중요한 암시가 되는데, 이는 각기 다른 유형들이 이런저런 이론적 방향으로 끌려다니게 되고, 다양한 방식으로 상담에 접근하고, 내담자들에게 반응할 가능성이 있기 때문이다. 이러한 관점에 관해 나중에 더 자세히 다룰 것이다.

융의 유형론은 심리학계에서 다양하게 받아들여져 왔다. 이 이론은 다음과 같은 질문과 관련되어 구성된 것이다. 즉, 내·외적 대상이나 사실에 기초한 상황을 완전히 이해한다면 근본적인 의식의 기능들이 반드시 필요한가? 융은 네 가지, 즉 사고, 감정, 감각 및 직관을 선택했지만, 이런 특정한 선택에 대한 **연역적** 근거를 제시하지 못하고 있다. 융은 단순히 자신이 정신과 의사이자 분석가로서 수년간의 경험을 통해 이러한 기능들에 이르렀음을 고백한다. 여기에서 또다시 융은 실증적 증거를 제시하지 못하지만 우리가 자신의 말을 받아들일 것을 기대한다. 융은 이런 방식으로 네 가지 기능을 구별한다.

> 감각의 필수 기능은 무언가가 존재하는지를 밝히는 것이고, 사고는 그것이 무엇을 의미하는지를 우리에게 알려 주며, 감정은 그것의 가치가 무엇인지, 직관은 그것이 어디서 오고 어디로 가는지 추측한 것을 밝히는 것이다(CW 6, para. 983).

각각의 기능은 8가지 유형을 형성하면서 내·외향성으로 나뉠 수 있다. 융은 심리적 '기능'을 "계속 변화하는 조건하에 대체로 똑같이 남아 있는 정신활동의 특별한 형태"로 정의한다(CW 6, para. 731). 예를 들어, 환상은 그 자체로서 주어진 네 가지 기능 중 어떤 기능에서든 드러날 수 있기 때문에 하나의 기초 기능으로서 제외된다.

네 가지 기능은 두 가지 범주, 즉 '합리적인' 것과 '비합리적인' 것으로 나눠진다. 융은 '비합리적'인 것으로서 감각과 직관을 인식기능으로 분류하는데, 그것들은 이성의 반대가 아니라 제2장에서 기술된 것처럼 오히려 이성을 넘어선 것임을 의미한다. 융이 사고와 감정을 '합리적인' 것으로 여기는 이유는 그것이 '차이를 식별하기' 때문이다. 사고와 감정은 판단을 내리는 두 가지 다른 방식이라는 것에는 동의하지만, 감정이 '합리적'인 것으로 간주될 수 있는지에 대해서는 논란의 여지가 있다. 융은 마음속에 이상적인 인간의 상태가 있는 것처럼 보이며, 사고와 감정은 "그것들이 이성의 법칙과 매우 조화로운 상태에 있을 때 가장 완벽하게 작용한다."(CW 6, para. 787)고 말한다. 마찬가지로 직관과 감각은 '사건 흐름의 완전한 지각에서 충만함을 발견한다.' 따라서 이러한 기능은 다른 형식

중 하나로부터 존재하는 불순물의 양에 따라 순수하면서도 불순한 형태를 지니는 것으로 보인다. 외향성이 바로 내향성의 반대인 것처럼 융 또한 직관을 감각의 반대(두 가지 인식기능)로, 사고를 감정의 반대(두 가지 판단기능)로 보았다. 두 가지 상반되는 것에 대한 의문은 융의 관심을 끌었던 철학적 근거가 있으며, 그의 저서에 심리학적 유형에 관해 자세히 논의되어 있고, 나의 학위논문(결혼 전 이름 Fulcher, 2002)에 좀 더 검토되어 있다. 원칙적으로 융은 에너지의 개념을 삶의 활력적인 흐름에 기초한 양극성, 즉 긍정과 부정을 암시한다고 생각했다.

융이 제안한 유형론은 아래 그림과 같이 합리적 기능과 수직으로 위치한 비합리적 기능, 제일 꼭대기에 주 기능이 있는 십자형 구조다. 다음 그림에 나타난 유형은 주 기능이 직관이고, 반대인 감각은 열등기능인 가장 적게 분화된 위치이고, 부 기능인 사고는 감정과 정반대에 있다. 지배적인 기능이 내향적이라면 그 반대는 외향적이고, 반대의 경우도 마찬가지다.

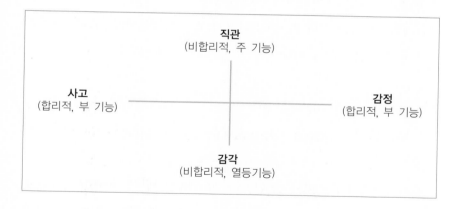

따라서 이 그림에 묘사된 사람은 지지 수단으로 지적 능력을 가진 매우 직관적인 사람일 가능성이 있다. 이 사람은 열등기능인 감각으로 감지할 수 있는 현실에 다소 냉정할 수 있다. 또한 지적 능력에 더 익숙해지면, 감정을 표현하는 데 다소 어려움이 있을지도 모른다. 융은 이런 유형을 '강력한 지적 능력을 수단으로 하여 자신의 상상력을 이해할 수 있는 사고로 체계화하는 철학적 직관'을 가진 것으로 보고 있으며(CW 6, para. 669), 내 관점에서는 의식을 향한 융 자신의 성향에 대한 묘사라고 본다.

특히 흥미로운 점은 융이 직관유형의 창시자가 아니라는 것이다. 융의 제자이자 그의 논문인 「정신분석 이론(The Theory of Psychoanalysis)」(1913)의 공동 연구자인 메리 몰쳐(Mary Moltzer)의 공로인 것으로 보인다. 유형론 연구를 한 초기 몇 해 동안 융은 자신이 그토록 그것을 인정받고 싶어 했기 때문에 이 특정 유형에 대해 객관적인 입장을 가지기가 어려웠을 가능성이 있다. 더군다나 '여자의 직감'이란 표현을 근거로 볼 때, 여자가 남자보다 더 직관적이라고 생각했음을 알 수 있다. 남자이자 전문 과학자로서 융이 주 기능을 사고보다 직관에 두었다고 인정할 수 있을까? 하지만 서양문화에서는 둘 중에서 지배적인 방식으로 사고를 선호하고 있으므로 융이 결국 자신의 유형론에서 직관에 동등하게 신뢰성을 부여할 수 있었고, 그것에 의하여 시대에 뒤처진다고 느꼈던 사람들에게 지지를 제안한 것은 융의 공로로 볼 수 있다.

MBTI(The Myers-Briggs Type Indicator®)의 유형

융이 유형론을 개발하는 동안 미국계 여성인 캐서린 브릭스(Katharine Briggs) 역시 선호하는 처리방식에 따라 사람들을 분류하는 것이 가능하다고 독자적으로 결론을 내렸는데, 브릭스의 유형 중 일부는 융의 이론과 일치했다. 브릭스는 1923년 『심리유형론(Psychologischen Typen)』을 영어로 출판한 이후에 융과 서신왕래를 시작했다. 브릭스는 그 후에 자신의 개념에 적용할 틀을 제공하기 위해 융의 주요 이론을 수정된 형태로 채택했다. 그 후 사람들에게 실용적 가치가 있는 심리측정 검사 도구를 제작할 목적으로 그 이론들을 정교하게 다듬었다. 브릭스와 딸 이사벨 마이어스(Isabel Myers)는 두 차례의 세계대전의 공포로부터 영감을 받아 사람들이 서로를 더 잘 이해하고 관용적으로 대하도록 북돋울 방법을 찾게 되었다. 두 사람은 인식의 차이와 판단의 근거로 인해 종종 갈등이 생긴다는 것을 깨닫게 되었다. 앞으로의 방향은 사람들이 자신들만의 처리방식을 이해하고, 다른 사람은 그들 자신의 마음을 다르게 사용하지만 모든 사람은 제공할 만한 가치가 있는 뭔가를 가지고 있다는 것을 제대로 인식할 수 있게 하는 것이 되어야 할 것 같았다.

수년간 연구를 하면서 이사벨 마이어스는 문제은행을 점차로 구축했는데, 여기에는 서로 다른 행동과 태도에 관해 기술되어 있었다. 결국 이것은 심층 설문지의 토대가 되었다. 광범위한 검사에도 불구하고 MBTI®는 1962년까지 출판되지 못하다가 결국 1975년에 대중의 인정을 받게 되었다. 이때부터 MBTI®는 교육, 개인, 상담, 종교나 다양한 상황에서 개인의 성격을 측정하는 가치 있는 도구로 여겨져 다양하게 적용되고 있다.

브릭스와 마이어스는 융의 지배적 과정이 필수적이라는, 즉 어떤 한 기능이 충분히 발달하기 위해서는 다른 것에 대한 임의적 배제에 특별한 관심을 기울여야 한다는 데 동의했다. 그러나 마이어스는 부 기능의 중요성을 강조했는데, 부 기능은 합리적인 수준으로 발전할 때 필요한 지지 역할을 한다는 것이다. 마이어스는 판단기능이 없는 극단적 인식유형을 '배의 키(잡이) 없이 항해만 하는' 것으로, 인식기능이 없는 극단적 판단유형을 '형식만 있고 내용은 없는' 것으로 기술했다(1980, p. 11). 따라서 네 번째 쌍이 융의 3가지 유형에 더해졌다. 이는 사람들이 그들 스스로 외부세계에 어떻게 적응하기를 선호하는가에 근거를 둔 것으로, 그건 바로 사람들이 판단과정(사고나 감정)이나 인식과정(감각이나 직관)을 주로 외향적 태도로 사용하는가의 여부를 말한다.

MBTI의 기본 설계의 부 기능과 그것의 통합에 대한 강조 때문에 융의 기존의 8가지 유형이 각각 2개로 나눠진다. 예를 들면, 내향적 사고형은 감각을 지닌 내향적 사고형과 직관을 지닌 내향적 사고형이 있다. 마이어스와 마이어스(1980/1993, p. 29)가 제시한 것처럼 판단과 인식 선호경향에 따라 유형표를 완성한다.

MBTI는 선호도를 결정짓는 95개 문항에 대한 양자택일 설문지에 기초한다(즉, 개인은 쌍으로 된 문항에서 자신에게 해당되는 단어나 표현을 선택한다). 그러면 이것들은 점수화된다. 각각의 대조적 쌍(내향성이나 외향성, 감각이나 직관, 사고나 감정, 판단이나 인식)에서 가장 높은 점수에 따라 그 사람은 16개의 다양한 방식 중 하나로 분류될 수 있다. 개인은 그것에 따라 자신의 유형에 대한 설명을 읽고 그것이 맞는지 아닌지를 결정하게 된다.

우리가 MBTI를 직관과정과 관련된 정보의 원천으로 사용하고 있다면, 그땐 우리가 그것을 얼마나 신뢰할 수 있는지를 알아야 한다. 따라서 어떤 사람이 유형 검사를 다시 하면, 그 결과는 계속 반복해도 같은 것이어야 한다. 또한 그것이 타당하고 계획적이며 나아가 그 분류가 다음과 관련해 사람들의 선호 처리방식을 제대로 반영하는지 분명히 해야 할 것이다. (a) 정보를 취하는 방법(직관이나 감각)과 (b) 그 정보를 토대로 판단하고 의사결정을 하는 방법(사고나 감정)이 그것이다. 관심 있는 독자들은 많은 연구에 대한 세부사항을 제공하는 MBTI 매뉴얼(Myers & McCaulley, 1985)을 참조하면 된다. 이 매뉴얼은 MBTI가 훌륭한 기준의 신뢰도와 타당도를 지녔음을 실제로 보여 주고 있다. 그러나 이사벨 마이어스는 그것은 단지 지표일 뿐이고, 더욱이 사람들이 선호하는 것은 시간이 지나면서 바뀔 수 있음을 항상 강조했다.

MBTI에 대한 연구를 진행하면서 나는 내가 정말로 동료들에 의해 인지된 것처럼 직관적인 사람이었는지 밝히는 데 흥미를 느꼈다. 나는 INTJ 유형으로 드러났는데, 이는 바로 외향적 사고를 부 기능으로, 내향적 직관을 주 기능으로 가진다.[2] '미래 가능성에 대한 분명한 비전'과 나의 생각들을 이행할 '조직과 조종 능력'을 지닌다는 설명은 확실히 잘 맞아떨어지는 것처럼 보였다. 나는 물론 '복잡한 도전'과 '복잡한 이론이나 관념적 문제들을 통합하는' 데도 끌린다. 실제로 그렇다. 현재의 프로젝트가 입증하듯이 말이다! INTJ 유형은 '지식을 높이 평가하고', '자신이나 다른 사람의 역량을 기대한다.'(Myers, 1987/1994, p. 12) 이는 일을 대개 높은 수준으로까지 달성하는 것을 의미하지만, 내적 압박과 스트레스를 초래할 수도 있는데, 이것은 내가 예민하게 의식하고 있는 문제이기도 하다.

이런 모델에 따르면 8가지 직관유형이 있으나, 모두에게 공통적으로 나타나는 확실한 특징들이 있다.[3] 정보를 취할 때 직관형은 특히 감각형이 관심을 보이는 작은 세부사항들보다는 오히려 큰 그림에 초점을 두는 경향이 있다. 직관형은 사실들 사이의 관련성 및 관계를 이해하는 데 능숙하며 직감적으로 사물들 안의 패턴을 본다. 직관형은 미래지향적이고 어떤 것에 접근함에 있어 가능성과 새로운 방식을 재빨리 파악할 수 있다. 직관형은 감각형처럼 구체적이고 실제적이기보다는 이론적이며 추상적인 것을 즐기고, 영감 면에서 깊은 신뢰를 갖고서 창의적인 분야에 끌린다.

그럼 상담 장면에서 직관형은 무엇을 의미하는가? 큰 그림에 초점을 두는 미래지향적인 상담사나 심리치료사는 한 사람을 전체로 보는 것에 능숙하며 내담자가 자신의 잠재력에 대한 비전을 지니도록 할 수 있을 것이다. 그들은 내담자에게 있을지도 모르는 것을 강조하는데, 분석적으로 접근하기보다는 인간중심적 접근과 초월심리적 상담 접근에 매료될 가능성이 더 높다. 내담자를 위해 미래 가능성을 탐구하는 것은 직관형 상담사나 심리치료사의 2차적 특성이다. 게다가 직관형은 내담자의 과거와 제시하는 문제들 간의 연관성을 재빨리 감지하며 문제를 야기할 수도 있는 패턴을 이해할 수 있다. 상황의 의미에 이끌리게 되는 직관형은 감각형의 단기 작업의 실용성을 무시하고 자기계발을 강조하면서 아마도 장기적으로 심도 있게 작업하기를 더 선호할 것이다. 직관형에게 창의성은 자연스러운 형태이므로 상담 장면에서 시, 미술, 연극을 즐길 것이다. 특히 외향적인 사람은 사이코드라마나 게슈탈트 기법을 소개할 가능성이 있는데, 이러한 기법은 내담자에게 자기 자신의 다른 측면이 되는 것을 동일시하거나 상상하게 하고, 아니면 다른 가족 구성원과 동일시하도록 권유한다. 직관형은 훌륭한 동기부여자가 될 수도 있다. 상징과 심상화는 직관의 첫 번째 언어이므로 직관형은 시각화 안내와 꿈 해석을 할 가능성이 있다. 직관형 상담사나 심리치료사의 주된 단점으로는 의미를 찾는 데 있어 치료사 자신이 현실적이고 실질적인 해결책을 간과할 수도 있다. 게다가 흐름을 따르기보다는 마음 내키는 대로 하기 때문에 상담구조화를 계획하여 제시하는 것이 힘들다는 것을 발견할 수도 있다. 이것은 직관적 감정형(NFs)에겐 특히 그러한데, 이 유형은 사고기능보다는 감정기능을 통한 의사결정을 선호하기 때문이며, 또한 인식형(Ps)은 계획을 잘 세우지 않는 경향이 있다. 게다가 자신들의 통찰에 확신이 들어도 이것이 반드시 정확하지는 않기 때문에 항상 내담자와 이것을 점검하는 것이 중요하다.

창의성과 놀이

비록 실험심리학의 통합을 통해 완전히 다른 관점에서 그 주제에 접근했을지라도 토니 바스틱(Tony Bastick)의 논의에서 융의 유형론에 대한 일부 동의를 발견할 수 있다. 전형적인 직관형에서 인식의 양상이 드러난다. 직관형은 사고형과는 정반대로 같은 단어에서 다양한 종류의 동떨어지고 근원적인 연상을 불러일으킬 수 있고(1982, p. 315), 정반대인 사고의 혼합을 즐길 수도 있다(p. 188). 꽤 다양한 시각적 이미지, 은유, 직유나 유추는 조직된 사고과정과 결합된다(pp. 190-191). 이것은 몇 가지 새로운 인식으로 이끌 수 있는 신기한 연상을 조장한다. 직관형은 한 곳에 집중하는 상상력을 거부하는 경향이 있으며, 이는 분석적 사고형과는 매우 다르다. 직관형은 공상, 최면적 몽상이나 몽상적 이미지를 즐기는 1차 과정사고의 성향이 있다. 이것에서 직관형의 사고과정에 대한 토니 바스틱의 평가는 논리적 분석보다는 상상력을 강조한 이사벨 마이어스의 것과 유사한 것으로 보인다.

　숙련된 상담사나 심리치료사는 심상화 안내를 사용하여 내담자에게 최면적 몽상을 유도하여 도와줄 수 있다. 이러한 기술은 초월심리적 접근법을 훈련받은 전문가들에 의해 이뤄졌는데, 본래는 1940년대에 프랑스 심리치료사 드주와이으(Desoille)에 의해 개발된 것이다. 처음에는 내담자에게 깊이 이완하도록 격려하고, 이후에는 치료사가 기술적으로 질문을 하여 그 과정을 촉진시키는 환상여행에 내담자를 동반한다. 드주와이으는 이것을 칼 융이 정의한 것으로, 차례로 내담자를 집단무의식에 닿도록 하여 원형에 대한 일깨움을 촉진시킨다고 생각했다. 존 로완(John Rowan)은 "드주와이으는 집단무의식의 세계로 들어가는 것이 심리치료에 있어 가장 강력한 전환기관들 중 하나라고 믿었다."라고 보고한다(1993b, p. 69). 그 이유는 바로 내담자 개인의 갈등을 심상화 안내를 통해 비인격적이며 집단적인 배경으로 고정시킬 수 있다는 것이다. 이런 방식으로 정신분석에서처럼 전이과정을 거치기보다는 개인적인 자기 내부에 있는 갈등의 원인을 밝히는 것이 가능해진다. 아사지올리(Assagioli)는 이런 과정에 대하여 여기서 언급할 만한 가치가 있는 전통적인 사례를 제시한다. 한 내담자가 그를 에워싸며 위협하고 있는 심해의 문어를 상징으로 표현하였다. 치료사의 격려로 내담자는 그 문어를 따라서 표면으로 떠오르는 상상을 하였는데, 그때 그 문어가 어머니의 얼굴로 바뀌었다. 이 시점에 그 내담자는 어머니가 자신의 정체성을 위협하며 얼마나 강한 소유욕을 지녔는지를 경험할 수 있었다. 더 나아가 어머니와 함께 산을 오르는 것과 관련된 시각화는 그들이 더 높이 오르면 오를수록, 내담자는 더욱더 어머니를 많은 문제를 겪어 왔던 누군가로서 다른 관점으로 볼 수 있었다. 어머니는 더 이상 위협적으로 보이지 않았다. 궁극적으로 그 내담자는 어머니에 대한 진정한 연민을 느낄 수 있었는데, 이는 정서적인 삶에 더욱 보람찬 기여를 했다(1965/1975, pp. 212-213).

시각화는 내가 종종 사용하는 훈련기술인데, 원형의 이미지가 잘 떠오를 수 있는 전문적인 경험을 확인할 수는 있지만, 상징이 특정한 내담자에게는 개인적인 것이어서 집단무의식의 측면이 아닐 수도 있다. 내담자를 원형적 영역으로 안내하든 그렇지 않든 심리치료사는 정보를 주는 직관을 필요로 한다. 마치 일부 상승형태가 개인의 한계를 넘어선 것처럼 보이듯이 하강형태는 종종 개인의 무의식 상태로 들어감을 상징한다. 어떤 형태의 심상화든 그 결과로 종종 통찰이 생기는데, 그 이유는 내담자가 의식 너머에서 미리 얻은 내용에 접근을 하고 있기 때문이다. 현명한 존재와 같이 도움을 주는 인물이 떠오를 수도 있어서 효과적인 행동방침에 대해 조언을 해 줄 수도 있다. 이것들은 초월심리적 상담 접근의 중요한 측면들로 제8장과 제9장에서 상세하게 다루게 된다. 그러나 이 과정을 촉진시키기 위해 상담사나 심리치료사는 상징언어에 익숙해져야 하는데, 직관형은 감각형보다 자기에게 맞는 그런 접근법을 찾기가 더 쉽다.

1차 과정사고의 특징 중 하나는 프로이트가 '압축(condensation)'이라 부른 것으로, 2개 이상의 생각이나 이미지들이 융합되는 꿈에서 특히 주목할 만한 기제다(SE IV). 글을 써 내려가면 꿈은 대개 아주 짧은 순간 나타나 한 장도 채울 수 없지만, 이면에 있을 수 있는 생각과 의미는 그 공간을 수차례나 채울 수 있다. 심리치료사는 독특한 연결을 탐색하려는 모험심과 의지를 갖고서 내담자와 낯선 곳으로 동반할 준비가 되어야만 한다. 초월심리적 상담 접근을 하는 상담자는 꿈에 대한 해석을 제공하기보다는 내담자가 꿈을 통해 상상 속으로 다시 들어가고 내면에서 그것의 의미를 밝히는 상징들을 다시 경험하도록 초대할 수도 있다. 심리학자인 폴리오(H. R. Pollio, 1974)는 직관적 사고를 '일반적 사고패턴을 무너뜨리는 데에 이상적으로 적합한 1차 과정'으로 기술했다. 폴리오는 계속해서 "경우에 따라 그와 같은 생각 속으로 '빠져들어' 미로 속에서 길을 잃지 않을 수 있는 사람은 정확히 새로운 통찰을 떠올릴 수 있는 사람이다."(pp. 152-153)라고 하였다.

종종 내담자는 특정한 신념체계나 관례적인 사고패턴을 강요받을 수도 있고, 그것에서 벗어나는 길을 찾지 못할 수도 있으므로, 이는 관련 문제에 대해 새로운 접근방식을 찾도록 도와줄 상담사나 심리치료사에게 달려 있다. 예를 들면, 직장에서 힘들어하는 한 내담자는 재미도 없고 박봉의 직위와 관련하여 자신의 마음속에 연상되는 제한적인 자아상 때문에 좀 더 마음에 드는 직장을 찾지 못한다고 느낄 수 있다. 그 내담자는 스스로를 위한 더 나은 어떤 것도 상상할 수 없다. 나는 최근에 바로 그런 내담자를 상담했다. 그림 그리기와 게슈탈트 기법을 사용해서 우리는 깊이 억압되어 있던 내담자 인격의 황폐한 면을 밝혀냈다. 그 내담자는 자신의 이런 부분에 좀 더 익숙해져서 점차로 그것을 표현함에 따라 다른 더 많은 흥미로운 기회들이 그에게 열려 있다는 것을 알아차리기 시작했다. 폴리오(1974)는 이런 수평적 사고유형을 창의성의 초기단계와 관련짓는다.

여기서 암시하는 바는 치료사는 독창적인 유형이거나 적어도 이러한 점에서는 자신의 내면의 임기응변의 재능을 기꺼이 존중해야 한다는 것이다. 프로이트는 정신분석이 과학이라고 생각했지만, 다른 학자들은 심리치료를 독창적인 예술형태로 보았다. 칼 로저스(Carl Rogers)는 그림 그리기나 작곡과 '심리치료에서처럼 새로운 형태의 자기 인격을 만드는 것'을 비교한다(1961/1967, p. 349). 그는 창의적 과정을 "한편으로는 개인의 독창성에서 나오고, 다른 한편으로는 자신의 삶의 물질적 자원, 사건들, 사람들 및 환경에서 나오는 새로운 관계의 결과로 출현"하는 것으로 정의한다(p. 350). 로저스는 창의성의 핵심을 심리치료에서의 치유력과 대등하게 본 것 같다. 창의성은 바로 스스로를 행동으로 표현하고, 사용하지 않고 있는 잠재력을 충족하는 인간의 타고난 경향성이다. 이것은 스스로를 표현하고, 한 인간으로서 확장되고, 자신의 재능을 개발하며 성숙해지고 현명한 사람이 되고자 하는 바람과 관련이 있을 수 있다. 그러나 이런 성장에의 충동 욕구가 여러 겹의 심리적 방어로 묻혀 버리거나 두려움으로 인해 바보처럼 보이게 된다. 나는 상담을 하면서 "실패하는 것이 너무 두렵기 때문에 차라리 시작하지 않는 게 좋겠어요."라는 말을 여러 번 들었다. 그때 상담사는 반드시 상담실이라는 안전한 공간에서 '새로운 관계'를 제공하기 위해 창의적으로 일하며 내담자가 그런 방어를 넘어서 좀 더 보람된 삶으로 이끌어 갈 수 있도록 그 과정을 도와야 한다. 물론 그러한 두려움의 원인을 살펴보는 것은 중요하고, 논리와 분석이 필요할 수도 있지만, 논리와 분석에 따른 이해는 변화하려는 내담자에게 동기를 부여하지 못할 수도 있다. 마치 무의식의 내용이 말보다는 상징의 형태로 저장된 것처럼, 숨겨진 저장소에 접근하기 위해서는 논리적·언어적 형태보다는 오히려 1차 과정사고가 필요하다. 따라서 도외시했던 자기 자신의 측면에 문을 열기 위해서는 상상력을 사용하는 것만이 가능하다.

소아과 의사인 도널드 위니컷(Donald Winnicott)은 창의성과 놀이를 연관 지었는데, 내담자의 놀이와 치료사의 놀이 사이의 공통 부분에서 심리 치료가 일어난다고 생각했다.

> 치료사가 놀이를 하지 못하면, 그 치료사는 그 업무에 적절하지 않다. 내담자가 놀이를 할 수 없으면, 내담자가 놀이를 할 수 있도록 어떤 것을 행해야 하고, 그 이후에 심리치료를 시작할 수 있다(1971, p. 54).

소아과 의사로서 위니컷은 당연히 아이들을 다루는 그의 직업상 특별히 놀이를 추천하여 치료적 도구로 사용했다. 하지만 그는 이런 형태의 활동이 성인들에게도 동일하게 적용된다고 생각했다. 그것은 아이에게 먼저 의미 있는 관계 형성을 학습하는 놀이를 통해 어머니나 양육자가 긍정적으로 반응했는가 하는 것이다. 대상관계 이론의 맥락에서 이 초기 만남의 특성은 인격 형성에 건설적으로 아니면 부정적으로 기여한다. 아이가 초기 손상으로 고통을 겪으면서 누구와도 놀지 못할 때 이를 방치하면 정서적 어려움이 성인기로 이어진다. 치료적 만남을 통해 관계를 회복시키는데, 치유는 대개 그 사람이 무엇보다도 전혀 경험하지 못한 창의적이고 발달적인 놀이를 통해 이뤄질 수 있다.

그런 작업을 위한 자극은 대개 내담자에게서 나올 수도 있다. 내가 각자 일어나서 움직이기를 바란다고 느끼면, 그때 나도 합류하여 처음에는 움직임이나 말 혹은 소리로 재반영하며 내담자가 표현하는 것이 무엇이든 비춰서 보여 준다. 그런 경우에 나의 내담자는 자신의 어린 시절을 탐색하기를 원해 우리는 장난삼아 이 부분으로 들어갔다. 아기가 만족감을 표현하면서 옹알이를 하거나 까르륵거리는 소리를 내거나 미소를 지었다. 관능적인 접촉, 특히 새틴 쿠션의 실크 감촉이나 카펫의 울 감촉을 느낄 때는 모든 것이 새롭게 보였다. 여기서 많이 즐거워했다. 그때 갑자기 아버지의 접근으로 분위기가 바뀌어 행복은 중압감으로 바뀌었다. 그 내담자는 아버지의 태도를 취했는데, 경직되고 감정을 억누르는 것이었다. 그의 호흡은 얕고 치아 사이로 숨을 빨아들이는 습관이 있었는데, 아기가 두려움을 느꼈던 것이다. 점차적으로 우리는 아기와 아버지의 움직임 사이에 하나의 '춤'을 만들었고, 우리가 이렇게 하는 동안 내담자는 자주 짓눌림을 느꼈던 이유를 이해했다. 그 당시 내담자의 목표는 더 자연스러워질 수 있도록 자신의 아기 부분에서 벗어나는 것이었다. 내담자가 이러한 새로운 이해에 도달하는 것이 가능했던 것은 춤 형태의 움직임을 동반한 놀이를 통해서였다.

바스틱은 "직관유형은 자연스럽게 문제의 해답을 '재미있게' 찾아서 장난스럽게 그 과정에 동참한다."라고 언급한다(p. 133). 바스틱 이론의 이런 측면은 유머가 '다시 중심 잡기(recentering)', 혹은 정서들과 관련된 요소들 사이의 주관적 관계구조에서 일어나는 변화와 관련이 있다는 것이다. 만화경의 비유를 한 번 더 들면, 그것은 마치 다시 흐트러져서 색색의 조각들을 재결합해 새로운 패턴이 만들어지는 것과 같다.

테오도르 레이크(Theodor Reik)는 정신분석과 재치라는 주제에 관해 유창하게 기술하고 있는데, 요약과정은 이후에 꿈에서 때때로 재현될 수 있는 말장난 형식을 취한다고 지적한다(1948/1975, pp. 249-257). 그런 내용을 해석할 수 있으려면, 분석가는 자신만의 유머감각을 평가해야 한다. 레이크는 오스트리아 빈의 한 호텔에서 있었던 꿈 분석에서 이야기한 한 내담자의 사례를 제시한다. 가장 두드러진 특징은 오스트리아의 정치가인 메테르니히(Metternich)의 외모였다. 하지만 그가 여기에 무엇을 하러 왔을까? 그 내담자와 레이크는 아이들이 종종 하는 유사한 방식으로 말장난을 시작할 때까지 아무런 연상을 할 수 없었다. 그들이 그때 알게 된 것은 '나는 그녀를 만나지 않았다.'로 해석되는 영어를 3개의 짧은 단어인 'met her nicht'라는 독일어로 표현한 구절로, 이것이 그 내담자가 찾고 있던 의미라는 것을 깨달았다. 여기에서 마음은 정보를 처리하기 위해 그 문장의 소리를 사용했으며, 게다가 그 꿈은 그것을 정치가의 모습으로 다시 보여 준다. 아서 쾌스틀러(Arthur Koestler)는 양립할 수 없는 기반을 가진 두 가지 생각이나 사건의 갑작스러운 '이연현상(bisociation)'에 이어서 희극적 효과가 어떻게 초래되는지를 묘사한다. "가령, 그 묘사는…… 정서적 긴장감을 잘 전달한다."라고 기술하고 있다(1964/1989, p. 51). 레이크의 꿈과 말장난의 사례에서 두 가지 내용은 소리의 유사점과 관련되어 있다. 레이크가 꿈을 놀이 삼아 탐색하지 않았더라면, 연상은 아마도 이뤄지지 못했을 것이다. 직관적인 사람은 이와 같은 이례적인 연관성을 즐기며, 적절한 때에 내담자의 이야기에 유머감각을 가지고 다가갈 가능성이 더 많다.

  직관형들의 높은 공간능력은 다수의 저자들에게서 언급된다. 오스트리아의 생태학자인 콘라트 로렌츠(Konrad Lorenz)는 "비교적 높은 공간능력을 지닌 사람은 그의 경험상 규칙적인 패턴을 찾아서 알아차리려는 뚜렷한 경향이 있다."(1951, p. 230)라고 언급하였다. 내담자의 과거 내력과 현존하는 방식의 패턴을 탐색하는 것이 치료과정의 핵심이 될 수 있다. 그런 반복적인 행동양상은 내담자에게는 도움이 될 수도 그렇지 않을 수도 있지만, 그들의 인식은 적어도 앞으로의 방식과 관련된 선택을 제공한다. 행동패턴의 발생은 대개 이해가 될 때까지 이따금씩 퍼즐조각을 맞추는 식으로 설명된다. 통찰의 순간을 보고하면서 베이트먼(Bateman)과 홈즈(Holmes)는 "분석가가 말하는 특별한 순간에 어떤 것은 전체 분위기를 고조시켜서 지그소 퍼즐조각으로 완전한 그림을 형성하도록 조합한다."(1995, p. 176)라는 비유를 사용한다. 분석가의 한마디는 정말 그런 특별한 퍼즐에서 마지막 조각이 될지도 모른다. 상담사나 심리치료사가 전적으로 언어를 통한 방식 외에 또 다른 방식으로 그 과정을 용이하게 할 수도 있다. 예를 들어, 나는 내담자에게 아이였을 때의 기억이 나는 대로 원가족에 관한 그림을 그리게 했다. 다른 구성원들과의 관계, 즉 가족 간의 친밀감이나 그 밖의 것들을 알아보려는 것이 목적이었다. 그 내담자는 자신을 어머니의 팔에 안겨 있는 아기로 그렸다. 그들의 왼쪽에는 개 한 마리가 있고, 오른쪽에는 오빠가 있고, 오빠의 뒤쪽에는 불쌍하게 보이는 언니가 있었다. 이 무리에서 떨어진 곳에 매우 몸집이 큰 아버지가 인상을 쓰면서 화를 내고 있었다. 나는 이미 그 내담자의 현재 가족관계의 자세한 내막을, 특히 동떨어진 곳에 있는 화난 표정의 남편에 대해 알았으므로, 그 유사성에 대해 지적했다. 그녀 스스로가 자신의 삶에서 각각의 시점에 했던 다양한 선택을 통해 같은 상황을 얼마나 기계적으로 다시 만드는지를 즉시 알게 되었다. 그래서 그런 패턴은 계속해서 반복되었다. 이제 그 내담자는 가족체계 내에서 자신의 위치를 알고 뭔가 더 많은 보상으로 그것을 대체할 수 있다.

다른 특징들

말콤 웨스트콧(Malcolm Westcott)은 직관형의 다른 두드러진 특징들, 즉 자기성찰, 변덕스러움, 정서적 개입, 관습에 얽매이지 않는 독창성 등이 있다는 것을 알았다(1968, p. 43). 대개 상담사는 상담을 위해 상담실에서뿐만 아니라 더 많은 시간을 노력하는데, 일반인들은 이것을 인정하지 않는다. 성실한 상담사와 심리치료사는 상담기간 내내 사례를 숙고할 수 있고, 추가 정보를 위해 비밀리에 슈퍼바이저나 동료에게 의논할 수도 있다. 그러므로 자기성찰을 하는 성향은 하나의 장점이 된다. 이런 식으로 상담내용에 대해 숙고하면 통찰로 이끌 수 있는 새로운 관련성을 맺을 기회를 가져다준다.

웨스트콧은 직관형이 정보요구가 낮다는 증거를 제시하였다. 어쩌면 직관형은 잠재의식과 관련된 내용을 가려내 잘 이용하고 그 과정을 신뢰할 수 있기 때문에, 의식수준에서 많은 양의 정보를 필요로 하지 않을 것이다. 직관형이 그와 관련된 정서적 개입을 요구하는 것은 의심할 여지가 없다. 상담 장면에서 이것은 내담자와 함께 있을 때 초점과 집중, 치료적 상호작용에 대한 감시를 암시한다. 따라서 직관형은 내담자와 마찬가지로 그들 스스로를 주의 깊게 지켜본다. 정서적·신체적 반응에 대한 자기감시는 역전이 반응을 인식하는 데 반드시 필요하고, 이런 반응은 내담자에 대한 추가 정보를 제공하는 데 매우 유용하다. 이런 자기성찰 훈련은 항상 더 많은 것을 발견할 수 있기 때문에 결코 끝이 없다. 바스틱은 포괄적인 직관의 본질은 내·외적 인식의 상호작용에 의존하며, 신체와 정서에서 무엇이 일어나는지, 더불어 주변 환경에서 어떤 일이 발생하는지에 대한 자각에 달려 있다고 언급한다. 다른 종류의 정보를 잠재의식으로 받아들이거나 내담자에서 치료사 자신에게까지 덧없는 생각과 인상들이 서로 교차하면서 우왕좌왕하게 될지도 모른다. 이런 혼란된 상태에서 벗어나야 앞으로 나아갈 분명한 개념을 세울 수 있다.

바스틱에 따르면, 이따금씩 이례적인 상황에서 일하는 것은 광범위한 자극을 제공하며 독특한 정서적 배경을 불러온다고 한다(p. 205). 이것이 예술적 성과에는 적합할 수도 있지만, 그런 배경은 내담자들에게 불안을 유발할 가능성도 있어서 치료에 부적합할 수도 있다. 로마스(Lomas)는 내담자가 안전하게 느낄 수 있도록 상담실 내에서는 '평온한 상태'를 유지할 것을 권고한다(1994, p. 132). 마찬가지로 밝은 색상과 괴상한 패턴이 있는 평범치 않은 옷차림은 주의를 산만하게 할 수 있다. 그러나 내담자의 인격적 요소와 관련해 심사숙고하는 것은 상담기간 내내 다양한 상황에서 일어날 수도 있다. 예를 들면, 휴식하거나 소설을 읽을 때 내담자의 현재 문제와 책 속에 나오는 극중 인물의 행동 사이에 유사성이 확실할 때 중요한 연상이 이뤄질 수도 있다. 이런 과정에 대한 추가 사례는 제10장의 일지연구에서 드러난다. 무의식에 대한 탐색은 종종 '미개한' 영역으로 들어가는 것을 의미하기 때문에 기존의 인습적 활동으로 여기지 않는다. 상담사와 심리치료사가 내담자의 내적 경험에 진심으로 공감한다면, 특히 이런 것들이 매우 암울한 내용과 관련되거나 극단적으로 가장 높은 초월적 마주침과 관련된다면 사회적 통념을 고려하지 말아야 할지도 모른다.

상담사나 심리치료사의 인격 안에 유용한 요소가 될 수 있는 비(非)인습적인 측면은 독단적인 태도에 대한 기피다. 직관형은 다른 사람의 규범에 관심이 없고 권위에 영향을 받지 않는다(Bastick, 1982, pp. 133, 188). 직관형은 주로 외부의 의견보다 자신의 경험과 자신의 평가에 의존한다. 직관형은 그렇게 내담자에게 새로운 접근방법을 제공할 가능성이 있으며, 여기서 이론적 검토는 부차적인 것이다. 따라서 현상학적 관점에서 직관형들은 내담자를 독특한 개인으로 보기 때문에 내담자를 잘 이해하고 특별하게 느끼는 태도가 자연스럽게 나온다. 이런 태도는 일반적인 문제인 낮은 자존감으로 인해 내담자가 고통을 겪는다면 특히 도움이 된다.

한편, 심리치료 과정에 기준과 규제를 설정하고, 이를 준수해야 하는 것과 관련해 전문가 협회의 직관형들에 대한 규범은 어느 정도 갈등을 일으켰다. 브라이언 손(Brian Thorne)은 인간중심적 접근의 맥락에서 기술하면서 "지나친 요구는 치료적 관계 형성을 저해할 수 있고 상담사를 대신해 불충분한 관계를 초래할 수 있다."라고 우려를 나타낸다(2002a, p. 17). 많은 연구에서 상담기법이나 이론적 방향보다는 오히려 치료요소가 되는 상담사와 내담자 사이의 관계를 염두에 두는 것이 진짜 문제일 수 있다(Clarkson, 1995, p. 4). 덧붙이자면 그는 회원들이 특정 업무방식으로 따르는 데 모두 합의한 독점 '단체' 의 발전 때문에, 법률규정을 개인의 창의성을 위협하는 것으로 본다(Thorne, 2002b, pp. 4-5). 직관형들은 이와 같은 결과를 정말로 싫어할 것이다.

도움이 되는 평가

그럼에도 불구하고 특정한 판단을 내리는 것이 필요한데, 특히 초기에는 우리가 제공하는 상담이 적절한지 아닌지, 적절하지 않다면 달리 어떤 방법이 내담자에게 도움이 될 수 있는지에 관해 진단하고 결정하기 위해서다. 몇몇 사람들은 다른 사람들보다 이런 판단을 더 잘 하는 것으로 보인다. 따라서 직관이 이러한 과정에서 얼마나 많은 부분을 차지하는지, 직관유형이 이와 같은 판단을 내리는 데 다른 유형들보다 더 능숙한지, 그렇다면 왜 그런지에 관한 의문이 생긴다.

하버드 대학교의 필립 버논(Philip Vernon, 1933)은 성격을 판단하는 능력에 대한 개인차를 연구했다. 버논은 자신과 타인의 판단을 연구하기 위해 설계된 44개의 검사를 확보하여 다양한 조건하에서 시행하였다. 버논의 결과는 일반적 지능과 예술적 자질은 성격을 잘 판단하는 일관된 특성이라는 이전의 제안을 확인시켜 주었다. 버논은 '직관능력'의 어떤 일반적 특성도 밝혀내지 못했지만, 그것은 어쩌면 그 연구의 한계 때문일 수 있다. 그는 그 사람의 직업에서 사람들을 판단하는 것에 의존하는 사람이라면 누구나 '지적이고 예술적인 소질을 모두 겸비하며', 물론 '다소 내향적이어야 한다.'는 실질적인 결론을 내렸다. 더군다나 그는 "다른 판단이

나 평가에 대한 '직관' 능력에서 상당한 개인차"를 발견했다(p. 56). 버논은 정확한 자기지식은 실수하지 않도록 할 가능성이 있기 때문에 더 나은 판단을 내린다는 그로스(Gross, 1918)의 주장에 동의했다. 심리치료에서 중요한 버논의 두 가지 결과는 자기를 잘 판단하는 사람은 평균보다 더 지적이고 훌륭한 유머감각을 지녔으며, 타인을 잘 판단하는 사람은 '분명히 평균보다 더 예술적이며 지적'이라는 것이다(p. 57). 예술적 평가의 기본은 예술과 문학, 음악을 감상하는 능력이다.

웨스턴 오스트레일리아 대학교의 로날드 태프트(Ronald Taft, 1955)는 다른 사람의 정서와 성격, 행동적 특징을 판단하는 능력과 관련된 연구에 도움이 되는 평가를 제공한다. 판단에는 분석적 형태와 비분석적 형태로 구분하는데, 전자는 주로 추론과 관련이 있고, 후자는 포괄적 공감반응과 관련이 있다는 것이다. 그는 몇몇 사람들은 분석적 검사에서 타인을 더 잘 판단하지만, 일부는 직관적 접근을 더 잘 이용한다는 결론을 내렸다. 태프트는 훌륭한 판사는 문제의 유형이나 평가된 자질에 개의치 않고 판단하는 그들의 능력에 있어서 일관성을 보인다고 추론했다. 그러나 그는 판단하는 사람과 그 주제의 문화적 배경 사이에 유사성이 있을 때 정확하게 판단했고, 나이와 성별에서의 유사성은 더 적다고 지적했다. 아마도 그러한 유사성이 있는 곳에서 판단하는 사람은 적절한 '기준'을 더 많이 선택할 수 있다.

직관적 판단형태와 관련된 실험을 검토해 보면, 지능과 정확한 판단력 사이에 상관관계는 훨씬 적다. 태프트는 타인에 대한 정확한 비분석적 판단은 추상적 지능보다는 오히려 인식 태도와 판단 태도의 기능일 가능성이 더 많다고 생각했다.

태프트의 1955년 논문에서 실험했던 많은 연구에 따르면, 미학적 혹은 예술적 능력은 사람들의 성공적인 판단과 긍정적인 상관관계가 있다. 그러나 태프트는 다른 사람을 판단하는 능력은 '능력이기보다는 오히려 극적, 예술적 흥미를 가진 사람들에게서' 더 높게 나타난다고 결론짓는다(p. 13). 그는 역할극 이론과 관련해 더 많은 연구가 이루어져야 한다고 제안한다. 물론 인본주의나 실존주의 학파에는 특별히 치료과정의 중요한 요소로 사용하는 드라마 재연, 특히 모레노(J. L. Moreno, 1946)에 의해 개발된 사이코드라마 같은 심리치료 형태들이 있지만, 특정 이론을 지향하는 치료사들은 그런 관심을 잘 개발하는 것으로 보인다. 드라마에서는 인간적 갈등의 모든 측면에서 그 해결책을 다루어야 하거나, 아니면 그 외의 것도 다루어야 한다. 대부분 잘 제작된 연극이나 영화에서 인간의 본성에 대해 배울 수 있다. 이것은 이미 언급되었고 제10장에 기술된 '이연현상 (bisociation)' 과정을 위한 수단을 제공하기도 한다. 태프트의 보고서에서 예술적 관심이 어떻게 다른 사람의 평가에 도움이 되는지는 분명하지 않다. 분명히 예술에 대한 끌림은 공간적 관계와 패턴에 관한 상상력과 인지력을 발달시키는 것을 도와준다. 그것은 물론 다른 개인들과의 통합과 그들이 스스로를 어떻게 표현하는지도 나타낸다.

태프트는 '적응을 잘하는 사람은 적응을 잘 못하는 사람보다도 자기 자신을 타인에게 투사하는 문제가 적으므로 그 사람을 더욱 정확하게 판단할 수 있는가? 아니면, 자신의 정서적 어려움을 잘 알고 있으면서 잘 적응하지 못하는 사람이 타인의 유사한 어려움에 더 민감한가?' 와 같은 중요한 질문을 한다. 분석적 판단과 관련된 문헌은 전자를 확인시키는 것으로 드러났으나 그것은 정확성과 정서적 적응 간의 긍정적인 관계이고, 직관적 판단을 위한 증거는 정반대다. 심리치료사들 사이에 얻은 지혜는 자기이해를 위한 개인 상담이나 치료를 훈련에 포함시켜야 한다는 것이다. 이것은 태프트의 논문에서 언급된 몇몇 저자에게서 지지를 받고 있다. 그들은 자기지식의 습득과 타인의 지식을 습득하는 것이 '서로에게 없어서는 안 되

는' 것이라고 주장한다(p. 15). 정신분석가인 피터 로마스(Peter Lomas)는
"치료사에게 내담자에 대한 자신의 반응 이유를 가장 심오한 수준에서 면
밀히 조사하도록 요구할 것이다. 그리고 치료사 자신에게 치료를 경험하
도록 잘 조언할 것이다." (1994, p. 5)라고 지적한다. 상담사나 심리치료사
는 상담 장면에서 그들의 반응이 자신들의 개인적 경험과 관련된 것인지,
아니면 무의식적 의사소통으로 내담자로부터 상담사나 심리치료사가 직
관적으로 선택한 것인지에 대해 분명히 해야 한다. 그래서 자기인식은 직
관적 정보의 평가에서 중추적인 것으로 보인다.

정서적 민감성

로사린드 디몬드(Rosalind Dymond)는 1948년 자신의 연구에서, 타인에
대한 통찰은 타인의 역할을 받아들이는 능력에 좌우된다는 것을 알았다.
이것은 내담자가 자기 자신을 보는 것처럼 내담자를 이해하는 데 초점을
둔 로저스의 내담자중심 치료에 채택된 입장이다. 디몬드는 이 과정과 투
사, 즉 자신만의 사고와 느낌을 다른 사람의 탓으로 돌리는 것 사이에 중
요한 구분을 한다. 디몬드의 실험은 공감능력에서 광범위한 개인차를 보
여 주는데, 몇몇 사람들은 이런 점에서 다른 사람들보다 더 민감한 능력을
보여 주었다. 타인의 관점에서 상황을 보는 이런 능력은 어떤 치료사에게
는 중대한 것으로 여겨지고 더 효과적인 의사소통과 이해가 생기게 하는
것으로 드러났다.

직관과 밀접하게 관련 있는 공감은 제7장에서 다루게 된다. 현재 일어
나는 의문은 바로 '공감능력이 높은 사람은 이와 마찬가지로 직관능력이
높고, 공감능력이 낮은 사람은 직관능력이 낮은가?' 하는 것이다. 바스틱

의 연구는 직관유형의 사람이 자연스럽게 공감하는 증거를 제시한다. 그
의 '직관적 사고이론'은 적절한 느낌을 통해 직관적 정보를 접하게 된다
는 개념을 받아들이는데, 이 느낌은 '주로 공감을 통해 잠재의식으로' 일
깨워졌던 것이다(1982, p. 320). 사람과 대상, 상황에 대한 정서적 개입은
직관에 이용된 느낌들을 일깨운다. 바스틱에 따르면, 직관적 정보는 정서
적으로 암호화되어 있으므로, 그 정보를 떠올리기 위해 함께 어우러진 느
낌을 경험하는 것이 필요하다. 그는 정서적 상태는 잇따라 변하기 때문에
새로운 상태와 관련된 새로운 요소들을 원래의 병렬상태로 이끌 수 있는
낡은 요소들과 연결된다고 설명한다(p. 61). 결국 직관유형은 공감이 되어
야 할 뿐만 아니라 정서적으로 변화가 풍부하고 예민해야 하며, 개인의 주
관적 과정을 잘 알아차리고, 환경에서 오는 정보도 수용해야 한다. 상담
장면에서 상담사나 심리치료사는 그 사람이 이해되었다고 느끼도록 내담
자에게 정서적으로 반응해야 한다. 내담자는 다양한 상황을 묘사하므로
치료사는 내담자와 치료사 자신의 정서적 변화를 추적하기 위해서 쉽게
감정 상태를 바꿀 수 있어야 하지만, 동시에 전반적인 인지통제력을 유지
해야 한다. 이것은 복합적인 일이다. 정신분석가인 폴리오(H. R. Pollio,
1974)는 분석을 받는 사람에 의해 생긴 연상에서 혼란스러운 비약이 드러
난 상담사례를 설명하고 있다. 그 내담자는 처음에는 자신의 아버지에 대
해, 그러고는 분명히 아무런 관련이 없는 한 경찰에 대해, 그러고는 다시
아버지에 대해 말했다(p. 152). 하지만 그런 묘사를 이루는 바탕에는 보편
적으로 불안과 권위라는 정서적 배경이 보인다. 따라서 상담사나 심리치
료사는 중요한 단서를 감지하기 위해 표면적인 이야기뿐만 아니라 숨어
있는 정서적 의미도 들어야만 한다.

　1차 과정사고의 핵심적 측면은 심상화를 통해서 느낌을 일깨운다는 것
이다. 예를 들어, '줄리엣은 태양이다(Juliet is the sun).'와 같은 은유는 따

스하고 생동감 넘치는 여인의 주관적 시각을 떠올리게 한다. 즉, 느낌과 관련된 보편적이고 주관적인 분류다. 반대로 분석적 사고는 보편적 합의에 의해 분류한다. 즉, '줄리엣은 여성이다(Juliet is female).'와 같다. 이것은 사실로서 일반적으로 감정을 불러일으키지 않는다. 따라서 내담자와 치료사 사이에 이미지를 공유할 때, 치료적 동맹관계를 확실하고 군건히 하도록 도와주는 정서적 유대감을 서로 경험하게 될 가능성이 있다.

정서적으로 변화가 풍부한 것은 직관유형의 특징이지만, 해결책이 나올 때까지 그 사람은 막연함과 애매모호함에 대한 불편함과 알지 못하는 것에 대한 긴장도 감당할 수 있어야만 한다. 정신분석가인 패트릭 캐이스먼트(Patrick Casement, 1985/1990)는 내담자로부터 오는 무의식적 의사소통을 논의하면서, '이 같은 압박의 무의식적인 목적이 분명해질' 때까지 '몇몇 내담자들이 자신 안에서 일어나는 고통이나 혼란을 치료사가 경험할 때조차' 치료사들이 내담자의 욕구를 이해하고자 노력하기를 권한다(p. 73). 자신만의 개념에 관한 평가를 지연시키는 능력은 심리치료사인 클라크(F. V. Clark, 1973)가 언급한 특징으로, 직관과정이 일어나는 시간을 허용하는 것이다. 즉, 직관이 일어나는 동안 "자아(ego)는 경험을 받아들이기 위해 비켜서 있어야만 한다. 일시적으로 해석과 평가를 중단하거나 유보하여야만 한다."(p. 162) 바스틱은 해결에 이르는 안도에 대한 기대와 결합된 호기심은 동기유발의 원동력으로 작용할 수 있다는 것을 제안한다(1968, p. 43).

동시에 직관유형은 정보요구가 낮다는 웨스트콧의 관찰을 기억할 필요가 있다(1968, p. 43). 직관유형은 비교적 적은 자료에서 결론을 도출하는 위험을 기꺼이 감수할 것이며, 이를 행할 자신감이 있다. 이것이 가설형성이라는 면에서 하나의 장점이 될 수도 있지만, 미숙한 개입으로 위험에 처할 수도 있다. 따라서 직관유형에게는 클라크가 제시한 권장사항들에 주의를 기울이도록 조언을 한다.

얼마나 많은 상담사들이 직관기능을 선호하는가

직관적인 사람들이 상담과 심리치료라는 직업에 적합한 특징들을 지닌 것으로 나타났기 때문에, 직관유형이 정말로 상담이나 심리치료라는 직업에 끌리는지를 알아보는 것은 흥미로운 일이다. MBTI를 사용했던 1,803명의 상담사들에 관한 연구에서 45.81%가 NFs유형인 것으로 밝혀졌다. 이 유형은 감정기능에 의해 지지되는 직관유형의 사람들이다(Myers & McCaulley, 1985, p. 257). 심리치료사들에 관한 레빈의 연구(Levin, 1978)에서는 감각(S)보다 직관(N)이 91%로 높은 선호도를 보여 주었다. 마이어스와 마이어스(Myers & Myers)는 외향적 직관형의 최상의 능력은 '지혜에 이르는 통찰과 영감을 주는 능력을 타고난' 것이고, 내향적 직관형의 최상의 능력은 '상당한 추진력과 함께 상황에 대한 더 심층적인 의미의 섬세한 통찰력'을 가진 것으로 묘사한다(1980/1993, pp. 106, 109). 이것은 분명히 상담사와 심리치료사에게 있어 존경할 만한 자질이다. 그러나 비록 그것이 비난의 뜻이 담긴 융의 모델을 토대로 한 것이긴 하지만, 마이어스가 자신의 유형론에서 긍정적인 자질을 강조했다는 것을 지적할 필요가 있다. 융의 의견은 외향적 직관형이 '전적으로 판단력이 부족하다.'는 것, '다른 사람의 행복에 대한 배려가 부족하다.'는 것, 그리고 '자신의 신념과 삶의 방식에 대해 관심이 적다.'는 것이다(CW 6, para. 613). 융 역시 직관형이 여성들 사이에서 발견될 가능성이 더 많다고 생각한다. 융의 의견을 뒷받침할 참고문헌이 없기 때문에 그와 같은 결론을 어떻게 도출했는지는 분명하지 않다. 이사벨 마이어스가 ENs유형이 그들의 재능에 대한 보상출구를 찾지 못할 경우 거칠고 반항적이며 방향감각을 잃을 수 있다고 경고한 것을 제외한 이러한 언급들은 실험적 문헌에서 재검토된 자료와는 차이가 있다(Myers, 1987/1994).

직관유형의 개요

직관유형은 문헌에 나타난 것처럼 다음과 같이 요약될 수 있다. 직관유형은 예술적 흥미를 가지고 다소 내성적이고 사색적이며 자기를 인식하고 좋은 유머감각을 지니고 있는 지적인 사람일 가능성이 있다. 직관유형은 당연히 공감을 잘 하지만 정서적으로 불안정하고 민감하여 환경의 영향을 받기 쉽다. 또한 타인의 의견에 이끌리기보다는 오히려 개인의 평가체계를 더 선호하는 경향이 있어서 불분명함과 애매모호함을 잘 참을 수 있고, 자신의 의견에 대한 평가를 미룰 수 있다. 직관유형은 독단과 권위주의를 피하고 장난스러운 분위기를 즐기면서 그 과정에 열심히 몰두하는 비관습적이고 창의적인 사고자다. 호기심은 동기를 부여하는 힘이 될 수 있다. 직관유형이 은유, 직유, 비유 및 심상화를 좋아하는 것은 뚜렷하고, 그들은 1차 과정사고와 환상 즐기기, 몽상 및 꿈속의 이미지로 편안해한다. 경험에서 패턴을 이해하는 능력과 함께 높은 공간능력은 두드러진 특징이다. 직관유형은 자료가 거의 없어도 결론을 도출하는 자신감과 함께 통찰력이 있다. 또한 더 큰 그림을 발견하는 경향이 있고, 미래지향적이며, 잠재되어 있는 것을 알 수 있다.

직관유형이 알아야 하는 몇 가지 단점도 언급되어 있다. 특히 직관유형은 상당히 사소한 일과 실제적인 해결책을 간과할 수 있지만, 시간 지키기, 계획하기, 송장 작성하기 및 문서 보관하기 분야에서 문제가 있을 수 있다. 또한 미래와 전체 그림에 중점을 두면 과거와 현재의 요소들을 놓칠 수 있다. 직관유형은 강한 사고기능의 지지를 받지 못하면, 자신의 통찰력을 과신하게 되고 그것을 검토하는 데 소홀할 수 있다. 어쩌면 단기적인 일에서 좌절감을 경험하면서 알게 될 것이다. 그들 자신과 환경을 오히려 비인습적인 것으로 보여 주는 것은 일부 내담자를 놀라게 할 수 있다. 외향적 직관형은 자기성찰이 어렵다는 것을 알게 되고 사례의 핵심을 파악하지 못할 수도 있다.

직관유형의 긍정적 자질을 높이 평가하지만, 자신의 감각기능을 계발하고, 사례별 세부사항을 특별히 기록하고, 업무를 하는 동안 효과적으로 시작함으로써 더 큰 통합을 향해 일할 수도 있다. 사고기능보다 감정기능을 선호하는 사람은 의사결정을 평가하는 데 신중해야 하며, 게다가 분명하게 제공된 설명을 확인하는 언어구사 기술을 개발해야 할 것이다. 직관적 사고형은 내담자들에게 충분한 개인적 반응과 격려를 분명하게 하는 공감능력을 육성함으로써 이익을 얻을 것이다. 모든 직관유형들은 미래에 대한 흥미진진한 가능성이 있다고 느낀다면 매우 힘들어하면서도 "괜찮아요."라고 말하는 것을 발견할 가능성이 있다. 따라서 그들 스스로 너무 과도한 스트레스를 받을 수 있다. 노련한 슈퍼바이저는 자기인식과 성장에 관한 이 분야에 도움을 줄 수 있다. 이 부분도 제12장에서 다루게 된다.

* * * *

직관유형에 대한 개요는 적어도 이론적 저서에서 이미 드러나 있지만, 나는 꽤 오랫동안 책 속에 파묻혀 있으면서 성장하는 느낌이 들었다. 이제는 실증적인 자료가 절실하게 필요한 상황이 되었다. 동료들과 좀 더 이야기를 나누면서 몇 가지 실질적인 연구를 이행하는 시간이 되었다.

미 주

1. The Myers-Briggs Type Indicator®와 MBTI®는 Consulting Psychologists Press, Inc.의 상표로 등록되어 있다. 질문지는 무단복제가 금지(저작권 보호)되어 있으나 자신의 성격유형을 검사하기를 원하면, PO Box 404, Norwich MLO, Norfolk NR2 3WB로, The British Association of Psychological Type(BAPT)의 비서에게 연락하면 된다. 그러면 자격을 갖춘 전문가들의 명단을 보내 줄 것이다. 또한 커시와 베이츠(Keirsey & Bates, 1978/1984)의 책에는 자신의 유형을 평가하는 방법을 제시한다.

2. 내향성은 'I'로 부호화되어 있고, 'N'이란 글자는 직관을 표시하는 것으로 사용된다.

3. 다른 유형에 관해서는 마이어스와 마이어스(1980/1993), 마이어스(1987/1994)를 참조하라.

제 5 장

표본 집단

∴∴∴

연구를 시작하면서 나는 전문가들의 상담업무에서 직관과정을 이론과 비교할 수 있었다. 그리고 이 연구결과가 심리치료사들에게 직관의 경험이 무엇을 의미하는지와 임상장면에서 어떤 밀접한 관련이 있는지에 대해 설명해 줄 것이라고 기대하고 있었다. 전통적인 과학실험에서처럼 가설 검증이나 입증보다는 오히려 설명과 발견에 주안점을 두었기 때문에 질적 연구방법이 가장 적절한 것은 당연했다. 연구과정은 이론이 그 자료에서 드러나도록 하면서 기초가 되는 이론의 발달을 위해 스트라우스와 코빈(Strauss & Corbin, 1998)이 정한 절차를 따랐다.

어떤 방법이 필요한 정보를 도출할 가능성이 가장 높을지를 고려하면서 나는 테이프 자료 분석을 포함한 일련의 절차들을 조사했다. 참가자와 관련한 조사에서는 비밀유지 때문만이 아니라 테이프 녹음이 전이를 방해하는 요소가 된다고 생각했기 때문에 심리치료사들 사이에서 상담과정의 녹음을 꺼리는 것으로 나타났다. 이런 어려움이 다수의 가능한 방법들을 방해했다. 그러나 실현 가능한 접근에는 표본 집단과 직관일지 작성이 있는데, 나는 이 방법들이 상세하고 풍부한 필수자료들을 제공할 가능성이 클 것이라 생각했다.[1] 물론 이런 방법은 검증도구가 필요한데, 내가 사용할 수 있는 MBTI가 융의 유형론과의 직접적인 연결을 위해 대단히 적절할 것으로 보였다. 상호작용을 하는 심리치료사는 나의 질문과 연구자로서의 개입에 덜 의존하고 새로운 정보를 제공할 가능성이 클 것이라고 기대하면서 개인면담을 선호하는 표본 집단을 선택했다.

첫 연구는 표본 집단으로 시작했고, 그다음에는 심리치료사들의 일지를 조사했다. 나는 집단참가자들이 새로운 질문을 떠올리고 다른 답을 하지 않는, 반구조화 형식을 기대했다. 따라서 직관일지 연구는 더 많은 반응을 이끌어 낼 목적으로 고안되었다(이 내용은 제10장에서 다룬다). 정보수집을 끝낸 후에 관련된 모든 전문가들은 그들이 선호하는 심리기능과 직관 정도를 알아낼 목적으로 MBTI 검사를 받았다. 이 검사의 핵심은 개인적인 반응과 개별 유형 간에 어떤 관계가 있는지에 대한 질문이다. 따라서 이 자료는 가능성 있는 성향을 확인하는 데 사용될 수 있다.

관례적으로 표본 집단을 설정할 때 나는 이 연구에 특별히 적절한 정보를 제공하길 바라는 마음에 개인적으로 참가자들을 선택했다(Krueger, 1994). 그래서 내가 알고 지내던 전문가들을 초대했다. 모든 참가자는 흥미로운 다양한 개성을 가지고 있었다. 가장 중요한 건 참가자들이 일대일 상담을 5년 이상 경험한 공인된 전문치료사여야 한다는 것이다. 전문치료사들은 기꺼이 자신의 업무를 숙고하도록 지시를 받으면서 전문협회에서 제시하는 슈퍼비전의 필요조건을 충족해야만 한다. 더불어 나는 참가자들을 노련한 전문가로 보았고, 그들이 직관을 주제로 한 토론에 자극을 받을 것이라고 예상했다. 내가 특별히 남녀 간의 비교를 할 의도는 없었지만, 남녀 모두 초대되었다. 당연히 참가자들은 만날 장소에서 반경 25마일 내에 거주해야 했고, 공교롭게도 모든 참가자들은 백인이면서 영국인이었다.

첫 접촉은 전화로 했다. 참가자들에게 토론의 주제가 직관이라는 것과 이 집단의 주목적은 토론을 하면서 이런 현상의 개인적인 경험에 관한 정보를 모으는 것임을 알렸다. 이런 식으로 8명과 접촉하여 7명이 수락했다. 대략 한 달 이내에 날짜와 시간이 조율되었고 확인 편지도 보냈다. 나는 그 기간에 그들의 상담 장면에서 직관 사용을 되돌아볼 것을 제안했다.

집단토론 내용을 기록한 이후에, 참가자들에게 그들이 원했던 대로 그 주제에 대해 논평하고 깊이 관찰해 보도록 요청했다.

집단참가자

이번 집단은 5명의 여성과 2명의 남성으로 구성되었고, 비밀보장을 위해 신분확인은 이름의 머리글자만 사용해 〈표 5-1〉과 같이 정리했다. 집단의 목적은 비교적 소규모로 유지하고 상호작용을 강화시키며 말수가 적은 사람을 위해 적절하게 기회를 허용하는 것이었다.

영국심리치료협회(United Kingdom Council for Psychotherapy: UKCP)에 속한 1명을 제외한 모든 사람이 영국상담심리치료협회(British Association of Counselling and Psychotherapy: BACP)에 등록된 전문가들이었다. 하지만 내가 첫 번째로 우려한 것은 수련과 실습 형태의 동질성이 부족한 것이었

〈표 5-1〉 **집단참가자**

머리글자	성별	나이	경력(년)	접근방식	전문단체	MBTI유형
C	남	51	7	정신역동/정신통합	BACP	ISTJ
G	여	46	14	NLP/최면치료	BACP	ENFP
A	여	57	7	정신통합	BACP	ESTJ
M	여	58	13	정신역동/인본주의	BACP	ENFJ
B	남	65	17	인간중심	BACP	ENFP
L	여	34	6	정신분석	UKCP	INFJ
T	여	42	5	통합심리	BACP	ENTJ
사회자/연구자						
R	여	56	10	통합심리/정신통합	BACP	INTJ

* MBTI 유형의 의미

ISTJ: 외향적 사고기능(부기능)을 가진 내향적 감각형(주기능)
ENFP: 내향적 감정기능(부기능)을 가진 외향적 직관형(주기능)
ESTJ: 내향적 감각기능(부기능)을 가진 외향적 사고형(주기능)
ENFJ: 내향적 직관기능(부기능)을 가진 외향적 감정형(주기능)
INFJ: 외향적 감정기능(부기능)을 가진 내향적 직관형(주기능)
ENTJ: 내향적 직관기능(부기능)을 가진 외향적 사고형(주기능)
INTJ: 외향적 사고기능(부기능)을 가진 내향적 직관형(주기능)

다. 그러나 더 자세한 지식과 심사숙고는 연구되고 있는 현상이 참가자 모두에게 일반적인 것으로 추측되기 때문에 이런 형태의 연구에서 이점이 될 수 있다고 제안했다. 게다가 다양한 접근은 자료를 더 풍부하게 해 줄 것이다(Strauss & Corbin, 1998).

사회자이자 연구자로서 나는 관찰 가능한 비언어적 의사소통을 기록하기 위해 적당한 곳에 기록지를 만들어 두고서 집단토론을 하는 동안이나 직후에 참가자들의 설명을 내 반응과 결부시키고 참가자들의 몸짓을 분명하게 기록하였다. 다음은 이를 보여 준다.

> R: (웃음) 그리고 당신은 손으로 이런 몸짓을 했어요.
>
> L: 음.
>
> R: 뭔가 둥글고 공 모양의 어떤……
>
> L: 그래요. (같은 몸짓을 반복하며) 내 안에서 일어나는 이런 것처럼 뭔가…… 내게 그런 몸의 느낌이 있었기 때문일 거예요…….
>
> R: …… 같이 나타나나요? …… 그리고 당신은 이런 몸짓을 반복하고…… 모든 게 맞아떨어지는군요.

이런 식으로 신체언어의 양상은 이 예문의 일부가 되었다.

구 성

집단토론을 저녁에 대략 50분씩 2회 실시한다는 사실을 참가자들에게 분명히 알렸다. 뷔페식의 저녁 식사와 긴 휴식을 가졌다. 토론을 촉진시킬 것이라는 기대를 하면서 사교적인 분위기를 의도적으로 조성하였다

(Krueger, 1994). 각 집단토론은 떨어져 배치된 2대의 녹음기를 이용해 테이프에 녹음되었다. 이것은 하나가 기록에 실패했을 경우를 대비하여 어느 것도 빠뜨리지 않도록 확실히 하기 위해서였다. 집단참가자들은 어떤 위계도 나타나지 않도록 사회자이자 연구자인 나와 함께 원형으로 편안하게 앉았다.

사회자/연구자의 역할

사회자의 전반적인 역할 가운데 첫 번째는 참가자들이 '직관'이라는 말을 어떻게 이해하고 있는지를 이끌어 내는 것이다. 그리고 두 번째는 상담에서 이런 현상에 대한 참가자들의 경험과 상담과정에 끼친 직관의 영향과 관련된 정보를 모으는 것이다. 또한 상담교육과 실제 상담에서 직관을 얼마나 많이 생각하고 있었는지, 그리고 전문가들이 직관을 사용한다는 것을 스스로 얼마만큼이나 알아차리고 있는지 궁금했다. 사회자의 구체적인 역할은 집단참가자들의 생각과 경험이 대화의 주제가 되도록 촉진하는 것이지만, 동시에 내 생각과 감정은 가능하면 연관시키지 않도록 하였다. 반구조화 형식으로 진행되었는데, 이는 주요 질문들을 주지시키면서 답변이 이것에서 지나치게 벗어나면 다시 그 주제로 되돌리는 것을 의미한다. 하지만 동시에 완전히 새로운 내용이 나오는 경우 이를 흔쾌히 받아들이기도 했다.

집단토론이 끝날 때까지 유형론에 관한 질문지를 완성하지 못했지만, 나는 일부 참가자들이 더 외향적인 기질이어서 좀 더 말을 많이 했을 것으로 예상했다. 따라서 더 말이 없고 내향적인 사람들의 관점도 표현할 수 있도록 직접적으로 몇 가지 질문을 할 필요가 있었다. 비록 그렇다 하더라도 G, C, M은 A, B, L, T보다 훨씬 많은 시간을 차지했다는 사실을 기록을 통해 확실히 알 수 있었다. 특히 B와 T는 그들 스스로가 외향적이라 지칭했음에도 불구하고 스쳐 지나가는 말만 했을 뿐이었다. 기질과는 별도로 일부 참가자들은 표본 집단 모임 전에 다른 참가자들보다 직관이라는 주제에 관하여 더 깊이 생각했던 것으로 나타났다. 예를 들어, T는 '어떠한 과제도' 또는 그녀 자신을 준비할 시간이 없었다는 고백을 했다.

동시에 나는 연구자로서 참가자들이 나를 특별한 시각으로 보고 있다는 것을 알고 있었다. 그 시각은 참가자들의 반응에 영향을 주었고, 참가자들의 좀 더 긍정적인 생각과 경험을 강조하는 결과를 낳았다. 한 참가자는 이런 태도를 "하지만 만약 우리 모두가 직관을 부질없는 것이라고 말하러 여기에 왔다면 R이 그것을 별로 안 좋게 생각할 것입니다. 만약 우리가 직관을 모욕한다면 말이죠."라고 표현했다. 따라서 참가자들은 부정적인 반응은 환대받지 못할 것이라는 생각을 하는 것으로 보였다. 결과를 평가할 때 이런 태도를 고려할 필요가 있었다.

나는 연구를 하면서 아무래도 선택된 치료사들이 그들의 상담 장면에서 직관을 사용한 경험이 적어도 몇 번은 있을 것이고, 그것을 말로 분명하게 표현할 수 있을 것이라는 특별한 기대를 했다. 따라서 집단참가자들이 적절하게 어울리는 단어를 찾는 데 어려워하는 것이 가장 인상적이었다. 이것에 대한 몇 가지 이유는 이후에 다루어질 것이다.

분 석

테이프에 녹음된 집단토론을 신중히 문자화하고(예시를 보려면 부록 A 참조), 정확성을 확인하기 위해 때로는 특정 부분을 여러 번 재생했으며,

미가공 자료는 개념으로 범주화했다. 나는 이것을 종류별로 분류하였고, 이를 확인하기 위해 각각에게 개념적인 부호를 부여했다. 따라서 적절한

〈표 5-2〉 **주요 범주**

범주	카드 번호
1. 직관 선호조건	
직관유형	11
이완되거나 변화된 상태	14
계발/훈련	15
능력	2
2. 직관과정의 필수양상	
비합리적	9
단서 포착하기	3
관계 혹은 연결	10
전체	4
확인	18
3. 다른 특성	
타고난, 직감적인	8
공감	22
조화	16
속도/즉시	5
감각 개입	13
적응성	21
4. 주관적 경험	
방해	17
심령적, 영적	6
5. 직관의 결과	
어떤 종류의 앎(knowing)	1
창의성	12
6. 직관에 대한 반응	
어려움	19
사회적 반응	20
서술적인 말	7

자료를 열거한 각 카드는 인용된 사람들의 머리글자나 사본의 페이지 색인과 함께 구성했다. 이 과정에서는 자료만을 반영하면서 각 범주가 만족스러울 때까지 일부 자료의 배치를 분리하거나 합치고, 필요한 경우 개념의 부호를 수정하기도 했다. 다른 범주와의 연결에 주목했으며 포함시키기 위해 선택된 개념들에 의해 정의가 만들어졌다(부록 B 참조). 총 22개의 카드 번호가 있다.

그다음 작업은 범주들 사이의 관계를 조사하고 이것들을 우선하는 범주로 분류하는 것이었다. 무엇보다도 심리치료사의 성격과 배경, 상담을 하는 동안 그들의 신체적·정신적 관점에서의 특정한 상태가 직관과정을 촉진시키거나 향상시키는 것으로 나타났다. 직관의 중요한 특징도 나타났는데, 그런 특징이 없이는 직관현상이 일어날 수 없을 것이라는 생각이 들었다. 직관과정의 추가적인 특성은 특별한 주관적 경험이 현저했던 것만큼이나 토론에서 두드러졌다. 정확히 직관이 무엇을 제공하는지에 대하여 고찰할 때, 마음에 떠오른 두 가지 결과는 창의성과 어떤 종류의 앎(knowing)이었다. 직관이 다양한 반응을 끌어들인 것이 눈에 띈다. 그러므로 직면한 어려움과 반응은 최종적으로 무엇보다 중요한 범주를 구성했다. 개요는 〈표 5-2〉에 있다.

처음부터 "'직관'이라는 말이 무엇이라고 생각하나요?" 같은 개방된 질문을 함으로써 이미 이 현상의 본질을 논의할 수 있는 기회를 만들었음이 분명해졌다. 상당량의 유용한 자료들은 일반적으로 직관과정에 대해 이야기하고 있었다. 집단토론 후반에는 전문적인 영역에 초점을 둘 것이라는 나의 명확한 요구에도 불구하고 상담에서의 구체적인 직관 사례는 거의 나오지 않았다. 또, 참가자들은 직관이 그들의 상담에서 어느 정도로 역할을 했는지 평가하는 것도 어려워했다. 이것은 내 기대와는 상반되는 것이었지만, 나는 일지에는 필요한 설명들이 제시될 것이라고 예상했다.

치료사들은 7명 가운데 5명이 MBTI 질문지의 응답에서 직관유형으로 나타났음에도 불구하고, M과 더 낮은 수준의 C, L을 제외하고는 직관현상에 대해서 이전에는 전혀 고려하지 않았던 것으로 보였다. 게다가 B는 직관이 전문영역에서 높게 평가되고 있다고 주장했는데, 이것에 대한 의견 차이는 없었다. 따라서 상담과 심리치료에서 인식된 직관의 중요성과 직관의 구성요소에 대한 실제 자각 사이에 잘 맞지 않는 부분이 있었다. 교육에 관한 나의 질문에 대한 대답은 좀 더 구체적이어서 추가적인 이론적 고찰을 위한 기초를 제공했다.

범주에 관한 분류가 끝나고 그다음 단계는 각 범주들을 차례로 검토하고 자료를 실존하는 이론과 비교하는 것이었다. 따라서 이 과정의 기초를 제공하기 위하여 '이론에 관한 메모(theoretical memos)' 목록을 작성하였다. 여기에서의 목적은 표본 집단토론 중에 만들어진 진술을 지지하는 증거를 찾는 것, 그리고 반대로 문헌에서 발견된 이론에 더 치중하는 것이었다. 게다가 이미 예상했던 개념들을 발전시킬 수 있었고 심지어 완전히 새로운 자료들이 드러나는 것이 가능했다.

범주의 고려

나는 여기에 집단토론에서 나온 중요한 자료들을 여섯 개의 주요 범주 안에 각각 요약하여 제공할 것이다. 직관의 그런 측면과 관련해 다른 이론과의 비교는 흥미로운 점과 함께 구체적으로 논의될 것이다.

직관 선호조건(범주 1)

첫 번째 범주를 다루기 위하여 참가자들은 직관유형과 직관, 심리치료
교육의 영향, 자신의 직업적 능력과 관련된 질문에 도움이 될 수 있는 특
별한 마음상태에 관해 논의했다. 따라서 가장 중요한 것으로 세 가지 주된
요소가 있었다([그림 5-1] 참조).

직관유형은 특성 목록에 나타난 환경에 대한 세심함과 민감성과 함께 그
몇 가지 특징이 제4장에서 이미 검토되었다. 그러므로 표본 집단토론을 하
는 동안 일부는 실제 근거에 기반을 둔 다른 사람들에 비해 더 직관에 '귀
를 기울인다.'는 논평이 나왔던 것으로 추측하는 것이 타당하다. MBTI 유
형에서 직관보다는 감각을 선호하는 A가 '현실에 기반을 둔' 유형은 덜
직관적이라는 사실을 작성했다는 점은 흥미롭다. A가 이미 자신을 '아
주 현실적이고 세상 물정에 밝은 사람'이라고 설명했음에도, 이것은 A가
자신의 경험에 대해서 말하는 것 같은 인상을 준다. 실제로 A는 치료사
로서 단서를 찾는 것과 같은 자신의 기술을 직관이라고 해도 되는지 확
신하지 못하는 것 같았다. 이것은 단지 용어에 관한 질문이 될 수도 있다

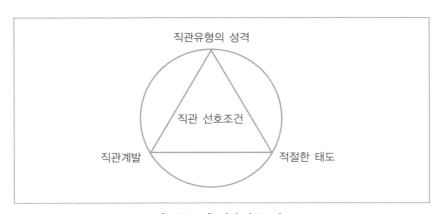

[그림 5-1] 직관 선호조건

(범주 6). 마이어스와 맥컬리(Myers & McCaulley, 1985)는 "이론적으로 직관이 인지패턴, 추론된 의미의 인식, 이해할 수 없는 관계와 관련이 있으므로 심리학적인 방법으로 사람들을 돕는 것은 감각보다 직관을 더 필요로 한다."(p. 73)라고 말한다. 그들은 1979년에 실시된 뉴먼(Newman)의 연구를 인용했다. 그 연구에서는 N유형은 추론된 의미를 확인하는 능력이 S유형보다 상당히 높게 나왔고, 1977년에 발표된 디티베리오(DiTiberio)의 연구에서는 감추어진 느낌 메시지는 N유형이 더 높다는 것을 알 수 있었다.

그럼에도 불구하고 S유형은 대략 일반적인 인구의 75%에 해당한다는 점을 주목할 필요가 있고, 내담자들 중에 많은 감각형들이 있을 것이라고 상상할 수 있다(Myers & Myers, 1980/1993, p. 58). 감각형은 의미의 깊이와 자기 자신에 대한 이해보다는 현실적인 문제해결 방안에 더 관심이 있다는 의견을 주장하고 있다. N유형의 심리치료사는 그런 내담자의 상담형식을 조정해야 할 것이다. 멘델슨과 겔러(Mendelsohn & Geller, 1963)는 버클리 주 캘리포니아 대학의 상담센터에 참여한 학생들에 관한 보고에서 학생들의 상담사들 중에서 다른 유형의 상담사는 몇 번의 상담에만 참가한 것을 발견했다. 미묘한 메시지를 직관하는 경향이 항상 심리치료사의 (혹은 내담자의) 장점이 될 수는 없다. 게다가 직관형은 감각형의 욕구를 잘못 평가할 수 있고, 중요한 사실을 확실히 모를 수 있고, 그리고 문제에 대한 실제적인 해결방법을 찾는 내담자를 잘 도와주지 못하는 경향이 있을 수 있다. 직관형은 또한 보수와 시간 약속과 같은 규칙적인 일에도 취약할 수 있다. 심리치료사 사비니(M. Sabini, 1988)는 감각기능을 열등기능으로 가지는 것의 몇 가지 위험 요인, 즉 상담을 잊어버리는 것 등을 솔직하게 말했다.

재능 있는 사람들과 직관과정 사이의 연관성은 표본 집단에서도 다시 제기되었다. 음악가들과 예술가들을 직관적이라고 여겼고, 영감 및 천재성과 직관 사이의 연결이 이루어졌다. 그럼에도 불구하고 심리치료사가 천재적인 감각이 반드시 있어야 하는지 분명하지는 않지만, 제4장에서 이미 설명한 것처럼 직관적이고 창의적인 과정 사이에 눈에 띄는 유사점들이 있고, 이 둘은 새로운 생각, 패턴과 관계에 대한 시각과 관련이 있다. 비록 집단토론을 하는 동안 이런 점에서 참가자들로부터 새로운 내용이 더 나오지 않았음에도 불구하고, C는 이후에 몇 가지 관련된 내용을 제공했다(범주 4 참조).

표본 집단에서 나타나는 가장 흥미로운 질문 중 하나는 여성이 남성보다 어떤 식으로든 직관에 더 재능을 지녔는가 하는 것이다. 여성들은 남성들보다 직업으로서 상담과 심리치료에 분명히 더 많이 끌린다. 여성들의 수가 더 많아진 것 때문이기도 하지만, 사회적 수용성 혹은 여성들이 돌보는 역할에 더 익숙할 것이라는 가능성을 집단참가자들이 제안했고, 일부는 다른 사람들보다 더 많이 직관에 귀 기울인다는 주장이 나왔다. 마이어스와 맥컬리(1985, pp. 50-51)가 만든 유형검사는 직관선호와 관련해 미국의 남성과 여성 사이에 유의미한 차이가 없다는 것을 보여 준다. 그러나 그라함과 익스(Graham & Ickes, 1997)와 같은 연구자들은 여성이 감정적인 반응과 비언어적 해독능력에서 남성보다 더 많은 직관 기술을 가지고 있다는 증거를 제공한다. 만약 남성들이 직관 기술을 원한다면 여성들처럼 능숙하게 배울 수 있다는 것을 나타내므로 그라함과 익스는 이것을 동기부여의 차이점으로 돌렸다.

명상과 관련 있는 C의 관찰은 로베르토 아사지올리(Roberto Assagioli)의 가르침을 반영한 것이 분명해졌다. 아사지올리의 방법으로 훈련받은 사람들로부터 임상에서 명상의 유용함을 듣는 것은 흥미로웠다. C는 일상에서 생각의 '소음을 가라앉혀' 자신을 조용하게 만들기 위해 명상을 적용하였다. C가 '집중할' 수 있고 내담자에게 더 열릴 수 있었던 것은 명상수행의 결과다. 이것은 '다른 논리적인 방식(allological mode)'보다 타당한 것을 선호하는 T에게 좋은 충고로 받아들여질 수 있다. M도 그런 집중수행을 통해 더 '수용적'으로 될 수 있었고, G 역시 명상과 평화, 고요함이 '직관에 귀 기울이기', 즉 '의식의 변화된 상태'로 기술한 현상에 중요하다고 생각했다. 이 논의에서는 아사지올리(1965/1975, p. 219)의 의식으로 들어가는 직관을 '조용한 기다림'으로 표현했다. 비록 명상을 수행하고 그 과정을 신뢰하는 것은 다른 중요한 요소들이었음에도 불구하고 이런 기술은 자신의 직관을 계발하는 데 도움이 되었다는 합의에 도달했다. 직관의 유용함은 직관을 이해하는 것과 직관을 시험해 보는 것에 의해 결정된다. 이것은 직관이 부주의로 위축될 수 있다는 아사지올리의 견해를 강조하고 있다. 집단참가자 대다수의 의견은 명상수행이 직관과정에 효과적이라는 것이다.

그러나 인간중심적 관점에서 생각한 B에게서 한 가지 주목할 만한 반대의견이 있었는데, 내담자와 함께하는 데 이완되기보다는 집중했다는 것이다. 정신분석가인 L은 어떻게 편안하면서도 동시에 전문적일 수 있는지, 그 내담자(아이)를 순순히 받아들이는 동시에 그의 안전을 책임질 수 있는지에 대해 보고했다. 아사지올리는 비슷한 조건, 즉 이완과 고요한 태도이지만 소극적이지는 않은 것에 대해 설명한다(1965/1975, p. 219). 이는 일부 다양하고 분명히 모순되는 단계와 관련 있는데, 치료사는 특정한 주어진 시간에, 수용적이지만 주의 깊게, 또한 공감적으로 접근하지만 마찬가지로 인지적 방식으로 접근하면서 상담해야 한다(제7장 참조).

능숙함이 직관의 바탕이 될 수 있는지에 대한 의문이 들었다. 이것은 '한 번에 더 많은 단서를 포착하는' 능력과 관련되어 '더 큰 그림'으로 이끌고(G), 또한 더 많이 이완되고 그로 인한 '확장'을 이끈다(C). 이것은 심리치료사로서의 경험이 때로는 단서를 수집하고 그 단서를 의미가 통하도록 이끄는 것으로 인식될 수 있다. 하지만, 능숙한 전문가들은 상담을 하는 동안 더 이완되는 것으로 보인 반면, 연구에서 수집된 증거는 제6장에서 나타난 것처럼 정반대다. 여기서 능숙함이 치료사의 자신감을 지나치게 증가시킨다면 정확하지 않은 임상적 판단을 이끈다고 언급되어 있다. 게다가 훈련받은 심리학자들은 다른 사람들보다 신체적인 단서를 포착하는 데 성공적이지 못한 것으로 보인다. 아마도 그런 연구들은 경험이 많은 전문가들이 상담과 심리치료 업무에서 겸손함을 갖춰야 한다고 지적할 것이다. 앞으로 이 분야의 연구는 대부분 명확해질 수 있다.

직관능력을 높이는 가능성에 관한 심리적 기능의 개발은 MBTI의 중요한 개념으로, 성격 내에서의 균형과 조화를 제공한다는 것은 주목할 만하다(Myers & Myers, 1980/1993, pp. 173-202). 심리학자 가이 클락스톤(Guy Claxton)은 직관에 대해 "직관이 훈련되거나 가르침을 받거나 교묘하게 지도될 수는 없을지라도 어느 누구라도 계발할 수 있다."(1997, p. 14)라고 말했다. 융은 환경이 아이의 자연적인 성향을 지지하지 못할 때 신경증이 시작될 수 있음을 이미 인지하고 있었다(CW 6, para. 560). 직관에 대한 지지가 부족한 이유는 제1장에서 다루어졌는데, 이 가운데 일부를 집단참가자들이 다시 표명하였으며 카드 19번에 있는 '어려움'에서 언급되었고 이후에 다시 검토했다.

이 책의 목적 가운데 하나는 내담자의 이익을 위해 직관기능과 관련되는 직업에서 의식적으로 활용할 수 있도록 지각을 향상시키는 것이다. 그러나 한 참가자가 "당신이 직관을 가지는 것이 아니라 직관이 당신에게 일어나는 것이다."라고 주장했는데, 그렇다면 어떻게 직관을 계발할 수 있는가? 점점 더 분명해지는 것처럼 당신은 직관이 일어나는 기회를 늘릴 수 있다. 정말로 패트리샤 헤지스(Patricia Hedges)가 제안한 것처럼 직관유형의 분명한 특징은 의식적으로 계발될 수 있다(1993, p. 141). 예를 들어, 직관은 미래지향적이므로 상담사나 심리치료사는 내담자의 상황 안에서 가능성에 초점을 맞추고 잠재적으로 어떤 것이 있는지 찾을 수 있다. '예감'을 알아차리면, 이것은 의식적으로 뒤를 이어 나올 것이고 아마도 내담자와 함께 시험결과가 될 가설을 형성할 수 있다. 연극과 예술적인 창조는 그림, 모델링, 움직임, 드라마 재연을 상담에 통합시킬 수 있다. 상징, 신화, 꿈은 모두 직관적인 이해에 풍부한 근거를 제공해 준다.

오직 일부 심리치료 연구기관만이 직관을 치료과정에 결합하는 것처럼 보이는 것이 문제다. 참가자들 사이에서 직관에 대해 학교에서 배운 기억이 없고, 정신통합에 바탕을 둔 2명만이 그 과정이 분명히 전문적인 교육에 포함되었다고 말했다. 어떤 기관은 초보치료사들 사이에서 상담의 통제를 잃는다는 두려움으로 인해 직관과정을 적극적으로 단념시키거나 못하게 하는 것으로 생각되고 있다. 통합적 접근과 정신분석적 접근은 직관이 도움이 될 수 있는 연관성을 '인정한다.'고 말하고 있다. 이 분야에 대한 더 많은 연구는 제11장에서 다룬다.

직관과정의 필수양상(범주 2)

두 번째로 중요한 범주는 참가자들이 직관과정에 반드시 필요하다고 여기는 특징들을 모으는 것이다. 직관의 비합리적 특징, 설명할 수 없는 앎의 방식, 의식적으로 혹은 부지불식간에 일어나는 관련 단서나 신호의 포착, 새로운 정보를 만들어 내는 각 요소 사이의 관계나 연결, 부분의 합보다 더 큰 전체, 그리고 뒤이은 직관의 확인 등이 그것이다. [그림 5-2]는 이런 요소들 사이의 관계를 나타낸다.

표본 집단은 직관이 마음을 이용하는 비합리적이며 비분석적인 방법이

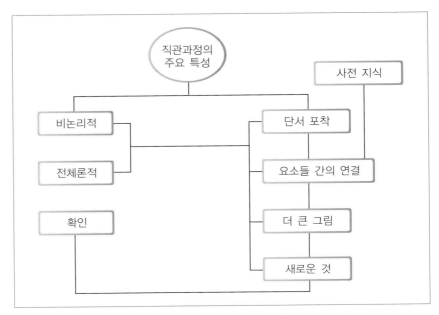

[그림 5-2] 직관과정의 핵심 구성요소

라는 데 의견이 일치하였으며, 제2장에서 논의한 융의 정의를 지지하고 있다. '주어진 것(being given)'이라는 특징(CW 6, para. 770)은 "'정보를 받는 것이 아니라 안내받는 것에 대한 것'(B)이고, '당신에게 일어나는 것'(L)이다."와 같이 표현되었다. C는 '합리적이고 구체적이며 선형적이고 보편적인 사고방법'과 직관 사이의 차이에 대해 분명히 언급하는데, 직관은 상징이나 이미지, 통찰 형식으로 오며 인과관계가 아니라 단지 거기에 있는 것이다. M은 직관을 어떻게 처리하는지 설명이 불가능하기 때문에 이는 인지과정이 아니라고 강조했다. 그러나 합리화는 직관이 의식에 도달하는 그 시점 이후에 나타난다. 융은 이 점을 "많은 직관은 나중에 그 세부요소들로 분화될 수 있는데, 그 근원은 이성의 법칙과의 조화를 가져왔다."(CW 6, para. 772)라고 더욱 명확히 표현한 바 있다. C는 명상을 통해 인지과정을 멈출 수 있다고 강조했다.

단서 포착에 대한 논의를 할 때 참가자들은 이 과정을 직관과 동일시할 수 있는지, 아니면 단순히 예리한 관찰의 문제인지 확신하지 못했는데, 그들은 이 과정을 감각기능과 연결시켰다. 그런 예리한 관찰을 하였을 때 교육기관과 슈퍼바이저가 '직관'이라는 용어를 쓰지 않는다는 사실에 당황했다. 그러나 이러한 논쟁에서 명확하게 언급되지 않은 것은 직관을 형성하기 위해 단서나 신호와 다른 요소들 사이의 연결고리를 만드는 것이 중요하다는 점이었다. A는 단서 포착이 어떻게 상담 장면에서 변화를 이끌 수 있는지 자신의 상담에서 사례를 제시하였다. A는 내담자에게 그림 하나를 그려 달라고 부탁했다. 이 내담자는 다른 곳을 응시하면서 A가 시도한 과정에 흥미가 없음을 몸으로 표현했고, 이것은 A로 하여금 다른 방향으로 상담을 하도록 이끌었다. 일반적으로 단서는 의식적으로나 잠재의식적으로 혹은 A가 설명한 것처럼 그것을 지각할 수 있을 정도로 혹은 모르는 사이에 포착할 수 있고, 감각적인 단서는 직관이 틀렸음을 증명할 수 없다는 결론을 내렸다.

연결 짓기에 대한 주제는 앞부분에서 언급된 바 있지만, 저녁 식사 후에는 더욱 심도 있게 다뤄졌다. L은 이것을 내담자에 관해 알려지거나 내담자에 관한 모든 생각을 '특정한 관계'와 더불어 오는 것으로 설명하였다. M은 이때 '연결'이라는 것이 핵심 단어이며, 직관을 '잠재의식 수준'에서의 연결, '외부에서 내부로' 연결되는 것으로 설명할 수 있다고 생각했다. 즉, 외부환경에서 오는 신호들이 내면의 생각이나 느낌과 결합해 새로운 연결고리를 만들어 낸다는 것이다. 이것은 안팎의 유사한 신호처리에 관한 글을 쓴 바스틱의 이론을 반영하고 있다(1982, p. 9). C의 주장은 직관이 "다른 영역에 영향을 미치며, 어떻게든 연결된다."는 것이었다. 직관은 '관계'라는 단어가 그렇듯이 여러 상황에서 사용되었다. 이러한 개념은 '귀 기울이는 것', 진행되고 있는 상황에 '더욱 조율'하는 것, 혹은 다른 사람과의 '조화를 이루는 것'의 개념과 관련 있어 보였다. 이것은 내·외적으로 연결고리를 더 쉽게 형성시킬 수 있도록 하는 심리치료사와 내담자 간의 조화를 암시한다. 이 부분에서 명상은 조율하는 데 도움이 된다고 여겨지며, 상담을 하기 전 준비과정으로 실행할 수 있다. 참가자들은 조화의 상태가 공감과 긴밀하게 연결되어 있다고 생각했다(제7장 참조).

지구 모양을 만들기 위해 원의 두 부분을 회전시키고 합치는 L의 손짓은 직관의 전체적인 특징을 가장 잘 나타냈다. 이것은 바스틱의 5번 속성이다(1982, p. 25). 심리치료사들은 이것을 '한 번에 내담자의 몸, 마음, 영혼을 보는 것'(G)으로, '다 함께 모이는 것'(A)으로, '딱 맞아떨어지는 모든 것'(M과 G)으로 경험했다. 이 과정은 '완전하고 전체적인 것'(L)으로 이끌어 '요소들을 합친 것 이상'(L)이었고, '더욱 큰 그림'을 보는 시각을 낳았다. L 역시 자신의 몸 전체로 이를 경험했던 직관의 신체적 영향에 대해 이야기했다. 하지만, C의 경험은 전체론이 경계를 초월하여 '여러 다른 단계'를 포함한다는 점에서 다소 달랐다. 어떤 방식으로든 일상의 하나 이상으로 아니면 초월한 어떤 새로운 것이 존재하게 된다는 실제적인 인상이다. 초개인적인 요소는 이 논의의 도입부에서 언급되었다.

회고적으로 직관을 입증하는 M의 방식이 이치에는 잘 맞다. 하지만 C는 직관이 "그것에 대해 이를테면 '예'였다는 것을 '스스로 확인'하는 것"이라고 생각했다. 이것은 직관이 "본질적인 확인과 신념을 수반한다."는 융의 주장을 반영한 것이다(CW 6, para. 770). 주관적 확신이 정확성을 보장하지 못한다는 점은 제10장에서 더욱 광범위하게 논의된다. G는 경험으로 직관을 인식했고 "직관에 대해 좋은 느낌을 가져야 한다."는 것을 알았다. 심리치료사들이 아사지올리가 추천한 대로 직관을 시험하는 의식적인 과정을 정기적으로 검토하지 않는다는 인상을 확인하는 집단토론에서 타당성에 관하여 극히 소수만 토론을 했던 것이 염려되었다.[2] 하지만 7명의 참가자들 가운데 4명이 사고기능보다는 감정기능을 선호한다는 점에서 유형이 일부 작용할지도 모른다.

다른 특성(범주 3)

직관의 다른 특성은 주요 범주 3에 속한다. 집단참가자들은 직관이 어느 정도는 타고나는 것으로 여겼다. 하지만 참가자들은 이러한 현상과 직관을 구별했는데, 그들이 생각한 것은 더 기계적이었다. 내 기대와는 달리 공감은 짤막하게 언급되었을 뿐이다. 집단이 중요하게 여겼던 '흐름(flow)'과 함께 공감을 언급하면서 상담을 유연하게 하는 데 중요한 것으로 생각했다. 직관이 나타나는 진행속도와 돌발성에 있어서 이런 경험이 있는 모든 참가자들 사이에 의견이 일치했는데, 그것에 대한 여러 가지 설명들이 나왔다. 참가자들은 의식적으로 수집되든 잠재의식적으로 수집되든 직관과정의 감각요소들도 알아차리고 있었다. 직관의 다른 수준과 다른 틀이나 구조에 맞는 직관능력에 관한 약간의 논의가 있었고, 이 범주는 '적응력'으로 명명되었다.

융은 직관의 본능적인 요소에 관한 사례를 제시했는데, 어떤 의미에서는 그것을 모욕하는 것이 아니라 오히려 마음을 사용하는 이성적인 방법에 필수적인 전조로서 보았다(제2장 참조). 융의 정의에 의하면, 직관은 '본능적 이해의 한 종류'다(CW 6, para 770). G가 직관과 생존을 연관시킨 것이 사실은 클락스톤의 논문(1997)의 중요한 부분을 차지하고 있다는 점에서 흥미롭다. 반사작용은 선천적인 것임에 반해, 클락스톤은 아기들이 말을 하기 전에 이상한 것을 점차적으로 확실한 것으로 바꾸는 경험에 의한 학습의 양을 강조하고 있다. 따라서 직관적 노하우는 경험을 통해 형성되지만, 그것을 제대로 묘사하는 말이 없다는 것이다(1997, pp. 17-21). 집단에서 직관은 '어느 정도 타고난 것'이고 '본능 이상'이라는 M의 견해는 직관에는 본능적인 요소가 존재할 뿐만 아니라 무의식적으로 습득되는 측면도 존재한다는 점에서 정확한 듯하다. 클락스톤의 견해를 적용시킴으로써 무의식적이고 비언어적인 '노하우'나 '은연중의 학습'은 삶의 기술을 만들어 내는 것과 관련되어 있음을 의미하며, 상담사 및 심리치료사, 아니면 사람들과 작업하는 어떤 사람이라도 끌어올 필요가 있다는 것이다.

B는 '본능적 직감'이라는 말은 여성과 연관된 '직관'이라는 단어보다는 남성에게 더욱 잘 받아들여지고 있다고 생각했다. 누군가 결정을 하거나 행동하는 과정을 그런 '본능'에 바탕을 둘 때, 대개는 이유를 알지 못한 채 그 사람에게 특별한 결정을 내리도록 하는 무의식적 경험의 기억창고를 언급하고 있다. 생존본능은 이따금씩 정신질환이나 경계선 사례를 다루는 심리치료사와 정신과 의사에게 중요할 수 있고, 그로 인해 공격적인 위험에 처할 수 있다.[3]

직관과정에 어느 정도의 관련이 시사되었음에도 불구하고 표본 집단에서 공감이라는 주제가 매우 적게 나왔다는 사실은 인상적이다. 이 과정에 상상을 중요한 요소로 여겼다. 상담기법을 교육하는 M은 학생들을 내담자의 관점에서 그 사람의 내면세계를 이해하는 데 어떻게 상상을 하도록 이끌었는지 한 가지 사례를 보여 주었다. M은 이 과정을 공감을 쉽게 하여 타인에 대한 직관적 이해를 돕는 것으로 보았다.

직관에 관한 문헌에서 '흐름(flow)'이라는 단어는 지금까지 등장한 적이 없어서 이 표본 집단에서 이것을 도입했다는 것은 특별히 주목할 만하다. 이론이든 내담자를 위해 사전에 계획을 세우든 그 흐름을 방해하기 때문에 비효율적이라는 보편적인 합의가 이루어졌다. 이론과 계획을 세우는 것은 인지과정을 수반하므로 상기된 바와 같이 비합리적 인식기능인 직관을 실제로 방해한다. '흐름'이라는 개념은 내담자와 친밀한 관계를 형성하고 내담자가 각 상담에서 자발적으로 표현하는 것이 무엇이건 항상 열린 마음을 가진다는 생각을 내포한다. 더욱이 '흐름'은 자기(self)는 사전에 형성된 구조에 맞춰지기보다는 경험에 의해 발생한다는 칼 로저스(1961/1967, p. 188)의 '유동성'의 개념, 즉 실존적 삶의 방식과 연관 지어 볼 수 있다. 이것은 끊임없이 변화하는 상황에 적응하는 능력을 포함한다. 로저스는 진전을 보이는 내담자에게 이를 적용한 바 있는데, 상담사나 심리치료사에게 적용해도 좋다. 제4장에서 직관유형을 살펴볼 때 기술되었던 한 가지 특징은 독단적인 주장을 피하고 타인의 규칙에 관심을 주지 않는 것이다. 심리치료사들이 윤리와 관행에 대해 직업적인 규율을 따르는 동시에 직관을 계발하기 위해서는 창조적이면서도 근본적인 방안도 살펴보아야 한다.

　로저스(1961/1967, pp. 61-62)에 의하면 '조화'는 성공적인 치료에 있어서 핵심조건으로, 이는 치료적 관계에 매우 중요하고 신뢰를 위한 전제조건이다. 상담사는 자기 자신에게 진실해야 하며 단도직입적이고 진심으로 대할 필요가 있다는 뜻이다. 자기 자신과 교감이 많을수록 직관에 접근하기 더욱 쉽다는 것은 당연하다. 심리학자인 데이비드 마이어스(David Myers, 2002, p. 35)는 자기를 인식하지 못하는 사람은 공감을 방해하여 직관의 근원에 접근하는 것을 막는 역기능적인 부정적 감정에 더 많이 압도되는 경향이 있다고 지적한다. 그러나 표본 집단 내에서 조화는 심리치료사와 내담자 사이의 상호작용을 언급하고 있는 듯 보이는데, 타인에게 '귀를 기울이는' 능력을 더욱더 반영하고 있다.

　직관과정의 속도를 묘사하는 말로는 '그냥 그곳에 존재한다.'(C), '매우 빠르게 그곳에 도달한다.'(M), '갑작스럽게 다가온다.'(M), '깨우침을 주는 번쩍임'(G) 혹은 '즉각적인 인식'(B)이 있다. 이러한 특성은 보통 경험을 통해 나타난다. 그러므로 융이 이것을 자신이 내린 정의에 포함시키지 않았다는 점은 놀랄 만하다. 임상적 판단에 대한 심리학적 연구에서 속도는 빠른 추론이라는 개념과 보통 연결되어 왔다(제6장 참조). 하지만 바스틱(Bastick, 1982)은 직관을 지식의 광범위한 분야를 다루고 이해할 수 있는 능력인 병렬적인 과정으로 설명하면서, 한 장(章) 전체에서 이것을 다루고 있다. 그와 같이 속도는 전체론(holism)과 관련되어 있다(카드 4번).

참가자들은 감각이 직관과 관련되어 있다는 사실을 의심하지 않았다. 이는 감각이 자각에 도달할 수 있는 유일한 매개체이기 때문이다. 이에 대한 논의에서는 기억이 몸에 묶이는 방식을 다뤘으며, C는 유진 젠들린(Eugene Gendlin)이 개발한 포커싱의 '감각 느낌(felt sense)'을 언급했다. 제3장과 제8장에 이 방법에 대해 더 자세하게 나와 있다. L은 자신의 몸 전체로 어떻게 직관을 경험했는지에 대해 반복해서 언급했다. 파괴와 연관된 몸-마음 분리 사고에 대한 저항이 있었다. 따라서 직관과 감각이 반대인 융의 유형론은 이런 관점에서 문제가 있는 것으로 드러났다. 이 유형론은 실제로 다른 기능보다 한 가지 기능을 더 선호한다는 점과 사람들 모두가 더 많거나 더 적게 이 모든 것에 접근하고 있다는 점을 지적할 필요가 있다. 하지만 융에 의하면, 직관형은 감각기능을 개발되지 못한 열등기능의 위치에 둔다. 이는 집단에서 직관이 사실상 높은 순위로 감각을 필요로 한다는 M의 견해와 대립을 이룬다. 실제로 바스틱은 직관유형이 뚜렷하게 정보의 근원으로 신체 감각에 의지하는 경향을 가지고 있다는 것을 알았다(1982, p. 133). 집단 내에서 2명의 감각형이 그러하듯이 5명의 직관형이 이들과 마찬가지로 몸의 중요한 역할을 인식하고 있다는 사실은 매우 흥미롭다.

주관적 경험(범주 4)

특별한 두 가지 주관적 경험이 네 번째 주요 범주를 구성한다. 첫 번째는 어떻게 직관이 방해요소로 나타나는가 하는 것이고, 두 번째는 그 현상의 영적 혹은 심령적 측면을 알아차리는 것이다.

C는 상담을 하는 동안 뭔가가 끼어들 때, 그가 어떻게 특정한 관심사(생각의 선)를 따라가는지를 설명했다. 이것은 몸의 감각이나 이미지, 불쑥 나오는 생각이 될 수도 있어서 주의를 필요로 한다. C는 그가 가고자 하는 곳으로 가는 것을 방해했기 때문에 이것을 '불편하고 자극적인' 것으로 경험했다. 이 설명은 앞에서 논의한 '흐름'이라는 개념과는 다소 차이가 있는 것처럼 보인다. 그러나 C는 자신이 이런 방해요소에 주의를 기울이면, 그때 그 흐름이 증가되었다고 설명했다. 집단모임이 끝나고 피드백을 나눌 때, C는 이것을 자신이 집중적으로 연구하고 훈련했던 주제인 그림 그리는 과정과 동일시했다. 두 가지 모두에서 C는 신체 감각 및 느낌과 더불어 사고과정의 뒤섞임, 즉 동시에 미묘한 것이 많이 생겨나는 것과 접촉하는 일종의 '다중적인 그물구조'를 경험한다. 조만간 그 그물은 얽히게 되고 '곤경에 빠지는' 결과를 낳게 된다. 이에 대한 반응으로 직관이 나타나고, 결과는 그림이나 내담자와의 더 깊은 관계로 이동하거나 변화에 이르게 된다. 이러한 관점에서 C는 그림 그리는 과정과 치료를 '동일한' 것으로 본다. 이미 언급한 창의성과의 비교는 인상적이다. 이는 바스틱이 '전체적 인상'으로 더욱 지루하게 언급한 직관과정에서 가장 인상적인 부분이다(1982, p. 61). C는 이것을 지식 분야의 모든 요소보다 두 가지 요소에 동시에 기반을 둔 분석적 사고와 비교했다.

직관과의 영적인 관련성은 때때로 집단의 논점이 되었고, 몇 가지 내재하는 편견이 있는 것처럼 보였다. 참고문헌에는 심령적인 능력이나 투시력으로 되어 있는데, 후천적으로 습득된 지식과는 완전히 다른 것으로 나타나 있다. B는 이것을 '정보를 받는 것이 아니라 안내받는 것'이라고 간단명료하게 말한다. G는 '가이드와 일하는' 영적 힐러 이야기를 했는데,

동시에 단지 언어로 설명되지 않는 근원에 대한 지식을 완곡하게 표현한 것임을 분명히 했다. 그럼에도 불구하고 '가이드'란 말은 진보적인 변화에서 도움이 되는 점을 암시하고 있다. 진보적인 변화라는 말의 개념은 A의 말, 즉 "그것은 당신이 있는 곳 너머로 당신을 데려간다."에도 나와 있다. 그것은 정신통합을 배운 학생들이 스스로를 '상담사'나 '치료사'보다 '가이드'로 부르는 것과 같은 맥락이다. 이해를 증진시켜 새로운 근거를 얻는 것은 당연히 심리치료에서 꼭 필요한 부분이다.

A는 직관의 두 가지 수준, 즉 일상의 수준과 초개인 수준을 제안했다. 대인관계나 평범한 사건을 포함한 일상적인 직관과 함께 천재의 영감, 신비하고 강렬한 경험, 혹은 철학자들의 '결론'(제9장 참조)과 비교하면서 질적인 차이를 파악할 수 있다. 연구일지의 자료는 심리치료에서는 일상의 수준이 우세하지만, 평범한 직관조차 내담자나 상담과정에 상당한 영향을 줄 수 있다는 것을 분명히 지적하고 있다(제10장 참조).

직관의 결과(범주 5)

직관의 결과(산물)는 무엇보다 중요한 범주 5번을 구성하고 있는데, 앎(knowing)과 창의성 이 두 가지가 집단에서 나왔다.

집단토론의 초반에 지식 혹은 깊은 지식을 직관과 바로 일치시켰다. 이것은 반드시 어떤 사람 자신의 기술이나 경험에서 나오지 않은 앎(knowing)으로 일종의 '심령적' 혹은 '투시력'의 경계에 있는 특성을 지닌다. 이어지는 논의에서 집단참가자들은 그런 지식들이 외부의 무언가로부터 '주어지기'보다는 개인의 내부에서 얻어진다고 믿고 있었다. 직관경험의 깊이에 대해서는 윌리엄 제임스(William James)가 '만일 당신이 직관을 가지고 있다면, 그것은 합리주의가 존재하는 떠들썩한 수준보다 본성의 더 깊은 수준에서 오는 것'이라고 언급한 적이 있다(1902/1982, p. 73). 한 개인의 정신적인 삶을 들여다보면, 제임스는 합리주의가 증거에 도전하고 말로 논쟁하는 능력을 가지고 있지만, 이를 직관과 비교해 '상대적으로 피상적'이라고 여기기 때문에 합리주의의 인기가 높다고 보았다. 종교적 체험을 증명해 놓은 제임스의 저서에 따르면, 직관은 이성이 따라갈 수 없는 심오함을 가지고 있다.

'깊이'와 더불어 집단참가자들이 경험한 '앎(knowing)'에 대한 더 많은 특성은 '순수'(G), '내재된 목소리'(C), 그리고 '내면의 지혜'(G)로 묘사되었다. 순수함에 대한 개념은 자명한 권리였던 지식을 내보이면서 조각들을 서로 일치시켜 완벽한 조화를 이룬 모든 아이디어와 앞뒤를 맞추면서 연합했다.[4] 이 과정은 해결되지 않은 문제가 주는 긴장에서 벗어나는 것뿐만 아니라 미적인 것까지 정서적 만족을 포함하는 것처럼 보인다. 바스틱은 직관의 이러한 정서적 측면에 대한 광대한 증거를 제시하고 권위자들과 이것에 대해 논의를 했다(1982, pp. 84-138).

'내재된 목소리'는 영적인 의미의 함축, 존재의 실재 느낌, 그리고 제임스가 "어떤 특별하고 구체적인 '감각'보다 더 깊고 더 보편적인 '그곳의 무언가'"로 언급한 것에 대한 인식을 가지고 있다(1902/1982, p. 58). 이런 종류의 목소리는 '여전히' 말이 필요 없는 고요함으로부터 나와 직접적인 앎(knowing)을 제공한다. 나아가 C는 이것을 자신의 주의를 요하는 '자각에 대한 두드림'으로 설명했다. 그래서 '여전히'라는 특성이 있는 한, 이는 무시할 수 없을 만큼 꽤 강력해 보인다. 이러한 경험은 제8장과 제9장에서 더 자세히 다룬다.

집단참가자들은 지식과 더불어 직관이 창의적인 뭔가를 역시 만들 수 있다고 생각했다. 사실 제4장에서 논의한 문헌은 직관과 개인의 창의적 유형 사이를 강력하게 연결시킨다. 카드 12번(창의성)에는 과학적 발명과 음악이나 예술 창조를 직관과 관련시키는 9가지 참고 목록이 있다. 꿈과 심상화를 통한 상상은 중요한 관련 요인으로 언급되었고, 케쿨레의 경험을 포함한 몇몇 고전적인 사례가 제시되었다(제2장 참조). 안타깝게도 참가자들은 심리치료에서 꿈의 용도에 대한 설명을 하지 않았다.[5] 그러나 전반적인 함의는 직관에서 얻어진 지식과 통찰을 영감을 받거나 창의적이고 새로운 방식으로 예술작품을 만드는 것뿐만 아니라 임상에서도 사용할 수 있다는 것이다.

직관에 대한 반응(범주 6)

직관에 대한 반응은 [그림 5-3]에 도표로 요약되어 있다. 집단에서 제시된 바와 같이(카드 19번) 훌륭한 문헌이 부족한 것에 대해 제1장에서 논의하면서 직관의 개념과 관련된 몇몇 어려움을 상기시켰다. 여기서 A의 반응은 매우 흥미롭다. 왜냐하면 A는 그 현상을 사람들이 그들 스스로 이 관점에 대해 무서워한다는 융의 견해에 약간의 깊이를 더하는 '두려움'으로 설명하기 때문이다. 그러나 A의 두려움은 내재된 혼돈으로부터 나오는 것이 아니라 도달할 수 없는 어떤 것을 암시하는 '과장된 것'으로 그것을 인지하는 데서 나온 것이다. A 자신의 설명과 MBTI 분석에 따르면, 그녀는 실질적이고 '현실적인' 사람으로서 자신이 그런 능력을 가질 수 있는지 궁금해한다. 직업적으로 그들의 최소한의 선호기능을 인정하고 직관이 그들의 범위 밖에 있지 않다는 것을 이해하는 감각형을 위한 고무적인 사례가 하나 있다.

직관을 대개 무지한 여성과 관련이 있다고 모욕하는 사회적 반응 역시 문제가 된다고 생각했다. '직관적인 치료사'는 종종 교육을 받지 못하고 자신이 무엇을 하고 있는지 잘 알지 못하는 여성을 의미하곤 했다.

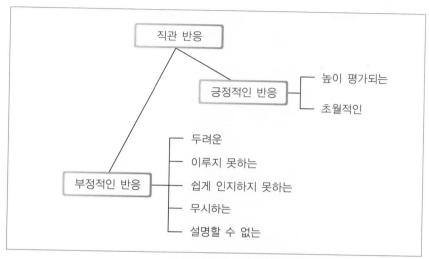

[그림 5-3] 직관에 대한 반응

그러나 표본 집단에 따르면 직관의 가장 중요한 문제점은 바로 쉽게 이해할 수 없다는 것과 '다른 것들과 뒤죽박죽될 수 있다.'(C)는 것이다.

만일 상담사나 심리치료사들이 직관의 특성에 대해 혼란을 겪는다면, 그리고 그 집단이 그렇다고 한다면, 그것을 분명하게 설명하고 묘사하는 그다음 연구는 이미 늦은 것이다.

표본 집단 연구의 결과 요약

이 집단을 통해 나는 무엇을 배웠는가? 사회자이자 연구자로서 저녁 시간 동안 나의 전반적인 느낌은 참가자들 사이에서 직관현상을 적절하게 설명할 수 있는 단어를 찾는 투쟁이었다. 문장은 '음'이라던가 '어' 같은 말로 끊어졌고, 이야기는 자주 느려지고 신중했다. C는 저녁 식사가 끝날 무렵에 "우리가 이런 경험을 설명하려고 했던 말, 즉 기준이 부적절하다."

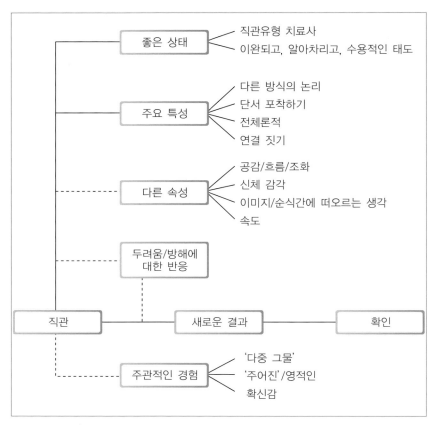

[그림 5-4] 직관과정의 요소

라고 표현했다. C의 논평은 직관과정의 중요한 요소를 표현하는 기준을 만드는 생각을 하게 했다([그림 5-4] 참조).

　이 그림은 직관현상의 특성에 대한 다양한 측면을 둘러싼 논의에서 가장 활발하게 나오는 부분으로, 직관에 대한 치료사의 주관적 경험과 관련해 첫 번째 질문에서 가장 많이 나온 내용을 보여 준다. 이것은 직관이 치료사의 성격, 선호기능으로서 취해진 직관유형의 정도, 내담자와 있을 때 이완되어 있지만 깨어 있는, 집중하면서 여전히 열려 있고 수용적인 것으로 묘사된 치료사의 태도 등 특정한 상태에서 가장 잘 일어난다는 것을 분명히 보여 준다. 직관이 일어날 수 없다고 생각하지 않고, 소위 정신적 과정의 다른 방식의 논리적이고 전체적인 측면, 단서나 실마리의 포착(사전지식과 결합되든 아니든), 새로운 뭔가를 만드는 연결 짓기, 그리고 직관의 잠재의식적 확인 등 특별한 특징이 두드러진다. 또 다른 특성은 기능의 타고난 성향, 공감과의 관련, 감각적인 정보 입력, 그리고 직관이 분명히 의식에 나타나는 속도처럼 중대한 경험을 할 수 있다는 것이다. 직관은 방해요소처럼 어느 순간 나타나게 되고, '주어지는' 아니면 안내해 주는 특성을 가질 수 있다. 일부 지식이나 창의성으로 이루어지는 새로운 창작물도 있다.

나는 상담에서 나온 구체적인 사례들이 매우 적어서 실망스러웠다. 이는 직관 사용에 관한 암시를 다룬 두 번째 질문이 아직 풀리지 않았음을 의미한다. 그러나 다행스럽게도 일지연구는 이런 점에서 풍부한 내용을 제공한다(제10장 참조).

치료사의 MBTI 유형과 그들의 반응에 관해 일부 상관관계가 지적되었지만, 어떤 결과를 도출하기에는 아주 미미했다.

신비한 영적 요소들은 집단참가자들의 호기심을 끄는 것 같았고, 참가자들은 분명히 더 알고 싶어 했다. 이런 이유로 나는 더 깊이 있게 문헌을 조사할 결심을 했는데, 그 결과는 제8장과 제9장의 기초를 이룬다.

토론을 하는 동안 나온 중요한 질문은 전문적인 수련과정 동안 어떤 식으로든 직관을 가르칠 수 있는가 하는 것이었다. 5명 가운데 2명은 3년간 정신통합 과정을 하면서 그 주제에 관한 세미나를 장기간 했고, 런던 초월심리치료센터에서 강의도 했다. 그러나 다른 학회의 교육과정에는 직관에 대한 교육이 없었다. 전문직 안에서 직관의 중요성에 대한 인식과 교육관리자가 사용하는 직관 사용 방법 사이에 모순이 있는 듯했다. 직관은 비논리적이지만, 서로 다른 교육이 구체적인 이론으로 통합되었다는 사실에는 문제가 있다. 집단참가자들의 이와 같은 반응은 대학들이 직관을 가르치는 목적을 정확하게 발견할 수 있도록, 내가 직관이라는 주제로 더욱 깊이 있고 포괄적인 연구를 착수하게 만들었다. 그 결과는 제11장에 나와 있다. 직관을 신뢰하는 과정과 교육에 더 익숙해지면서 상담 장면에서 직관의 유용성을 지지한다는 전반적인 동의가 참가자들 사이에 있었다.

미 주

1. 이런 연구들에 관한 더 완전한 설명은 논문의 형태로 런던 대학교(University of London)에서 결혼 전의 내 이름으로 작성된 논문(Fulcher, 2002)에서 찾아볼 수 있다.
2. 치료사들이 행한 일지연구에서 나온 분명한 증거들은 사실 자신들의 직관을 여러 가지 방법으로 증명한다(제10장과 범주 7 참조).
3. 범주 2의 일지연구의 자료는 치료사들이 개인의 안전뿐만 아니라 내담자의 안전에 관한 모든 경고에 주의를 기울이고 있다.
4. 치료사가 직관적 지식을 확인하는 한 가지 방법으로 직관의 ‘적합성’을 일지연구에서 보여 준다(제10장과 범주 7 참조).
5. 제10장에는 꿈 해석을 돕는 치료사의 직관이 사례로 나와 있다.

제6장

상담 장면에서
대인관계 지각하기

대부분의 사람들은 상담이나 심리치료를 위해 상담실에 처음 올 때 무엇을 기대하는가? 내담자들은 낯선 사람과 마주 앉아서 자신을 괴롭히는 무언가에 대해 얘기하고, 상담사나 심리치료사는 귀 기울여 듣고 또 말로 응답할 것이라고 추측한다. 대개 상담이나 심리치료의 형태는 이런 형식에서 크게 벗어나지 않으며, 실제로 인터뷰는 중요한 역할을 말로 처리하는 기본절차다. 동시에 상담에서는 일반적으로 비언어적 의사소통 역시 중요한 역할을 하는 것으로 받아들이고 있다. 이것은 직관에 관해 몇 가지 의문을 제기한다. 비언어적 의사소통이 얼마나 중요한가? 상담사와 심리치료사는 어떻게 이런 비언어적 의사소통을 읽고 이해하는가? 심리치료사의 해석은 얼마나 정확한가? 상담사와 심리치료사는 신체 언어를 이해하기 위해 훈련을 받는가? 그렇다면, 훈련이 이런 단서를 알아보는 능력을 향상시키는가? 비언어적 의사소통이 사람마다 바로 알 수 있을 만큼 동일한가? 아니면 문화적인 상황에 따라 다른가? 비언어적 의사소통은 개인마다 얼마나 차이가 나는가? 상황에 따라 비언어적 표현이 얼마나 많이 달라지는가? 놀라운 사실은 이러한 중요한 질문들이 상담 관련 문헌에서는 거의 논의되지 않았다는 것이다.

레이 버드위스텔(Ray Birdwhistell)은 비언어적 의사소통에 관해 최초로 연구한 심리학자인데, 이것에 특히 관심을 가지고 많은 상담과 심리치료 장면을 연구했다. 버드위스텔(1970)은 특히 잠재의식적 신체 움직임에 초점을 맞추고 그것의 역할을 연구했는데, 이러한 접근법을 '동작학(kinesics)'이라고 불렀다. 버드위스텔은 인간의 의사소통은 잠재의식 수준에서 수행되므

로 실제로 말한 단어에는 비교적 특별한 의미가 들어 있지 않다고 생각했
는데, 즉 "대화나 상호작용의 사회적 의미는 단지 30~35%만이 말로 전달
된다."(p. 158)는 것이다. 그렇다면, 대개 이론적 논문에서 볼 수 있는 산만
한 방식을 상담에서 강조하는 것은 잘못된 것이다. 게다가 상담사와 심리
치료사가 65~70%의 비중을 차지하는 비언어적 메시지를 알고 해독하는
것은 어려운 일이라고 생각한다.

첫인상

상담사가 처음 내담자를 만난다고 상상하면서 자신의 직관을 끌어낼
기회가 어떻게 생기는지 생각해 보자. 우선 내담자가 정각에 오는가? 일찍
오는가 아니면 늦게 오는가? 이런 행동은 상담사에게 어떤 반응을 불러일
으키는가? 겉으로만 그럴싸한 해석을 알아차리면서 시간을 엄수하는 내
담자의 태도는 그의 사회적 배경에서의 개인적인 스타일 및 상담에 몰두
하는 정도에 대한 무언가를 말해 줄 수 있다. 문에 노크하는 소리는 날카
로운가 아니면 부드러운가? 오래 계속되는가 아니면 짧은가? 이런 초기의
의사소통은 내담자의 만족스러운 느낌에 대해 무엇이라고 말하는가? 내
담자는 얼마나 환영받는가? 아니면 내담자 자신이 환영받는다고 추측하
는가? 내담자는 어떻게 방에 들어오는가? 소심하게 먼저 문을 엿보는가?
아니면 곧바로 걸어 들어오는가? 걷는 방식은 어떤가? 신발은 어떤 걸음
걸이의 특징을 갖는가? 하이힐을 신고 몸을 앞으로 내밀어 종종걸음으로
걷거나 편한 운동화를 신고서 격식을 차리지 않고 성큼성큼 걸을 수도 있
다. 이러한 표시는 그 사람이 얼마나 현실에 기반을 둔 사람인지 아닌지를
말할 수 있다. 게다가 나이와 비교해 에너지 수준과 건강 정도에 관한 정

보를 알아차리는 데도 유용하다.

  사람의 성격을 체형으로 정형화한 쉘든의 연구(Sheldon, 1940)는 독자적인 연구로 매우 단순하지만, 그럼에도 세 가지 체형에 관한 결과를 제시한다. 세 가지 체형에는 내배엽형(둥글고 부드럽고 몸집이 큰 사람), 중배엽형(몸이 각이 져 있고 근육질이고 탄탄한 사람), 외배엽형(몸이 가늘고 길며 여위고 표준체중 이하인 사람)이 있다. 이 사람의 체형은 상담사나 심리치료사에게 어떤 인상을 주는가? 상담사나 심리치료사는 자신이 어떻게 반응하는지 알아차리는가? 상담사나 심리치료사는 어떤 연상을 하는가? 일반적으로 두 번째 중배엽형이 가장 긍정적인 느낌과 연결되는데, 강하고 건강하다고 생각하며 일반적으로 지도자로 선정된다. 반면에 첫 번째 내배엽형은 서양인의 관점에서는 쾌활하지만 종종 게으르고 심지어 어리석고 매력 없다고 생각하며, 마지막 외배엽형은 예민하고 허약하지만 학구적이고 지적이라고 여긴다. 개인적인 편견뿐만 아니라 문화적 편견을 알아차리는 것도 중요하다. 왜냐하면 이런 것들이 비언어적 메시지를 직관적으로 정확하게 해석하는 것을 방해하기 때문이다. 때로 개인의 입장에서 해석을 할 수 있기 때문에 쉘든의 체형 연구는 일부만이 타당성이 있다. 만약 과체중 아이가 있다면, 그 아이는 느리고 바보로 취급될 가능성이 더 크다. 내담자의 몸이 어떤 자세를 취하는지도 고려하라. 긴장은 불안이나 적대감을, 꾸부정한 자세는 많은 부담감으로 무겁게 짓눌려 있거나 자신감이 없음을, 높이 쳐든 머리는 우월감 등을 나타낼 수 있다.

  인사말에 숨겨진 비언어적 메시지의 경우는 어떠한가? 목소리의 어조나 크기, 말의 속도 혹은 이러한 요소가 복합적으로 비언어적 메시지로 전달될 수도 있다. 단조로운 어조는 우울, 큰 소리나 귀에 거슬리는 소리는 공격성, 끝이 날카로운 소리는 신경과민, 숨소리가 섞이는 소리는 성에 대한 관심, 높은 어조는 흥분하기 쉬운 성격이나 어린아이 같은 감정과 관련이 있다. 말투는 사회계층에 관한 정보를 준다. 귀 기울여 듣는 말의 내용에서 벗어나 말하는 방식에 주의를 돌려 볼 만하다.

상담사나 심리치료사는 내담자가 상담실에 들어올 때 향기나 냄새를 감지할 수도 있다. 그것은 희미한 여성용 향수 냄새이거나 씻지 않은 몸 냄새, 심지어 가구광택제 냄새일 수도 있다. 최근에 내담자와 이 가구광택제 냄새에 대해 이야기했는데, 아름다운 가구를 매우 좋아하는 내담자가 오랫동안 직접 가구를 제작하는 방법을 배우고자 하는 소망을 억압하고 있다는 것을 알게 되었다. 다음 회기에서는 내담자의 창의성을 어떻게 해방시킬 것인지, 이 문제에 있어서 힘들게 방해하며 나아가지 못하게 하는 장애물이 무엇인지 생각하면서 보냈다. 이 상담은 모두 희미한 냄새를 감지한 결과 유용하게 이루어질 수 있었다.

물론 악수에도 메시지가 담겨 있다. 일부 상담사나 심리치료사는 어떤 종류의 접촉도 피하지만, 이와 같은 사회적 관습은 대인관계에 관한 개인의 태도에 대해 상당히 많은 것을 전달할 수 있어서 치료적 동맹에 도움이 될 수 있다. 차갑고 축축한 손은 두려움이 있음을 나타내고, 반면에 손가락 끝만을 잡는 것은 자신감이 낮음을 암시할 수도 있다. 반대로 진심으로 손을 잡는 것은 따뜻하고 다정하게 기꺼이 상호작용하는 것을 암시한다. 대인관계의 거리도 고려해야 한다. 내담자가 멀리 떨어져 서 있는가? 아니면 내담자가 열린 자세로 당신을 향해 서 있는가? 이처럼 내담자의 사교성 수준이 신체언어에서도 드러날 수 있다.

얼굴표정의 경우는 어떠한가? 얼굴표정에서 내담자의 감정이나 사회적인 가면에 관한 뭔가가 나타날 수도 있다. 매력적인 미소인지, 불안해하며 찡그린 얼굴인지, 근심스러운 얼굴인지, 놀라움이나 흥미로움으로 눈을 크게 뜨고 있는지와 같은 많은 메시지를 앞으로의 상담 평가에 어떻게 포함시킬 것인가?

옷차림은 자기의 개인적인 감각과 인상을 남기고 싶은 가장 분명한 표현이다. 옷은 신체를 노출하거나 감추는 것인데, 비싸고 맵시 있거나 또는 자선가게에서 구입한 것일 수도 있고 손으로 짠 편안한 옷일 수도 있다. 색깔이 화려하면 외향적인 성격을 나타내고, 스타일이 독창적이면 상상력이 풍부하고, 반대로 회색과 검정, 베이지의 칙칙한 색상은 주위 배경과 섞여서 눈에 띄고 싶지 않다는 것을 나타낼 수도 있다.

의자 위치는 일반적으로 상담사나 심리치료사가 미리 결정하지만, 내담자가 의자를 편안하게 선택하도록 제안하는 것도 도움이 될 수 있다. 내담자의 선택이 흥미로운 사실을 드러낼 수도 있기 때문이다. 의자를 비스듬히 놓아 몸을 돌려 팔과 다리를 꼬고 앉아서 시선 접촉을 피하기 위해 얼굴을 돌려 외면하거나, 이와는 반대로 내담자가 상담사나 심리치료사 방향으로 돌려 앉으며 좋은 관계로 소통하고 싶어 하기도 한다.

이런 첫 만남은 2분도 채 걸리지 않는 최소한의 의사소통이지만 무언의 메시지는 다양하게 끊이지 않고 이어지므로, 상담사나 심리치료사가 이 모든 무언의 메시지를 의식 수준에서 받아들이는 것은 불가능하다. 사실 이와 같이 쏟아지는 정보들 때문에 정보를 받는 사람은 중요한 단서들을 놓칠 수도 있다. 그래서 상담사나 심리치료사가 이런 어려움을 알고 의식적으로 미묘한 단서들에 대한 자각을 증진시키는 것이 도움이 된다. 직관적이고 무의식적인 처리는 상담사에게 초기평가의 귀중한 자료가 되며, 뚜렷하고 전체적인 내담자의 인상을 결정하면서 상담을 전개하는 동안 유용하게 작용할 것이다. 다른 형태의 비언어적 신체코드는 얼굴표정과 몸짓(동작학, kinesics), 눈 움직임, 눈 마주침, 동공 팽창(시선론, oculesics), 개인 공간(근접학, proxemics), 향기(후각학, olfactics), 목소리의 톤(모음론, vocalics), 촉각(촉각학, haptics) 등으로 이미 제시되었다. 게다가 주된 정서 내용과 참여 의지 정도는 말할 것도 없고 외모, 사회적 지위, 시간과 속도에 대한 태도(시간학, chronemics) 및 성적 취향에 관한 문화적 메시지를 보냈을 것이다.

실제로 사람들은 함께 있을 때 언제나 비언어적 메시지를 지속적으로 보내게 되는데, 이 메시지들은 무언으로 감정 상태를 나타내기도 하고, 언어적 의사소통을 향상시키거나 강화할 수도 있고, 말하는 것과 모순될 때 단순히 머리를 끄덕이거나 잠시 중지함으로써 대화의 속도와 말하는 순서를 바꿀 시기를 나타낼 수도 있다. 의사소통 심리학자인 피터 앤더슨(Peter Andersen)은 받아들이는 사람이 있는 한 뭔가 소통하지 않는다는 것은 불가능하다고 하면서, 받아들이는 사람은 무표정한 얼굴을 보면, 분노와 슬픔, 아니면 감정을 억제하고 있다고 인식한다고 주장한다(1999, p. 20). 마찬가지로 몸짓이 없는 것도 일종의 의미를 전달하는데, 양손을 전혀 움직이지 않는 사람인 경우 조용하고 침착하다고 여겨지기도 한다.

정신분석과 은밀한 메시지

놀랍게도 대부분의 전통적인 정신분석 문헌에서는 신체언어를 잠깐 언급하고 지나갈 뿐이다. 프로이트(Freud)는 환자가 처음 소파에 누울 때, 어린 소녀들처럼 무릎 아래로 치맛자락을 당기는 것과 같은 환자의 '우연한 행동'에 주목했다. 그는 이것이 소녀의 자기애적인 자부심과 남의 눈에 띄는 짓을 하기 좋아하는 성향이라는 관점으로 미래분석 방향에 단서를 제공했다고 생각했지만, 그런 가정에 도달하게 된 과정에 대해서는 아무것도 밝히지 않았다(SE XII, p. 138). 산도르 페렌치(Sandor Ferenczi, 1955)는 내담자가 주로 말이 막힐 때 비언어적 메시지를 찾는다고 주장하며, 이것을 '내면아이'[1]로부터 오는 무의식적 의사소통으로 여겼다. 해석 시기에 대해서는 페니켈(Fenichel, 1953)이 내담자의 말과 얼굴표정 사이의 불일치를 언급했다. 그러나 두 저자는 분석가의 관점에서 대인관계의 지각을 명확하게 조사하지는 않았다. 예외로 흥미로운 것은 정신분석가인 테오도르 레이크(Theodor Reik)가 자신의 저서 『제3의 귀로 듣기(*Listening with the Third Ear*)』(1948/1975)에서 독자들을 위해 자신의 인지과정을 설명한 것이다. 레이크의 설명은 이해에 도움이 되므로 제10장에서 자세히 다루어질 것이다.

그러나 실연(Enactment)은 정신분석 저서에서 어느 정도 자세하게 다루어진다. 이것은 언어능력을 습득하기 이전의 상태로 퇴화하는 것을 포함하는데, 재빠르게 반응해 주기를 바라며 내담자가 종종 치거나 던지는 행동을 하기도 한다. 전문가는 때때로 자해하거나 분석가를 위협할 수 있는 이런 종류의 극단적인 행동에 경계를 게을리하지 않아야 한다. 예를 들어, 베이트먼과 홈즈(Bateman & Holmes)는 실연을 "부정적인 면에서 그것은 파괴적이고 개인적으로 위험하거나 생명을 위협하고 분석을 위태롭게 할 수도 있다. 무의식적인 내부의 드라마나 환상이 외부로 직접 전달되면서 사고와 심리적 방어를 방해하며 나타난다."(1995, p. 195)라고 묘사한다. 더 유순한 형태는 단순히 회상이나 언어적 설명을 대신하는 행동인데, "내담자는 말하자면 우리에게 그것을 알리는 대신 우리 앞에서 무의식적으로 행동에 드러낸다."(Freud, SE XXIII, p. 177) 이것은 지속적으로 메시지를 보내는 일상적인 신체언어라기보다 구체적이고 때로는 극적인 형태의 비언어적 의사소통 방법이다.

반대로 빌헬름 라이히(Wilhelm Reich, 1945)는 신체구조와 움직이는 방식으로 성격을 알 수 있는데, 변화를 주기 전에 먼저 신체적으로 이완되어야 한다고 믿었다. 라이히는 고통스러운 감정으로부터 개인을 보호하기 위해 무의식적으로 형성되었던 몸의 만성적인 긴장을 일컫는 '근육외장

(muscular armouring)'이라는 새로운 용어를 만들었다. 이 외장(armouring)
은 위협적인 내부 충동이나 외부 공격으로부터 보호할 수 있다. 라이히의
연구는 자신의 제자 중에서 의사이자 분석가이며 생체에너지학의 창시자
인 알렉산더 로웬(Alexander Lowen, 1975)에 의해 수행되었는데, 이 연구의
목적은 마음의 문제를 치유하기 위해 신체언어를 사용하는 것이다. 신체
적 표현이 이 이론의 핵심이어서 다른 은밀한 메시지는 다루지 않았다.

임상심리학자인 어른스트 베이어와 데이비드 영(Ernst Beier & David
Young, 1984)이 의사소통 분석심리치료를 도입하고 나서 비언어적 메시지
에 대해 진지하고 세부적인 관심을 보였다. 그러나 저자들은 직관과정을
그들 이론에 포함시키지 않고, 오히려 몇 가지 문제를 야기하는 분석과 행
동주의의 혼합에 근거를 둔다. 의사소통 분석가는 ('단순한'으로 묘사된)분
명한 의식적인 메시지든 ('설득력 있는' 또는 '감정을 떠올려 주는')은밀한 의
미를 전달하는 메시지든 다른 메시지 형태를 인지하고 내담자의 상처의
원인을 추측하는 것을 배운다. 상담사나 심리치료사의 목적은 은밀한 의
사소통에 기대되는 사회적 반응을 자제하고 강화를 피함으로써 변화를 가
져오는 것이다. 무언의 메시지를 알아차리기 위해 세심할 필요가 있다는
것을 인정하지만, 저자들은 분석가의 인지방식을 강조하고 내담자의 숨겨
진 동기를 이해하기 위해 정서적 해방을 장려한다. 이것은 비공감적 태도
를 의미하지만, 직관과정에서 느낌이 작용하는 부분에 관해서는 이 책의
다른 곳에 나타나 있다. 상담관계에서 뒤따르는 부정적 효과와 함께 분석
가들은 유익하고 자발적인 개입을 할 기회를 놓치는 위험을 무릅쓴 것처
럼 보인다.

만약 직관이 타고난 기능이고 모든 사람이 이용할 수 있다면, 적어도 의
사소통의 65%가 비언어적이라고 할 때, 상담의 많은 역동을 분석가로부터
내담자에게 전해지는 은밀한 메시지와 관련 있다고 가정하는 것이 합리

적인데, 이 메시지는 나중에 직관적으로 알아차리게 된다. 1970년대 랑스 (R. J. Langs)의 의사소통 정신분석의 개발은 '적응 상황(adaptive context)', 즉 내담자의 무의식적 생각이 어떻게 분석가의 행동과 성격 중심으로 돌아가는지에 관해 정신분석적 이론과 기법을 재구성하려고 시도했다. 랑스의 이 개념은 주류 정신분석가들로부터 거의 인정을 받지 못했다. 정신분석가들 가운데 리빙스턴 스미스는 이것을 위한 여러 가지 요인이 치료사의 방어적인 태도와 같다고 제안했으나 그의 개념은 무의식적 지각을 강조하기 때문에 여기에서 관련이 있다. 랑스는 내담자의 정신을 이해하기 위해 현실보다 오히려 환상을 강조하는 것은 분석가 자신이 노출되는 무의식적인 두려움에서 나왔다고 여기면서, "우리가 하는 것에 있어서 많은 미치광이 같은 요소(mad elements)들을 내담자는 무의식적으로 알고 있다. 내담자는 우리의 개입이 얼마나 이기적이고 자기만족적이며 유혹적이고 자기애적인지를 알고 있다."(Livingstone Smith, 1989, p. 119에서 재인용)라고 하였다. 임상실험을 반복한 후에 랑스는 내담자들이 심리치료사에게 그들의 개입이 도움이 되었는지 아닌지에 관해 대개 유추, 은유, 꿈 또는 무의식적인 행동을 가장하여 숨겨진 해설을 제공한다고 보았다. 리빙스턴 스미스(1991, p. 159)는 내담자들이 종종 의식이 고조된 상태로 상담에 오기 때문에 사실 내담자가 상담사나 심리치료사보다 더 직관적이고 무의식에 귀를 기울일 가능성이 있다는 흥미로운 주장을 했다. 이것은 내담자들의 인지과정이 증가되었으므로 상담사나 심리치료사에 관한 미묘한 단서를 알아차리기 위해 적절히 대응한다는 것을 암시한다. 실제로 의사소통 분석가는 내담자에 의해 안내를 받는다고 배우지만, 놀랍게도 랑스는 이러한 무의식적 메시지를 해독하기 위해 직관을 권장하지 않는다. 오히려 직접적인 사고를 이용하는 일련의 규칙을 정하고 있다. 랑스는 직관의 신뢰성에 대하여 이중적인 것으로 보인다.

대인관계에서의 직관에 대한 관점을 상담 및 심리치료에서 살펴보면, 피터 로마스(Peter Lomas, 1987)의 연구에 주목할 만하다. 로마스는 무의식의 기제이론을 받아들이는 사람들에게 해석이 제한될 수 있는 위험을 가진 인지적 사고를 강조하는 분석기법을 비판한다. 오히려 그는 해석을 할 때 사고체계에서 나온 생각뿐만 아니라 즉각적인 직관, 개인의 경험과 문화적 편견을 포함하는 다양한 자료를 혼합하여 근거로 삼아야 한다고 주장한다(p. 41). 이것은 인간의 복잡성을 분석적인 사고만으로는 충분히 이해할 수 없음을 보여 준다. 또한 무의식에 중요한 가치를 새로이 부여했던 프로이트가 오히려 무의식을 억압하는 기법을 개발한 것은 모순이라고 지적했다(p. 46). 로마스는 자신의 직관 순간에 대한 훈련과 내담자의 효과에 대한 몇 가지 상담사례를 제시하면서 자신의 반응을 알아차린 것과는 달리, 직관과정의 특성을 나타내는 것을 무시했다. 그는 이것을 역전이 개념과 연결시키며(p. 51), 이 개념은 분석가 자신의 개인적인 문제에서 생긴 오판 때문에 내담자를 인식하는 데 왜곡할 가능성을 경고하기 위해 프로이트가 원래 사용했던 개념이 아니라, 더 최근에, 특히 1950년에 파울라 헤이먼(Paula Heimann)의 중요한 논문이 나온 이래로 적용되었다는 것이다. 이 개념은 내담자의 무의식적 의사소통에 대한 분석가의 주관적인 반응에 관한 것이며, 그 사람의 행동이 내담자와의 관계에 미치는 영향에 관한 귀중한 단서를 제공한다. 일부 심리치료사들은 이것을 '반응적 역전이'라고 한다(Clarkson, 1995; 제7장 참조). 로마스(1994, p. 46)는 이것을 일상생활의 직관과정과 연관 짓는데, 주된 차이는 상담사나 심리치료사가 내담자의 문제해결을 위해 이런 인지방식을 조사하고 이용하는 데 엄격하다는 것이다.

정서적 단서

대인관계를 지각하는 무의식적인 측면을 이해하기 위해서는 다윈(Darwin)의 고전 『인간과 동물의 정서표현(*The Expression of Emotion in Man and Animals*)』(1872)으로 돌아갈 필요가 있다. 그의 이론은 1960~1970년대에는 대부분 무시되었지만, 최근에는 인간행동에 대한 생물학적이고 진화적인 설명이 점점 받아들여지고 있으며 신뢰를 되찾고 있다. 다윈의 연구는 모든 인간의 정서표현이 다소 기능적인 목적에서 발달한다는 것이다. 예를 들어, 화가 나서 이를 드러내는 것은 대상을 물기 위한 준비에서 나왔을 것이고, 이후에는 임박한 공격에 대한 경고 신호가 되었다. 예상치 못한 공격은 죽음을 초래할 수 있지만, 공격적인 경고표시를 한다면 그러한 재난을 피할 수 있고, 상징적인 전투를 하거나 어느 한 무리가 도망가는 것으로 끝이 날 것이다. 생물학적 관점에서 보면, 분노를 표현한 사람들은 자신의 유전자를 물려주기 위해 생존할 가능성이 더 높다고 한다.

심리학자 폴 에크먼과 윌리스 프리슨(Paul Ekman & Wallace Friesen, 1969)은 비언어적 행동에 대한 연구를 많이 했는데, 비언어적 행동에는 세 가지 원인이 있다고 결론지었다. 이 세 가지는 반사와 같은 유전적인 신경 프로그램, 손을 사용해서 음식을 입에 넣는 것같이 모든 인간에게 공통적인 경험, 그리고 문화, 계급, 가족이나 개인에 따른 특별한 경험이 그것이다. 마지막 그룹의 일부 비언어적 행동은 분명히 학습될 수 있다. 청소년들이 좋아하는 연예인의 몸짓을 모방하거나 부모님의 행동을 암암리에 흡수하게 되는 경우를 말한다.

에크먼과 프리슨은 6가지 주된 감정을 행복, 놀람, 두려움, 슬픔, 분노, 혐오감으로 구별했다. 두 사람은 얼굴표정을 관찰해 보고는 서양문화에서뿐만 아니라 이전에 백인을 한 번도 만난 적이 없는 뉴기니의 사우스 포 (South Fore) 사람들처럼 전 세계 어느 곳에서도 이러한 감정들을 쉽게 확인할 수 있음을 알게 되었다. 이것은 얼굴표정이 범문화적이라는 것과 얼굴표정을 알아차리는 데 특별한 훈련이 필요하지 않다는 것을 나타낸다. 게다가 얼굴표정이 세계 사람들에게 공통된다는 사실은 그것들의 생물학적 기원을 알려 준다. 말을 하기 이전의 유아들은 침대에 누워 목소리, 얼굴표정 또는 몸의 움직임에 반응하며, 그것이 의미하는 바를 신속하게 배운다. 많은 정보를 동시에 이해하고, 빠른 속도로 무슨 일이 일어나고 있는지 인상을 형성하고, 그것에 반응하는 등 전반적인 처리능력은 타고난다.

우리 모두는 분노하면, 이를 드러내는 것 외에도 눈을 흘기며, 눈썹을 가늘게 찌푸리고, 빤히 쳐다보거나 턱이 긴장되는 것도 관련이 있다는 것을 알고 있다. 목소리가 점점 커지고 주먹을 꽉 쥔 채 발을 쿵쿵 구를 수도 있다. 큰 목소리와 몸의 긴장, 크게 뜬 눈은 모두 다른 사람들에게 두려움이 일어난 것처럼 보인다. 두려운 감정도 앞의 경우와 마찬가지로 싸우거나 도망갈 준비를 하기 위해 근육을 긴장시키는 것으로 나타나게 된다. 호흡이 변하고, 심장박동이 증가하고, 떨리며, 땀은 흘리지만 손발이 차가워질 것이다. 치켜뜬 눈썹, 동그랗게 뜬 눈과 앞으로 내민 입술이 얼굴에서 가장 눈에 띌 것이다. 또한 얼굴을 숨기고 몸을 움츠리며 방어할 수도 있다.

불쾌한 맛이나 냄새와 관련된 혐오감도 동일하게 대인관계 상황에 적용할 수 있다. 찡그린 코와 반쯤 감긴 눈, 때때로 튀어나온 혀도 전형적으로 이 감정을 나타낸다. 놀라움은 일반적으로 순간적으로 지나가는 표정인데, 입을 크게 벌리고 이도 벌어지며 눈은 동그랗게 뜨고 눈썹은 올라간다. 이것은 놀라는 자극이 처리되면서 다른 반응으로 재빨리 바뀐다.

고개를 숙이고 내려간 눈썹, 뒤틀린 입, 꾸부정한 자세와 아마도 눈물을 흘리는 슬픔과 관련된 불쌍한 표정을 누구나 알 수 있다. 목소리는 단조롭고 장기간 침묵하며 소리가 낮다. 반대로 행복은 미소, 크게 벌린 입, 위로 치켜 올라간 입술, 올라간 뺨 근육과 눈가의 주름이 특징이다. 목소리의 음조와 강도가 높아지고, 걸음걸이는 더 가벼워지고 대인 거리가 더 가까워질 것이다.

다른 정서들은 특이하거나 문화적인 표현의 차이로 인해 신호가 다양하거나 다른 느낌들과 섞여 두드러지지 않기 때문에 확인하기가 더 어려울 수 있다. 수치심, 당황스러움, 죄책감 등 세 가지 자의식 정서는 많은 비언어적 행동으로 드러날 수 있다. 이 정서들은 열등감이나 자존감 상실 같은 부정적 느낌이 강하기 때문에 '자의식(self-conscious)'으로 언급되는데, 자신의 무능하고 경솔하거나 비윤리적인 행동으로 인해 다른 사람을 높이는 행동을 하게 된다. 이 세 가지 정서는 바라보거나 시선을 마주치는 것을 피하고, 머리를 낮추거나 얼굴을 가리며, 숨고 싶어 하는 것처럼 몸을 움츠리는 것이 특징이다. 또한 입술을 깨물거나 핥기, 이마를 찡그리고 억지로 하는 희미한 미소 같은 억제하려는 노력으로 다른 행동들을 감출 수 있다. 얼굴을 붉히는 것은 주로 당황스러움과 관련되어 있고, 후회하는 또는 걱정하는 얼굴표정은 죄책감과 고통스러운 상황에서 벗어나려는 소망을 의미할 수 있다.

의사소통 학자들은 경멸이 별도의 정서인지 분노와 혐오감이 혼합된 것인지에 관해 결정을 내리지 못한 것 같다. 그러나 에크먼과 프리슨(1986)은 경멸의 뚜렷한 특징으로 입을 삐쭉거리는 것을 말한다. 우월감과 관련된 비언어적인 행동은 더 많이 발표되어 있다. 이 정서는 과장된 몸짓과 함박웃음, 두 팔을 벌리며 축하하는 몸짓으로 쉽게 알아볼 수 있다.

따뜻한 느낌은 더 많은 시간을 함께 보내고 신체적으로 더 가까워지기를 바라는 소망으로 미소를 짓거나 머리를 끄덕이고 목소리를 부드럽게 해 안심시키는 것으로 나타난다. 사랑은 얼굴을 붉히고 눈 맞춤을 오래 하고 동공이 확장되는 미묘한 신호를 포함할 수 있다. 비언어적인 행동은 말보다 사랑의 대화에서 훨씬 많이 나타난다. 성적인 끌림과 관련해서 93%는 거의 비언어적으로 나타나는 것으로 여기고 있다(Mehrabian & Ferris, 1967).

물론 사랑의 어두운 면인 질투는 냉담한 표정과 상대방에게 응답하기를 거부하고, 위협하거나 심지어 폭력적인 행동, 다른 사람과 바람피우기 같은 교활한 방법, 또는 반지처럼 소유를 나타내는 상징을 과시하는 등 다양한 방식으로 나타날 수 있다.

상담 및 심리치료의 관점에서 정서가 전달되는 주된 방법이 비언어적이라는 것을 아는 것이 중요하다. 게다가 여러 명이 함께 있으면서 정서적 신호를 드러내지 않는 것은 매우 어려운데, 정서적 신호 역시 양쪽으로 전해질 것이다. 사회적 관습은 상황에 따라 정서적 신호를 어떻게 표현하고, 어떻게 받아들이는지를 결정한다. 예를 들면, 시끄럽고 공격적인 표현은 미술관에서 환영받지 못하지만, 축구경기장에서는 전적으로 수용될 수 있다. 아이들은 성장함에 따라 정서의 표현에 관한 특정 규칙을 배우게 되는데, 일반적으로 5가지로 분류할 수 있다(Andersen, 1999, p. 36).

- 가장(假裝, simulation)—느끼고 있지 않은 감정을 느끼고 있는 것처럼 보이기
  예: 누군가의 농담이 재미가 없어도 웃기
- 강화(强化, intensification)—느끼는 감정보다 더 많이 느끼는 척하기
  예: 잘 알지 못하는 숙모의 장례식에서 울기
- 억제(抑制, inhibition)—실제로는 어떤 감정을 느끼고 있지만 아무런 느낌이 없는 것처럼 보이기

예: 남편과 있을 때 다른 누군가에게 느끼는 끌림을 숨기기
- 축소(縮小, miniaturization)—실제로 느끼는 것보다 더 적게 감정을 보이기

예: 한바탕 성질을 부리기보다 얼굴 찡그리기
- 은폐(隱閉, masking)—느끼지 않는 다른 감정으로 진짜 감정을 숨기기

예: 적의 성공에 거짓된 기쁨

불행하게도 실제 정서를 표현하는 것을 어려워하면 심신장애를 초래할 수 있는데, 이는 상담사나 심리치료사에게는 매우 친숙한 문제다. 한편 이 과정은 사회적 상호작용이 조화를 이루도록 도움을 줄 수 있다. 우리 모두는 다른 사람이나 우리 자신의 감정을 보호하기 위해 선의의 거짓말을 배우지만, 속임수에 대한 문제가 제기된다.

정서들 가운데 특히 기쁨, 슬픔, 두려움과 불안은 전염된다(Klinnert et al., 1983). 이기는 팀을 응원하는 사람들과 있어 보면 누구든지 선수들의 희열이 관중에게로 급격히 퍼져서 응원하는 함성, 박수, 노래와 춤으로 펼쳐지는 과정을 목격할 수 있다. 물론 패배한 경우에도 동일하게 적용되는데, 그때 표현되는 정서는 낙담과 우울이다. 이것은 공격이나 싸움으로도 바뀔 수 있다. 친한 두 사람 사이에서 한 사람이 우울해지면 다른 사람은 들뜬 상태로 있기가 매우 어렵다. 이와 마찬가지로 상대방이 행복하면 즐거워지기는 훨씬 더 쉽다. 이것이 일어나는 이유에 대한 여러 가지 가설이 있다. 사람은 무의식적으로 다른 사람의 얼굴표정과 신체언어를 모방한다는 것이 그중 하나다. 내담자가 미소 지을 때 상담사도 미소를 짓고, 내담자가 울 때 상담사의 눈에도 눈물이 고이는 것을 알고 있는가? 이런 비언어적 일치는 실제로 자신에게 동일한 기분을 불러일으키고 긍정적인 자료를 제공한다. 다리를 꼬거나 눈을 비비거나 귀를 긁는 것 같은 몸짓이

어떻게 상대방에 의해 반영되는지 알고 있는가? 이것은 동의나 좋아하는 것을 나타내는 표시다(Scheflen, 1972).

다양한 내담자와 상담할 때, 문화적 배경이나 인종에 따라 비언어적 메시지가 전달되는 방식에 차이가 있음을 이해하는 것이 좋다. 예를 들면 지중해 국가 출신은 영국인이나 미국인이 당혹스러워할 수 있는 몸짓과 표현으로 분명하게 자기표현을 할 가능성이 있다. 북유럽 사람과 제3세계 사람 사이에 시간 개념도 꽤 다르다. 전자는 일정에 따라 한 번에 한 가지씩 하는 경향이 있고, 후자는 여러 가지를 동시에 하며 편안한 유연성을 선호한다. 개인의 공간도 뚜렷이 구별될 수 있다. 멕시코인과 아랍인은 특히 미국인과 영국인보다 사람들과 가까운 거리에서 더 편안함을 느낀다. 게다가 시골 출신 사람은 도시 사람보다 훨씬 더 넓은 개인 공간이 필요할 것이다. 상담사나 심리치료사가 비언어적 의사소통을 오해하지 않도록 그런 문화적인 차이를 숙지하는 것은 중요하다.

상담 장소도 매우 특별한 환경을 제공하는데, 내담자는 전반적인 환경이나 상담사에게 받은 무언의 메시지에 따라 감정을 편안하게 표현하거나 반대로 억압할 수도 있다. 내담자가 상담실로 들어올 때 내담자가 느낄 것에 대해 생각해 보았는가? 나는 내가 개인 상담을 받을 때의 혼란스러운 기억을 가지고 있다. 건물 뒤에 있는 작고 입구에 이중문이 달린 방은 내게 밀실공포증을 느끼게 해 엄청나게 도망가고 싶었다. 또한 상담사가 긴장하고 있다는 인상이 나에게 불안감을 증폭시켰다. 또 다른 방은 통풍이 잘되고 널찍한 안락의자가 있는 편안한 거실이었는데, 그 방에서 나는 완전히 이완되고 집에 있는 것 같은 느낌이 들었고 상담사는 항상 환영하는 미소로 나를 맞이했다. 나는 이것을 소통하려는 초대로 받아들였다.

말은 종종 말의 내용을 강조하는 몸짓과 표정을 동반한다. 이것들은 일반적으로 '해설자(illustrators)'라 불린다(Ekman & Friesen, 1972). 작은 아이를 묘사하는 사람이 손을 뻗어서 키를 나타내기도 하고, 사랑하는 애완동물에 대해 이야기할 때 미소를 지으며 그것을 쓰다듬는 즐거움을 연기할 수도 있다. 비언어적인 신호가 말과 일치할 때, 의사소통은 강화되고 잘못 해석할 기회는 줄어든다.

　에크먼과 프리슨(1969)이 특히 '자기 순응자(self-adaptors)'라고 묘사한 개인에게 숨겨진 메시지는 특이하고 더 복잡하다. 이들은 말이나 감각적 정보의 촉진이나 차단, 음식 섭취나 배설 기능의 수행, 또는 얼굴이나 몸을 치장하는 것 같은 다양한 문제나 욕구를 해결하기 위해 처음으로 학습된다. 이들은 어른이 되어서도 그 원래의 목적을 위해서나, 그 상황에 뭔가가 그것들 중 다른 것을 촉발하기 때문에 반복된다. 그러나 사회적 의사소통을 하는 동안 단지 원래 행동의 조각만이 남아 있을 가능성이 있다. 이러한 자기 순응자는 주로 의식하지 못한 채 습관적으로 나온다. 전형적인 한 예가 눈 주변을 손으로 닦는 것인데, 원래 형태는 눈물을 닦는 것이었을 것이다. 슬프거나 슬픔이 예상되면 이 동작은 무의식적으로 일어날 수 있다. 특히 자발적인 순응자(self-directed adaptors)는 독특한 경우라면 의미가 풍부해질 수 있다. 예를 들어, 눈을 가리는 행동은 수치심과 관련된다고 생각할 수 있지만 실행상황은 개인에 따라 다를 수 있다. 특정한 사람이나 분노, 울음, 흥분과 같은 정서와 연관이 있을 수 있으며, 이들은 종종 어린 시절로 다시 돌아간다. 주의 깊게 조사하면 이런 연관은 귀중한 심리적 정보를 제공할 수 있다. 이러한 사례에서 일반적인 의미에 기초하여 특정 행동을 해석하는 것은 부적절하다. 내가 상담한 한 사례가 떠오른다. 내담자는 입술 위에 두 손가락을 대는 습관이 있었는데, 그것은 분명히 '말하지 말라.'는 의미였다. 어린 시절 내담자는 힘든 감정에 대해서 말하지 말라고 배웠고, 말을 억제하기 위해 손으로 입을 가렸다. 유사한 감정이 상담에서 건드려지면 내담자는 원래의 동작을 반복한다. 다른 내담자도 손을 입에 대는 유사한 동작을 했는데, 조사한 결과 이것 역시 어린 시절에 생겼지만 입술에 손을 대는 것은 그에게는 음식과 위로의 욕구를 의미했다.

다른 형태의 순응자는 '수정 순응자(alter-adaptors)' 라 불린다. 이는 주거나 받기, 공격이나 방어, 상황에서 달아나는 것과 관련하여 다른 사람과 관련된 동작에서 파생되기 때문이다. 이들은 상담에서 불안하게 다리를 움직이는 것으로 나타나며 발차기나 달리기, 내재된 공격성을 나타내는 꽉 쥔 주먹, 어떻게 해서든 몸을 보호하려는 팔과 관련 있다. 펜을 만지작거리거나 손수건을 가지고 장난치는 것과 같이 물건과 관련된 동작은 때때로 잠재적인 불안이나 지루함을 나타낼 수 있다. 여기에서 다시 의미를 추측하지 말아야 하고, 개별적으로 탐색해 보아야 한다.

다른 단서들

다음으로 상담사나 심리치료사가 개입해야 할 시기를 어떻게 아는지 알아보자. 요령 있게 타이밍을 맞춰 정보를 전달하는 암시들이 무엇인가를 물어보는 것도 도움이 된다. 에크먼과 프리슨(1969)은 자신들이 '조절자(regulators)'라고 명명했던 표면적인 알아차림에서 일어나는 비언어적 행동의 범주를 구별했다. 이러한 비언어적 행동은 대화의 속도를 조절하는 정보, 예를 들면 머리를 끄덕인다든가 눈과 눈썹의 움직임, 자세의 변화 등이 정보를 전달한다. 그러므로 미묘한 신호가 한 참가자에서 다른 참가자로 전달되는데, 그때 말하는 사람은 언제 계속해야 하는지, 언제 서둘러야 하는지, 언제 자세히 말해야 하는지, 언제 더 재미있어지는지, 언제 멈춰야 하는지를 말하게 되고, 듣는 사람에게는 언제 주목하는지, 언제 기다리는지, 언제 말해야 하는지를 지시하게 된다. 이런 조절자에게 둔감한 사람은 무례하다고 비난받기 쉽다. 만약 조절자가 제지한다면, 다른 상호작용자는 방해받게 되고, 의사소통도 멈추게 될 것이다. 그러므로 상담사나 심리치료사가 어떤 '무반응한' 태도라도 보이면 내담자의 노출을 심각하게 방해할 수 있다. 반면에 조절자 형태의 개인적인 개입은 그것을 부추길 수 있다.

조절자의 유형은 사회계층, 문화, 인종에 따라 다양할 수 있고, 다른 집단들 사이에서 오해의 소지가 있을 수도 있다. 쉐플린(Scheflen, 1963)은 치료사보다 사회체제에 더 집착하는 내담자는 자신의 행위를 저항으로 부정확하게 해석할 수도 있다고 경고한다. 쉐플린은 덧붙이기를, 내담자나 분석가 자신의 반응은 미묘하지만 무심히 끌려드는 신호를 따를지도 모르기 때문에 분석가는 어떤 행위를 단지 투사나 전이로 추측하지 말아야 한다고 했다. 그리고 심리치료의 구조를 전체적으로 더 심층적으로 연구해야 한다고 말한다. 그 이유는 그 관계가 '상호 간의 무의식적 의사소통에 의해 지속적으로 강화시키는 규칙들을 받아들일 수 있는데, 이 규칙들은 부적절하고 심지어는 치료적 의도에 해로울 가능성이 있기' 때문이다.

암호 해독능력

얼굴표정에서 기본적인 정서를 알아내는 능력이 보편적인 것으로 알려진 이후, 우리는 상담사나 심리치료사가 스스로를 다른 누구보다 능력 있는 자로 생각한다고 추측할 수 있다. 하지만 상담사나 심리치료사가 신체적인 단서를 파악하는 데 숙련되어 있는가? 몇몇 무언의 메시지들은 복잡하다. 예를 들어, 어떤 상담사는 내담자의 말이 한 가지 의미만을 전달하지만 몸은 무언가 다른 것을 표현한다는 것을 알아차릴 수 있다. 그 내담자는 아마도 "나는 외로운 게 싫어."라고 항변할지도 모르지만, 상대방과 눈을 마주치기를 피하거나 팔짱을 끼는 행위, 우울한 표정, 혹은 잘난 체하는 듯한 어조의 목소리는 다른 사람을 멀어지게 하는 원인이 될 수도 있다. 상담사나 심리치료사는 그런 메시지를 직관적으로 포착하여 갈등을 알아차리고 스스로에게 '이것이 무엇에 관한 것인지' 물어볼 수도 있고, 그런 다음 어쩌면 이 사람에게는 외로움 속에 약간의 미묘한 만족감이 있다고 추론할 수도 있다. 그러면 이것은 의식탐구를 위한 수단이 된다(갈등에 관한 이런 형태의 증거는 제10장에 더 많이 나온다).

여기에서 매우 중요한 의문점은 '상담사나 심리치료사는 상반된 신체 메시지를 얼마나 노련하게 알아차릴 수 있는가?' 하는 것이다. 일반적으로 예상해 보면, 상담사나 심리치료사가 보통 사람보다는 더 전문가일 것이다. 디트만 등(Dittman et al., 1965)은 표정에서 드러나는 단서에 대한 관찰자의 반응이 몸에서 드러나는 일치하지 않는 메시지에 영향을 받았는지를 알아내는 연구에 착수했다. 그들은 경험이 많은 심리치료사들과 전문 댄서들로 구성된 두 집단의 관찰자들을 이용했다. 심리치료사들에게 가면을 쓴 사람들의 영화를 보여 주었을 때, 신체동작에서 얼마나 많은 감정적인 정보를 읽을 수 있는지를 보고 놀라워했다. 전체 모습을 보여 주었을 때 두 집단은 표현을 해석하는 데 있어서 주로 얼굴표정에서 나타나는 단서에 영향을 받았다. 하지만 반응하는 능력에는 차이가 있었는데, 댄서들이 심리치료사들보다 신체적인 단서에 더 많이 반응했다. 디트만 등은 경험이 많은 심리치료사들 사이에서 신체적인 단서를 포착하는 데 비교적 주의를 기울이지 않는 것에 대한 우려를 나타내면서 많은 중요한 정보를 놓치고 있음을 지적했다. 그러나 15명의 심리치료사들 중 13명이 정신과 의사 자격증이 있었고, 그중 2명은 임상심리사이며 오직 1명만이 여성이었다. 그래서 일반적으로 심리치료사들보다는 남자 정신과 의사들에 대해 더 많이 알게 해 준 연구다. 그럼에도 이 연구는 얼굴표정에만 초점을 두고 어쩌면 중요한 신체적인 단서를 무시하는 경향성을 보여 주고 있다.

　그러한 부족함을 극복하는 것이 훈련의 목표다. 예를 들면, 게슈탈트 치료사들은 특히 신체언어에 초점을 맞추고, 그것에 내담자의 주의를 끌어들여 어떤 해석도 하지 않고 그 의미를 탐색하면서 표현하도록 격려하였다. 클락슨은 "게슈탈트 치료사들은 대체로 그들 자신의 비언어적 행위와 내담자의 비언어적 행위에 대해 분명히 주의를 기울이고 있다. 교차된 발목, 기침, 한쪽 어깨가 다른 쪽보다 더 높이 올라간다든가 하는 행위는 모두 중요하며, 특히 게슈탈트로서 가능한 한 그 사람의 다양한 면들을 통합하려 노력한다."라고 말한다(1989, p. 81; 제11장과 제12장 참조).

　그럼에도 이러한 특징들 중 어떤 것은 정서적인 표현규칙으로 애매해지거나 덮히는 것 같다. 왜냐하면 우리가 지금까지 본 것처럼 진짜 감정을 최소화하거나 덮어 버리는 것은 사회생활이라는 구조 속에서 형성되어 왔기 때문이다. 성인들은 이러한 절차를 너무 오래전에 배웠기 때문에, 대부분은 이런 종류의 가장(假裝)이 일상생활에서 일어나는 상호작용이라고 더 이상 자각하지 않는다. 역설적으로 유능한 전달자가 되려면 반드시 자신의 실제 감정과 의견을 숨길 수 있는 기술을 필요로 한다. 상담사나 심리치료사도 이와 마찬가지로 의식하지 못한 채 표현규칙을 배워 사회화된 이후로 얼마나 숙련되게 진실을 탐색할 수 있을까? 개인의 사회화과정을 의식하는 것의 중요성은 아무리 강조해도 지나치지 않다. 이것은 최소한 상담사나 심리치료사에게 예의 때문에 미묘한 속임수를 사용하거나 자신의 단점을 가리는 방식으로 주의를 하게 할 것이다. 그것 역시 공모의 가능성을 드러낼 것이다.

속임수에 관한 연구는 읽기 불편하다. 내담자와 심리치료사 간의 의사소통에 관한 연구는 내담자 가운데 85%가 정보를 숨기거나 불분명했으며, 내담자 가운데 1/3은 노골적으로 거짓말을 했고 단지 3%만이 솔직하게 자신에 대한 완전한 정보를 주었다는 사실을 알아냈다(Burgoon, Callister, & Hunsaker, 1994). 상담실에서 우리가 보고 들은 것 중 얼마나 많은 부분이 사실인가? 나는 순간 중요한 정보를 숨겼던 한 내담자가 떠올랐다. 거의 2년 동안 분명히 효율적으로 상담을 해 왔는데도 그 내담자는 알 수 없는 병으로 더 이상 상담을 할 수 없게 되었다. 허벅지에 악성종양이 있었다는 사실을 알게 된 것은 바로 그때였다. 그 종양은 거의 10년 동안 점점 악화되어 왔던 것이다. 슬프게도 그 내담자는 나를 비롯해 아무에게도 그 사실을 말하지 않았다. 결국 내담자를 도와주기에는 너무 늦어 버려 얼마 지나지 않아 숨졌다. 나는 결국 상담을 검토하면서 감춰 왔던 비밀을 초기에 알아낼 수도 있지 않았을까 궁금해하면서 고통스러운 시간을 보냈다. 하지만 어떤 결론에도 이르지 못한 나 자신을 발견하게 되었다. 이 경험이 특히 나에게 가르쳐 준 것은 만약에 치료가 '중단'되면 말하지 않았던 사실이 드러나는 좋은 기회를 제공받을 수도 있다는 사실이다. 나는 내담자가 특히 말하기 어려워하는 뭔가가 있는지 물어보고 그 상황을 더 쉽게 설명할지도 모를 그림 그리기나 편지 쓰기를 제안한다.

하지만 그것은 세심하고 훈련이 잘되어 있거나 숙련된 상담사나 심리치료사에게만 해당되는 것이고, 특히 무의식적이거나 자각의 수준이 매우 낮은 상담사나 심리치료사에게는 다양한 형태의 속임수를 감지하는 것이 쉽지 않다. 피터 앤더슨은 진짜 감정이 새어 나오는 것을 일관되게 가리키는 비언어적 단서는 없다고 단언한다(1999, p. 279). 그래서 이런 면에서는 별 도움이 되지 않는 이론이다. 심지어 겉과 속이 다르다고 생각되는 '교활한 눈빛'은 실제로 단순히 부끄러움이나 불안을 표현한 것일 수도 있다. 지금까지의 연구들을 보면, 여자들은 특히 다른 여성과 관련되어 있을 때 속임수를 캐내는 데 일반적으로 남자들보다 더 정확하다고 제시하지만, 사실 이 분야에 대한 더 많은 연구가 필요하다(Andersen, 1999, p. 300).

하지만 만약 의식적인 주의로 알아차릴 수 없는 비언어적 단서라면, 어떻게 잠재의식으로 알아차릴 수 있을까? 의사소통 연구가인 어른스트 하가드와 케네스 이삭스(Ernest Haggard & Kenneth Isaacs, 1966)는 심리치료 장면을 촬영했다. 그런 다음 촬영한 것들을 천천히 돌려 보았다. 이것은 한순간 지나가는 신호들을 보여 주었는데, 보통 속도에서는 보이지 않았던 신호들이다. 하가드와 이삭스는 그 신호들을 '초순간적' 표현이라고 명명했고, 그러한 신호는 종종 환자가 갈등에 빠져 있을 때 발생했다고 지적했다. 예를 들어, "난 화난 게 아니에요."라고 말을 하고 있지만 천천히 돌아가는 영상물 속에서 잠시 동안 화난 표정을 확인할 수 있었다. 이러한 '초순간'은 진짜 감정이 새어 나오는 것을 보여 주었다.

폴 에크먼(Paul Ekman, 1975)은 고속으로 순간화면을 찍을 수 있는 순간노출기로 1초의 1/2~3/4 사이에 많은 표정이 완성되었다는 것을 알아냈다. 게다가 그 표정들은 다른 신체동작과 말에 둘러싸여 있었는데, 그중 일부는 상반되는 표정이었다. 에크먼이 초순간적인 표정들을 합친 영상을 학생들에게 보여 준 다음, 경험 많은 간호사들에게도 그 영상을 보여 주었다. 학생들은 화면을 천천히 돌렸을 때에만 초순간적 표정을 감지할 수 있었지만, 간호사들은 보통 속도로도 초순간적 표정을 알아보았다. 이것은 사람들과 함께 일해 온 경험이 순식간에 지나가는 표정을 잡아내는 능력을 강화시킨다는 사실을 제시하고 있다.

에크먼은 아이들은 어른들에 관해 너무 많이 공개되어 있기 때문에 그런 감정의 누출에 주의를 기울이는 것을 단념하게 된다고 생각했다. 또한 다양한 주제가 어떤 특별한 정서를 잠재의식적으로 방해한다는 사실을 알아냈다. 예를 들면, 분노나 혐오감은 놓칠 수 있지만, 그 밖에 다른 것은 확인할 수 있다는 것이다. 따라서 어릴 적 직관적으로 나타났던 성향을 다시 연결하는 능력과 그들 자신의 약점을 안다는 것은 상담사와 심리치료사에게는 매우 중요해 보인다.

에크먼과 프리슨(1969)에 따르면, 몇몇 비언어적 행동은 어떤 특정한 의미를 전달하는 것이 아니라 습관에서 비롯된 유아적 동작에서 파생한다는 사실에 주목할 가치가 있다. 그런 흔적들이 어른이 되어서도 남아 있을 수 있고, 몇몇 치료사에게는 부적절한 호기심을 불러일으킬 수도 있다. 그러나 불행하게도 에크먼과 프리슨은 어떤 분명한 사례도 제시하지 못하고 더 심층적인 연구가 필요함을 인정한다.

임상 평가

여러 사람이 모이면, 사람들은 예외 없이 다른 사람을 한눈에 평가하고 그 사람의 성격에 관해 재빨리 무언의 판단을 한다. 이런 과정이 물론 상담 중에도 일어나지만, 상담사나 심리치료사의 관점에서 내담자의 견해가 얼마나 도움이 될 수 있는지 강조할 필요가 있다. 제4장에서는 이런 평가를 하는 능력에 있어서 개인차를 검토했다. 임상전문가는 내담자에게 제공하고 있는 치료형태가 적합한지 아닌지를 판단해야 할 뿐만 아니라 드러난 문제의 심각성을 평가해야 하고, 문제의 본질에 대한 가설을 세운 다음에 예상을 하게 된다. 비록 다양한 개요가 존재하지만, 특히 현대의 상담사와 심리치료사들이 일반적으로 믿을 만하다고 보는 차별적인 진단체계가 없기 때문에 이것은 매우 복잡한 과제다.

베이트먼과 홈즈(1995, pp. 148-150)가 이런 주제를 다루는 정신분석 문헌에 대해 요약하였다. 두 사람은 그런 이론은 분석가가 함정에 빠질 가능성을 경계하는 데 유용하고, 가장 도움이 되는 기술적 접근법을 제안할지도 모르지만, 결국 판단은 전후관계 및 분석가와 내담자 사이의 관계에 의해 내려져야 한다고 주장한다. 어떻게 임상전문가가 그런 판단을 하는가? 어떤 정보에 기반을 두는가? 면접을 하는 동안 실제 자료를 모아야 할 뿐만 아니라 분위기를 조성할 필요가 있고 그것으로 인해 무의식적 자료도 접근이 가능해진다. 직접적인 질문과 경청 사이의 균형이 깨지면서 내담자의 이야기 내용과 이야기 속에 숨겨진 뜻이 모두 드러나게 된다. 지금까지 본 것처럼 비언어적 측면들, 예를 들어 목소리 어조, 몸짓, 얼굴표정, 강조나 중요한 빠뜨림 등은 해석하는 데 근거가 되는 중요한 정신역동적 단서를 제공할 수 있다.

한 번에 제공되는 많은 정보 때문에 상담사는 잠재의식적으로 많은 것을 수집하게 된다. 실제로 전문가들은 어떻게 그들이 특정 결론에 도달하는지 정확하게 설명하는 데 어려움을 겪을 수 있고, 이것을 단지 '육감'이라든가 '본능' 혹은 직관을 나타내는 다른 명칭이라고 주장한다. 아사지올리는 상담사와 심리치료사가 이러한 능력을 받아들이는 데 높은 가치를 두었고, "우리는 직관을 계발하지 않고 능력을 이용하는 솔직하고 유능한 치료사를 상상할 수 없다."(1965/1975, p. 221)라고 하였다.

임상적 지각 가운데 어느 정도가 실제로 직관인가? 어느 정도가 단순한 추론인가? 임상적 직관에 대한 몇 가지 정의는 문헌에서 찾을 수도 있지만, 그 본질에 대해서는 분명한 의견의 차이가 있다. 하타웨이(S. R. Hathaway, 1955)는 그것을 추론이라고 말한다. 즉, '추론은 인식자가 만족할 만한 성취감으로 확인하거나 구체화할 수 없는 암시나 인식과정에서 그것의 출처를 가진다.'는 것이다. 하타웨이는 직관은 추론이라고 선언하면서, 그다음에 만일 그것이 존재한다면 그 과정의 본질을 구체화하는 것은 불가능하다(p. 229)고 말한다. 직관의 존재에 대한 입증은 추론이 인식할 수 없는 의사소통 형태에서 나온다는 설명에 기초를 두고 있다. 그러나 이런 가설에 의해 설계되고 논문에 기술된 실험연구들은 결론을 내리지 못했다.

미국의 정신분석가인 알렉산더 귀오라(Alexander Guiora, 1965)는 진단과 예측 가능한 임상적 판단들이 이루어지는 세 가지 구체적인 방식인 추론, 공감, 직관을 확인하기 위해 노력했다. 그는 추론은 '주어진 한 세트의 자료와 아리스토텔레스의 논리의 규칙에 따른 근거로부터' 파생된 결론에 의해 특징지어진다(p. 780)고 말한다. 반면에 직관은 '다른 방식의 논리적 원칙들', 즉 외적인 암시가 논리적 판단에 부적절하다는 이해 형태에 따라 결정된다. 그럼에도 즉각적이고 정확한 예측은 '특이한 연상의 중재'를 통해서 이루어진다(p. 782). 그런 경우 어떻게 결론에 도달했는지에 대해 잇따라 일어나는 단계를 되짚어 보는 행위는 이루어질 수 없다. 그러므로 귀오라는 추론과 직관 사이에 분명한 차이가 있고, 직관은 비추론적이라고 주장한다. 공감에 대해서는 다음 장에서 더 자세히 다루게 된다.

교류분석의 창시자인 에릭 번(Eric Berne)은 그 문제에 상당한 공헌을 한 직관 관련 논문들(1977)을 썼다. 번은 직관으로 아는 사람(intuiter)은 어떻게 결론에 도달하는지를 모르며, 그 과정이 잠재의식적이라는 데에는 동의하지만 상담 장면에서 감각적인 경험을 바탕으로 그것의 정의를 내린다고 말한다. 즉, '직관은 경험에 바탕을 두고 그 문제와 연결된 감각을 통해 언어를 습득하기 전의 무의식적 혹은 전의식(前意識)적 기능에 의하여 획득된 지식이라는 것'이다(p. 4). 직관의 감각적 바탕에 대한 의문점은 융의 유형론과 관련해 자세히 살펴보았다(제4장 참조).

시카고 대학교의 테오도르 사빈(Theodore Sarbin) 교수는 임상심리학이 예술인지 과학인지를 알아보기 위한 시도를 하면서 직관을 '불완전한 경험적 방법'(1941, p. 394)이라고 말한다. 사빈은 임상전문가는 '사물에 대한 일반적 느낌'을 바탕으로 진단할 수 있지만, 만약 진단의 압박을 받는 다면 대체로 경험을 바탕으로 판단할 수 있다고 언급한다. 이것은 위에 논의한 다른 정의와 매우 상반되는데, 직관적 판단이 이루어지는 과정을 설명할 수 없다고 말한 것이다. 그러나 경험적 바탕의 의문점에 대한 사빈의 입장은 번(Berne)의 입장과 동일하다. 하타웨이와 마찬가지로 사빈은 임상적 직관을 '비공식적 추론'이라고 언급하면서 추론적 입장을 취한다. 하지만 사빈은 임상심리학에서 그런 방법을 사용하는 것을 찬성하지는 않는다. 그는 임상적 직관은 오직 논리적 추론에만 의존하는 과학으로 여겨야 한다고 결론을 내린다. 따라서 그는 무의식적 과정을 쓸모없는 것으로 보고 무시하는 것처럼 보인다.

시카고 대학교의 로사린드 디몬드(Rosalind Dymond, 1953) 교수 역시 과학자와 **정통한 사람들**(Verstehenists)[2] 사이의 논쟁을 예로 들면서 임상전문가들이 개인의 행동을 예측할 수 있는지 의문점을 제기한다. 게다가 이것은 전형적이고 객관적인 접근법, 즉 중심성향에 의한 행동법칙으로 이끄는 접근법을 사용함으로써 혹은 자신의 관점에서 개인의 행동을 관찰하는 현상학적 견해를 채택함으로써 가장 잘 행해지는가? 그렇다면 준거기준은 무엇인가? 사빈 교수의 주장은 어떤 개인을 예측하려면 다른 유사한 사례들을 언급하고 특징을 분류할 필요가 있다는 것이다. 그런 다음, 가능한 진술이 이루어질 수 있다. 따라서 이 틀 속에서 과거의 문제행동의 빈도나 분류된 다른 사람의 행동에 관한 빈도가 예측의 주요한 근거가 된다.

그러나 현상학적 견해는 단지 다른 사람들과 공유한 특징에 집중함으로써 놓치지 않는 개인의 독특함을 강조한다. 디몬드 교수는 10명의 심리치료사들과 치료가 끝났을 때 내담자들이 어떤 반응을 보이는지에 대한 예측을 연구했는데, 마지막에는 Q-분류법(Q-sort)[3]을 이용해 내담자 스스로에 대해 기술한 것을 비교하였다. 이것은 소규모 연구였는데도 그 결론은 추론만을 이용하는 사람들에게는 문제가 되고 있었다. 디몬드 교수는 임상전문가가 어떤 예측이라도 고정관념에서 벗어나 바뀔 수 있고, 만약 내담자가 매우 특이하다면 이 방법은 반드시 필요하다는 것을 보여 주었다. 아니면 내담자의 일반지식과 경험은 특별한 경우에 적절할 때 이용된다. 게다가 가장 정확한 예측은 일반적인 부류의 사람들, 그리고 매우 다른 사람들과 관련이 있다. 디몬드 교수는 "일부 임상전문가는 개인의 행동을 예측할 수 있고 게다가 우연히 설명될 수 있는 것, 즉 그 집단기준의 지식이나 그 자신의 틀에 박힌 행동을 예측할 수 있다."라고 주장했다. 이것은 추론과 직관 모두 임상적 판단과 연관이 있다는 것과 '직관'의 다른 이름으로서 반드시 비공식적 추론만이 아니라는 것을 지적하는 것처럼 보인다.

로날드 태프트(Ronald Taft, 1955)는 분석적 방법이든 비분석적 방법이든 두 가지 판단 방법을 인정한다. 첫 번째 방법은 주로 추론과 관련되어 있는데, 예를 들면 특성상 순위와 등급을 이용한다. 하지만 두 번째 판단 방법은 '전체적인 방식'을 취한다(p. 1). 제3장에 나와 있는 자료는 이 특징이 부분보다는 전체적인 지각으로, 직관에 대해 얼마나 중추적인지를 설명하고 있다.

심리치료에 관한 한, 증거는 추론과 직관 모두 진단 및 평가와 관련이 있다는 사실을 제시한다. 임상전문가는 그러면서 주어진 정보를 논리적으로 분석하고 언어적인 내용에 귀를 기울일 것이다. 그와 동시에 많은 비언어적 메시지도 받아들이면서 상담에서 직관과정이 이루어질 것이다. 그 사례의 모든 결과가 나타나면 어떤 결론에 도달할 때까지 전문가는 과거 경험을 이끌어 낼 것이고, 그것으로 비교를 한 후 추론을 하게 될 것이다. 임상전문가는 그 진단을 언어화하기 위해 합리적인 절차로 다시 연결시킬 것이다.

임상적 직관은 얼마나 정확한가

토니 바스틱(Tony Bastick)은 직관의 속성에 관한 목록(1982, p. 25)에서 다음과 같은 두 가지 속성, 즉 '직관은 정확할 필요가 없다'(속성 9번)와 '정확성에 관한 주관적인 확신'(속성 10번)을 상세히 설명하고 있고, 속성에 관해서는 이미 제3장에서 검토했다. 단지 한 개인이 정확하게 말해서 직관은 당연히 그렇게 정확하지 않다고 믿고 있기 때문이다.

확신은 종종 직관의 특징으로 인용된다. 분명히 상담 장면에서 확신은 정확성에 대해서는 전혀 보장을 해 주지 않기 때문에 함축적인 면이 있다. 스탠포드 대학교의 스튜어트 오스캠프(Stuart Oskamp) 교수는 1963년 일상에서 일어나는 임상실습에 관한 연구를 했는데, 이 연구에서 일반적인 경험에 의해 확신은 상당히 줄어든다는 것을 발견했다.[4] 즉, 경험 있는 임상전문가는 예측을 할 때 더 신중하고 더 적절하게 알아차린다는 것이다. 이것은 발렌타인(C. W. Valentine, 1929)의 초기연구를 뒷받침해 주는데, 그것은 아이들을 판단하는 데 있어서 성인 남녀의 상대적인 신뢰도를 평가한 것이다. 이 연구는 확신은 신뢰도가 낮다는 표시일지도 모른다고 경고했다. 실제로 오스캠프 교수는 주의를 당부한다. 왜냐하면 그는 정신병자와 비(非)정신병자 사이의 차이를 구별하는 데 MMPI 분석을 근거로 25%의 부정확성을 발견했기 때문인데, 보험 통계적 방법과 임상적 방법 중 한 가지를 사용하였다. 따라서 이 연구는 그런 특별한 과제에서 현상학적 접근법이 통계학적 방법만큼 75% 정확하다고 지적한다.

여성들은 일반적으로 남성들보다 더 직관적이라고 여겨지고 있다. 하지만 발렌타인의 연구는 아동의 성격을 정확하게 판단하는 데는 아무런 차이가 없음을 보여 주었다. 그러나 그 이후에 여성들이 보편적으로 지식면에서나 생물학적인 면에서 보이는 장점, 즉 비언어적 의사소통에 있어서는 더 정확하고 예민함을 증명하는 몇 가지 연구가 계속해서 나왔다. 특히 상담과 심리치료에서 서로 직접적으로 연관된 점을 표현하는 사람이 있을 때 그렇다. 이런 면에서 보면 예전부터 전해 내려오는 말이 맞는 것처럼 보인다.

종종 관심을 끄는 직관의 특징은 직관의 갑작스러움이다. 바스틱은 이것을 속성 1번, 즉 '빠르고 즉각적이고 갑작스럽게 나타남'이라고 적어 놓았다(1982, p. 25). 드레버(Drever, 1952)는 자신의 사전적 정의에서 이 특징을 '즉각적인 지각이나 판단'이라고 설명한다. 그러면 상담 장면에서 일어나는 문제는 유용한 특징인 속도인가(예를 들어 시간과 금전적으로 부족하기 때문에), 아니면 정확한 지각과 관련이 있는가 하는 것이다. 여기 에릭 번의 연구에 특히 흥미로운 사실이 있다. 1945년 후반에 번은 4개월 동안 약 2만 5천 명의 군인들을 대상으로 정신질환 검사를 했다. 번은 시간이 부족해 40~90초 사이에 한 명씩을 진단했는데, 그의 판단은 당연히 직관적이었다. 그 일은 모든 군인들이 똑같은 군복을 입고 있었기 때문에 더 힘들었다. 번은 특히 자신의 질문에 대한 군인들의 대답을 '놀라울 정도로 정확하게' 예측할 수 있었다는 것을 알아차리고는 어떻게 그런 판단을 내렸는지 궁금해졌다(1977, p. 7). 그래서 그는 17일에 걸쳐 그 과정을 형식화하고 만나는 사람마다 몇 초 안에 그들의 직업을 알아맞히려는 시도를 했다. 그런 다음 이러한 추측으로 자료를 만드는 일에 착수했다. 전체 중 55%는 정확했지만, 그는 이 비율에서 한 가지 사실을 알아차렸는데, 50번의 추측을 한 후에는 주의 산만과 더불어 피로감이 누적되었다는 사실이다. 또한 그는 만약 무의식 상태에서 그 과정이 이루어졌다면 오히려 신중하게 구성된 기준을 사용하는 것보다 성공률이 더 높았을 거라는 사실도 알게 되었다.

번이 한 연구의 단점은 주관적이고, 통제집단이 없었다는 것이지만, 그럼에도 연구실에서 인위적으로 실험에 의존하는 것보다는 실제 상황에 근거를 두었다는 장점도 가지고 있다. 바스틱은 직관에서의 속도는 '지식의 전 분야의 병렬처리' 때문에 가능한 반면에, 분석적 사고는 '오직 한 번에 두 가지 요소만을 비교한다.'고 주장한다(1982, p. 51). 논리적 추론은 의식적이고 직선적이며 단계적인 과정이므로 종종 속도 면에서 느리다. 직관의 속도는 특정 상황에서, 특히 시간이 부족할 때는 분명히 가치가 있지만, 꼭 정확한 것은 아니기 때문에 세심한 점검이 필요하다.

분명히 사람과 관련된 판단은 전혀 확실하지 않고 약간은 우연의 일치도 있다. 추론과 직관 모두 임상적 평가와 관련된 것처럼 보이는데, 그렇다면 하나의 접근법이 다른 접근법보다 전반적으로 더 정확할까? 올포트(G. W. Allport, 1965)는 이용 가능한 증거들을 조심스럽게 검토한 후, 지각에 대한 사려 깊은 분석적 접근법을 채택한 사람들은 일반적으로 더 포괄적인 직관적 접근법을 채택한 사람들보다 덜 정확하다고 생각한다. 이러한 결론은 논리적인 분석을 강조하는 전문치료사들에게는 문제가 되고 있다.

* * * *

직관에 관한 나의 연구는 내가 대인관계 지각 분야에 종사하는 심리학자들의 업무를 연구하도록 만들었다. 이것은 나에게 새로운 영역이었지만, 나 자신의 상담업무와 분명히 관련성이 있었다. 의사소통 분석가들은 사람들 사이에서 비언어적인 수준으로 일어나는 것을 이해하는 세밀한 구조를 개발했다. 상담을 하는 동안 이것을 나 자신의 상황에 적용한 것이 매우 도움이 되었다. 역설적으로 무언의 신호에 대해 '동작학(kinesics)' '순응자(adaptors)' '조절자(regulators)' 같은 다른 형태의 이름을 붙일 수 있었던 것은 내가 직관이 필요한 시기를 인지하고 나 자신의 전의식(前意識) 과정을 더 많이 알아차리는 데 도움을 주었다. 더군다나 판단을 할 때 직관이 논리적인 분석보다 더 나은 방법이 아니라 해도, 그래도 최소한 좋은 방법일 것이라고 확신했던 것이 내게 직관에 대한 믿음을 주었다. 동시에 나는 어떤 부정확한 것이라도 알아내기 위해 주의를 기울였다.

더불어 나는 나 자신의 사회화 과정과 내가 몰두했던 표현규칙을 검토하고, 이것이 치료과정에 얼마나 많은 영향을 끼치는지 의문을 갖기 시작했다. 특히 수련을 받는 사람과 함께 있을 때 우리가 서로의 신체자세를 얼마나 많이 반영하는지 알아차리는 것을 즐거워하면서 우리의 기본적인 동의를 확인하고 좋아했다. 반면에 정서적인 전염은 가끔 고통스러웠지만, 이런 현상에 정신을 똑바로 차리는 것이 객관성을 유지하는 데 도움이 되었다.

타인의 느낌을 아는 것은 내게 더 깊이 그리고 직관에 작용하는 그 부분에 공감을 고려하도록 동기를 부여해 주었다. 그래서 나는 내가 알아낸 것보다 더 많은 것을 알아보기 위해 런던 대학교 세네트 하우스(Senate House) 도서관으로 발걸음을 돌렸다.

미 주

1. '내면아이'는 어린 시절의 경험에서 오는 정신의 일부인데, 성인의 행동에도 계속해서 영향을 미친다. 페렌치(Ferenczi)의 견해는 나의 연구를 완전히 뒷받침해 주지는 못한다(제10장 참조).

2. 'Verstehenist'라는 용어는 독일어 'verstehen(이해하다)'에서 파생된 것이다. 그것은 대체로 인문과학 분야에 종사하는 사람을 일컫는다. 그들은 대리인의 의견을 수렴하여 조사 중인 내담자가 자신을 어떻게 이해하는가를 중요하게 여긴다.

3. Q-분류법(Q-sort)은 1953년에 스테펜슨(W. Stephenson)에 의해 개발되었다. 그것

은 질적 연구와 양적 연구 중 한 가지로 채택된 방법을 일컫는다. 거기서 응답자는 자신에 관한 내용이 쓰인 카드를 통해 분류된다. 다양한 기준을 사용하는 분류들이 연이어 있다. 카드의 마지막에는 내담자가 자아상을 어떻게 지각하는지가 나타나 있다. 시간이 지나면서 자기인식에서의 변화를 이후에 되풀이된 분류를 통하여 기록할 수 있다.

4. 오스캠프(Oskamp)는 한 달 후에 판단하는 일을 재실행함으로써 신뢰도를 높였다. 이것은 두 집단으로 구성되었다. 한 집단은 44명의 경험이 많은 임상전문가들이고, 다른 집단은 28명의 경험이 없는 학생들로 구성되었다. 그들은 MMPI 프로파일, 정신질환으로 입원 중인 환자들, 그리고 진료상의 이유로 혼자인 사람들을 구별해야 했다. 훈련은 재실행 중에 학생들에게 소개되었고, 판단하는 초기단계에서는 그들이 얼마나 잘, 그리고 왜 이것을 실행하고 있는지에 대해 토론하기 위해 때때로 중단되기도 하였다. 마지막 집단의 자료를 분석하는 데 주목할 만한 개선점들이 있었다.

제7장

공감 조율

공 감의 정의를 찾으면서 나는 굉장히 놀라운 사실을 발견했는데, 이 단어가 영어에 도입된 것이 20세기 초로 비교적 최근이라는 사실이다. 프로이트(Freud)는 해석을 하기에 앞서 분석가와 내담자 사이에 좋은 관계를 형성해야 하는 중요성을 인지하고 있었다(SE XII, p. 139). 그는 독일어 Einfühlung(감정이입)을 사용했는데, 이는 글자 그대로 '안으로 느낌(a feeling in)' 혹은 '안에서 느낌(feeling within)'으로 정의된다(SE XVIII, p. 108). 공감(empathy)이라는 영어 단어는 그리스어 empatheia에서 파생되었고, 타인을 향한 애정 어린, 돌봐 주려는 의도가 있는 강한 감정을 상기시키는 '애정' 및 '열정'이라는 의미다. 이것은 자신과 다른 사람의 입장을 상상으로 바꾸는 데 바탕이 된다. 또한 프로이트는 유머와 관련해서도 이 용어를 사용했는데, 농담을 던지는 사람의 '정신상태'를 배려해야 한다는 의미로 '자신을 그것과 비교함으로써 그것을 이해하려고 한다.'(SE VIII, p. 186)는 것이다. 즉, 유머를 이해하기 위해서는 농담을 던지는 사람과 공감할 수 있어야 한다는 말이다. 바로 이것이 이해에 이르는 과정이다. 프로이트는 군중심리학에 관한 논의 중에 더욱 직접적인 표현으로 공감이라는 말을 했는데, 공감을 '다른 사람에게서 나의 자아와는 본질적으로 다른 것이 무엇인지를 이해하는 데 큰 역할을 하는' 것으로 표현했다(SE XVIII, p. 108). 따라서 우리는 느낌을 통해 다른 사람과 연결됨으로써 우리와 다른 것이 무엇이든 더 잘 이해할 수 있게 된다.

정신분석적 기법에 관한 논의를 하면서 산도르 페렌치(Sandor Ferenczi)는 이 주제를 다시 다루었다(1928/1955). 그는 분석가가 내담자에게 불필요한 고통을 일으키면서 회피하고 있다면, 적절한 타이밍이 정말 중요하다고 생각했고, 이것은 '공감과 평가과정'에 기반을 둔다고 보았다(p. 100). 여기서 우리는 직관과의 관계를 이해할 수 있다. 어쨌든 상담사나 심리치료사는 상담 장면에서 언제 개입해서 뭔가 말을 하거나 언제 침묵을 지키며 추가적인 연상을 기다려야 하는지 어떻게 아는가? 치료는 예상치 못한 방향으로 꼬일 수도 있고, 혹은 내담자가 평소답지 않게 반응할 수도 있을 것이다. 그렇다면 상담사나 심리치료사는 어떻게 반응해야 할까? 언제 결론을 내려야 하는가? 어떤 태도로 결론을 제시하고, 또 상담 장면에서 어느 시점에 제시해야 하는가? 어떤 사람은 능력 있는 치료사라면 그런 것을 직관적으로 안다고 말한다. 내담자의 감정에 반응하는 시기를 놓치고 재치 있게 반응하지 못한다면, 내담자가 상담을 중단해 치료적 동맹을 위태롭게 할 수 있다. 페렌치는 개인분석과 결합된 전문적인 경험은 공감반응 시기를 가늠하는 데 도움이 되었다고 했다. 게다가, 공감은 내담자의 저항 강도를 평가하는 데 필요하기도 하다. 이 과정에서 분석가는 느낌만을 따르지 말고, '상황을 의연하게 생각하고', 알리기를 꺼리는 생각과 무의식적 경향에 대해서도 추측해야 한다. 분석가 자신의 저항을 가지지 않음으로써 이것이 가능해진다. 대체로 전의식적(前意識的)인 이 과정은 분석가로 하여금 언제 판단을 하고 자료를 제시하는지 이끌어 주었다.

위의 관찰에서 나타나는 것 외에도, 심리치료에서 공감은 20세기 중반까지 거의 연구되지 않았던 주제다. 공감이 상담사나 심리치료사에게 꽤 중요시되는 자질임을 감안하면 이는 주목할 만한 점이다. 정신분석가 랄프 그린손(Ralph Greenson)은 1960년에 공감의 변천에 관한 글에서 "공감이라는 주제에 관한 정신분석 문헌들이 이렇게 적다니 충격적이다." "특히 치료에서 공감능력은 필수 불가결한 전제조건이다."(p. 418)라고 말한다. 이런 점에서 그린손은 직관을 공감과 같은 선상에 두고 "직관과 공감은 모두 심리치료를 위해 한 개인에게 주어진 특별한 재능이다. 최고의 치료 사들은 두 가지 모두 가지고 있는 듯하다."라고 했다.

이런 연구는 치료사 내면의 과정이 필연적으로 드러나기 때문에 정신 분석가인 베레스와 알로우(Beres & Arlow, 1974)는 이런 '공개적인 조사'를 기꺼이 받으려는 동료 치료사들이 몇 안 된다는 것을 인정한다. 이성적으로 여기는 정신분석 과정이 일상적인 단순한 감성지능으로 드러날지도 모른다는 두려움이 있는가? 하지만 두 저자가 정신분석가라는 직업을 생각하면서 공감을 '핵심적인 것'으로 여겼고(p. 26), 이후 연구한 보고서에 따르면 '정신분석 작업에서 필수적인 요소'라고 제시하고 있다(p. 47).

하인즈 코헛(Heinz Kohut)은 제시된 정신분석 맥락에서 공감의 중요한 의미에 대해 강력하게 주장하였는데, 심리학적 정보는 오직 코헛이 '대리적 내성(vicarious introspection: 다른 사람의 내적 삶을 같이 경험하면서 동시에 객관적인 관찰자의 자세를 잃지 않는 것-역자 주*)'(1959, p. 462)이라고 설명한 과정을 통해서만 도달할 수 있다고 했다. 이를테면 내담자의 경험을 간접적으로 받아들임으로써, 그리고 이를 숙고함으로써 개인의 심리적 실제를 이해할 수 있게 된다는 것이다. 게다가 이런 방식으로 자신의 느낌을 사용하는 데 실패한다면, 내담자의 내면세계의 '기계론적이고 활발하지 못한 인식'이라는 오류에 빠지게 된다. 여기서 우리는 직관과 유사한 또 다른 점을 발견할 수 있다. 다른 사람에 의한 설명과 생각, 즉 이론은 관계된 독특한 개인을 더 깊이 이해하는 데 걸림돌이 될 수 있다. 실제로 코헛은 공감을 느낌을 통한 관찰과정이라고 보았다. 이는 내담자에 대한 자료를 모으는 과정이지만 내담자의 관점을 고려하는 방법이다. 동시에 공감을 뛰어넘어 한 발자국 더 나아갈 수 있고, 해석하기 위해 분석과 이성을

---

* 최영민(2011). 쉽게 쓴 자기심리학. 학지사.

사용할 수 있는 능력도 중요하다(1971, p. 303). 그 복잡함과 미묘함 속에 그들의 느낌을 설명하기 위해 언어를 사용해야 하고, 그다음 완전한 이해에 도달할 수 있도록 또 다른 연상이 이루어진다.

이러한 방식의 공감은 내담자 자신의 경험에 대한 지각을 상담사나 심리치료사가 받아들인다는 것을 말한다. 코헛은 많은 전문가에게 잘 알려져 있는 간단한 사례를 제시한다. 이 사례에서 상담사가 상담에 단 1분 늦었다는 이유로 한 내담자가 매우 화를 냈다. 코헛은 변덕스럽고 예상치 못한 행동을 하는 부모 아래 성장하여 항상 불안해하는 아이와 공감함으로써 이 내담자의 극단적인 반응을 이해할 수 있었다.

이때 코헛이 다른 정신분석가들에게 비판적 공격을 받았다는 사실은 주목할 만하다. 정신분석가들은 이런 핵심역할에 공감을 하면 자신들의 과학적 지위가 위험에 빠진다며 두려워했다. 이에 코헛은 공감은 동정이나 연민, 혹은 직관과는 구별되어야 한다는 말로 대응했다. 그러나 코헛은 때로는 공감이 직관적인 방식, 즉 '아주 빠른 속도로 중간 단계에 대한 자각 없이' 사용된다고도 생각했다. 이러한 과정은 물론 과학적 맥락에서 그것 자체를 주장할 수도 없다. 이보다는 중간 단계를 알아차리고 세심히 살펴봐야 한다(1980, p. 483).

랄프 그린슨 역시 통찰과 이해를 가져다주는 속도로 직관과 공감을 지적했는데, 그는 '빠르고도 심오한 이해에 이르는 특별한 방법'이라는 두 과정의 유사점을 알았다. 갑자기 사례의 특정 부분에 대해 치료사의 지각이 더 분명해진다. 그러나 그는 두 가지 방법의 차이를 분명히 했다. '직관은 느낌에 도달하는 것을 강조하고, 공감은 아이디어를 얻기 위해 직관을 사용한다.'(1960, p. 423)는 것이다. 그러므로 그린슨은 감정보다는 사고를 직관과 연관시킨다. 어떤 방식으로든 전문가는 내담자가 가진 심리적인 짜임새를 더 쉽게 파악할 수 있다.

그린손과 달리 코헛은 공감을 직관과 일직선상에 둠으로써 정신분석의 과학적 지위와 타협하지 않으려는 생각을 하는 것처럼 보인다. 코헛은 직관적 지식을 너무 성급하게 사용하는 것에 대해 경고했고, 분석가들에게 "'아하 체험'에서 오는 직관적인 확신"에 휩쓸리지 말라고 조언한다. 오히려 전문가는 마음을 열고 어떤 결정을 하기 전에 가능한 한 많은 대안을 수집하기 위해 새로이 이해한 통찰을 '실험 공감(trial empathy)'으로 조사해야 한다(1997, p. 168). 따라서 분석가는 개입이나 해석을 너무 빨리 제시해서는 안 되고, 피분석자의 감정과 더 깊게 교감하는 동안 직관이라는 것을 계속 염두에 두고 있어야 한다. 이는 더할 나위 없는 현명한 권고지만, 코헛이 느낌을 통해 직관을 조사하도록 제안한 점은 인상적이다. 토니 바스틱은 이 점에 있어서 몇 가지 조건을 붙여 의견을 같이하는데, 직관적인 평가가 얼마나 정확한가는 공감함으로써 발생하는 감정이 얼마나 적절한지에 따라 좌우된다고 지적하고 있다(1982, p. 81). 따라서 이것은 현재를 이해하기 위한 하나의 척도가 되는 치료사의 과거 경험에 크게 의존할 수 있다.

코헛은 정신분석가로서의 과학적 입지를 유지하고 싶은 나머지 "공감은 과학적 분석가들에게는 최고의 친구지만, 직관은 가끔 최대의 적이 될 수 있다."라고 하며 직관을 배제하고 공감만을 지지한다. 그러나 그는 분석가는 자신의 자발성을 포기하면 안 되고 오히려 확신과 함께 갑작스레 나타나는 해석을 알아차려야 한다고 제안함으로써 이 진술을 재빨리 수정한다(1997, p. 169). 직관 그 자체는 적이 아니지만 그것과 함께 오는 확실한 느낌이 직관을 그렇게 만든다. 실제로 우리가 본 것처럼 직관은 항상 정확한 지각형태는 아니지만, 그렇다고 해서 공감도 정확한 지각형태는 아니다. 타인의 감정을 잘못 평가할 수 있는 가능성은 열려 있다. 실제로 내담자가 그렇게 말하거나, 감정이 격해져 화를 내거나, 침묵을 지키거나, 주제를 바꿈으로써 치료사가 잘못된 길에 있음을 내담자가 지적할 수도 있다. 숙련된 전문가는 언제나 이런 메시지에 신경을 쓸 것이다.

발달 근원

　그렇다면 인간은 다른 사람의 속사정을 이해할 수 있도록 어떻게 서로에게 공감할 수 있고, 상대방의 감정에 몰입할 수 있는가? 일부 저자들은 공감의 근원이 어쩌면 언어개념이 확립되기 이전의 유아들, 즉 독립된 개인으로서 자신을 경험하기 전 엄마의 기분을 알아차리는 아이들의 능력에 있다고 본다. 마찬가지로 세심한 엄마들은 직감적으로 아기가 무엇을 필요로 하는지, 그리고 언제, 어떻게 아이의 요구를 돌봐 주어야 하는지 알고 있다. 이런 종류의 공감은 말이 필요 없는 직접적인 감정을 이해하는 것이다. 그래서 귀오라(Guiora)는 이것을 "공감하는 동안 다른 사람의 정서 상태를 자신의 것으로 즉각적이고 사전에 인지하는 경험을 위하여 일시적인 자아기능의 정지가 일어난다."(1965, p. 781)라고 설명한다. 여기에서 그의 이론은 자기와 대상 간 경계의 일시적 융합을 언급함으로써 대상관계 이론에 더 가깝다.

　이런 중요한 능력은 심리학 연구에서 입증된 것처럼 아기와 엄마의 관계 이상으로 확대된다. 심지어 갓난아기들도 다른 아기가 마음이 상하면 스스로 화를 내며 반응한다. 이 단계에서 아기들은 스스로를 분리된 존재로 여기지 않고, 상처를 받은 사람이 누구인지에 대한 어떤 감각도 존재하지 않는다. 만약 한 아이가 손가락을 다쳤다면, 다른 아이는 자신의 손가락도 다쳤는지 확인하기 위해 말로 표현할 수 있다. 이것을 일반적으로 '모의운동(模擬運動, motor mimicry)'이라고 부른다. 아이들은 생후 2년 6개월이 지나야만 다른 사람의 감정과 자신의 감정을 구별할 수 있다는 것이다.

게다가 이 시기가 지난 아이들은 다른 사람의 기분에 대한 민감도 측면에서 뚜렷하게 차이를 보인다. 이는 부모의 반응과 아이가 자신의 행동이 다른 사람들에게 미칠 수 있는 영향을 이해하도록 권장되었는지 아닌지의 여부에 좌우되는 것으로 보인다(Goleman, 1996, pp. 98-99).

정신과 의사인 다니엘 스턴(Daniel Stern)은 수천 시간의 비디오테이프 자료를 검토하면서 엄마와 아기 사이에서 일어나는 미묘한 교류에 대해 집중적인 연구를 했다. 스턴은 돌봐 주는 엄마가 어떻게 아기의 기분을 맞춰 주는지를 보았다. 만약 아기가 좋아서 소리를 지르고 딸랑이를 흔들고 있다면, 엄마는 환한 미소를 짓거나 아기 목소리를 흉내 내고 어쩌면 딸랑이를 흔들거나 흥을 돋우기 위해 약간의 간지럼을 태울 것이다. 엄마는 이런 식으로 아기의 기분을 확인한다. 이런 종류의 '조율'을 통해서 아기는 정서적으로 이해받고 연결되었다고 느낀다(Stern, 1987). 결국 이것은 사람의 정서적 삶의 토대가 된다. 다른 사람이 자신의 감정을 공유할 수 있음을 아는 것은 미래에 친숙한 관계를 맺을 수 있는 가능성을 제시한다.

만약 어린 시절에 공감받지 못하거나 감정의 부조화가 일어난다면 어떤 일이 벌어질까? 스턴은 만약 엄마가 자녀의 감정을 알아차리지 못하면, 즉시 정신적 고통을 보였다고 지적했다. 만약 부모로부터 오랜 기간 공감을 받지 못했다면, 그 아이는 감정을 표현하는 것을 중단하고 물러나 버리게 된다.

따라서 공감은 부분적으로는 내재되어 있고 부분적으로는 학습된다고 본다. 부모가 자녀와 잘 조율하지 못하면, 부모가 공감을 촉진시키는 것에 실패하면, 부모 스스로 다른 사람에게 공감적으로 반응하는 방법에 있어 부적합한 본보기라면, 이러한 발달은 방해받을 수 있다. 사실 성인에 대한 연구에서는 공감능력에 대해 매우 다양하게 보여 주는데, 이러한 과정은 치료사에게도 적용된다(Raskin, 1974). 인간중심적 치료의 아버지인 칼 로저스(Carl Rogers)는 대인관계에 자신감이 있고 친밀함을 두려워하지 않는 치료사가 그렇지 않은 치료사보다 내담자에게 더 공감적으로 반응할 수 있다는 결론을 도출했다(1980, p. 148). 따라서 이러한 감정조율에 관한 조기교육은 개인적이건 전문적이건 유익한 관계를 위한 확실한 기반을 제공한다. 그럼에도 불구하고 공감이 학습될 수 있다거나 심지어 나중에라도 개선될 수 있다는 말도 있다. 이것은 제12장에서 검토될 것이다.

심리학자들은 주로 '상호작용적 동시성(interactional synchrony)'이라 불리는 다른 현상도 연구해 왔다(Andersen, 1999, p. 157). 제6장에서 언급한 것처럼 사람들은 무의식적으로 서로의 얼굴표정과 행동을 따라 한다. 예를 들어, 한 사람이 미소를 지으면 다른 사람도 미소를 짓는다거나, 마찬가지로 슬픈 표정을 지으면 상대방은 상상의 눈물을 닦아 낼지도 모른다. 분명히 이런 무의식적 모방을 설명할 '거울 뉴런'이 우리의 뇌 속에 있다. 나는 종종 내담자가 어떻게 나의 자세를 따라 하는지 알아차렸는데, 한쪽으로 몸을 기울이는 것, 손의 방향, 또는 다리를 같은 방식으로 꼬는 것을 예로 들 수 있다. 마찬가지로 나는 내가 어떻게 자동적으로 똑같이 하는지 알아차릴 수도 있다. 이러한 연구들을 읽은 후에 나는 내가 종종 특정 내담자에 대해 불편하게 느끼는 이유를 바로 알았는데, 당연히 외향적이며 몸짓과 표정이 지나친 사람들이었다. 선천적으로 나는 상당히 내성적이어서 내담자의 행동을 따라 하는 것을 힘들어했고, 그래서 어색했다. 말 그대로 나는 내담자와 조화를 이루지 못했다.

앞 장에서 정서의 전염을 다루었을 때, 우리는 찡그리는 것은 짜증이나 화를 유발하고 미소는 기쁨을 유발하는 등 얼굴표정과 함께 어떻게 감정이 변할 수 있는가를 보았다. 두 번째 사람이 무의식적으로 첫 번째 사람의 표정을 따라 하면 이와 마찬가지로 기분도 같아진다(Andersen, 1999, p. 158). 이것은 우리가 무의식적으로 다른 사람의 정서를 감지하는 한 가지 방법

이다. 비록 감정의 전이가 어떻게, 그리고 왜 일어나는지 일반적으로 설명
되지는 않지만, 상담사나 심리치료사는 이 현상에 대해 잘 이해하고 있다.
기묘하게도 치료이론과 심리학자들의 발견 사이에는 차이가 있어 보인다.
하지만 나는 이 주제를 훈련과 관련해 제11장에서 다룰 것이다.

상담사와 심리치료사가 상담에서 내담자와 너무 가까이 어울릴 때 발
생 가능한 위험에 대해 아는 것은 매우 중요하다. 그리고 인지적인 통제를
해야 할 필요가 있다. 더욱이 내담자에 대한 내면의 묘사가 상담사나 심리
치료사의 상상 속에서 형성되는 동안 독립된 개개인처럼 자기(self)의 개
념을 유지하는 것이 반드시 필요하다. 그러나 내담자와 조율되는 느낌은
매우 강력해서 거의 텔레파시처럼 보일 수 있다. 일부 학자들은 이것을 두
사람 사이의 '공명' 혹은 '진동'이라고 설명하지만, 몇몇 사람은 이를 초
월적 영역의 경험으로 본다. 우리는 이것을 이 장의 끝 부분에서 더 깊이
검토할 것이다.

공감과 직관 사이의 관련성

공감과 직관 사이의 유사성은 이전부터 언급되어 왔다. 공감과 직관은
타고난 구성요소로, 모든 사람이 공감하고 직관하는 능력을 잠재적으로
지니고 태어난다. 이 두 가지 요소는 각각 비논리적이고 비이성적인 앎의
방식을 수반한다. 이것들은 전의식(前意識) 단계에서 자각을 벗어나 작용
하고, 회상 가능한 것들을 제외한 중간단계는 파악되지 않는다. 따라서 공
감과 직관 모두 엄청나게 빠른 속도의 이해력을 제공할 수 있다.

현재의 의문은 '한 가지가 다른 한 가지에 어떤 방식으로 의존하는가?'
다. 몇몇 사람은 공감이 감정을 바탕으로 내담자의 즉각적이고 의식적인

이해를 이끄는 직관의 전조로 작용할 수 있다는 의견에 동의한다. 이것은 랄프 그린손이 채택한 입장으로서, 그는 "공감은 종종 직관을 이끈다. '아하'라는 반응은 직관적인 것이다. 공감이 모아 놓은 단서들을 직관이 선택한다."(1960, p. 423)라고 하였다. 감정의 공유를 통해 내담자에게 조율함으로써 새로운 이해의 경험이 형성되기 시작한다. 아마도 신체적 감각이나 순간적인 이미지를 통해 갑자기 모든 것이 이해되고 직관이 명확해질 것이다. 이러한 맥락에서 보면 직관 안에서의 사고는 느낌으로부터 만들어진다. 베레스와 알로우(Beres & Arlow)는 비슷한 견해를 지녔는데, 공감을 직관의 출현을 용이하게 해 주는 것으로 보았다. 직관이 필요로 하는 단서를 제공하는 것이 공감이다. 그렇다면 해석은 분석가의 직관적 이해를 따르고 다시 내담자의 통찰로 이어질 수 있다(1974, p. 47). 실제로 두 저자는 치료적 관계는 공감과 직관이 해석과 통찰로 이어지도록 해야 하며, 그렇지 않다면 존재하는 모든 것은 내담자의 입장에서는 전이를, 그리고 치료자의 입장에서는 역전이를 형성하는 상호 간의 경험임을 분명히 한다.

우울 증세를 보였던 전직 무용수의 상담사례가 떠오른다. 그 내담자는 매우 조용하고 다소 말이 없으며, 자신의 삶이 극심한 '곤경에 빠졌다.'고 느꼈다. 스트레스가 쌓여 화가 잔뜩 난 여성의 주변을 발레슈즈를 신고 발끝으로 서서 조심스레 걷고 있는 내담자의 어린 시절에 대한 뚜렷한 인상을 받았을 때, 내담자의 이야기에 집중해 따라가기가 어렵다는 것을 알았다. 그 순간 나는 열 살 무렵 강당에서 발레연습을 하고 있던 내 모습이 떠올랐다. 여교장이 방문객 몇 사람과 예고도 없이 걸어 들어왔다. 비록 강당을 사용할 수 있는 허가를 받았음에도 질책을 받아야 한다는 두려움에 나는 몸을 떨고 있었다. 권위적인 인물에 대한 나 자신의 두려움과 연결시키면서 내담자가 평가를 받을지도 모르는 어떤 상황에서 얼마나 두려워했을지 잘 이해할 수 있었다. 게다가, 내담자는 내가 화가 난 자기 엄마처

럼 자신을 비난하거나 꾸짖을 것이라고 상상하며 이것을 상담 장면으로
전이시켰다. 상담은 내담자가 자신감을 가지고 자신을 더 잘 표현할 수 있
도록 함께 작업하면서 더 많은 신뢰를 구축하는 것이다. 공감과 직관이 나
를 이끌어 주지 않았더라면, 내담자가 말하지 않은 두려움을 상담 장면에
계속 전이시켰던 것처럼 나 역시 이 상황에서 헤어나지 못했을 것이다.

이러한 시점에서 여성의 직관이라는 개념을 다시금 떠올렸다. 심지어
오늘날과 같이 성 평등이 확대되어 가는 상황에서도 여성들은 아이를 돌
보는 것이 주된 삶으로 남아 있다. 그러므로 여성들은 공감 조율과 직관적
인 이해로 이끄는 비언어적 라포를 가르치는 중요한 선생님이다. 일반적
으로 여성들은 사람들 사이에서 공감을 계발하는 데 가장 중요한 역할을
하고 직관에 있어서도 마찬가지다.

토니 바스틱(Tony Bastick)의 직관이론은 상담과 심리치료 과정에서 일
어나는 개인의 경험보다는 오히려 심리학과 관련 문헌에 관한 광범위한
조사에 바탕을 두었다. 바스틱의 연구는 공감이 '적절한 느낌을 통해' 도
달되는 직관과정에 중요한 역할을 할 수 있다는 결론을 내렸다. 이러한 것
들은 '주로 공감을 통해서 잠재의식적으로' 일어나게 되고(1982, p. 279),
이는 공감이 직관을 이끌어 낼 수 있다는 앞에서 언급된 이론에 무게를 더
해 준다. 바스틱은 로잘린드 디몬드(Rosalind Dymond, 1949)가 표현한 '다른
사람의 사고와 감정, 행동으로의 상상의 전환'을 사람뿐만 아니라 사물에
도 확대시키면서, 이 과정으로 자신의 공감에 대한 정의를 세웠다(p. 279).
그래서 치료사는 '저 사람의 세계는 어떨까?' 하고 주관적으로 물을지도
모른다. 혹은 한 시인이 '내가 저 사물이었다면 어떤 경험을 했을까?'라고
물을지도 모른다. 우리는 이것에서 상담사와 심리치료사에게 정서적으로
다양하고 민감하며 풍부한 상상력이 얼마나 중요한지를 알 수 있다. 실제
로 바스틱은 심지어 '정서적 개입은 직관의 모든 측면에 핵심'이라고 말

하기까지 한다(1982, p. 84). 그러나 '정서(emotion)'라는 용어를 사용할 때, 그것 또한 감정뿐만 아니라 신체적 감각, 운동감각적 반응을 포함한다는 것을 당연히 기억해야 한다. 직관은 완벽한 몸-마음-느낌 과정이 훨씬 많다는 것을 바스틱의 이론이 입증하고 있다.

우리가 그것을 알고 있다는 강한 느낌을 가지고 어떤 단어나 문구, 설명을 찾을 때 우리는 '혀끝에서 맴돈다.'라고 얼마나 자주 말했던가? 어떤 글자에 대한 느낌이나 이미지, 소리에 대한 기억은 다시 되살아나는 신호로 사용된다. 동시에 신체 반응과 긴장상태가 나타나고, 실제로 생리적으로 흥분하기도 한다. 마침내 잊혀진 이름이나 사건이 떠오르는데, 이때의 느낌은 안도감, 만족감, 좋아지고 있다는 따뜻한 감각이다. 동시에 여전히 알지 못하는 것에 대한 긴장감은 사라진다. 어떤 사람의 감정을 포착하는 것 외에도 직관의 실제과정이 종종 정서적인 느낌인 것은 분명하다.

공감이 실제로 직관을 이끌어 내지만, 그린손은 두 가지 과정이 대립될 수 있다고 경고한다. 공감을 잘 하는 사람이 반드시 직관적이지 않고, 직관적인 사람이 공감을 잘 하는 사람이라고 할 수 없음을 관찰하였다. 그는 이러한 관찰결과에 대한 근거를 제시하지는 않았다. 그러나 융의 유형론에서 다시 보면, 감정기능이 주 기능이고 사고기능이 열등기능인 사람은 이해를 잘 하지 못해도 내담자의 기분에 깊이 동요되는 위험에 처할 수 있다. 이 경우에 감정은 공감이기보다는 동정심일 수 있다. 게다가 감정기능을 3차 기능으로 가진 직관유형은 정서적으로 관련되기를 원치 않아 공감을 피하려고 할 것이다. 따라서 직관은 공감에 항상 좌우되지는 않는 것으로 보인다.

내가 상담했던 사례를 다시 검토해 보면, 직관은 느낌을 통해서 유발되는 것이기보다는 때때로 사고를 기반으로 할 수 있음을 알 수 있다. 나는 거미 공포증을 가지고 있는 내담자의 지독한 거미 혐오를 이해하려고 최선을 다했지만, 그 내담자에게 진정으로 공감할 수 없다고 솔직하게 말할 수밖에 없었다. 나는 거미가 매력적인 곤충이라고 생각하고 있었고, 최소한 거미를 두려워하지는 않기 때문이다. 그래서 거미가 소름 끼치고 사악하다는 내담자의 설명을 이해하기 어려웠다. 이 내담자는 유머감각이 있고 매우 다정다감한 사람으로 다가왔다. 그는 자신의 어린 시절 양육에 대해 안전하고 행복했으며 자신은 착하고 친절했다고 말했는데, 그러는 동안 내담자가 심하게 인상을 찌푸리는 것을 나는 이상하게 여겼다. 나는 조용히 이 문제에 관해서 마음속으로 질문을 했다. 상담 장면에서 불쑥 '투사'라는 단어가 내 머릿속에 떠올랐다. 아마도 나는 알아차리지 못한 채 '악'과 찌푸린다는 말을 연결시키고 있었다. 어릴 때 완벽한 소녀가 되려고 애쓰다가 자신의 그림자를 자신의 것이라고 인정하지 않았다는 생각이 들었다. 이 행복한 가정에서 어떤 장소가 그림자에 적합할까? 가장 안전한 장소는 거미의 몸 안으로 들어가는 것이다. 내가 이런 해석을 제안하자 내담자는 일리가 있다고 동의했다. 따라서 이 사례에서 직관은 공감적 느낌이기보다는 오히려 일련의 사고에서 비롯되었다.

상담사나 심리치료사는 자신의 반응이 내담자가 처한 상황에 얼마나 많이 동조하는가에 따라 공감의 정도가 다름을 경험할 수 있다. 상담사가 공감하는 데 어려움이 있다면, 내담자가 극단적인 느낌을 말로 전달하는 것이 부적절할 수도 있다. 여행공포증이 있는 내담자가 떠오른다. 나 자신은 미지의 세계를 탐험하는 것을 좋아하기 때문에 내담자의 불안 정도를 완벽하게 이해하기가 어려웠다. 나 자신에게도 도움이 되고 내담자의 치료도구로서 도움이 되도록, 나는 내담자가 두려워하는 이미지를 떠올려서 그것을 그리라고 제안했다. 그녀는 들쭉날쭉한 이빨로 울부짖는 입, 미친 것처럼 뒤집어진 눈, 삐죽삐죽하게 갈라진 머리카락을 종이에 재빨리 그렸다. 그 내담자가 그림을 보여 주자마자 나는 공포에 사로잡혔다. 그 내담자는 말보다는 그림이라는 매개체를 통해 자신의 두려움을 드러낼 수 있었다. 이제 나는 내담자의 두려움의 정도를 이해할 수 있었고, 함께 헤쳐 나갈 수 있었다.

토니 바스틱은 불안과 같은 부정적 정서는 공감을 방해하고, 결국 직관도 방해할 수 있다고 경고한다. 치료사가 자신의 근심거리에 압도당한다면 내담자의 경험에 공감적으로 개방할 수 없고, 따라서 직관적 정보를 받아들일 수도 없음이 분명하다.

동일시와 투사

다른 누군가의 경험은 어떨까에 관한 주관적인 질문을 하기 위해 우리는 우리 자신을 다른 세계로 이동시켜야만 한다. 그렇다면 우리는 어떻게 이것을 하는가? 토니 바스틱에 따르면, 직관유형은 적합한 감정을 불러일으키기 위해 묘사된 상황의 요인과 공감한다고 한다. 그런 다음 일시적인 동일시 과정에서 대상이 하는 것처럼 이러한 감정을 환상 속에서 경험하면서 그 상황에 투사한다. 다른 연결과 인지적 연상이 이루어지고, 이들은 다시 직관을 형성한다. 따라서 공감은 저장된 정보를 복구하는 데 도움을 준다. 바스틱은 '공감적 투사'에 대한 개념을 제시하는데, 이는 두 과정이 동시에 일어나고 상호작용하여 잠깐 동안 타인과 하나가 되도록 이끈다는 것이다. 따라서 심리치료사는 내담자의 몸을 일종의 직관 처리장치, 즉 공감과 투사의 양방향 작용이 일어날 수 있는 민감한 기구로 사용한다.[1] 바스틱은 이것이 직관에 필수적이라고 생각한다(1982, p. 280).

이 이론을 확인하기 위하여 나는 사별을 한 내담자와의 상담을 기억해 냈다. 나 역시 어린 시절에 가까운 가족을 잃었기 때문에 정서적 충격이 매우 컸다. 내담자가 자신의 고통을 이야기했을 때, 나는 내가 겪었던 고통이 재빨리 떠올랐다. 하지만 나는 무엇이 내담자의 고통이고 무엇이 나의 고통인지 분명히 해야만 한다는 것을 알았다. 만약 내가 나만의 괴로움에 지나치게 사로잡혀 있었다면, 나의 반응은 어쩌면 공감이기보다는 동정심으로 내담자에게 도움이 되지 않았을 것이다. 직관이나 내담자에 대한 그 어떤 진정한 이해를 일으키는 것 역시 똑같이 일어나지 않았을 것이다. 하지만 나 자신의 감정을 내담자의 상황에 투사함으로써, 우리의 공통된 경험인 사별을 통해 공감함으로써, 동시에 내담자의 상황이 내가 겪었던 상황과 얼마나 다른지 인정하면서 우리는 앞으로 나아가는 방향을 찾을 수 있었다. 내가 제공할 수 있었던 이해는 내담자가 애도의 과정을 끝내도록 도움을 주었다.

나와 내담자가 하나로 느끼는 그 순간 내가 내담자의 슬픔과 동일시하고 있었던 것이 분명했다. 하지만 문헌에는 동일시가 일어나는 그 부분에 대해 약간의 논쟁이 있다. 심리치료의 미래를 검토하면서 배나르스콧(Vanaerschot)은 공감이 정서적 동일시와 같은 것이 아니라고 강조하고, "치료사는 이러한 감정은 내담자에게 속한 것이고 치료사 자신으로부터 시작된 것이 아니라는 사실을 계속적으로 자각하고 있다."(1993, p. 49)라며 그 차이를 강조한다. 하지만 내담자에 의해 생긴 감정이라 할지라도 치료사는 여전히 그 자체를 경험하게 된다. 상담사나 심리치료사는 항상 '이 감정이 누구의 것인가?' 하고 물어야 한다.

정신분석으로 다시 돌아오자면 페니켈(Fenichel, 1945)은 공감은 자신의 감정에 대한 그 후의 의식적인 자각과 더불어 그 대상과의 동일시와 관련되어 있고, 동일시된 사람의 감정을 이해하는 것을 가능하게 한다고 생각했다. 바스틱의 심리학적 접근을 수십 년 앞서 있더라도 이 두 가지는 유사점을 보인다. 페니켈은 심지어 공감을 '다른 사람의 실제 심리상태의 직관적 파악'으로 묘사함으로써 직관과 동일시하기까지 했다.

상담사나 심리치료사가 인지기능에 자유자재로 접근하는 자신의 감각을 유지하는 것이 중요하기 때문에 베레스와 알로우(1974)는 동일시와 분리 사이의 동요를 부각시켰다. 예를 들어, 치료사는 내담자가 우울해할 때 자신까지 우울함을 느낄 필요는 없지만 드러난 정서 상태를 매우 짧은 순간 느낀다. 치료사는 우울한 것이 어떤지 경험으로부터 기억할 수 있다. 치료사가 무의식적인 동기부여와 환상을 의식하는 이 짧은 동일시를 '신호효과(signal affect)'라 부른다. 따라서 기억과 이해, 그리고 개념화는 모두 공감반응과 관련되어 있다. 이것은 이 현상이 자아발달을 필요로 하고 자아가 성숙해지게 한다는 것을 시사한다. 치료사가 지식과 경험의 양을 축적하면서 매우 다양한 상황에 처한 삶에 더 많이 노출될수록, 그 사람은 제시된 자료와 더 많이 동일시할 수 있다. 치료사는 내담자와 함께 느끼지만 동시에 분리되어 그 사람에 대해 생각한다.

칼 로저스가 강조하는 점은 약간 다르다. 이 주제에 대한 로저스의 생각은 긴 시간에 걸쳐 상담과정을 녹음한 독창적인 연구에 기반하고 있기 때문에 충분히 주목할 가치가 있다. 공감이 인간중심적 접근방법에 중요한 역할을 했다는 결과가 나왔다. 로저스의 초기 저서는 치료사와 내담자의 분리가 이제는 공감이 " '마치 ~인 듯한' 상태를 결코 잊지 않으면서" (1959a, p. 210) 마치 그 사람인 것처럼 내담자 내면의 준거 틀을 인지하는 능력이 되도록 내내 지속되는 것을 내포한다. 바렛-레나드(Barrett-Lennard)는 만일 이 분리가 유지되지 않는다면 상담자의 생각이나 감정이 내담자의 것과 합쳐질 수도 있다고 경고한다(1965, p. 2). 실제로 이런 위험요소는 이미 언급되어 왔다.

로저스가 직관에 대해서만 지나가듯이 언급했음에도 불구하고, 그는 판단을 하지 않는 태도와 이해하고자 하는 큰 갈망을 공감과정에서 필수적인 것으로 생각했다(1961/1967, p. 44). 직관유형이 자신의 방식대로 증거를 가늠하기를 원하면서 어떻게 당연히 독단적이지 않고 새로운 경험에 열려 있는지 우리는 이미 알고 있다. 치료사는 내담자의 사적인 세계를 섬세하게, 그리고 판단하려는 어떤 욕구도 없이, 아니면 어떤 선입견을 갖고 한 발짝 다가갈 필요가 있다. 하지만 오직 내면에서 나오는, 즉 그 사람만의 관점에서 나오는 그 사람의 경험을 인지하고자 하는 욕망을 가져야 한다(p. 53).

　내담자를 향해 접근하거나 비유적으로 그들의 입장이 되기보다는 직관적 경험에 대한 반대의 사례가 가끔 보고된다. 즉, 그 사람을 받아들이거나 아니면 무의식적으로 자기의 것으로 받아들이는 것이다. 스스로를 다른 사람에게 개방하면서 내담자가 들어와 환대받을 수 있도록 개방하는 영역이다. 끌레르 쁘띠뜨망젱-프조(Claire Petitmengin-Peugeot)의 연구 참가자는 이것을 "나는 나의 공간으로 들어온 사람은 다른 사람이라는 인상을 가진다. 네 스스로를 열어 보이고 그 공간을 다른 사람에게 맡겨라." (1999, p. 65)라고 분명하게 설명한다. 분석가가 내담자의 '내면을 받아들이기'를 이해하기 위해 레이크(Reik)는 "우리는 순간적으로라도 다른 사람의 무의식을 우리의 일부분인 것처럼—우리 자신의 일부다—단지 우리 스스로가 파악하면 그것을 심리적으로 이해할 수 있다." (1948/1975, p. 464)라고 구체적으로 언급하고 있다.

　깊이 공감하는 상담사나 심리치료사는 심지어 내담자가 희미하게만 이해한 경험들을 말로 표현할 수도 있고, 왜 그 사람이 이런저런 식으로 행동하는지 그 자신을 이해하도록 도와줄 수 있다. 제럴드 이건(Gerard Egan)은 자신의 책 『유능한 상담자(The Skilled Helper)』(1975/1994)에서 이것을 '고도의 공감'으로 언급한다(이후 참조). 게다가 이와 같은 내담자의 생각과 감정의 수용은 치료적 동맹의 강화를 도와주고, 안전한 분위기에서 아무리 어려워도 내담자에게 자기의 모든 양상을 탐구하는 자유를 준다. 또한 이런 환경에서 직관이 잘 발휘된다.

고도의 공감

직관에 대한 논의를 하면서, 이 현상은 종종 고도의 공감과 관련이 있고 더 나아가 이 과정과 동일하다는 사실을 알게 되었다. 따라서 연결이 분명해질 수 있도록 관계가 정확하게 어떤지 검토하는 것은 매우 중요하다.

'고도의 공감'이라는 용어는 대개 제럴드 이건의 상담에서 문제관리 접근과 관련이 있지만(1975/1994), 칼 로저스는 다음 인용에서 그것을 정확하게 지적하고 있다.

> 이는 내담자가 거의 알아차리지 못하지만 그 느낌이 지나치게 위협적이기 때문에 완전히 무의식적인 감정을 드러내려고 하지 않는 어떤 의미를 감지함을 뜻한다. 이것은 내담자가 두려워하는 요소를 상담사가 새롭고 두려움 없는 눈으로 바라보는 것처럼, 내담자의 세계에 대한 상담사의 느낌을 전달하는 것을 포함한다(1980/1995, p. 142).

따라서 깊은 공감은 내담자가 반(半)의식적이거나 무의식적으로 제시하는 단서를 예리하게 포착하는 데서 출발한다. 이는 내담자가 주는 아주 작은 단서나 이해하려고 애쓰는 것을 일관된 언어로 구체화하는 것을 의미한다. 그것은 단순한 암시들, 즉 몸짓이나 그 외의 비언어적 소통을 알아차리는 일이 될 수도 있다. 이는 단순히 문제뿐만 아니라 내담자의 잠재능력까지도 다루는 것이다.

스트레스를 많이 받는 한 회계사와의 상담은 도움이 되는 사례를 하나 제공한다. 이 내담자가 직장생활에 대해 이야기를 할 때 나는 내담자의 목소리가 얼마나 무덤덤하고 단조로운지를 알아차렸는데, 내게 전달된 것은

즐겁지 않고 공허한 느낌이었다. 게다가 쉴 새 없이 움직이는 손과 발에서
는 내담자가 일상생활을 설명한 대로 긴 시간 억압된 에너지를 직관적으로
느낄 수 있었다. 그래서 내담자에게 혹시 당신의 가슴을 뛰게 한 것이 있는
지, 있다면 무엇인지 물어보았다. 어릴 적 말을 타면서 놀았다며 웨일스
(Welsh) 산을 탈 때의 짜릿함을 회상하는 내담자의 목소리는 눈에 띄게 바
뀌었다. 이제 목소리는 소리의 높낮이와 활력으로 다양해졌다. 계속해서
질문을 하자 내담자는 말과 함께 지낼 수 있었던, 너무나도 사랑했던 종마
사육장을 동경해 왔음을 알 수 있었다. 그러나 내담자는 아버지의 회사에
서 일해야 했고, 25년을 그곳에서 보냈다. 단지 내담자 목소리의 높낮이와
에너지의 변화만을 감지했을 뿐인데 그의 비밀스런 동경이 되살아났다. 이
것이 말과 승마를 다시 그의 삶으로 가져오는 첫 번째 단계가 되었다.

　고도의 공감을 설명하면서 제럴드 이건은 더 깊이 알수록 내담자가 무
엇을 표현하고 말하고자 하는지에 대해 조력자의 해석 없이도 다룰 수 있
다고 강조한다(1975/1994, p. 180). 따라서 상담사는 스스로에게 '이 사람
이 진짜 무엇을 말하려고 하는가? 무엇을 암시하는가?' 혹은 '이 사람의
말 속에 어떤 메시지가 숨어 있는가?' 하는 질문을 던질 필요가 있다. 내
담자는 이런 반쯤 숨겨진 사실에 대해 방어적이고 그것을 받아들이기가
어려울 수 있기 때문에, 상담사나 심리치료사는 비밀스러운 것들을 언급
할 때는 조심해야 한다. 내담자가 암시한 것을 더 명확히 하는 과정에서
더 풍부하고 더 의식적인 표현을 할 수 있는 기회가 생긴다. 이런 과정에
서 내담자에 대해 오해했던 측면에 초점을 맞추어 이를 설명할 수도 있고,
아니면 실제 숨겨진 감정들이 드러나기도 한다.

　한 내담자가 직장에서 항상 자신을 하찮은 존재로 만드는 이유에 대해
고민했는데, 학교를 다닐 때는 굉장히 밝았고 별다른 노력을 하지 않아도
시험을 통과했다는 것이다. 이제 나이 쉰이 다 되어 삶에서 뚜렷한 성과가

없다는 사실에 낙담하고 있었다. 내담자의 재능을 아는 주변 사람들은 이런저런 직업을 가져 보라고 권유하기도 했지만 그러지 않았다. 생기발랄했고 사교적이었으며 분명 자존감도 어느 정도 갖고 있었던 내담자에게 무엇이 문제였을까? 나는 내담자의 옷차림과 태도에서 약간의 단서를 찾기 시작했다. 내담자는 머리를 가볍게 끄덕거리며 길게 땋은 희끗희끗한 머리를 흔드는 버릇이 있음을 쉽게 알 수 있었다. 내담자는 데님으로 된 작업복이나 미니스커트를 입고 플랫슈즈나 운동화를 신었다. 내담자는 많이 웃었고, 나는 종종 그 내담자가 상담에서 하는 이야기에 매료되었다. 매우 사려 깊고 성숙한 사고를 가진 반면, 무의식적으로는 스스로를 실제 나이보다 훨씬 어린 십 대로 여기고 있었다. 나는 그 페르소나와 직장에서의 요구와 책임 간의 불일치를 느끼기 시작했다. 내담자가 스스로에게 무슨 일이 일어났는지 알도록 어떻게 도움을 줄 수 있을까? 나는 자신을 그려 보라고 했다. 그리고 우리는 그림에 나타난 아이와 같은 인물의 욕구에 대해 객관적이고 무비판적으로 논의했다. 내담자도 자신의 이런 부분과 동일시를 하는 동안은 책임감이 있는 직책에 지원하고 싶지 않았음을 알아차리기 시작했다. 이런 과정에 대한 내 경험은 직관과 추론 모두에 의한 것이다.

내담자의 이야기에서 여러 요소들 사이의 연결은 완전히 의식할 수도 있고, 아니면 무의식 중에 매우 빨리 이루어질 수도 있다. 그러므로 이러한 고도의 공감은 직관적일 수도 아닐 수도 있다. 어떻든 간에 목적은 내담자가 주제들, 특히 자멸적인 패턴을 드러내거나 더 나은 이해를 하게 해 앞으로의 행동에 대한 안내를 제시해 주는 연결고리를 만들도록 도와주는 것이다. 다른 상담 사례 하나가 이것을 잘 설명하고 있다.

우울증에 빠진 사회복지사를 상담한 적이 있다. 최근 남자 친구와 헤어져 내담자는 큰 슬픔에 빠져 있었다. 직장에서는 내담자에 대한 불만이 쌓여만 갔다. 이 상담을 진행하는 동안 내담자는 정직을 당했고, 실직의 두려움에 사로잡혀 있었다. 내담자는 직장 내에서의 왕따와 오만함에 관한 불평을 하였는데, 이를 납득할 수 없었다. 나는 내담자의 이야기를 다 들은 후에야 다음의 놀라운 사실을 알 수 있었다. 내담자는 학창 시절에도 몸무게가 많이 나가는 것과 게임을 잘하지 못한다는 이유로 따돌림을 받아 왔었다. 남자 친구와의 관계에서도 내담자는 자신의 남자 친구가 날씬한 여자를 보기만 해도 질투심과 분노를 느꼈다고 인정했다. 자신이 남자 친구에게 유일한 사랑임을 확인받고 싶어 남자 친구에게 다른 매력적인 여자를 만나라고 부추기기도 했다. 결국 그렇게 남자 친구를 잃는 지경에 이르렀다. 직장에서 내담자는 신입사원에게까지 불필요한 압박을 가했다. 자신의 불행한 어린 시절을 보상받기 위한 행동이 너무 지나쳤다는 것을 안 내담자는 다른 사람과 어떻게 편안하게 소통하는지 배울 수 있게 되었다. 많은 상담을 거듭하면서 우리는 왜 불평을 하게 되었는지에 대한 통찰에 이르렀고, 비로소 이러한 연결이 이루어졌다. 이 경우 상담과정은 직관적이기보다는 더 추론적이었다.

고도의 공감은 상담사나 심리치료사가 내담자와 기본적으로 공감한 후에 잘 나타난다. 상담 장면에서 이 과정을 검토하면서 데이비드 버거(David Berger)는 이것에 대해 자신의 입장을 설명하는 분명한 사례를 제시한다(1987, p. 90). 분석가는 내담자가 딸과 다툼이 있었다는 얘기를 들으면서 그의 정서 상태를 이해하게 되는데, 물론 이것은 공감이다. 그리고 버거는 이 특별한 다툼이 이전의 상담내용인 어머니와의 다툼과 유사함을 순간적으로 알아차리는 경험을 한다. 이는 두 관계의 평행구조에 근거한 직관이다. 아니면 고도의 공감에서처럼 연결고리를 만드는 것이다. 버거는 분석가가 경험하는 의기양양한 발견을 강조하는데, 이것은 전형적인 직관 과정이다.

많은 직관 반응과 같이 고도의 공감은 흐릿하거나 전혀 보이지 않는 무언가를 분명히 해야 하기 때문에 또 다른 과제에 직면할 수도 있다. 억압이나 다른 방어기제가 나타날 가능성이 있다. 그 이유는 오히려 내담자가 모르는 무언가가 있을 수 있기 때문이다. 따라서 상담사나 심리치료사는 반응시기와 통찰이 나타나는 방식에 매우 민감해질 필요가 있다.

역전이

고도의 공감과 마찬가지로 직관과 역전이 사이에서 강한 연합이 자주 이루어지는데, 특히 정신분석이나 정신역동적 접근으로 훈련받은 치료사에게서 특히 더 잘 나타난다. 이러한 접근방식에서 전이는 치료의 핵심역할을 한다. 이 주제는 복잡해 정신분석 문헌에서 상당한 비중을 차지하며 연구되어 왔다. 그러므로 여기에서 역전이와 직관과의 연관성을 숙고해 볼 필요가 있다.

원래 프로이트는 '역전이'라는 용어를 내담자가 분석적 상황을 어린 시절에서 무의식적으로 떠올리는 무엇이든 내담자의 전이에 대한 분석가의 감정의 영향을 설명하기 위해 사용했다(SE VII, 1905). 프로이트는 이것을 분석가의 중립성을 방해하고, '헤매게 하는 관심거리'이므로 방해요소라고 생각했다. 이런 종류의 역전이에서 분석가는 동일시에 고착되고 내담자의 갈등과 유사한 갈등에 휩싸이게 된다. 결과적으로 내담자는 어떻게 내용이 구성되어 있는지 '알지' 못해 방어적으로 행동하고 반응할 수 있다. 이런 '헤매게 하는 관심거리'와 마찬가지로 역전이는 공감과 직관과 정까지도 방해한다. 지금까지 살펴본 것처럼 공감에 의한 동일시는 일시적일 필요가 있지만, 치료사는 무엇이 내담자의 정신인지, 그리고 무엇이 치료사 자신의 정신인지 명확히 구분해야 한다.

그러나 역전이 반응의 또 다른 형태는 1950년 파울라 헤이먼(Paula Heimann)의 논문에 분명하게 기술되어 있다. 이 논문에서는 분석가는 결코 모두 억압하지 않고 내담자에 대한 광범위한 감정을 가지는 것을 인정한다. 그러나 역전이 반응은 분석업무에 종속되어야 하고 내담자의 무의식을 조사하는 데 사용되어야 한다. 내담자의 자유연상을 지켜보면서 '헤매게 하는 관심거리'는 다양한 수준에서 명백한 의미뿐만 아니라 암시와 함축적인 말, 잠재된 것까지 듣기 위해 사용된다. 헤이먼은 분석가의 무의식이 직관적으로 내담자의 무의식을 이해해서 깊은 수준의 관계를 가능하게 한다는 기본적인 가정에서 출발한다. 이런 매우 깊은 공감은 감정의 형태나 역전이 반응으로 나타나 분석가로 하여금 내담자가 진짜 소통하고 싶어 하는 것이 무엇인지 정보를 제공한다. 게다가 분석가 자신의 감정과 내담자의 연상과 행동을 비교하면서 분석가는 이런 직관적 이해가 제대로 방향을 잡았는지 확인할 수 있다. 그러므로 직관을 확인하는 데 사고방식과 더불어 감정을 분명하게 사용할 수 있다(제10장 참조). 헤이먼은 내담자의 감정과 환상을 이해하기 위해 분석가는 '자유로이 각성된 정서적 민감성'(p. 82)을 가져야 한다고 계속해서 주장했다. 여기에는 토니 바스틱의 '정서적으로 민감하고 다양한' 직관유형과 두드러진 유사성이 있다. 하지만 헤이먼은 극단적 정서에 대해 경고하는데, 이는 분석가로 하여금 심사숙고하기보다 행동하도록 자극할 가능성이 있다. 그러므로 정서적 민감성은 좁고 강하기보다는 더 포괄적이고 유연할 필요가 있다.

직관적이고 무의식적인 지각은 때로는 상담사나 심리치료사가 알고 있는 것보다 앞서고, 이로 인해 당혹스러울 수 있다. 그 예를 다음 사례에서 제시하고 있다. 한 남성 내담자는 자신이 경험하고 있는 분노를 살펴보고 싶어 했다. 그 내담자는 과도한 정서를 축적케 한 많은 상황들을 이야기했는데, 대부분은 구체적으로 시간제 교사로서의 근무시간이 아무런 논의도 없이 줄었다는 내용이었다. 그러나 내가 그에게 그의 분노를 자기주장이나 다른 참신한 목적으로 사용할 수 있는 필수 에너지로 바라보라고 제안했을 때, 그는 즉시 거부하고 그가 존경했던 영적 스승의 말을 인용했다. 그 구루(Guru: 힌두교에서 말하는 정신적, 영적 스승–역자 주)는 역경에 대한 대응으로 수용과 평정을 주장했다. 그러나 그의 날카로운 목소리는 평정과는 거리가 멀다는 것을 보여 줬다. 그는 이러한 신념체계가 그에게 심오한 의미가 있고 바른 길이라고 주장했으나, 나는 확신하지 못했고 이에 대해서는 밝히지 않았다. 나는 불편함을 느끼면서 권위적인 인물과 관련된 뭔가 다른 일이 있다고 느꼈다. 하지만, 내가 끄집어낼 수는 없었다. 영적 스승의 가르침에 도전하는 점이 약간 있었다. 그래서 나는 게슈탈트 치료적 접근으로 학교생활에서 교장 선생님을 상상해 보라고 했다. 대화를 하는 동안 내담자에게 불만을 이야기해 보라고 부추겼더니 목소리가 낮아지고 어깨가 축 처졌다. 내담자의 어깨가 축 처지는 것을 내가 어떻게 보았는지 상기시키면서 무슨 일이 일어났는지 물어보았다. 내담자가 말하기를, 자신이 목소리를 높인다든가 교장 선생님이 원했던 게 무엇인지 묻는다면 교장 선생님은 등을 돌리고 나갈 것이라고 했다. 그는 낙담했다. 그때 모든 것이 나에게 확연히 드러났다. 내담자는 어릴 적 화를 표출하거나 요구를 하면 무시를 당하거나 별 효과가 없는 경험을 했다. 나는 이 내담자가 종교적 확신이 없어서 구루의 길을 따르지 않았지만, 그것이 자신의 무능력을 고집하고 스스로를 옹호하는 변명이었음을 무의식적으로 깨달았다. 심리학적 관점에서 볼 때 진정한 동기가 있었다. 내담자가 구루의 조언을 따르기 어려워했다는 데에서 내 불편함이 생겨났다. 이 사례에서는 내 무의식적 지각이 내 의식적인 생각보다 선행했다.

프로이트가 주장한 것처럼 역전이 감정이 항상 방해요인이 되는 것은 분명히 아니다. 사실 분석가가 아무런 느낌이 없고 동떨어져 있다면 직관적 지각으로 가는 중요한 경로가 차단될 것이다.

　수년간 역전이 반응은 다양한 종류로 분류되었다. 융(Jung)은 내담자가 분석가에게 무의식적으로 영향을 끼친다고 지적하는 그 현상을 '매우 중요한 정보기관'이라고 언급하면서, 파울라 헤이먼의 입장을 1929년 초에 예상했다(CW 16). 포드햄(Fordham)은 1957년에 분석심리학에서 '동조적 역전이'를 연이어 소개했다. 그는 특정한 신호에 최고의 반응을 만들어 내기 위해 라디오 수신기의 회로 설정을 조정하는 의미인 '동조적(syntonic)'2 이란 단어를 라디오 통신에서 따왔다. 따라서 임상에서 분석가의 무의식은 내담자가 내보내는 신호에 따라 맞춰진다. 자기성찰을 통해 분석가는 내담자의 무언의 메시지에 반응하는 감정이나 행동을 알아차리게 된다. 한편 신경증적이거나 방해가 되는 역전이를 포드햄은 '착각을 일으키는' 것으로 언급하고 있다.

　1985년 앤드류 사무엘스(Andrew Samuels)는 유용한 역전이의 다른 관점들을 소개하면서 두 가지 용어를 더 제안했다. 첫 번째는 '반응적 역전이'로, 분석가가 무의식적으로 내담자의 기분을 나타낸다는 것이다. 예를 들어, 그 사람이 우울증을 겪어 본 적이 없음에도 불구하고 어떤 사람과 함께 있은 후에 의기소침해지는 것이다. 이와 같은 경우에 분석가의 감정은 내담자의 감정을 반영하게 된다.

　두 번째는 사무엘스가 '구체화된 역전이'를 언급한다. 왜냐하면 분석가의 우울한 기분은 이런 가설의 사례를 계속 다루기 위해 내담자의 정신 안에 지니고 있던 우울한 중요한 사람의 이마고(imago)에 의해 야기될 수 있기 때문이다. 여기에서 치료사에게 흡수된 감정은 그 인물이나 어떤 것이 구체화된 것이다. 사무엘스는 많은 역전이는 우리가 직관양상의 특성으로 알고 있는 것처럼 비언어적이거나 말로 표현하기 이전의 것이라는 사실을 강조한다.

치료적 관계가 중심이 되는 통합된 준거 틀로 나아가기 위해 페트러스카 클락슨(Petruska Clarkson, 1995) 역시 두 가지 다른 역전이에 대해 설명하고 있다. '반응적 역전이'와 '선행적 역전이'다. 첫 번째는 직관적으로 얻어진 정보를 제공한다는 것이다. 이것은 이전에 위니컷(Winnicott, 1975, p. 195)에 의해 '객관적 역전이'로 소개된 바 있다. 왜냐하면 분석가가 내담자의 투사와 성격, 행동양식에 반응하고 있기 때문이다. 반응적 역전이는 한편으로는 '보완적'인 것으로 세분될 수 있는데, 상담사는 내담자의 투사를 완성하거나 보완하는 정서적, 인지적, 행동적 반응을 정확하게 경험한다. 만일 내담자가 자신의 어린 자기를 상담사에게 투사한다면, 이는 상담사가 내담자에게 장난을 유도하는 것처럼 느끼게 하고, 대신 내담자는 중요한 부모의 역할을 맡는다. 그 반대도 마찬가지로 일어날 수 있다. 내담자가 부모를 상담사에게 투사하면, 상담사는 그 내담자가 아이처럼 느껴지게 한다. 한편 반응적 역전이는 '조화로운' 것일 수도 있다(Racker, 1968/1982). 클락슨은 이것을 '내담자에게 문제가 되고 고통스러운 감정이나 느낌 상태에 대한 정서적 조율'이라고 설명한다(p. 91). 이는 사무엘스의 반응적 역전이와 비교된다.

클락슨의 선행적 역전이는 상담사나 심리치료사 자신의 문제와 관련이 있고, 처음 프로이트에 의해 발견된 것과 유사하다. 내담자와의 상담을 진행하기 위해 상담사가 내담자의 감정적 반응의 원인을 확인하고 치료적 관계의 중요성을 알아차리는 것은 중요하다. 경험한 감정이 상담사의 과거와 관련된 풀리지 않은 사건에 기인하는가? 아니면 내담자로부터 나와서 내담자의 현재 삶의 맥락에서 유용할 수도 그렇지 않을 수도 있는 행동양식과 반응방식에 대한 귀중한 정보를 제공하는가? 상담사는 이러한 질문을 신중하고 솔직하게 평가해야 하며, 의심이 생기면 슈퍼비전을 받아야 한다.

이 두 가지 역전이의 차이는 내담자와 상담사의 사적인 경험이 겹쳐지기 때문에 종종 명확하지 않다. 나는 남성 내담자가 여성 파트너와의 사업 구상에 대해 이야기했을 때의 불안감을 설명하는 한 상담사와 바로 그런 사례에 대해 논의한 적이 있다. 이 상담사는 내담자에게 파트너를 신뢰하는지를 물었지만 자신이 왜 그런 질문을 했었는지 잘 몰랐다. 우리는 그 상담사가 무의식적으로 가난한 잉글랜드 동북부 출신에 경제적 어려움을 걱정하는 내담자의 아버지의 입장을 맡았다는 것뿐만 아니라 자신의 검소했던 요크서 양육배경과도 연결시켰다는 결말에 도달했다. 따라서 역전이는 반응적이기도 하고 선행적이기도 하다. 무엇이 누구에게 속하는지를 구분함으로써 그 상담사는 직관적으로 얻어진 매우 유용한 정보를 받아들이고 나머지는 제쳐 두는 입장을 취했다.

깊이 있게 교감하기

칼 로저스는 말년에 과학적으로 스스로 증명할 수 없었던 분야를 어느 정도 다루면서 더욱 인간적이고 철학적으로 변모했다. 공감에 대한 기본적인 특징이 객관적 조사에 의해 명확해지면서 그는 실증적으로 연구될 수 없는 경험들을 점차 알아차리게 되었다. 로저스는 매우 깊은 공감에 대해 영혼을 어루만지는 것과 같은 것이라고 말했다. 깊은 공감은 '초월적인 것, 형언할 수 없는 것, 영적인 것'을 포함하는데, 그가 자신의 '내면의, 직관적인 자기'와 연결되어 있을 때 주로 발생되었다(1980/1955, p. 129). 게다가 상담에서 좀 더 폭넓은 감각, 즉 자연 전체와 연결되어야 하는 하나임과 일체감이 있었다. 이 감각은 특히 집단에서 더욱 빈번히 일어났다. 로저스는 "다 같이 있을 때 하나의 영혼을 느꼈어요. 우리 모두는 함께 숨 쉬고, 함께 느끼며, 심지어 다른 사람을 위해 말을 했어요. 우리 개개인에게 영향을 불어넣는 '생명'의 힘을 느꼈어요. 그게 무엇이든지 말이죠. 보편적으로 발생하는 '나다움(me-ness)'이나 '너다움(you-ness)'의 장벽 없이 그것의 존재를 느꼈죠. 그건 명상과 같은 경험이었어요." (1980/1995, pp. 196-197)라는 한 참가자의 발언을 인용하고 있다. 완전한 공감으로 개인들 사이의 모든 장벽이 무너졌다. 이 단계에서 개개인의 상호연결과 질서가 만들어진 것을 이해했다. 그러한 관계로 깊이 있는 모임이 열릴 때, 내담자는 더 이상 버려지거나 혼자라고 느끼지 않는다. 공감 그 자체로 치유될 수 있다.

브라이언 손은 이런 수준의 공감을 이루기 위해 개인적으로 노력해야 한다고 강조한다. 그는 인간중심적 치료에 내재하는 신비한 요소들에 대해 기술한 글에서 "자기와의 애정 어린 유대감은 다른 사람과 연결되는 모험을 위한 전제조건이다." (2002a, p. 41)라고 말한다. 그렇다면 치료사는 첫째로 타인에 대한 무조건적 사랑을 주기에 앞서 자기 자신을 완전히 받아들이고 인정하는 방법을 배워야 한다. 손은 '본질적으로 이것은 다른 사람의 본성에 초점을 맞추고 이것으로부터 가장 깊은 수준에서 다른 사람과의 유대감을 만들어 주는 직관적 영감을 끌어내는 훈련'이라고 계속 진술한다. 이것과 더불어 높은 의식 상태를 포함해 '관계를 통한 신비로운 영적 교감'도 얻을 수 있다(p. 50). 이것 자체로 내담자에게 삶의 고통과 어려움을 '대수롭지 않게' 여길 수 있도록 하는 새로운 관점을 가져다줄 수 있다는 것이다. 이것은 내담자가 앞으로 나아갈 수 있도록 도와주는 공감 치료사들에게 심리적·정서적 동요를 내려놓는 것을 포함한다. 로저스는 물론 이렇게 중요한 치료사가 누구인지, 어떻게 치료사가 관계의 매 순간에 자신을 최대한으로 쏟아부을 수 있는지를 강조한다. 그러면 좀 더 넓은 맥락에서 영혼과 영혼이 만나면 '우리가 생각했던 것을 초월하는' 강력한 에너지가 뿜어져 나올 수 있다(Baldwin, 2000, p. 36).

로저스는 전이를 치료의 핵심적인 것으로 생각하는 사람들에게 한 가지 문제를 제시한다. 그는 전이를 치료사의 개입과 영적인 접근을 방해하기 때문에 관계의 깊이를 미연에 방지하는 복잡한 도구로 보았다(Thorne, 2002a, p. 56). 분명히 공감적 이해에는 다른 단계들이 있다. 이 모든 것이 유익할 수도 있지만, 로저스가 후에 진행한 형태는 가장 깊은 수준의 공감에 속한다. 로저스는 '마치 ~인 것처럼' 상황을 넘어서 내담자의 세계에 직접 참가자가 되기로 자세를 바꾼다.

토빈 하트(Tobin Hart, 2000)는 초월심리학 지식의 배경에서 깊은 공감에 대해 기술하고 있다. 여기에서 '나 자신의 몸 안에서 직접적으로' 다른 사람의 감정을 경험할 수 있다(p. 253). 정서는 치료사의 신체 내부에 영향을 주는 것처럼 보인다. 앨빈 마러(Alvin Mahrer)는 "마치 감정이 치료사를 통해 들어가고 나오는 것처럼"이라는 내담자의 말을 언급하는데(1993, p. 33), 이는 치료사가 '말 그대로 완전하게 내담자 속으로 들어가는' 그다음 단계를 수반한다. 치료사의 민감한 몸은 이제 완전히 내담자의 경험을 담고 있어서 내담자는 이런 존재방식으로 변형된다. 이 과정을 통해 나타나는 친밀감과 일체감 때문에 내담자도 변형되고 상담에서 새로운 사람이 되어 걸어 나간다. 스태니스라브 그라프(Stanislav Grof, 1993)는 초월심리와 관련된 이런 형태를 '이중통합(dual unity)'이라 부른다(p. 91). 신체적인 경계가 무너진 것처럼 보이고 우리 인간의 창조적인 기원과 융합하는 강한 느낌이 있을 수 있다. 토빈 하트는 깊은 공감은 특별한 기술이 아니라 '존재의식이나 자각의 변화를 수반하는 더욱 직접적인 지식'이라는 것을 상기시킨다(2000, p. 260). 즉, 우리가 무엇을 하는가보다는 본질적으로 그러한 매 순간 우리가 누구인지에 더 초점이 맞추어져 있다. 하지만 여기서 밝혀지지 않은 것은 그런 융합을 통해 치료사가 자기 자신과 얼마나 떨어져 있는가 하는 것이다. 그러한 정말 깊은 초월심리적 공감에서 '마치~인 것처럼'이라는 전제는 더 이상 적용할 수 없다.

이런 형태의 경험은 인류학자인 레비 브륄(Lévy-Bruhl)이 처음으로 연구한 '신비한 융합(participation mystique)'을 상기시킨다(1910/1966). 무엇이 신비한 융합인가에 대해 그의 저서에서는 다소 멸시하는 '원시 심성(primitive mentality)'이라는 용어로 언급했는데, '원시 심성'은 20세기 초기에 폭넓게 논의되었다. 레비 브륄이 묘사했듯이 신비한 융합은 주체가 대상과 자신을 구별하는 주제에 대한 어려움이 눈에 띈다. 하지만 이러한 다른 사람과의 신비한 하나로 있을 때 그 사람이나 대상에 대한 완전한 이해는 직접적인 직관에 의해 제공된다. 레비 브륄의 연구에 깊은 관심을 가졌던 융은 이 과정에서 일어나는 동일시는 주어진 것으로 주체와 객체의 선험적(先驗的) 일치(oneness)이지 병리에서 일어난 것이 아님을 매우 분명히 했다(CW 6, para. 781). 작가이면서 탐험가이자 융의 친구인 반 데르 포스트(Van der Post)는 미국에서 거주하는 칼라하리 부시맨(Kalahari Bushman)의 행동에 대해 "그는 선물을 가지고 있었다…… 그것은 그가…… 그들이 우연히 하는 것이 무엇이든 그 영혼으로 들어가고 심지어 오고 간 사람의 특성을 취하는 것을 가능하게 했다.…… 마치 그것이 그 자신을 위한 음식이었던 것처럼. 단지 그는 사람들이 그들의 숨겨진 자기 안에서 무엇과 같은지 아는 것처럼 보이지만, 실제로 그들에게 어울리는 것은 아니었다."(1975/1989, pp. 68-69)라고 하며 자세한 설명을 제시한다. 그러므로 다른 사람의 더 완벽한 이해를 위하여 마음대로 신비한 융합을 사용하는 것이 가능하다. 물론 다른 누군가와 무의식적으로 통합하고 그 과정에서 자신의 정체성을 잃는 것과 다른 사람의 이익을 위한 개인적 경계의 분리를 허용하도록 선택하는 것 사이에 차이가 있다. 이런 식으로 일하는 상담사나 심리치료사는 자신의 의도와 동기에 대해 양심적으로 정직해질 필요가 있다.

공감적 융합과 공감적 반향 사이에는 미묘한 차이가 있다. 만약 큰 방에 두 대의 바이올린이 있고 그중 한 현이 울린다면, 같은 주파수를 이루는 다른 현이 공명현상을 일으킬 것이다. 상담사나 심리치료사는 내담자의 감각과 느낌에 대한 민감성이 각기 다를 것이고, 이는 다른 사람에게 얼마나 잘 맞춰져 있는지에 달려 있다. 데이비드 엘킨스(David Elkins)는 공감적 반향을 영혼과 동일시한다.

> 영혼을 알기 위해서 우리는 앎에 대한 이성적인 방법을 제쳐 두고, 우리 자신을 숭배, 느낌, 상상의 세계, 즉 나-너의 만남, 심상화, 시, 예술, 의식(儀式), 의례, 상징의 세계에 개방해야 한다……. 영혼은 그런 순간에 우리 내부에서 진동하는 공감적 반향이다. 그것은 호흡의 멈춤이고, 심장에 대한 경외감이며, 목 안에 있는 혹이고, 그리고 눈 속의 눈물이다(1995, p. 83).

이러한 반응은 영혼의 존재에 관한 표시다. 이는 영혼이 서로 만나 만지고 공명할 상상의 세계다.

하트는 공감은 더 세련되더라도 단순한 관찰이나 입장을 바꾸는 것도, 반응하는 것도, 융합하고 반향하는 것도, 조율하는 것도 아니라고 제안한다. 오히려 지각이 여러 가지 관점을 동시에 충족시키는 것으로 보인다. 어떤 것은 그 자체가 상호주관성의 분야로 보인다(2000, p. 261). 경험에 대한 다양한 단계와 패턴이 직접적으로, 그리고 동시에 직관된다.

하트는 모든 공감은 '우리에게 우리 자신을 뛰어넘게 만드는 의미에서 잠재적 초월'이라고 단언한다(p. 267). 상담사나 심리치료사가 각자 이룩한 공감의 수준이 어떤 것이든 간에 다른 사람에게 깊은 관계로 다가가기 위해서는 용기가 종종 필요하다.

* * * *

이 장을 재검토한 후에, 나는 특별히 일상에서 훌륭한 관계의 감각에서부터 상상으로 자신을 다른 사람의 내면세계로 바꾸어 놓는 것에 이르기까지, 그리고 영혼을 진정으로 어루만질 수 있는 가장 높고 가장 깊은 형태로 나아가도록 하기까지 상담과 심리치료에 적용될 수 있는 공감의 종류가 많다는 것에 적잖이 놀랐다. 특정한 단계에서 연결은 직관을 촉발할 수 있는데, 이것은 순차적으로 그 사례에 대한 이해를 높여 줄 수 있다. 그러나 많은 것들이 상담사나 심리치료사 개인의 발달, 반응 정도와 정서적 민감성, 그리고 내담자의 마음에서 우러나 만나고 받아들이고 관계하려는 마음에 좌우된다는 분명한 인상을 받았다. 이론적으로 고려해야 할 사항에 대한 높은 의지, 친밀함을 넘어선 불안, 혹은 자기 사랑의 결핍과 같은 것은 직관과정을 방해할 뿐만 아니라 위험에 빠뜨릴 수 있는 문제들이다. 이러한 이유로 이런 의문이 들었다. 상담사나 심리치료사는 어려움이나 위험을 조금 덜 느낄 수 있도록 다른 사람에 대한 친밀감을 높이고 돕기 위해 내면에서 무엇을 끌어낼 수 있는가? 부차적인 반(半)각성 상태의 자기와 관련해 모아진 자료가 적어도 몇 가지 답을 제시할 수도 있다.

미 주

1. 이 문맥에서 '투사'는 다른 사람에게 자기와 관계있음을 부인하는 것을 무의식적으로 투사하는 전통적인 방어기제와 혼동되어서는 안 된다. 특히 연인관계에서 어떻게 한 사람이 상대방의 결점을 가지고 비난하는지 주목할 만하다. 이런 식으로 자기 자신의 결점을 인정할 필요는 없다.

2. '동조적(syntonic)'이라는 용어는 '조화를 이루다'를 의미하는 그리스어 'suntunos'에서 파생되었다.

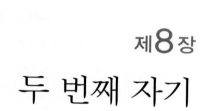

제**8**장

두 번째 자기

직관에 관한 연구를 하는 동안 때때로 일종의 다른 자기와 관련된 주제가 계속해서 나타나는 것은 주목할 만했다. 종종 어렴풋하게만 알고 있던 이 다른 자기는 앞으로 나아가는 길, 혹은 가장 잘 추구하거나 피해야 할 행동에 대해 안내를 해 주는 상징적 형태로 내면의 지혜, 즉 직관적 앎의 원천을 나타내는 것처럼 보였다. 가끔은 훈계나 경고 형태를 띠는 충고처럼 보였다. 매우 놀라운 것은 관련된 사람에게 지속적으로 나타나는 이미지로, 그리고 이름을 붙일 만큼 구체적인 인물로 분명히 이해된다는 것이었다. 이런 지혜의 근원에 신뢰가 쌓이게 되면, 그 사람이 위안이나 도움이 필요할 때마다 마음대로 불러올 수 있을 정도로 이 인물과 관계가 형성된다. 내가 이런 현상을 생각해 보면서 우리가 얼마나 상담사나 심리치료사로서 그런 과정으로부터 도움을 받을 수 있는지 궁금해지기 시작했다. 이런 이해의 근원을 의인화하면, 우리는 자신의 직관에 더 직접적으로 접근할 수 있지 않을까? 그럼으로써 내담자에게 더 큰 도움이 될 수 있지 않을까?

고대의 정령들

나는 연구를 계속하면서 일반적인 이성적 자기보다는 일종의 내면의 소리나 존재로서 직관적 이해의 근원에 대한 개념이 오랜 역사를 갖고 있음을 분명하게 알게 되었다. 호머(Homer)의 『오디세이(The Odyssey)』를 포함한 고대 그리스의 고전에서 많은 예를 찾을 수 있다. 여기서 직관적 통찰이나 이해를 규정짓는 특정한 심리적 상태는 일반적으로 이름 없는 정령이나 신으로 묘사되는 초자연적 존재의 개입에 기인한다고 생각한다. 어떤 갑작스러운 기억, 통찰, 영감을 받은 아이디어나 경고, 특히 이전에 생각해 보지 않았던 징조의 의미는 어떤 외부 존재에 의해 그 사람의 마음 속에 집어넣어진 것으로 경험하기 쉽다. 예를 들어, 헬렌(Helen)은 직관적으로 흉조의 의미를 이해하고는 오디세우스(Odysseus)의 귀향에 관해 "저는 당신의 예언자가 될 것입니다. 불멸의 존재들이 그것을 제 가슴속에 넣어 주었고, 저는 그것이 이루어지리라 생각합니다."(XV, 172. Lattimore, 1965)라고 예언한다. 예언 그 자체는 신으로부터 오는 것이지만, 그 해석이나 예언이 수행되는 방식은 헬렌의 것이라는 생각은 흥미롭다. 그러므로 직관적 앎에는 생각이 따라온다.

어쩌면 우리는 고대 그리스인들은 현대인들보다 자기와 비(非)자기를 구분하는 것이 덜 명확했음을 기억할 필요가 있다. 도즈(E. R. Dodds)가 지적하듯이 호머 시대의 인간은 다른 실체처럼 '영혼'이나 '인격'에 대한 개념이 없었다. 호머의 시는 인간의 정신을 죽음 이후에야, 아니면 죽음의 위협을 받거나 기절하거나 아니면 죽어 가는 동안에 인식한다. 튀모스(thumos)에 대한 도즈의 묘사는 여기서 특히 흥미로운데, 이것은 먹고 마시거나 적을 죽이거나 하는 그런 때에 행동을 취하도록 충고하는 '독립적인 내면의 소리'로 묘사된다. 예를 들면, 오디세우스는 '자신의 튀모스 속에서' 키클롭스를 당장 죽이려고 '계획하지만', 두 번째 목소리가 그를 자제시킨다(IX, 299ff.). 라티모어(Lattimore)는 이것을 "튀모스의 분리에 대한 감각을 잃기보다는 관대한 마음으로 나 자신의 충고를 받아들였다."(1965, p. 145)라고 번역한다. 일반적으로 주인공은 주어진 충고를 받아들이지만, 여기서처럼 그것을 거부할 수도 있다. 도즈는 호머에서 튀모스는 대략

'느낌의 기관'으로 정의된다고 제안한다(1951, p. 16). 어쨌든 이것과는 조언을 구하고 대화를 할 수 있으며 이것의 권고를 진지하게 받아들여야 한다. 물론 여기서 조언의 근원은 그 사람 내부에, 흔히 가슴이나 상복부에 위치해 있지만 일종의 신성한 개입이 튀모스에 작용할 수 있다. 『일리아드(*Iliad*)』에서 디오메데스(Diomedes)는 '그의 가슴속 튀모스가 아킬레스(Achilles)에게 말을 하고 신이 그를 일깨울 때' 아킬레스가 싸우게 될 것이라고 말한다(IX, 702). 심리학적 관점에서 보면 정서적 충동은 이렇게 객관화되고 비(非)자기로 취급된다.

고대 그리스 문화에 미친 호머의 영향은 틀림없이 심오한 것이었다. 버트란드 러셀(Bertrand Russell)은 자신의 『서양철학사(*History of Western Philosophy*)』에서 페이시스트라투스(Peisistratus)의 통치(BC 560~527) 이후에 아테네 청년들은 호머의 시를 외웠는데, 이것이 '매우 중요한 교육의 일부'였다고 주장한다(1946/1961, p. 31). 따라서 지식인들이 좋은 충고가 필요할 때마다 어떤 신성한 존재와 상담을 하는 것은 확실히 자연스러워 보였을 것이다.

소크라테스(Socrates)의 경우 그가 스트레스를 받을 때 자신의 정령에 의존하여 가르침을 받았다. 소크라테스는 이 정령, 즉 '아주 사소한 일에도 내가 잘못된 길로 가고 있을 경우에 내게 반대를 하는 변함없는 동료'로서 행동하는 '예언적 목소리'에 대한 경험을 아주 정확하게 묘사한다. 사형 선고를 받았을 때조차 그는 정령을 신뢰한다. 그는 "나는 내게 일어난 이 일이 축복이라 생각하며, 우리가 죽음을 악이라고 생각하는 것은 아주 잘못된 것이다. 내가 이렇게 생각하는 충분한 근거가 있다. 그 이유는 내가 하는 일이 어떤 좋은 결과를 가져온다고 확신하지 못한다면 나의 익숙한 표시는 나에게 맞서 나를 굴복시키기 때문이다." (Plato, 기원전 4세기경/1954)라고 했다.

직관을 논의하면서 칼 융(Carl Jung)은 어떻게 이런 태도가 나타나는지의 예로 "그러한 기능을 묘사하는 것은 물론 직관의 비합리적이고 어떤 의미에서는 무의식적인 특성으로 인해 꽤 어려운 일이다. 어떤 점에서는 직관을 소크라테스의 정령에 비유할 수도 있다……."라고 하면서 소크라테스의 정령을 언급한다. 하지만 융은 직관은 '매우 합리적'이어서 소크라테스가 '그것은 의식으로의 직접적인 접근방식이 아니기 때문에 구체적인 환영의 형태로 느껴지도록 하기 위해서' 그의 직관적인 면을 억눌렀다고 생각한다(1923/1971, pp. 145-146). 이것은 소크라테스의 직관적 본성을 플라톤(Plato)이 묘사하는 것에서 분명하게 보이는 고도의 합리적 사고와 조화시키기에 어려움이 있었기 때문에 행해진 추측성 언급이다. 실제로 융의 견해로는 소크라테스가 직관유형이 아니었다고 암시한다. 무의식적 과정을 일반적으로 신이나 정령의 것으로 돌리고 그 사람으로부터 나오는 것이라고는 생각하지 않았던 고대 그리스의 문화적 배경을 융이 고려하지 못했음이 분명하다.

튀모스와 유사한 개념이 일본 문화의 쿠푸(kufu)라는 것이다. 이것은 머리로 어려움을 해결하는 것이 아니라 문제해결에 신체적인 자기가 관련됨으로 야기되는 상태다. 지성은 문제를 제기하지만 몸이 해답을 제공한다는 것이다. 스즈키(Suzuki)는 이런 현상에 대해 이렇게 설명한다.

일본 사람들이 종종 '배(abdomen)에게 물어보는 것'에 대해 말한다. …… 내장의 모든 체계가 들어 있는 배는 사람의 인격 전체를 상징한다. …… 심리학적으로 말해서 (쿠푸는) 무의식에 저장된 것을 가져오고, 어떤 종류의 방해하는 의식과도 무관하게 스스로 작동하게 한다(1959, pp. 104-105, 109).

이 경우에 무의식의 내용은 인간으로서 그 사람의 전반적인 인상과 함께 몸에 저장된다고 믿고 있다. 잘 진술된 질문과 함께 배 주변의 민감한 부위로 알아차림을 함으로써 여기에 저장된 지식의 요소가 재결합하여 앞으로 최선의 길에 대한 의미를 그 사람에게 제시한다.

정신분석가인 조지 프랭클(George Frankl)은 이 과정의 발달적 기원을 아이가 생리학적으로, 그리고 정서적으로 어머니로부터 영양분을 섭취한다는 측면에서 설명한다. 프랭클은 태양신경총(고대 인도의 차크라 체계에서 세 번째 에너지 센터−역자 주)을 '원시적인 뇌'라고 부르는데, 입은 삼키고 싶어 하는 대상이 받아들일 만한 것인지 그렇지 않은지를 평가하는 곳이기 때문이다. 받아들일 수 없는 것이라면 이 부분은 불안감을 느끼면서 수축한다. 이런 기본적인 반응이야말로 성격 형성에 매우 큰 영향을 준다(1994, p. 70).

젠들린의 '감각 느낌'

튀모스와 쿠푸의 과정을 통해 조언을 받는 고대의 관습에 대해 읽으면서 나는 즉시 제3장에서 언급한 유진 젠들린(Eugene Gendlin)의 감각 느낌의 개념을 떠올렸다. 젠들린은 이것을 '포커싱' 기법을 통해서 '매일 여러 번 상의할' 수 있는 '내적 근원'으로 설명한다(Gendlin, 1978/1981, p. 4). 사람은 특정한 종류의 내적인 신체적 자각과 접촉하는 방법을 배우는데, 이것은 먼저 느낌에 관심을 가지고 난 후에 형성된다. 느낌은 어떤 드러난 어려움에 대해 우리가 몸으로부터 얻는 정보다. 처음에는 흐릿하고 모호해 보이지만, 그것에 계속해서 집중하면 의미가 드러난다. 젠들린은 감각 느낌이 정신적인 것이 아니라 신체적인 것이며, 사람과 사건 혹은 상황에 대한 지식이 전체로서 인식되어 몸에 저장된 것이라 강조한다. 그 위치는 일반적으로 위장이나 가슴에 있다.

이런 경험은 치료적 관계에 관한 한 치료사에게 중요한 의미를 갖는다. 우리는 우리 자신에 관한 모든 정보를 몸 안에 갖고 있을 뿐만 아니라 내담자를 포함해서 다른 사람에 대한 지식도 몸에 저장한다. 우리의 몸은 어떤 특정한 사람이 방에 들어서자마자 그 사람이 우리에게 미치는 영향을 알고 있다. 우리의 신체적 자기는 어떤 사람에 대해서는 편하고 자유스러운 것으로 경험한다. 또 다른 사람에 대해서는 긴장되고 숨쉬기가 어려울 수 있다. 그러면 우리는 포커싱 기법을 사용하여 이런 역전이 반응을 이해하도록 몸과 의논을 할 수 있다. 예를 들어, 어떤 특정한 남성 내담자가 내 상담실에 올 때마다 나는 내 가슴 전체와 어깨 부위가 긴장되는 것을 알았다. 주의를 내 몸에 돌림으로써 나는 내가 그 내담자를 무의식적으로 흉내 내고 있음을 깨달았다. 이런 식으로 지탱하는 몸을 갖는 것이 어떤지 경험할 수 있었고, 감각 느낌에서 나오는 이미지는 그 내담자가 전달하고 있었던 스트레스의 종류를 이해하도록 나를 도와주었다.

젠들린은 감각 느낌에 민감해지기 위해서는 주위가 우선 정리되어야 한다고 강조한다(1996, p. 286). 이것은 내담자가 직접 대면을 위해 중간에 아무것도 놓여 있지 않은 깨끗한 곳으로 들어올 수 있도록, 이론과 기법만이 아니라 상담사의 모든 개인적 관심사를 옆으로 치우는 것을 의미한다. 그는 앞으로의 변화를 위해서는 관계가 가장 중요한 것임을 알고 있고, 몸의 느낌으로 우리가 어떻게 살아 있는지를 서로에게 설명한다. 그래서 예를 들어 내담자가 자신에 대해 아무도 신경 쓰지 않는다고 생각하는 것을 말로 설명한다면, 그럼에도 치료사는 정말로 보살피고 있다는 메시지를 몸을 통해 끄집어낼 수 있다. 생각은 나중에 의식에 도달하게 된다.

감각 느낌은 치료사가 인간중심적 관점에서 진정으로 도와줄 뿐만 아니라 이 진정성이 분명해지도록 해 준다. 때때로 내담자는 아마도 지나가는 표정에서 치료사로부터 단서를 끌어내 무슨 일이 일어나고 있는지를 물어볼 수 있다. 우선 치료사는 내담자의 지각을 확인하고, 그다음 감각 느낌으로 재빨리 상담을 해서 무슨 일이 일어나고 있는지를 혹은 내담자의 문제와는 상관없는 순전히 개인적인 문제인지를 밝히는 것이 도움이 될지 아닐지를 결정할 필요가 있다.

때때로 치료적 동맹 안에서 틈이 보일 때가 있고, 그때 상담이나 심리치료를 계속할 수 있도록 은밀한 수준에서 무슨 일이 일어나고 있는지 말로 설명하는 것이 중요하다. 조력자인 심리치료사의 감각 느낌의 메시지는 내담자가 주목할 만한 분노에 집착하고 있는 것이라면, 모든 것이 괜찮다고 가장하기보다는 어려움에 대해 넌지시 언급해 줄 수 있다. 이런 종류의 상호작용 내용을 공개하면 양쪽에서 안도감이 생길 수 있고 신뢰도도 높아진다.

감각 느낌에 대한 이런 상담이 치료적 관계와 내담자 자료에 관한 직관적 지식을 드러내는 데 얼마나 효과적일 수 있는가에 대한 사례는 몇 건에 불과하다. 따라서 젠들린의 연구를 적극적으로 추천한다.

융의 필레몬

이제 직관의 근원이 다양한 방식으로 연결될 수 있음을 이해할 수 있다. 이것은 자기 몸의 민감한 부분과 일종의 상담형태를 취하거나 아니면 모든 것을 아는 인간이나 피조물과의 상상의 대화일 수 있다.

융의 자서전(1963)에 눈을 돌리면, 우리는 융이 두 번째 자기 개념을 유년기 이후로 얼마나 진짜처럼 여겼는지를 알 수 있다. 그의 어머니 에밀리 프라이스베르크(Emilie Preiswerk)는 신학자 집안 출신이었다. 개신교도로서 관습적인 태도와 가치관을 지녔지만, 그녀는 예기치 않게 나타나는 또 다른 면인 '무의식적 인격'을 갖고 있었다. 융은 그가 소년이었을 때 이런 상태에 있을 때의 두 번째 인격이 자신을 불안하게 만드는 것을 알았고, 그의 어머니가 무자비할 정도로 그녀 자신이 한 말이 머지않아 정말로 들어맞는 능력을 지녔다고 기록하고 있다. 그는 신과 같은 비전과 동물적 본능을 "마치 예언자들 가운데 하나가 동시에 이상한 동물인 것처럼, 곰의 우리 속에 들어 있는 사제 같다."라는 어머니의 발언 탓으로 돌린다(1963/1995, p. 67). 어머니는 자신의 일반적인 자기를 내려놓을 수 있었고, 직관적 본성은 어머니에게 놀라울 정도로 사람이나 상황에 대한 직접적인 인식을 제공할 수 있었던 것 같다.

융의 사촌 동생이 관련된 교령회가 결국 사기로 드러나기는 했지만, 그럼에도 불구하고 사촌에 대한 관찰에 근거한 그의 논문(1902)은 어떻게 두 번째 인격이 형성될 수 있는지에 대해 유용한 설명을 제공한다. 이 경우 두 번째 인격은 영매를 통해서 고지(高地), 즉 독일어로 말하는 어떤 '영혼'으로 나타났는데, 사촌 동생은 보통 때는 스위스 사투리밖에 하지 못했다(CW 1). 이런 시도에서 보면 자연계에 대한 과학적 탐구는 그에게 충분하지 않았다. 그에게는 초자연적 경험이 실재였고 마찬가지로 연구할 가치가 있었다. 그런 현상과 접촉하는 영혼의 일부는 직관적인 것이었다. 이 기능을 포괄적인 유형론에 포함시키는 것이 그에게는 분명히 틀림없어 보였다. 실제로 초자연적인 것에 관한 대중적 문헌에서 '심령(psychic)'이나 '직관적(intuitive)'이란 단어는 보통 서로 바꾸어 쓸 수 있는 것으로 보인다.

융의 고백(1963)에 따르면, 그는 종교적인 분위기뿐만 아니라 스위스 소농문화가 두드러진 환경 속에서 자라났는데, 이 문화에서 미신은 필연적인 부분이다. 그러므로 그에게는 사람이 죽는 순간에 시계가 멈춘다든지,

유리가 산산조각 난다든지, 꿈이 그런 사건을 예언하는 것이 결코 놀라운 일이 아니었다. 신비한 현상에 대한 설명이 의심스럽다는 것을 알았지만, 그럼에도 융은 초자연적인 것에 깊은 흥미를 가졌고, 도시에서 자란 그는 학교 친구들이 그런 주제를 불안해하면서 방어하거나 심지어는 조롱하는 것에 실망을 했다. 그들과는 달리 융은 열린 마음을 견지했다. 여러 시대를 두고 불가사의한 현상에 대한 경험들이 지속적으로 보고되어 왔기 때문에 융은 그런 현상을 조사할 만한 충분한 이유가 있다고 믿었다. 더군다나 융은 초자연적인 것과 자신의 마주침에 대한 설명을 하고 싶어 했는데, 예를 들면 가족들의 호두나무 식탁이 도저히 설명할 수 없는 방식으로 큰소리를 내며 쪼개진다든지, 아니면 옆에 있는 작은 탁자에서도 이와 마찬가지로 칼이 소리를 내며 박살 난다든지 하는 일이었다. 적어도 융은 어머니의 '제2의' 인격에 동정적으로 이해를 했다.

융을 비판하는 사람들은 그를 미신적이라고 일축해 버린다. 따라서 직관을 융의 유형론적 구조에 포함시키는 데 대해 불신하였다. 예를 들면, 대기습도의 갑작스러운 변화로 인해 오래된 식탁이 갈라지는 자연적인 이유가 있을 수도 있고 누군가가 옆 탁자에 있는 칼을 일부러 부러뜨렸을 수도 있다는 것이다. 심지어 융은 이런 일이 일어났을 때 그 자리에 없었다. 그런 사건에 대해 진실이야 어떻든 간에 융에게 끼친 영향은 매우 지대하여 초자연적인 실재에 대한 그의 믿음은 심리학적 관점에서 그런 현상들을 탐구하도록 동기를 유발했다. 이런 일은 실재이며, 융과 다른 사람들이 이를 의미 있는 것으로 경험한다는 사실은 이런 일을 진지하게 연구할 가치가 있는 것으로 만들었다.

이것은 융이 심리학적 기질에 대한 생각을 하도록 이끌어 준다. 그의 어머니처럼 융도 열두 살 때 처음 인식했던 두 번째 자기, 즉 18세기의 훌륭한 권위를 가진 노인이 있었다. 어느 날 오래된 마차가 지나가는 것을 보

면서 융은 강력한 자각과 향수의 감정을 느꼈다. 게다가 그의 숙모님 댁에
있는 18세기 조각상은 틀림없이 융 자신이 신었던 것이라고 믿은 그런 종
류의 신발을 신고 있었다. 존재의 연속적인 상태가 있다고 주장하는 사람
들은 이런 것들이 '전생'의 경험이라 말할 것이다. 반면에 합리주의자들
은 상상력이 풍부한 소년의 환상으로 보고 그것을 믿지 않을 것이다. 융은
그 당시 동양의 종교에 관한 이야기들을 읽으면서 카르마(Karma)에 대한
개념을 알고 있었다. 분명히 자신이 한때는 영향력을 가진 사람이었다는
생각이 열두 살짜리 아이의 마음에 강하게 들었다.

  융은 확실히 그에게 영향을 준 그런 인상들을 열정적으로 설명하고 있
다. 하지만 그의 자서전에서 몇 줄을 더 내려가면 그는 그것들을 마음의
합리적인 부분으로 논박하는데, 이성적으로 설명하려 하고 심지어 존재
하는 다른 두 사람의 생각을 부인하려고 한다. 융은 자신의 혼란을 인정하
고 있다(1963/1995, p. 207). 여기서 우리는 직관과 이성 간의 변증법을 관
찰할 수 있다. 융의 직관은 그가 경험한 실재를 확인하지만, 융의 지성은
합리적인 해명을 요구한다.

  궁극적으로는 직관이 승리하는데, 융의 두 번째 인격은 결국 선지자 엘
리야(Elijah)의 이미지로 발전되고 이후에는 '영지주의적 색채와 함께 이
집트-그리스의 분위기'를 융에게 가져다준 날개 달린 존재인 '필레몬
(Philemon)'이 된다(1963/1995, p. 207). 이 인물은 처음에는 꿈에 나타나다
가 나중에는 융의 무의식에서 나오는 지혜의 근원을 드러내면서 환상 형
태로 나타났다. 이 존재가 융의 의식적인 마음의 일부가 아닌 생각을 낳으
면서 자신만의 삶을 갖고 있는 것처럼 보이는 것은 매우 중요하다.

  말을 하는 것은 내가 아니라 그 사람임을 나는 분명히 알았다. 그는
  내가 생각을 나 스스로 만들어 낸 것처럼 다룬다고 말했다. 하지만 그

의 견해로는 생각들은 숲에 있는 동물들이나 방에 있는 사람들, 혹은 공중의 새들과 같았다. …… 나에게 심령(psychic)의 객관성, 정신(psyche)의 실재를 가르쳐 준 것은 그였다(1963/1995, pp. 207-208).

필레몬은 '우월한 통찰'을 보여 주었고, 융에게 '깨달음을 주는 많은 생각들'을 전달했다(p. 208). 그러므로 '적극적 상상'이라고 융이 부르게 되는 과정을 통해 이 인물을 호출함으로써 융은 자신의 무의식 속에 들어 있던 지혜를 이용할 수 있게 되는데, 직관적 지식에 접근하는 조심스러운 방식이었다. 앤서니 스티븐스(Anthony Stevens, 1990, p. 168)가 보듯이, 융은 자신을 트랜스 상태(최면에 들어간 듯 몽환적인 상태-역자 주)로 '떨어지게' 혹은 빠지게 함으로써 자신을 이런 상태로 들어가게 할 수 있었고, 특별한 통찰을 떠올리기 위해 심상화와 대화를 사용했다. 융은 필레몬을 '그가 마치 살아 있는 사람인 것처럼 꽤 진짜인' 것으로 묘사한다. 또한 그는 "나는 그와 함께 정원을 이리저리 거닐었으며, 나에게 그는 인도인들이 구루(스승)라 부르는 사람이었다."라고 묘사한다.

융과 사촌인 헬렌의 두 인격 사이에는 흥미로운 유사점이 있다. 각각의 경우에 두 번째 인격은 더 뛰어난 지혜와 통찰을 주었다. 그는 사촌에 관한 자신의 논문에서 사촌이 이반(Ivène)이라고 부른 더 품위 있고 더 분별력 있는 '감독'은 헬렌의 정신에 들어 있는 어른 인격의 현현이었지만 환경적·심리적 요인 때문에 일상생활에서는 아직 드러나지 않았다고 결론지었다. 그의 '현명한 노인'에 대해서도 같은 말을 할 수 있는데, 노인은 그가 자라났던 개신교 목사관에서 만연한 관습적인 태도에 억압당한 그의 일부였다. 분명히 자율적으로 보이는 영혼의 이런 독립적인 부분을 나중에 융이 콤플렉스라 불렀고, 이것이 분석심리학의 기본적인 측면이 되었다. 완전한 성숙함과 전체성 혹은 융이 이름 붙인 '개성화'가 이루어지도록 그런 무의식적 내용을 충분히 자각하는 것이 목적이었다. 융의 심리학에서 이성을 중지시키고 수용적 명상을 사용하여 그런 무의식적 요소에 접근할 수 있는 직관과정은 매우 중요하다. 콤플렉스를 상상으로 인격화하는 것이 이 연습을 도와준다. 개성화 또한 잠재력의 실현을 구체화한다. 필레몬의 형상은 융의 미래의 자기인데, 현명한 노인이며 영적 지도자의 모습이다.

원칙적으로 융의 필레몬과 소크라테스의 정령 간에는 거의 차이가 없는 것처럼 보인다. 각자 어린 시절부터 경험해 왔으며, 유사한 목적인 우월한 지식에 접근하는 데 사용되었다. 하지만 정령은 소크라테스에게 긍정적인 행동의 길을 가리킨 것이 아니라 그가 하지 말아야 할 것을 가리킨 것으로 보인다. 그는 "그것은 언제나 나에게는 내가 막 하려는 것의 포기를 의미했고 결코 나를 부추기지 않았다."(Plato, 기원전 4세기경/1954)라고 했다. 소크라테스는 정령의 경고를 아주 진지하게 받아들였다. 연회 도중 모인 사람들 가운데 티마쿠스(Timarchus)가 떠나려고 일어서자 소크라테스는 직관적으로 자기가 그를 멈춰 세워야 함을 알았지만, 그가 살인을 계획하고 있다는 사실은 전혀 모르고 있었다.

"절대 일어나지 마시오."라고 내가 말했다. "내게 평상시의 정령의 신호가 있었기 때문이오." 내 말에 그는 머물러 있었다. 조금 있다가 그는 다시 가 버리면서 말했다. "소크라테스여, 나는 갑니다." 또 목소리가 들렸다. 그래서 나는 또 그에게 머물러 있도록 강권했다.

하지만 세 번째는 티마쿠스가 아무도 모르게 빠져나가 범죄를 저질렀다. 이것과 또 다른 인용문에서 보면, 정령은 보통 소크라테스에게 자연스럽게 왔으며 그는 정령을 외부의 실체로 믿게 된다. 하지만 융은 의도적으로 필레몬을 떠올리는 방법을 배웠고, 이 인물이 자신의 무의식에서 나왔음을 이해했던 것 같다.

적극적 상상

융처럼 상담사나 심리치료사는 내면의 지혜의 근원을 나타내는 일종의 상징적 인물을 떠올리는 법을 배울 수 있다. 이와 마찬가지로 우리도 그런 인물을 마음대로 떠올릴 수 있고 상상의 대화를 통해 자신의 일이나 개인의 삶에서 부딪치는 문제에 대한 답을 찾을 수 있지만, 우선은 적절한 태도가 필요하다. 융은 적극적 상상과 소극적 상상을 구분한다. 전자는 의식적으로 불러오게 되는데, 특히 여태까지 알아차리지 못하고 남아 있는 요소를 향해 주의를 기울이게 된다. 떠오르는 이미지를 유사한 요소와 연관시킴으로써 의미가 떠오르고 이해하게 된다는 기대를 갖는다. 여기에는 의식의 긍정적 참여가 있는 반면, 소극적 상상은 있어도 초대받지 않은 것처럼 보인다. 융에 따르면, 성격상 혹은 분열된 상태로 인해 종종 병적일 수 있다(CW 6, paras. 712-714). 융은 의식이 무의식과 어우러져서 유익한 뭔가를 만들어 내기 때문에 적극적 상상이 정신의 기능 가운데 가장 우월한 형태의 하나라고 생각한다.

융을 완전하게 이해하는 데 한 가지 어려움은 번역과정에서 어떤 미묘함이 상실되는 것이다. 독일어 betrachten(깊이 생각하다)은 여기에서 일반적으로 '살펴보다(look at)' '숙고하다(consider)' '심사숙고하다(contemplate)' 혹은 '재고하다(reflect upon)'로 번역되었다. 하지만 융 자신은 임신을 나타내는 형용사인 trächtig(새끼를 밴, 함축된)과 연관된 의미를 언급하고 있다. 여기에는 분리되지 않은 관심을 받아 생생해지고 뭔가를 생산해 낼 수 있는 이미지를 제공한다는 생각이 들어 있는데, 그는 "그것에 집중하면 그 일을 조용히 유지하는 데 큰 어려움이 있음을 알게 된다. 그것은 가만히 있지 않고 움직이고 뭔가가 더해지거나 스스로 증식한다. 사람은 그것을 살아 있는 힘으로 채운다."(1930~1934: Chodorow, 1997, p. 7에서 재인용)라고 하였다. 단순히 바라보는 것보다 더 많은 것이 관련되어 있는데, 즉 이미지가 의미로 채워질 때까지 환상이 자유롭게 놀도록 허용하는 동시에 완전한 몰입이 필요하다.

어떤 이미지가 떠오를 때까지 각자 할 일은 어떤 느낌이나 몸의 상태에 주의를 집중하고, 그것을 하는 동안 직업적인 목적을 위해서는 더 잘 유도된 경로를 따라갈 필요가 있다. 첫 번째로 우리가 본 것처럼 직관은 편안한 상태에 가장 잘 반응하므로 이런 상태가 유도되어야만 한다. 그러므로 방해되는 것들을 치우고 바닥에 눕든지 의자에 똑바로 앉아 깊은 신체적 이완상태로 들어가도록 해 주는 것은 가치 있는 일이다. 한 가지 유용한 방법은 각 주요한 근육군을 개별적으로 꽉 조였다가 풀어 주면서 몸을 통해 작업하는 것이다(더 상세한 사항은 Charles, 2000, pp. 13-14 참조). 호흡에 집중하고 바쁜 정신활동을 고요하게 만들어 흘러가도록 하면서 눈을 감고 마음의 방해되는 생각들을 비워 버리는 것도 중요하다. 그런 다음에는 사랑하는 지혜를 상징하는 원형적 인물과의 만남을 통해 앞으로의 길을 찾게 될 것이라는 기대와 함께 도움이 필요한 문제나 답이 필요한 질문을 마음에 가져올 필요가 있다. 그런 다음 모든 감각의 기준에서 모든 세부사항들이 제공하는 상상을 하는 동안 시각화가 뒤따르게 된다. 일반적으로 이것은 풀밭과 같이 고요한 장소에서 시작한다. 길이 보이고 그 길은 숲을 따라 산꼭대기 위로 이어지는데 산꼭대기는 일상의 관심사를 넘어선 영원의 영역을 상징한다. 여기서 일종의 사원이 보이고 이곳에서 현명한 존재와의 만남이 일어난다. 이 인물 혹은 존재는 상담사나 심리치료사와 내담자 모두에게 최선의 것만을 원한다. 어려움이나 질문을 제시하고 답을 기다린다. 답은 언어적 메시지로 들릴 수도 있고 신호로 받을 수도 있다. 의미가 즉각적으로 분명하게 보이지 않더라도 의사소통이 도움이 될 것이라는 믿음이 필요하다. 산에서 길을 되짚어 내려가고 답은 내담자의 일에서 세상으로 되돌려진다. 상징이 주어졌다면 메시지가 나타날 때까지 일종의 예술적 표현을 통해 형태를 만들어 내는 것이 도움이 될 수 있다. 이 단계에서 제시된 충고가 최선의 실행과 일치하는지를 확인하는 윤리적 점검은 언제나 중요하다. 원형적 존재를 더 실제적으로 만들어 이를 더 완전하게 의식으로 데려오기 위해서 그림을 그릴 수도 있다. 이런 용도로 보고된 이미지들은 나무의 정령, 중국의 현인, 동물이나 독수리 같은 새의 형상 등 매우 다양하다. 그런 다음 필요할 때 직관적인 지식을 제공하도록 그 존재를 불러올 수 있다.

　　피에로 페루치(Piero Ferrucci, 1982/1995)는 현명한 존재는 초월심리적 접근에서 말하는 참나(Self)를 나타내며 이 기법을 통해서 인격과 초의식 간에 직접적인 의사소통이 이루어질 수 있다고 제안한다. 그래서 내면의 진리와 안내에 마음대로 접근할 수 있다. 정신통합적 접근에서 보면 이것은 영적 에너지의 근원으로서 우리의 더 높은 직관과 영감을 포함하는 영역이다(Assagioli, 1965/1975, pp. 17-18).[1] 존 로완(John Rowan)은 이런 상징과 이미지의 의식적인 사용을 '제3의 눈 뜨기'로 지칭하기를 좋아한다(1993b, p. 54). 이것은 어떤 사람이 근시나 다른 눈의 질병으로 고통을 당하면 그것으로 인해 단지 제한적인 인식과 통찰만을 얻을 수 있는 것과 같다. 하지만 제3의 눈은 밝고 분명한 시각, 즉 인격을 초월한 순수한 의식의 중심이다.

　　페루치가 지지하는 또 다른 기법은 어려운 점을 선별해 참나(Self)에게 편지를 쓰고(1982/1995, p. 149) 참을성 있게 답을 기다리는 것이다. 답은 간단하지 않을 수도 있지만, 문제해결에 도움이 되는 개인적 자질은 필요한 상징 형태로 나타날 수 있다. 더구나 이들이 의식에 이르려면 잠시 시간이 걸리고 꿈을 통해서, 혹은 동시성의 형태로 주변 환경을 통해서, 혹은 어떤 행동을 취하려는 충동으로 올 수도 있다. 페루치는 성급하게 간섭하는 것으로부터 마음을 고요하게 하는 것의 중요성을 강조한다. 초의식으로 접근하게 하는 시각화를 하는 과정에 고요한 공간을 통해서 메시지가 전달될 수 있기 때문에 고요함을 강조하는 것이 도움이 된다.

물론 이 기법을 내담자에게도 제안할 수 있다. 그러면 내담자는 자신의 내면의 안내자에게 접근하여 스스로 자신의 치료사가 되는 것을 배울 수 있다. 이런 식으로 내담자는 차츰차츰 스스로의 '아직은 작은 목소리'에 대한 신뢰를 얻음에 따라 외부의 조력자로부터 독립하는 법을 발견할 수 있다.

두 번째 자기에게 직업상의 문제를 가져갈 때 직관은 분석적인 마음에 의해 만들어진 부분이기보다는 전체적인 형태로 종종 나타난다는 점을 기억할 필요가 있다. 그러므로 상담사나 심리치료사는 내담자의 어려움을 다른 빛으로, 어쩌면 그 사람의 삶에 대한 개요와 함께 그 영혼이 끊임없이 분투하는 무엇이든 함께 보게 될 것이다. 더군다나 미래에 내담자가 무엇이 될 것인지에 대해, 그 사람의 잠재력에 대해, 그가 앞으로 나아가기 위해 지금 필요한 것에 관한 강력한 느낌에 대해 강조할 수 있다.

조안 초도로우(Joan Chodorow)는 융과 적극적 상상에 대한 글에서 참나와의 이런 대화는 개성화를 향한 인격을 재창조하려는 목적으로 종교적 태도 및 내면의 신과의 만남을 나타낸다고 언급한다. 초도로우는 "가장 내밀한 의미에서 적극적 상상은 심리학적 발달의 핵심에 있는 본질적이고 내면을 향한 상징적인 태도다."(1997, p. 17)라고 쓰고 있다. 이것은 상담사와 내담자 모두 직관을 의식으로 보내고 싶다면 개발할 필요가 있는 태도다.

내부의 감독자

지금까지 여러 가지 치료모형들이 다양한 기법을 제공하고 어떻게 조력자가 일종의 내면의 안내자에게 더 잘 접근할 수 있는지를 보았다. 정신분석가인 패트릭 캐이스먼트(Patrick Casement, 1985/1990)는 '내부의 감독자'를 제안한다. 이들의 목적은 치료과정을 관찰하고 내담자와 분석가의 상호작용을 검토하면서 가능한 한 개입하고 그 결과를 예측하는 것이다. 그는 내담자가 치료사에게 소통하고자 하는 것이 무엇이든 치료사가 다양한 수준에서 더 수용적인 태도로 열려 있기 위해서는 이론에 집착하지 말라고 권한다(p. 27). 이것은 그저 말과 이야기를 듣는 것뿐 아니라 내담자가 전달할지도 모르는 비언어적 신호와 숨겨진 메시지에 반응하는 것을 의미한다. 분명히 이것은 책보다는 직관에 의해 돌아가는 것을 암시한다(p. 21). 그는 사례의 요구에 따라 다르게 반응했던 내담자들에게서 많은 것을 배웠다고 생각한다. 그럼에도 치료사 자신이 경로에서 지나치게 벗어나지 않도록, 이런 일을 허용하는 데 있어서 적절한 지도가 필요하다.

우리가 살펴본 것처럼 직관유형은 외부의 권위나 이론보다는 자신의 개인적 판단에 의존하는 내면의 권위적 장소를 갖고 있는 경향이 있다. 캐이스먼트가 활용한 것은 정확하게 이런 능력이지만 좀 더 형식적인 방법이다. 그는 내부의 감독자가 내면에서 일종의 아버지와 같은 역할을 하는 것으로 본다. 자신의 이런 부분은 분석가와 내담자 모두에게 영향을 주지만, 충분히 주의를 기울여 필요할 때 적절한 충고를 주기에 가까운 거리에 있다. 그는 이 과정을 '3교대 간호(nursing triad)'와 비교한다. 분석가로서 그는 이 내부의 감독자에 의해 지지를 받을 때 내담자를 잘 돌볼 수 있다. 마치 훌륭한 어머니가 자신이 다른 부모에게 '지지받고 있을 때' 자신의 아이를 잘 돌보는 것과 같다. 그러므로 내부의 감독자의 자질에는 성숙, 애정 어린 관심, 심사숙고하는 능력, 필요할 때 적절한 충고와 지지를 얻고자 의지할 수 있는 신뢰할 만한 모습이 포함된다.

상담사나 심리치료사가 '과거의 생각으로 시야가 좁아지기보다는 임상과 관련해 탐색할 수 있는(조용히 혹은 내담자와 함께) 내면의 놀이 공간'을 찾는 것은 이런 맥락에서다(p. 27). 따라서 이 내면의 감독자를 신뢰함으로써 상담사나 심리치료사는 독특한 각 내담자에게 창의적으로 반응할 수 있다. '놀이 공간'이 이렇게 열리면 생각, 이미지, 느낌이 함께 존재하면서 이제는 내담자에게 신선한 통찰을 줄 수 있는 중요한 연결이 일어나도록 해 준다. 실제로 우리는 이미 어떻게 놀이가 직관과정을 강화시키는지를 주목해 왔다. 이런 식으로 상담사나 심리치료사는 내담자의 창의성을 탐구정신에 공유할 수 있다.

비온(W. R. Bion, 1967)은 치료사들이 내담자의 이미지를 갖고 놀 수 있는 '몽상'의 공간을 스스로에게 허용하기를 권했다. 이 상태에서 내담자에 대한 자료가 치료사 자신의 생각이나 느낌, 과거의 경험, 더 깊은 연상과 결합되고 또 재결합되어 마침내 그 혼합물에서 의미를 이해할 수 있다. 동시에 치료가 얼마나 잘(혹은 반대로) 진행이 되고 있는지, 내담자가 상담을 어떻게 경험하고 있는지를 감지하면서 관찰과정을 점검한다. 만약 치료가 잘 진행되지 않는다는 인상이 들면, 대안적 접근을 결정할 수 있다.

캐이스먼트는 특정한 학파나 기법에 대한 입장을 강력하게 고수하는 것을 버리라고 권하지만, 그럼에도 그는 내부의 감독자를 이끌어 가기 위해 다른 전문가들의 이론에 의지한다. 예를 들면, 그는 내담자의 자료에서 주제를 분리시키는 데 도움이 되는 매트 블랑코(Matte Blanco, 1975)의 '무의식적 균형' 이론에 의존한다(1985/1990, p. 5). 이것은 1차 과정사고와 관련이 있는데, 이를 통해 우리는 무의식적으로 모든 관계가 대칭적이라고

추정한다. 만약 존이 메리에게 화를 내면, 메리도 존에게 화를 낸다고 생
각한다(p. 6). 그러므로 '내부'와 '외부', 기타 등등에 따라 '자기'와 '타
인'에게 서로 교환 가능한 것으로 들릴 수 있도록 이 과정을 정신분석적
경청으로 알아차리는 것이 도움이 된다. 캐이스먼트는 자신의 임상 경험
에서 한 사례를 제공하는데, 무의식적 균형의 가설을 세움으로써 그는 직
관력이 뛰어난 사람과의 만남을 통해 미래를 알고자 하는 내담자의 소망을
과거와 연결 짓는다. 따라서 이런 자료를 잘 이용하면서 그는 알아차리지
못하고 전달된 주제가 미래든 과거든 만나기 어려운 누군가를 접촉하도록
할 수 있다고 추측한다. 캐이스먼트가 '집중이 안 되는 경청(unfocused
listening)' 및 내용과는 상반된 의사소통 형식을 고려할 필요성을 강조하지
만, 그럼에도 불구하고 주어진 사례에서 얻은 뚜렷한 인상은 내부의 감독자
의 일이 본질적으로는 지적인 기반을 갖고 있다는 것이다.

　　또한 캐이스먼트는 자신의 경청방식이 제6장에서 언급된 치료적 관계의
상호작용적 성격을 강조한 이론가인 랑스(R. J. Langs, 1978)의 영향을 받았
다고 한다(p. 57). 이 모형에서 분석가는 자신의 실재에 대한 내담자의 인식
및 실재에 대한 반응을 알아차려야 한다. 캐이스먼트는 이런 태도가 내담
자의 내면에서 더 자율적으로 일어나기보다는 내담자에게 영향을 주는 것
과 접촉하도록 도와주는 방법을 기술한다. 이와 마찬가지로 그는 내담자가
캐이스먼트 자신에게 미치는 영향을 관찰하려고 한다(1985, p. 59). 여기서
또다시 그의 내부의 감독자는 경청기법이 도움이 되는 이론적 입장에 의지
한다. 이런 방식의 경청이 일단 습관이 되면 사람의 직관능력은 증진되는
것일까? 그렇다면 치료사는 관계 속에서 일어나고 있는 것을 자동적으로
추적하고 그것과 관련이 있는 단서와 촉발요인에 좀 더 예민해진다.

　　캐이스먼트의 연구에 대한 나의 인상은 그가 다른 신호들을 허용하도
록 의식적으로 사고과정이 완화되는 좀 더 직관적인 작업방식에 대한 잠

재적 소망을 갖고 있다는 것이다. 하지만 '정신분석'이라는 단어 자체가 인지에 기반을 둔 접근방식을 의미하므로 여기서는 논리와 언어가 지배적이다. 활동하고 있는 내부의 감독자에 대해 캐이스먼트가 제시하는 많은 사례는 실제로 치료사의 지성을 특징적으로 드러낸다. 캐이스먼트는 구체적으로 내부의 감독과정을 '상담을 하는 동안 내가 생각하고 있던 것이 무엇인지와 각각의 개입에 내가 어떻게 도달했는가'(p. 102)로 설명한다. 잘 이용해서 더 직관적으로 개방하고 싶은 소망과 각 사례의 가장 세밀한 사항까지 논리적으로 설명하려는 정신분석적 압박 사이에 긴장이 있는 것 같다. 캐이스먼트는 B 부인과의 특정한 상담과 관련해 '더 자율적이고 이완된 내부의 감독과정이 어떤 것인가'에 대한 적절한 설명을 제공하지 못한다(p. 127)고 시인한다. 세미나에서 이 사례를 발표하는 데 동의를 했기 때문에 그는 엄격한 비판적인 감독을 내면화시켰고, 이것이 그가 주장하길 원했던 더 잠재적인 작업방식을 그만두게 했다. 그러니 조력자로서 내면의 안내자를 시각화하는 것이 얼마나 중요한가!

　더 직관적인 접근방식을 분명히 나타내는 한 사례(p. 142)가 있다. 식사를 거부하자 어머니가 집에서 멀리 쫓아낸 한 여성에 관한 사례다. 상담 장면에서 그 내담자는 남편에 대한 분노를 표출하고 치료사에게 쿠션을 집어 던진 후, 쿠션을 다시 집어 들고는 그것을 꼭 끌어안고 아기처럼 안고 흔들기 시작했다. 이것을 보고 캐이스먼트는 어떻게 자신이 절망 가운데 또 다른 희망을 감지하기 시작했는지, 그리고 내담자 내면의 상처받은 아이를 더 이상 멀리 쫓아낼 필요가 없도록 붙들어 둘 수 있는지를 설명하고 있다. 비록 이 과정은 나중에 투사적 동일시의 관점에서 논의되지만, 내담자의 욕구는 행동에서 직관적으로 드러난다.

* * * *

이 장을 구성하기 위해 수집한 과정은 내게 직관과 접촉하는 다른 방식을 보여 주고 있음이 분명했지만, 융의 저서와 그보다는 다소 빈약한 아사지올리의 저서를 제외하고 직관이라는 단어 자체가 얼마나 드물게 언급되고 있는지 놀라웠다. 상담 및 심리치료의 맥락에서 전략은 서로 차이가 있기는 했지만, 역시 내부의 상담사가 초월심리적 또는 인본주의적 모형에서 나왔든 아니면 정신역동적 모형에서 나왔든 다소 유사성이 있었다. 상담사나 심리치료사의 통찰을 촉진하기 위해 처음에는 이완된 접근방식이 탐색의 의미와 함께 필요하다는 데 모두 동의한다. 주된 차이는 상상력, 몸 혹은 언어적 유희 중 어느 쪽에 주의를 집중하는가에 있다. 그럼에도 모두 상담사나 심리치료사에게 어떤 외부의 전문가보다는 내면의 직관적인 권위자에게 의존하는 법을 배우기 위해 이론을 놓아 버리도록 격려한다. 동시에 상담교육에서 중요한 요구조건으로 남아 있는 전문적인 슈퍼비전을 이런 기법들로 대체해야 한다고 제안하는 것은 아니다.

이 자료들 중의 일부는 우리를 상상의 영역으로 데려갔다. 우리가 이제 더 깊이 탐구할 영역이 이 부분이다.

미 주

1. 아사지올리의 무의식의 지도는 세 개의 주요한 영역을 포함한다. 하위 무의식은 몸의 통제기전과 기본적인 욕동, 충동과 같은 요소를 포함한다. 중간 무의식은 우리가 깨어난 상태와 자각에 가까운 요소로부터 형성된다. 상위 무의식 혹은 초의식은 직관, 영감 및 윤리적 의무가 위치한 곳이다. 개인의 자기는 중간 영역에 놓이며, 초의식 수준에서 경험되는 더 높은 참나(Higher Self)로 접근할 수 있다. 집단무의식은 보통 계란의 형태로 이 모형을 둘러싸고 있다고 묘사된다. 아사지올리는 이 영역들 사이에는 엄격하게 구분하는 선이 없어 서로가 침투 가능하다고 주장한다 (1965/1975, pp. 17-18).

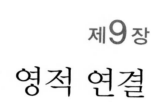

제9장

영적 연결

성, 종교, 철학 저서에서 직관은 상당히 중요해 보인다. 그러나 이 영역에서 우리는 과학적인 심리학에서 벗어나 논리와 이성을 제치고 한 걸음 더 나아가 최고의 심오한 인간경험을 탐구해야 한다. 여기서 직관은 생산적인 발명을 이끄는 갑작스러운 영감으로 떠오를 수도 있고 그렇지 않을 수도 있는 우연한 발생이 아니라, 오히려 중요하고 궁극적이며 최고의 지혜로 보인다. 지성은 단지 2차적일 뿐이고 심지어 깨달음에 도달하려는 여정에 장애물로 보일 수도 있다.

우선 최고의 이론을 제시한 3명의 서양 철학자를 살펴보기로 하자. 어떻게 그들의 일부 개념이 현대 초월심리학에 다시 나타나 중요한 가르침의 근간이 되었는지 알아보는 것은 흥미로운 일이다.

'고전적 직관론자'

심리학자인 말콤 웨스트콧(Malcolm R. Westcott, 1968)이 만든 고전적 직관론자라는 말은 직관의 개념을 특별한 지식을 얻는 방법으로 강조한 철학자들을 설명한다. 웨스트콧은 3명의 철학자만 선택했는데, 첫 번째가 네덜란드 태생인 베네딕트 스피노자(Benedict Spinoza, 1632~1677)로, 그의 아버지와 할아버지는 16세기 말 종교적 박해를 피해 네덜란드로 피난을 갔다. 스피노자가 추구한 형태는 절대적인 진리였다. 웨스트콧이 선택한 두 번째 철학자는 헨리 루이스 베르그송(Henri Louis Bergson, 1859~1941)으

로, 영향력 있는 프랑스 사상가이며 궁극의 실재 개념을 제시했다. 세 번째
는 베네데토 크로체(Benedetto Croce, 1866~1952)로, 미학과 궁극의 미에
대한 연구로 유명한 이탈리아 철학자이며 직관에 대한 그의 견해가 궁극
의 미에 핵심이 되고 있다.

　스피노자를 현재 17세기의 뛰어난 이성주의자 중 한 사람으로 여기는
것이 내게는 이상해 보인다. 스피노자 자신은 이성이 아니라 직관이 지식
의 최고 형태이며 나아가 진리에 도달하는 가장 만족스러운 방법이라고
여겼기 때문이다. 이것이 20세기, 특히 과학적이고 기술이 발달한 시대에
특정 평론가들이 직관을 어떻게 무시했는지에 대한 또 다른 예인가? 반대
로 괴테로부터 시작해 후에 셸리(Shelly)와 콜리지(Coleridge)에 이르는 낭
만주의 작가들은 스피노자를 신비주의적 범신론자로 보았고, 그의 위대
한 작품 『윤리학(Ethics)』은 그 자체의 원인이자 필연적으로 존재하는 오직
하나의 본질, 즉 신이나 자연만이 있다는 형이상학적 체계에 바탕을 두고
있다. 이 본질에 대한 지식은 절대적 확실성과 온전한 만족감과 함께 직관
적으로 인지된다.

　「신과 인간 그리고 인간의 행복에 관한 소고(Treatise on God and Man and
His Well-being)」에서 스피노자는 비례 계산방법으로 다양한 정신과정을
수학적으로 나타냈다. 첫 번째 사람은 자신이 배웠던 것을 단순히 재현한
다. 두 번째 사람은 그의 계산을 검사해 보지만 이 계산이 모두에게 규칙
으로 쓰일 수 있는지 확신할 수 없다. 세 번째 사람은 순수한 이성을 사용
한다. 하지만, 가장 명확한 지식을 갖고 있는 네 번째 사람은 소문이나 경
험 또는 추론기술이 필요 없다. 왜냐하면 그는 통찰에 의해 자신의 계산에
서 즉시 비율을 알기 때문이다(Wild, 1938, pp. 19-20). 이것은 해결에 관한
즉각적인 통찰이 된다. 나중의 예는 직관적인 것은 수를 발견하는 것이 아
니라 그 집단 내에서의 비례감각이며, 또 그 수들이 각자와 어떻게 연관이

있는지에 대한 감각이기도 하다. 더욱이 이것은 '타당한 느낌'을 동반한다. 스피노자는 '명확한 지식'은 이성에 의한 확신이 아니라 사물 자체를 느끼고 즐기는 것에서 오며 이성을 훨씬 넘어선다고 주장한다. 따라서 직관은 그것에 대한 조화로운 관계의 인식에 바탕을 둔 공정성에 대해 만족하고 있다.

후기 작품『이해의 향상에 대하여(*On the Improvement of Understanding*)』는 오류의 위험 없이 다만 사물의 적절한 본질을 이해하는 그 과정을 더 깊이 탐구한다. 그 이후에 직관은 직접적인 이해를 주는 사물의 본성이나 영혼, 바로 그 핵심을 지각할 수 있다. 이것은 따로 고립되어 있지는 않지만, 그가 '신'이나 '자연'으로 묘사한 전체와 관련해 특별한 의미로 인식되고 있다. 스피노자는『윤리학』에서 "각각의 사물에 대해 더 잘 이해하면 할수록 신에 대한 이해가 더 깊어진다."라고 설명한다. 그는 하나의 요소를 모든 사물의 본성에 공통된 것으로 인식하면서, "이제 이런 종류의 지식은 신의 특정한 속성의 원래의 본질에 대한 타당한 생각에서 사물의 본질에 대한 타당한 지식으로 나아간다."(Wild, 1938, p. 25에서 Spinoza의 글 재인용)라고 하였다.

스피노자의 생각은 최고의 객관성으로 시작되었지만, 그럼에도 불구하고 관찰된 사물과의 완전한 일체감을 포함해 자신의 직관을 사용한 직접적인 경험에서 글을 쓴 느낌이 든다. 그것 때문에 그 대상의 본성은 자연스럽게 드러나게 된다. 관련된 대상의 바로 그 본질과의 통합을 통해서 인간 역시 신과 하나가 된다. 직관적 계시의 이런 경험은『윤리학』의 제5권에 설명되어 있다. 이런 종류의 지식은 다른 어떤 것에서 오는 것이 아니라 그 대상 자체가 이해에 직접적으로 노출되는 데서 비롯된다. 만약 그 대상이 영예롭고 좋다면 그 영혼은 반드시 그 대상과 하나가 될 것이다. 그러므로 사랑을 불러일으키는 것은 바로 이런 지식이라는 사실은 반박의 여지가 없다. 따라서 이런 식으로 우리가 신을 알게 될 때 우리는 반드시 신과 하나임에 틀림없다. 이런 결합으로만 우리의 행복이 존재하는 것이다(Wild, 1938, pp. 29-30에서 Spinoza의 글 재인용). 여기서 자연 전체와 신비로운 결합의 황홀감을 느낄 수 있다.

스피노자가 직관과 신비주의를 연관시킨 최초의 작가는 결코 아니다. 이전 세기에 구두 제조공이자 독일 개신교도인 야곱 뵈메(Jakob Boehme)는 '신성한 직관'에 대해 썼다. 정규교육을 거의 받지 못했던 뵈메는 자신의 지혜에 직관적으로 도달했던 것처럼 보인다. 여기서 뵈메는 "나 자신의 힘만으로는 보통 사람처럼 무지하고 아무것도 할 수 없다. 그러나 신의 성령(Spirit of God)을 통해서 나 자신의 타고난 영혼은 모든 것을 관통한다……. 신의 사랑의 영혼이 나의 영혼을 통과할 때, 동물과 신성이 유일한 하나의 존재, 유일한 하나의 개념, 유일한 하나의 빛을 형성한다."(Boehme/Berdyaev, 1958, p. vii)라고 하면서 성령의 중재를 인정한다. 여기서 우리는 신과의 결합에 대한 생각과 사물의 바로 그 본질을 이해하는 통찰력에 대한 생각을 갖게 된다.

모든 사물에 일반적으로 직관적인 감각요소가 있으며 공명을 현대 양자물리학에서 발견하는 인상을 받는다는 사실은 아주 흥미로운 일이다. 아인슈타인은 수년에 걸쳐 이 원자보다 작은 단위(아원자)를 발견하려고 노력했고, 그 후 물리학자들은 절대적으로 모든 우주의 사물의 본질은 진동하는 에너지의 꼬인 끈이라는 끈 이론을 포함한 많은 개념들을 내놓았다. 이 이론은 여전히 가설로 남아 있지만, 현재 물리학은 고체, 공간, 시간에 대한 우리의 전통적인 개념을 제거해 버렸다. 인간이 하나의 '막(membrane)'에서 살고 유사한 존재들이 근처에 사는 3차원이 아니라, 사실상 11차원까지 있을 수 있다는 것이다. 1975년 무렵 물리학자인 프리초프 카프라(Fritjof Capra)는 "우주는…… 본질적인 면에서 관찰자를 항상 포함하는 역동적이고 분리할 수 없는 전체로 느끼게 된다."라고 언급했다. 이런 틀 안에서 원인과 결과에 대한 개념은 모든 의미를 잃는다. 카프라(1975, p. 81)는 현대 물리학과 동양의 신비한 경험들을 직접 비교했고, 이것들은 우주의 본질과 관련해 똑같은 지식으로 별개지만 보완적인 방법을 취하고 있다는 결론을 내렸다.

스피노자의 심리학은 현대의 인간중심적 접근 및 초월심리적 접근과 직접 비교되는 놀라운 것이다. 스피노자는 대부분의 일상적인 도덕적 비난은 인간의 열정과 행동에 대한 무지에서 나온다고 생각했다. 인간의 열정과 행동을 이해하면 인간은 자유로워질 수 있다. 고차원적인 지식에 도달할 수 있으면, 인간이 겪는 감정과 욕망은 영원한 진리에 대한 지속적인 흥미로 변형된다. 스피노자의 대부분의 글은 이단으로 간주되어 살아생전에는 발간되지 못했다.

이제 헨리 베르그송과 그의 궁극의 실재 개념으로 넘어가 보자. 베르그송은 그렇게 많은 모순되는 이론들이 제시되어 온 것은 직관을 무시한 데서 기인한다고 여겼다. 그는 궁극의 실재를 움직임과 변화로 인식했다. 변화의 과정에서 생명이 나타나고, 결국 지성은 생존에 대한 욕구에서 발달한다. 지성은 선택을 제시해 왔고 이를 지원하기 위해 인간은 모든 것을 분류하여 모든 대상에 영원성을 부여했다. 그러나 이러는 동안 실재는 끊임없이 계속되는 것 혹은 '지속'에서 '정형화된 부동성'으로 바뀌었다. 모든 요소들이 서로 연결되어 있는 생명과 움직임은 사실상 지성이 그것들을 이해할 수 없을 정도로 매우 복잡하다. 직관을 통해서만 생명과 움직임의 의미를 파악할 수 있고, 그것은 결국 지성에 의해 제시된 모순을 해소한다.

어떻게 이것이 시작되는가? 자신의 추리력에서 벗어나 침잠함으로써 인격 내에서 현재 일어나는 흐름과 전적으로 맞물릴 수 있다. 순수한 지속시간은 직관적으로 경험되는 바로 그때다. 베르그송은 이미지를 불러오는 것이 이 과정에서 어떻게 도움이 되는지를 설명한다. 각각에 똑같이 주의를 집중해야 하며, 이것은 다시 긴장을 유발하고, 그러면 의식은 있는 그대로 가리지 않고 그 자체를 자신에게 드러내는 특이한 기질을 채택한다. 직관이 자연스럽게 나오는 것은 바로 이런 태도를 통해서다. 베르그송은 나중에 『창조적 진화(*Creative Evolution*)』(1913/1954, p. 250)에서 "우리의 의식이 그것의 원칙의 일부와 일치하도록 이미 만들어진 것에서 벗어나 만들어지고 있는 것에 다가가야 한다."라고 설명한다. 따라서 끊임없이 일어나는 사건에 대한 직관을 갖게 되는데, 이것이 궁극의 실재다.

그러나 슬프게도 직관은 결코 한 순간 이상 지속되지 않는다. 따라서 생각을 밀고 나가려면 다시 직관이 나타날 때까지 이성에 또다시 의존해야 한다. 그것은 "거의 다 꺼진…… 그러나 중요한 관심이 있는 곳에는 어디서나 희미하게 깜빡거리는 램프와 같다. 우리의 인격에, 우리의 자유에, 자연 전체에서 우리가 차지하고 있는 장소에, 우리의 기원에, 운명에까지도 희미하게 흔들리지만, 그래도 그 빛은 지성이 우리에게 남겨 준 밤의 어둠을 관통한다." (1913/1954, p. 282)는 것이다. 직관은 우리 자신의 본성을 조명하고 우리가 전(全) 세계와 어떻게 연결되어 있는지를 밝혀 준다. 우리는 직관에서 지성으로 옮아갈 수 있지만 지성에서 직관으로 옮아갈 수는 없다.

이 현상은 '마음 자체, 어떤 의미에서는 생명 자체'로 지각될 수 있는 바로 이런 직관을 통한 방식이기 때문에, 베르그송과 같은 철학자에게 직관은 없어서는 안 되는 필수적인 것이다(1913/1954, p. 282). 그래서 그는 물질을 만드는 것과 비슷한 과정에 의해 직관에서 잘려 나온 지성의 이미지를 제시한다. 따라서 영적인 삶의 통합이 드러난다. 직관의 신비한 영성이 여기서 암시된다. 베르그송은 분명히 공격 이상으로 지상에서 높은 영성을 중단시키는 종교적 독단을 비난한다. 이런 와중에 몸과 내면의 영혼의 연결이 사라진다. 그는 의식을 무수한 잠재력으로 충만한 거대한 파도에 비유한다. 생명의 강으로서 파도는 인간의 몸을 통해 계속 흐르고 각각의 작은 실개천이 새로운 영혼을 만들어 간다. 이 이미지는 베르그송의 생명의 근본원칙이 움직임과 변화임을 절실하게 느끼게 해 준다.

베르그송은 직관과 예술창작에 대해서도 많은 말을 한다. 직관의 노력으로 예술가와 모델 사이의 공간으로 인한 장벽을 부수기 위해 '일종의 공감에 의해' 대상과 하나가 되는 예술가의 개념이 생긴다(1913/1954, p. 186). 예술가는 대상의 본질을 깊이 이해하기 위해 관찰된 대상에 들어가 그것과 하나가 된다. 바로 그때 대상의 본질이 표현될 수 있다.

베네데토 크로체는 『미학(Aesthetic)』(1901/1953)에서 이성은 직관에 의존하고 직관은 지식으로 가는 주요 경로라는 점에서 베르그송과 의견이 일치한다. 와일드(Wild, 1938)가 설명한 것처럼 이런 맥락에서 직관은 정신활동을 전제한다. 이러한 정신활동은 마음속에서 명백해져 소리, 색깔, 형태 등으로 표현될 수 있는 전체 혹은 통합을 형성하는 인상들 중에서 선택하는 자연스러운 과정이다. 그러나 창작품을 낳기 위해서는 의지가 개입되어야 한다. 크로체는 단일체를 만들기 위해 모든 요소를 끌어모으는 통합을 '영적'으로 간주하는데, 이것 역시 아름다움(美)과 동의어다. 아름다움(美)은 어떤 한 가지 직관의 특성이 아니라 모든 직관의 특성이다. 아름다움(美)은 형태이며, 직관적인 형태다. 크로체 역시 직관이 '신성한 창조의 기쁨'을 가져올 수 있다는 깊은 만족감에 대해 쓰고 있다.

이 철학자들은 직관은 지식의 최고의 형태로, 논리는 차선으로 간주한다. 직관은 영적이고 신성하며 영혼에 관한 것인 반면, 논리는 인간의 사고과정의 현실적 산물이다.

인본주의 심리학과 유사한 이론들

앞에서 3명의 철학자가 설명한 궁극과의 만남은 일상적인 인간경험의 영역 안에 있지 않아 그것의 지속되는 소통에 상당한 어려움이 생길 수 있다. 동시에 그런 경험이 그 자체로 충분한 것으로 드러나고, 스피노자가 제안한 것처럼 영적인 방향으로 이끌어 줄 수 있다.

심리학자인 아브라함 매슬로(Abraham Maslow)는 완전하게 기능하는 사람들을 연구하면서 그가 명명한 '절정경험'이 그 사람들에게 본질적으로 의미가 있음을 보여 주었는데, 모든 것이 다름 아닌 그것 자체보다 다른 결과를 의미하지는 않는다는 것을 증명할 만큼 그들 자신에게는 매우 귀중한 경험들이다(1970/1976, p. 75). 그런 경험은 심리적 건강과 관련 있는 현상들이며, 이런 경험에 열려 있는 사람에게 유용하도록 나타난다. 이런 경험은 주관적이므로 철학자들에 의해 논의된 '궁극'과 맞먹는 것으로 매슬로가 묘사한 것을 어느 정도인지 측정하는 것은 불가능하다. 그러나 그 경험의 일부는 분명히 그 사람에게 매우 중요한 지식을 달성하게 하고, 삶의 질을 높여 주며, 심지어 삶을 변형시키기까지 한다. 그것이 다시 일어나지 않는다 하더라도 그 경험의 힘은 삶을 향한 태도에 영원히 영향을 미칠 수 있다(1970/1976, p. 75).

그러한 깨달음의 특성을 규정하면서 매슬로는 그런 특성들이 '관심의 전환' 및 '인지구조'와 관련된다고 결론지었다(p. 77). 따라서 사람이 보통 사용하는 의식수준에서 벗어나 다른 상태로 가는 움직임이 있는데, 바로 이것이 직관적 지식에 이르는 것이다. 예를 들어, 사람이나 사물에 대한 강한 매력은 방해, 피로, 따분함을 배제한 자각의 집중 및 초점과 관계된다. 그렇지 않으면 관심은 모든 것이 의미 있는 전체로 보이는 지점까지 모두를 아우르고 확대될 수 있다. 게슈탈트 용어에서 이것은 분명한 혼돈 속에서 패턴을 인식하거나 전적으로 새로운 게슈탈트를 만들어 내는 전경-배경 관계의 변화를 포함할 수 있다(Köhler, 1929). 매슬로는 이런 상태를 '존재 인식(Being-cognition)'[1]이라 부르는데, 줄여서 'B 인식'이라고 한다. 이 상태에서 세상은 전적으로 선하고 아름다우며 가치 있는 세상으로 보인다. 매슬로는 절정경험 동안의 인식을 궁극, 이상, 먼 목표로 인식되는 존재 가치라는 말로 설명하는 것이 가능하다고 주장한다. 많은 다른 특성과 함께 아름다움(美)과 진리가 절정경험 동안 인식되는 실재의 특성 목록에 포함된다는 것은 주목할 만하다.

'존재 가치'의 개념은 내담자의 병적 이상뿐만 아니라 최고, 최상의 상태를 인지한다는 관점에서 심리치료사들에게 도움이 될 수 있다. 달리 말하면, 숨겨진 원인을 쉽게 드러내 주고, 그래서 더 보람 있는 삶으로 이끌어 주는 잠재력을 지각할 수 있다. 게다가 내담자는 종종 혼란스러운 상태에 빠진다는 보고를 한다. 이때 상담사는 내담자가 내면의 혼란을 이해하도록 도움을 줄 수 있다. 이것은 삶에 대한 이야기가 전개될 때 패턴 인식과 그러한 관찰내용을 내담자에게 전하는 것도 포함될 수 있다. 매슬로의 생각은 '제3세대', 즉 잠재력의 실현을 강조하는 인본주의 심리학[2]의 이면에 있는 영감이었다.

더 나아가 이런 특별한 경험에 대한 의사소통이 확실히 문제가 될 수 있다는 관찰에 대해 매슬로와 고전적 직관론자들 사이에 의견을 같이한다. 인터뷰를 하는 동안 말로 표현할 수 없는 정보를 끌어내려는 시도로 매슬로는 자신이 '과장된 동일구조 의사소통'이라고 설명한 것을 결합하는 데에 자신의 절차를 맞추어야 했다(1970/1976, pp. 84-90). 시적, 은유적, 1차 과정 언어와 몸짓, 표정, 목소리의 톤 등으로 추론되는 비언어적 메시지의 통합을 위해 분석적이고 이성적이고 직선적인 접근을 포기해야 했다. 만

약 냉정하고 무심한 수사관의 태도가 아니라 형제처럼 나-너의 태도를
취한다면, 내담자는 자신의 경험을 훨씬 더 상세하게 잘 드러낼 것이다.
매슬로가 절정경험을 분석하는 데 적절하지 않다고 여기는 전통적인 정
신분석의 무감정한 관찰보다 이런 특별한 접근법을 상담을 하는 동안 사
용할 것을 상담사나 심리치료사에게 권고한 것은 흥미로운 일이다. 상담
사나 심리치료사로서 일반적인 접근이 특별한 의사소통 경험을 얼마나
많이 권장하고 억제하는지 자신에게 물어볼 충분한 가치가 있다.

웨스트콧이 논의한 3명의 철학자들은 직관에 의해 도달된 진리는 이성
에 의해 도달될 수 없다고 주장하면서 직관을 지성과는 독립된 것으로, 확
실히 반대되는 것으로 두고 있다. 이와 마찬가지로 이성은 직관으로 얻어
진 진리를 반박하거나 심지어 완벽하게 묘사하거나 설명할 수 없다. 그러
나 매슬로는 직관적 지식에 대한 독자적인 외부의 확인이 필요하다고 강
조한다. 그는 더 큰 관심과 보살핌으로 이어지는 사랑에 빠진 예를 인용하
지만, '내 남편은 천재야.' 같은 과장된 표현을 마찬가지로 촉발시킬 수도
있다(p. 77). 정신과 의사인 로베르토 아사지올리(Roberto Assagioli)는 직관
적인 정보를 확인하기 위해 '정밀한 조사'를 하는 것이 중요하다고 강조
하면서 이에 동의한다(1974/1984, p. 156). 실제로 가설을 세우고 임상적 판
단과 관련해 그러한 개념에 대한 유용성과 타당성을 검토하지 않는 것은
무책임한 일일 것이다. 이와 관련된 상담사나 심리치료사들의 접근방법
이 다음 장의 주제가 된다.

초월심리치료

모든 생명의 유대감에 대한 직관적 이해, 즉 사물의 본질을 이해하는 신

과의 접촉에 대해 알려 주는 느낌이든, 아니면 단순히 문제해결과 관련한 갑작스러운 통찰을 갖는 느낌이든 간에, 보통을 벗어난 특별한 경험이 사람들에게 미칠 수 있는 영향에 대해서는 의심할 여지가 없다. 그러나 상담사나 심리치료사들이 전통적으로 근거를 두었던 모델은 신비하고 영적이고 직관적인 것이 아니라 의학적인 모델이다. '내담자'는 고칠 필요가 있는 뭔가 잘못된 것을 가지고 있으므로 '아픈' 것으로 보인다. 분석가나 상담사 및 심리치료사는 이것을 치유하는 방법을 아는 전문가로 여긴다. 따라서 매우 중요한 모든 인간의 경험은 그것 자체로 변형되고 치유될 수 있는데, 그런 공식을 무시하는 경향이 있다. 더 나쁜 것은 숭고한 경험을 병적으로 여길 수도 있고 자신도 모르는 사이에 의식에 대항하고 의식으로 수용하지 못할 수도 있다는 것이다.

그러나 때로는 '제4세대'라 일컬어지는 초월심리학의 성장은 균형을 바로잡는 데 도움을 주었다. '초월'이라는 단어가 암시하는 대로 그 정체성의 느낌이 개인의 자기를 넘어 영적 경험의 영역으로 확대되는 것으로 보인다. 이것은 개인적인 것을 허용하지 않는 것이 아니라 오히려 개인을 통해 표현될 수 있다는 것이다. 그러나 개인적인 관심은 개인이 역할을 담당하는 우주 전체의 더 큰 맥락에서 서로 연관된 것으로 보인다. 생명의 직관적 의미를 신성한 것으로 따르고 세상을 더럽히거나 훼손시키기보다 보호할 필요가 있다. 특히 명상과 사색을 통한 더 높은 의식 상태를 권유하고 아름다움, 진리, 사랑과 같은 성품을 추구한다.

우주의 본질에 대해 오랫동안 품었던 많은 과학적 추론에 도전하는 양자물리학의 진보에도 불구하고, 서구의 주된 패러다임은 우주는 우연히 생성되었고 그 존재의 특정한 시점은 알 수 없다는 것이다. 그런 신념을 가진 사람은 우주를 목적이 있고 살아서 진화한다고 보는 사람들과는 달리 자신과 주위 환경에만 반응할 것이다. 이와 마찬가지로 인간의 본성에 대한 일반적인 추측은 인간은 분리된 몸이며 의식은 단지 인간의 두뇌 속에만 머물러 있다는 것이다. 더욱이 의식은 순전히 인간만이 갖고 있는 능력이며, 이것으로 물질적 욕망을 채우기 위해 인간은 나머지 자연계를 지배하고 통치할 권리를 갖게 된다. 신체의 죽음은 개인의식의 종말을 가져온다. 그러나 영성심리학은 인간은 신체보다 더 많은 것이 있고 모든 생명의 근원과 긴밀하게 연결되어 있는 영혼이나 본질, 더 높은 참나 같은 개념을 포함한다고 주장한다. 따라서 인간은 신체를 넘어 연속성을 가지고 있다. 뇌로 말하자면, 이것은 의식의 자리가 아니라 오히려 의식의 도구이므로 일종의 전달 장치 역할을 한다. 의학적 모델은 정서를 약으로 변화시킬 수 있는 전기화학적 변화에 좌우된다고 보지만, 초월심리치료는 정서를 영적 성장을 위해 사용할 수 있는 에너지의 근원으로 보고 있다. 덧붙여서 정서는 오로지 몸에 국한된 것이 아니라 다른 것들에 직접적인 영향을 미칠 수 있는 것으로 여긴다. 과학의 발달은 시대에 뒤처져 여전히 더 새로운 기술들로 빠르게 대체되지만, 언젠가는 우리가 모든 것을 알아낼 것이라는 일반적인 믿음이 서구에 존재한다. 이와는 대조적으로 초월심리치료는 겸손을 권장한다. 초월심리치료는 지성의 유용성을 부인하지 않으면서 절대적이고 영원한 진리를 바로 알 수 있도록 직관을 배양하는 영적인 길을 가는 사람들을 돕는다. 상담사나 심리치료사는 그들 자신이 그런 영적인 길을 따라 나아가는 한 이 과정에 도움을 줄 수 있다.

이 간단한 개요에서 지배적인 과학적 관점을 고수하는 사람들과 자신의 수련에 영적 가치를 통합하려는 사람들의 태도에 근본적 차이가 있음을 이해할 수 있다. 하지만 중요한 것은 찰스 타트(Charles Tart, 1975/2000)가 강조한 것처럼 가설이 함축적인 채로 남아 있지 않도록 가설에 도전함으로써 우리 자신의 관점을 깨닫는 것이다. 상담사로서의 우리의 전망은 내담자와의 업무에 근본적으로 영향을 끼칠 것이 분명하다. 직설적으로 말하면, 영혼이 없는 접근방식은 영혼이 없는 결과를 낳을 가능성이 크다. 동시에 특정한 내담자의 세계관을 존중하는 것이 적절하다.

나는 최근 들어 특히 이것을 의식하게 되었는데, 스트레스를 받은 한 회사 중역이 나에게 상담을 하러 왔다. 그 내담자는 아주 지적이고 사려 깊은 사람이었고 정말이지 굉장히 합리적인 사람이었다. 그럼에도 불구하고 그는 심각한 신경쇠약으로 고통받으면서 몇 달 동안 일을 못하고 있었다. 그의 내향적인 성격과 시선 회피와 단조로운 목소리 톤은 자신의 감정을 아주 오랫동안 접어 놓았음을 말해 주었다. 그 내담자가 원한 것은 다시 기능을 회복하고 가능한 한 빨리 직장으로 복귀하는 것이었다. 그 내담자를 도와 그에게 필요한 것들을 더 잘 처리할 수 있도록 전략을 세우는 데 도움을 줄 수 있는가? 이것이 우리가 안전하게 시작할 수 있는 방법이었지만, 나는 동시에 표현하려고 애쓰는 그의 진정한 자기, 그의 영혼의 이미지가 떠올랐다. 적절한 시간에 우리는 자연과 가까이 있고 싶어 하는 그의 갈망을 탐색할 수 있었고, 그는 높은 수준의 보고서를 만들어 낼 수 있는 지성적인 기계 이상으로 자신을 표현하기 시작했다.

치료적 맥락에서 우리가 직관을 진지하게 받아들이면, 그다음 우리는 유용한 기술로 가득 찬 배낭보다 더 많은 것을 가져야 한다. 비언어적 의사소통을 이해하는 데 일상의 직관이 중요하지만, 더 높고 더 깊은 초월적 경험의 영역도 있다. 다양한 직관의 종류를 더 잘 이해하기 위해 존 로완(1993b, pp. 14-17)은 유용한 여섯 단계를 제공했는데, 각 단계는 자기의 다른 개념을 포함한다. 첫 번째는 '어린이 자기(child self)'로, 환경에서 발생하는 직관은 아주 풍부하지만 말로써가 아니라(논리-전 단계이므로) 놀이나 그림으로 표현된다. 창의적인 사람은 의도적으로 이 단계로 되돌아간다. 두 번째는 '마술적 자기(magical self)'로, 집단과의 밀접한 동일시로부터 나오는 황홀경과 같은 상태를 나타낸다. 이는 신비한 융합(participation mystique)으로 책의 앞부분에서 논의되었다. 세 번째는 '역할극 하는 자기 (role-playing self)'로서, 여기서는 직관을 주로 사회에 대한 봉사에 적용한다. 이것은 학습할 수 있는 기술, 발명과 발견에 유용한 실질적이고 창의적인 것들을 만들어 낼 수 있는 기술로 보인다. 네 번째는 '자율적 자기(autonomous self)'로, 이때 사람은 참신하고 독창적인 방식으로 직관의 영적인 측면에 조율하기 시작한다. 이 단계에서는 말보다는 심상화와 상징에 더 많이 의존한다. 다섯 번째는 '내맡겨진 자기(surrendered self)'인데, 직관이 인격 외의 근원으로부터 오는 것으로 인식된다. 그러므로 이 근원에 마음을 열고 수용하는 것인데, 이 근원은 안내를 제공하는 뮤즈(Muse) 혹은 원형(Archetype) 혹은 현명한 존재(Wise Being)로 개념화된다. 가장 높은 여섯 번째 단계는 직관의 근원과의 완전한 동일시가 된다. 깨달음과 초월의 상태는 신비주의자들이 묘사하는 것처럼 더없는 기쁨과 황홀감이 동반된다. 이제 더 이상 어떤 어려움도 없다.

비록 많은 직관들, 특히 최고의 직관은 결코 의도적으로 유도될 수 없기는 하지만, 초월적으로 연구를 하고자 하는 상담사나 심리치료사는 다양한 직관유형을 이해할 필요가 있고, 희망을 가지고 경험할 필요가 있다. 이것은 자신의 본질과 관계가 있기 때문에 개인에게서 많은 것을 요구하는 것이다. 또한 이것은 영적 수행의 규율에 기꺼이 복종하고 그것이 제공하는 어떤 것에도 문을 여는 것을 포함한다. 신뢰와 대담함이 그 길에 필요하며 다른 안내자로부터 많은 격려가 필요할 수도 있다. 동시에 개인적으로 상당한 보상이 따르고 내담자와 풍요로운 작업을 할 기회가 많이 생긴다.

그런 접근방식은 초월심리치료만이 아니라 예를 들면 인간중심적 치료에서도 만날 수 있다. 브라이언 손(2002a)은 기독교적 관점에서 '실질적 신비주의'(p. 84)로서 세 가지 핵심 조건에 바탕을 둔 삶에 헌신하는 것에 대해 쓰고 있다. 지속적인 자기탐구와 자기인식(조화), 판단 없이 타인을 받아들이기(무조건적인 긍정적 배려)와 타인의 경험을 그들의 관점에서 이해하는 능력(공감)이 포함된다. 이런 종류의 헌신은 타인의 존재에서 생동감, 내재적인 진리와 아름다움의 지각과 같은 '신성한 에너지'의 방출로 이어진다. 손(Thorne)은 이것을 사랑에 빠져 있는 것보다 더 심오하지만 마찬가지로 '기쁨과 활력'으로 가득하다고 묘사한다. 그러한 묘사는 고조된 자각과 아마도 정상을 초월한 의식 상태까지도 가리킨다.

이것은 칼 로저스(Carl Rogers)에 의해 묘사된 인간중심적 치료의 신비적 측면을 반영한다. 그는 매우 세심하게 자신의 내면의 영혼이 때로는 어떻게 타인의 내면의 영혼에 이르고 이와 접촉하는지에 대해 적고 있다. 그래서 치료적 관계는 '그 자체를 초월하여 더 큰 뭔가의 일부가 된다.'(1980/ 1995, p. 129) 로저스가 자신의 '내면의 직관적 자기'와 아주 가까워졌을 때 어쩌면 의식이 약간 변형된 상태에서 이런 일이 일어날 것이다. 그가 하는 무슨 일이든지 '충분히 치유되는 것처럼 보이고' 단순히 그의 존재가 '자유로워지고 타인에게 도움이 되는' 것이 이런 순간이다. 그런 상태는 결코 강요될 수 없고, 느낌이 편안하고 자신의 초월적 핵심에 가까이 있을 때 자연스럽게 일어난다.

명상의 효과

우리의 문제에 대해 꽤 많은 해결책을 제시하는 과학과 더불어 서구에서는 통상적으로 외부의 관찰과 실험에 의존하게 되었다. 마치 우리가 내면에 있는 지혜에 대해서는 잊어버린 것과 같다. 우리는 일반적으로 깨어 있는 상태를 정상으로 받아들이는 한편, 의식의 어떤 고양된 혹은 변형된 상태에 대해서는 상당한 의심을 한다. 반면, 동양의 고대 심리학은 두려움, 빈곤, 탐욕, 자만심 등 인간의 고통이 일상적인 의식의 깨달음의 상태로의 변형을 통해서 자연스럽게 줄어드는 것을 인정한다. 명상을 통해서 그러한 상태에 도달한다. 더군다나 지지자들이 삶을 다른 관점에서 인식하도록 더 높은 상태의 양상이 의식의 정상영역으로 들어오기 시작한다.

명상에 대한 나의 첫 번째 경험은 깨달음을 얻으려는 시도로 나타난 것이 아니라 내 몸에 가장 좋은 치유의 기회를 제공하려는 시도를 하면서 경험했다. 나는 삶에 대해 두려워하면서 그런 위협적인 병을 극복하는 데 도움이 될 만한 어떤 것이라도 기꺼이 하겠다는 의지로 브리스톨 암 센터에 있었다. 프로그램의 일부로 집단명상을 했는데, 우리는 자신의 생각이 떠다니도록 허용하면서 호흡에만 집중하고 있었다. 나는 깊이 이완되었을 뿐만 아니라 불과 30분 후에 눈을 떴을 때는 방이 얼마나 아름다워 보이는지 깜짝 놀랐다. 반대편에 있던 커다란 식물은 더 이상 정적인 대상이 아니었다. 나는 지지대를 타고 올라와 비틀고 있는 그 식물의 에너지를 '볼' 수 있었다. 베이지라고 생각했던 카펫은 이제 셀 수 없이 많은 작은 색깔 방울들로 채워져 있었고, 그림은 움직임과 온갖 의미로 가득 차 보였으며 창문을 통해 들어오는 빛나는 햇살은 가구의 형태에 강렬함을 더해 주었다. 내가 고양된 자각상태에 있음이 분명했다. 실제로 명상에 동반되는 생리적 변화들이 잘 기록되어 있다. 뇌파는 베타파(정신 활동, 13~26Hz)에서 알파파(휴식 상태, 8~13Hz)로, 그다음은 세타파(최면적 몽상, 4~8Hz)로 길어진다. 그러는 동안 세로토닌이 혈관에 분비되어 행복감을 준다(Green & Green, 1977).

상담 회기와 회기 사이에 혹은 상담이 막 시작되기 전에 내담자에 대해 명상을 하거나 내담자를 위해 기도하는 것은 이와 유사하게 인지를 높이고, 사례에 대한 직관적 이해를 심화할 수 있다. 모든 종류의 기분, 분위기, 비언어적 의사소통에 더 민감해진다. 초의식 수준에서 그 사람의 운명에 대한 우려, 내담자의 잠재성, 삶의 목적이 드러날 수 있다.

　정신통합은 두 종류의 명상을 추천하는데, 사색적 명상과 수용적 명상이다. 전자는 사랑, 아름다움, 용기와 같은 특별한 자질, 특히 자신의 삶에 가져오고 싶은 것에 15분 정도 마음을 집중하는 것이다. 모든 연상, 이러한 자질을 발산하는 사람들, 그것의 개인적 경험 등을 곰곰이 생각한다. 마음이 방황한다면 부드럽게 주제로 되돌린다. 피에로 페루치(Piero Ferrucci)는 지루해지고 주제가 고갈되는 것을 느끼고 포기하고 싶어지는 바로 그 시점에 계속해야 하는데, 그때가 바로 평상심을 경험하고 통찰이 일어날 가능성이 가장 높은 때라고 제안한다(1892/1995, p. 96). 그 사람이 주제에 대해 더 집중하면 할수록 그 자질을 일상생활에 의미 있는 방식으로 가져오는 무의식적 처리에 더 많이 의존할 수 있다. 그 기법은 특히 내담자가 자신의 삶에 중요한 뭔가가 결핍되어 있다고 느낄 때, 내담자에게도 물론 제공할 수 있다. 영감을 주는 문구를 동일한 방식으로 사용할 수 있다. 개인적인 자질이 고양되는 것뿐만 아니라 이런 형태의 명상은 초의식 에너지와 직접적 직관의 개방을 허용해 줄 수 있다.

　정신통합에 의해 제시된 두 번째 종류의 명상은 수용적 명상으로, 사색적 명상에 뒤따라올 수 있다. 관심의 초점을 내려놓고 마음을 자유롭게 한다. 조용하게 주의를 기울이는 상태에서 무엇이든 들어오는 것을 기다린다. 페루치는 이런 마음의 침묵이 직관을 알아차리는 데 얼마나 중요한지를 묘사하는데(1982/1995, p. 233), 중요한 의미를 내포한 이미지 형태로 나타나기도 한다. 직관은 일상적인 종류로 사생활에서 어떤 사람에 대한 정보, 내담자에 대한 정보, 혹은 어떤 문제에 대한 해결책을 제공해 주거나 아니면 그것은 초의식에서 어떤 우주적 법칙, 즉 모든 것의 상호연결성, 모든 것과 하나 된 느낌과 관련해 나올 수 있다. 그 뒤에 나오는 것은 종종 경외감이나 감탄의 느낌을 동반한다.

나는 몇 주 전에 그런 경험을 했다. 그날 저녁은 아주 흥분되어 있었고 너무 들떠서 쉽게 잠이 들지 못할 정도였다. 그래서 조용한 초록의 풀밭에 있는 나 자신을 상상하면서 '의식'이란 단어를 명상했다. 그러고는 내 마음을 비우고 반수면 상태로 들어갔다. 갑작스럽게 일종의 환상을 보았는데, 초원의 꽃과 나무가 태양을 향해 방향을 돌리고 나중에는 빛이 희미해짐에 따라 꽃잎이 닫히는 것이었다. 그때 나는 갑자기 깨달음을 얻었는데, 모든 생명은 의식이 있으며 환경이 주는 것이 무엇이든 모든 것에 감각으로 반응을 한다는 것이다. 그때 나는 지구상의 모든 생명체가 어떻게 연결되어 있는지, 인간인 우리는 존재의 사슬에서 단지 하나의 요소임을 '이해'할 수 있었다. 그렇게 친밀하게 자연의 일부라고 느끼는 데 깊은 만족감이 있었다.

물론 다른 영적인 전통에서 나온 많은 종류의 명상이 있다. 상담사나 심리치료사에게 오는 또 다른 형태의 잠재적 효과는 '마음챙김'이다. 명상을 하는 동안 상담사나 심리치료사는 몸 안, 느낌과 마음, 또한 자기 주위에서 매 순간 일어나는 모든 일을 완전히 알아차리게 된다. 이것은 가공되지 않은 지각으로서 해석하지 않고 선입견이나 반응하고 생각하는 어떤 습관적인 방식을 내려놓는 것으로, 의미 있는 통찰에 이를 수 있다. 게슈탈트 접근방식과 약간 유사성이 있는데, 초점이 지금 현재에 있다는 점과 내담자를 경험적으로 이해하는 것의 목표에서 그러하다. 실제로 선불교는 게슈탈트 이론이 만들어질 때 유익한 영향을 주었다. 프리츠 펄스(Fritz Perls, 1973/1976)는 상담 장면에서 일어나는 모든 일에 대한 '관계의 알아차림'에 관해 쓰고 있다. 상담사나 심리치료사는 자신의 반응, 욕구, 생각과 느낌에 주의를 기울일 필요가 있을 뿐 아니라 내담자의 의사소통에 반응하며, 모든 환경과 그 사이의 공간에서 일어나는 모든 일에 민감해질 필요가 있다(제12장 참조).

인도에서 불교명상을 공부한 리차드 슈스터(Richard Schuster)에 따르면, '마음챙김'의 규칙적인 수행은 공감능력을 향상시킬 뿐만 아니라 집중의 깊이는 열린 마음을 경험하는 것과 긍정적으로 관련되어 있다고 한다(1979, p. 74). 매일 마음챙김 수행을 통해서 분석적인 마음과 조건화된 사고의 강요 없이 이어지는 매 순간 기본적인 주의를 기울이는 데 익숙해지게 된다. 그것은 존재하는 것에 대한 순수한 지각이다. 이 과정은 슈스터의 말에 따르면, '치료사가 내담자의 의사소통과 경험을 더 편안함과 분명함, 유동성을 가지고 직관적으로 이해하는 것'을 도와준다(p. 76).

융(Jung)은 동양의 신비주의에 깊은 영향을 받았다. 요가수행을 통해 대상과의 모든 정서적 결합으로부터 에너지(리비도, libido)를 끊는다. 이것은 자기(self)가 대상의 본질과 융합되고 아트만(atman)에 도달할 때까지 결과적으로 타파스(tapas)의 과정이 되거나 만족스럽지 못한 명상이 된다. 특히 흥미로운 것은 요가과정에 대해 적은 융의 심리적 기술이다.

> 요가는 대상과의 관계를 안으로 향하게 한다. 이들이 활동의 중요성을 잃고 무의식으로 가라앉아서, 우리가 보여 주었던 것처럼 그곳에서 다른 무의식적 내용물과 새로운 관계에 들어가며, 자신을 타파스 훈련이 종료된 다음 새로운 형태로 대상과 재연결한다(CW 6, para. 191).

이 과정은 직관의 관점과 다르지 않다. 여기서 생각과 이미지들이 자신을 재조립하여 무의식 속에서 새로운 연결을 맺는데, 통찰과 이해, 의식적인 마음으로 새로운 생각을 제안할 가능성이 있다.

정신과 의사인 로베르트 아사지올리는 심리치료 장면에서 직관의 사용 기법에 대해 분명한 가르침을 제시하고 있다(1965/1975, p. 219). 이것은 특히 내적 성찰과 정서적 애착 철회에 관하여 앞서 인용된 요가수련에 대한 융의 설명과 놀라운 유사성을 보여 준다.

> 외부세계나 몸으로부터 온 감각은 계속적으로 의식의 영역에 침입
> 하며, 직관의 등장이나 인식을 불가능하거나 어렵게 만든다. 그러므
> 로 의식의 영역에서 우리가 심리적 정화라 부를 수 있는 것을 수행할
> 필요가 있다…….

두 번째 단계는 '이완과 조용한 기다림'의 단계인데, 이것은 아트만의
상태와 맞먹는 실재나 진리의 인기 있는 경험을 주체가 접촉하고 심지어
동일시할 때까지 '완전히 수동적이지는 않다.' 이 과정 동안 직관이 의식
의 영역에 들어올 때까지 의지가 경계를 할 것이다.

교류분석에서 에릭 번(Eric Berne)은 치료사가 '순수한 신생아처럼' 그
리고 '얽매이지 않는 마음'을 가지고 상담에 접근해야 한다고 권한다. 이
것은 어떤 사전 준비와 내담자에 대해 알고 있는 모든 정보를 없애고 치료
사 자신의 개인적인 문제와 심리치료에 대해 배웠던 모든 것에서 벗어나
야 한다는 것이다. 이런 정신이 때묻지 않은 백지상태(tabula rasa)에서 인상
이 만들어지고 알아차려진다(1966, p. 62). 여기서 또다시 외부로부터의 혼
란을 정화한 열린 마음의 가치가 강조된다.

이런 설명에는 유사한 것들이 많이 있어서 상담사나 심리치료사가 규
칙적인 명상수행을 통해 지각과 내담자와의 순간순간의 상호작용을 상당
히 향상시킬 수 있다는 증거들이 제시되고 있다. 16세기 신비주의자인 야
곱 뵈메의 글이 이러한 맥락에 적절해 보인다. "그대가 자기에 대한 생각
과 자기의 의지로부터 조용히 있을 때, …… 그대의 영혼이 날아올라 일시
적인 것 위에 있을 때, …… 그때 영원한 듣기, 보기, 말하기가 그대 안에
서 드러날지니…… 그러면 신이 그대 안에서 나타나고 그대의 영혼에 속

삭이리라."(Wild, 1938, p. 98에서 Boehme의 글 재인용)

신을 향한 향수

대부분의 상담 및 심리치료는 성격, 낮은 자존감, 강한 부정적 정서, 신경증, 어린 시절의 상처받은 경험에 대해 주의를 기울이는데, 사람들이 더 충족된 삶을 살도록 도울 수 있는 것이 많이 있다. 하지만 삶이 무엇을 위한 것인지, 여기에는 어떤 의미가 있는지에 대해 중요한 질문을 하게 되는 존재론적 위기를 만날 수 있다. 인격 차원에서의 진보에도 불구하고 아직도 뭔가 더 많은 것을 갈망한다. 이것은 때로는 '신을 향한 향수'라 불린다. 초월심리치료는 실존적 위기를 영적 자각의 부름이라고 본다. 세상이 아주 회색이거나 공허하게 보이는 바로 그때 갑자기 절정경험을 할 수 있는데, 모든 것이 변형되고 앞으로의 길이 갑자기 분명해지는 영감이나 계시의 순간이다.

한 동료가 바로 그런 순간을 묘사했다. 그녀의 삶은 최근에 부모님이 돌아가시고 결혼은 파경에 이르고 새로 태어난 아이의 아버지와의 관계에 위기가 있은 후에 완전히 와해되었다. 그녀는 완전히 덫에 갇힌 느낌이었고, 미래는 두렵고, 그 상황에서 빠져나갈 길을 찾을 수 없었다. 웨일스의 먼 지역에 사는 친구들이 그녀를 보고 싶어 했다. 어느 날 근처의 시골길을 운전하고 있었는데, 우울하고 구름 낀 하늘은 그녀의 기분을 나타내고 있었다. 갑자기 한 줄기의 햇빛이 구름 뒤에서 나타났다. 햇빛은 길옆에 있는 녹슨 오래된 양철 헛간을 비추어 반짝이는 금색의 피난처로 바꾸어 놓았다. 그녀는 너무 놀라서 숨이 막히고 완전히 얼어붙어서 차를 세워야만 했다. 동시에 '난 돌아갈 필요가 없어.'라는 생각이 그녀의 마음속에 스쳤다. 그러자 짐이 가벼워지면서 강한 안도감을 경험했다. 그녀의 영혼 깊은 곳에서 일어난 깨달음은 자신이 자유롭게 선택할 수 있고, 여기 웨일스에서 스스로 새로운 삶을 이루고, 멀리 떨어져 있는 중요한 사람들과의 관계를 치유할 수 있다는 것이었다. 후에 그녀는 마을에 있는 오두막을 빌려 완전히 새로운 생활과 삶을 시작했다. 양철 헛간을 지나갈 때마다 그녀는 자신의 영혼이 접촉했던 그 중요한 변형의 순간을 떠올린다.

융 학파의 분석가이자 원형심리학의 창시자인 제임스 힐먼(James Hillman, 1975)은 심리치료를 영혼의 관점으로 '수정하는' 것을 자신의 사명으로 삼았다. 결국 '심리학'이란 단어 자체가 정신(psyche)과 이성(logos)이라는 두 개의 그리스어에서 유래하며, 그 뜻은 영혼에 대한 학문으로 번역된다. 또한 '심리치료'는 영혼의 하인, 즉 수행원을, '정신병리학'은 영혼의 고통을 나타낸다. 심리학자인 데이비드 엘킨스(David Elkins, 1995, pp. 78-79)가 지적한 것처럼, 서양의 심리학은 이런 고대의 뿌리에서 심리학을 단절시켰고 물리학의 입장을 지지했다. 엘킨스는 심리학은 예술이자 과학이며, 원래의 인본주의적 의미로 영혼을 재도입하는 것은 우리의 기계론적 시대에 유감스럽게도 결핍되었던 삶의 깊이와 열정을 되돌리는 것이라고 믿는다. 엘킨스는 계속해서 "영혼은…… 우리에게 논리적 절차보다 훨씬 더 깊고 더 근원적인 세계가 있음을 상기시킨다. 영혼은 고대 상상의 세계로 향하는 문이다. 영혼은…… 가장 깊은 의미에서 신비롭고 시적이다. 영혼을 알기 위해, 우리는 앎의 이성적인 방법을 내려놓고 우리 자신을 존경, 느낌, 상상의 세계로 열어야 한다……."(p. 83)라고 한다. 엘킨스는 우리 각자가 영혼을 개인적으로 그리고 경험적으로 아는 방법을 찾아야 한다고 권하는데, 우리가 어떤 공통의 이해를 찾을 수 있는 것은 이런 깊이에서만 가능하기 때문이다. 힐먼은 자신에 대한 진정한 앎을 그림이나 서정시에 비유하는데, 그것은 '계시적이고 비선형적이고 불연속적이다.'(1990, p. 59)

더군다나 다른 인간의 영혼을 들여다보기 위해서 우리는 '이미지를 가지고 이미지를 찾아서' 상상으로 작업할 필요가 있다. 어떤 사람의 본질을 지각하기 위해 '우리는 그 사람의 상상력을 들여다보아야만 하고, 어떤 환상이 그의 실재를 만들어 내고 있는지를 보아야 한다.' 힐먼은 의미의 상실을 원형적인 의미가 존재하는 이미지의 상실과 동일시한다. 그래서 치료적인 임무는 이런 이미지를 해석하는 것이 아니라 이들이 지니고 있는 무엇이라도 우리에게 알리도록 하여 그런 이미지를 재발견하는 것이다(1990, p. 60).

내담자가 때로는 자발적으로 자신에게 깊은 의미를 지닌 그림엽서나 복사한 그림으로 이미지를 가져올 수 있다. 전달할 필요가 있는 무언가를 표현하는 데 말은 거의 부적절한 것처럼 보인다. 이런 식으로 나에게 가져왔던 놀라운 이미지 중에는 안색이 안 좋은 젊은이가 가져온 것이 있었다. 그는 자신의 초상화와 후줄근한 옷을 입고 자기혐오로 가득한 창녀와 평화스러운 시골풍경 속에 비둘기장을 그렸다. 그런 그림에는 풍부하고 생산적인 작업이 언제나 따라왔다. 젊은이는 정체성의 위기로 고생하고 있었고, 창녀는 여성의 하위인격인 '희생자'의 대표적 인물로 드러났으며, 비둘기장은 사무실 업무의 지루한 일상으로부터의 평화와 평온, 자유에 대한 갈망을 묘사했다.

이와 유사하게, 잘 선택한 시나 이야기를 통해 고통을 겪는 내담자에게 직접 말을 걸고 해결책을 가리킬 수 있다. 개인적 경험으로 볼 때, 나는 한 집단과정에서 엄청난 짐을 싣고 주인의 채찍을 맞는 당나귀에 관한 루미(Rumi)의 시를 보조진행자가 읽어 주었던 경우를 생생하게 기억한다. 내가 말도 안 되게 긴 시간을 일하며 아침마다 일찍 나를 채찍질해서 행동하도록 하면서 나 자신을 이와 마찬가지로 학대하고 있었다는 것을 즉각적으로 깨달았다. 당나귀의 깊은 욕구를 밝혀내고 휴식하고 놀도록 해 주며 도움을 청할 수 있는 종을 달아 주면서 당나귀를 그린 것은 상담에 매우 도움이 되었음이 증명되었다. 시와 이미지를 통해 변화가 가능하다.

* * * *

이 장을 마치면서 나는 이 주제로 인해 흥분되고 활력이 넘치는 것을 깨닫는다. 독서와 연구는 깊이 관련되어 마음을 움직였으며, 초월심리 영역에 관해 내가 갖고 있었을지도 모르는 어떤 두려움이나 냉소주의는 현저하게 줄어들었다. 변형된 의식 상태는 이제 직관에 대한 두려움에서 창의적인 가능성으로 가득해졌고, 부정적인 연상은 균형을 맞추어 제자리를 잡았다. 연결됨의 느낌에 더하여 정의할 수 없는 것을 정의하려고 하는 다른 작가들과 강한 공감을 느끼게 되었다. 마치 나 자신의 영혼이 감동을 받은 것 같고 영혼이 뻗어 나가 더 멀리 탐구하기를 원하는 것 같다.

"영혼은 존재론적으로 갈망한다. 이 갈망이 채워지지 않으면, 삶은 메마르고 건조하며, 영혼은 죽기 시작한다."라는 데이비드 엘킨스의 논문에서의 인용이 이 장에 적절한 결론을 제공해 준다. 영혼이 필요로 하는 것은 '사랑, 선함, 진실, 아름다움, 그리고 열정에 의해 양육되는' 것이다(1995, p. 91).

미 주

1. 매슬로는 '존재 인식'이라는 용어를 사용하는데, 인간이 순수한 존재의 수준에서 삶을 경험하는 초월적 상태를 뜻한다.
2. 제1세대와 제2세대는 각각 정신분석과 행동주의이며, 제4세대는 초월심리다. 인본주의는 병리학을 강조하는 초기의 경향에서 멀어져서 오히려 심리적 건강을 연구했다.

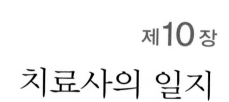

제10장

치료사의 일지

한 동안 나는 직관의 순간에 대하여 치료사로서 나의 업무를 추적해 왔다. 직관이 일어나는 순간마다 그것이 정확하게 무엇으로 이루어졌는지, 그 전후에 어떤 일이 일어났는지를 일지형식으로 적어 왔다. 지금까지 내 연구는 이론적으로는 대단했지만, 이론적 주장을 더 입증하기 위해 실제 상담에서 수집된 더 많은 실증적 증거를 제공할 필요가 있었다. 표본 집단은 치료사들이 경험한 것처럼 직관의 본질을 설명하는 데 유용함을 입증했다. 하지만, 특히 얼마나 정확하게 직관을 심리치료에 사용하는가와 같은 많은 질문들이 아직 답을 얻지 못한 채 남아 있었다. 또한 무엇이 다른 사람들로부터 직관을 촉발하는지, 직관이 일어날 때의 양상, 직관이 실행되는 여부, 결과적으로 어떤 일이 일어나는지, 어떻게 입증되는지, 치료과정에서 효과가 있는지 등을 알아보고 싶었다. 이러한 정보의 결과로 나는 이론적 문헌에서 수집하고 분석한 강점과 더불어 여러 가지 장점이 심리치료사에게 생길 것이라 기대했다.

직관에 대한 심리치료사의 주관적 경험에 관한 정보에 접근하기 위해, 또한 비밀유지의 문제로 인해 상담 장면을 독자적으로 관찰하는 것이 불가능하기 때문에 일지형식을 설계의 기본으로 채택했다. 일지형식의 설계는 롭슨(Robson, 1993)이 직접적인 관찰이 실행 불가능한 상황에서 적절하다고 추천한 것이다. 표본 집단에 대해서는 참가자들의 성격유형과 반응 사이에 어떤 연관이 있는지를 보기 위해, 그리고 선호기능의 관점에서 가능한 성향을 확인하는 것으로서 MBTI 검사를 실시했다.

자료 수집

내적 타당성을 높이기 위한 목적으로 3가지 주요 출처에서 자료를 수집했는데, 다음과 같다.

(a) 1999년 1개월의 기간에 걸쳐 상담을 하는 동안 직관의 순간에 대해 4명의 심리치료사가 기록한 일지

(b) 문헌출처에서 유일하게 수집한 일지자료들: 정신분석가인 테오도르 레이크(Theodor Reik)의 임상에 관한 저술인 『제3의 귀로 듣기(*Listening with the Third Ear*)』(1948/1975)에 자세하게 기술한 사례들

(c) 1998년 9월에서 1999년 9월까지 1년간 나 자신의 상담업무에서 수집한 사례 일지기록들

(a)와 관련된 치료사 일지자료든 연구자인 내가 기록한 출처 (b)와 (c)에서 나온 자료든 각 사례에서 나온 자료는 체계적인 하나의 서식으로 작성되었다(부록 C 참조). 치료사들은 C.3, M.5, N.2(이후에 열거된 이름에 대한 부호 참조)처럼 10개의 서식을 작성했다. 레이크의 자료에서 24개의 서식이 구성되었고, 나의 자료에서 19개의 서식이 나왔다. 그리하여 총 53개의 일지서식이 수집되었는데, 각각은 한 치료사의 직관을 나타낸다. 출처 (b)와 (c)에 대한 강조의 의미와 편향 가능성은 '타당성에 대한 의문'(제11장 참조)에서 논의할 것이다.

참가자

응답자는 임의로 선정하지 않고 목적에 맞는 사람을 선정했다. 이는 연구의 목적과 어울리도록 풍부하고 상세한 자료를 제공하기 위해서였다 (Strauss & Corbin, 1998). 우선 내가 알고 있는 7명의 노련한 치료사에게 직접 말을 하거나 전화로 한 달 동안 직관일지를 쓰도록 요청을 했다. 이 중 3명이 긍정적인 답변을 했지만, 일지를 실제로 쓴 사람은 2명뿐이었다(P와 N). 표본 집단에 참여했던 2명의 치료사를 추가로 참여하도록 요청해서 2명 모두 일지를 썼다(C와 M). 그리하여 총 9명 중 4명이 연구에 참여했다. 이 비율은 기대한 것보다 낮았는데, 치료사들이 왜 참여하기를 꺼리는가에 대한 이유를 규명하기는 어려웠다. 서식에 정보를 기록하는 것에 대해 약간의 저항이 있었는데, 굉장히 부담스러워한다는 생각이 들었다. 하지만 서식을 사용한 사람들은 아무런 어려움이 없었다. 허락을 받은 4명의 치료사 중 1명(P)은 기록하는 것보다 테이프에 녹음하는 방식을 선호해 그 테이프를 후에 글로 옮겨 적었다. 하지만, 세부사항의 설명이 불충분해 이 자료로 서식을 완성하는 것은 불가능했다.

4명의 치료사 모두가 자신을 직관적이라 여겼는데, 1명(C)은 MBTI 검사에서 감각을 선호하는 것으로 밝혀졌다. 4명의 치료사는 최소한 5년 이상이 업무에 종사했고 모두가 저명한 전문가협회에 소속되어 있었다. 2명은 남성이고 2명은 여성이었다. 모두가 일대일로 아니면 부부를 대상으로 심리치료를 하며 개인 전용 공간에서 근무했다. 나 자신은 R로 부호화시켰고 레이크는 K로 정했다. 레이크의 유형은 그의 글쓰기 스타일과 내용을 검토한 결과, 외향적 직관에 의해 지지되는 내향적 사고형으로 추론되었다.[1]

레이크의 사례는 35년간의 정신분석 업무를 총망라했다. 〈표 10-1〉은 모든 참가자 이름의 첫 글자를 부호로 사용해 참가자에 대해 요약했다.

〈표 10-1〉 **참가자 요약: 집단 a, b, c**

치료사	성별	지향	경력	MBTI 유형
C	남	정신통합/정신역동	8	ISTJ
M	여	정신역동/인본주의	13	ENFJ
P	남	게슈탈트	13	ENFP
N	여	정신역동	6	INFP
R	여	통합심리	11	INTJ
K	남	정신분석	35	INTP

연구를 시작할 때 4명의 참가자에게 편지를 보냈는데, 일지기록에 대한 지시사항(부록 D 참조)을 주었다. 실무적인 정의는 주지 않았고 오히려 이들의 상담업무에서 각자의 직관에 대한 경험을 강조했다. 직관이 일어난 후 가능한 한 빨리 직관을 기록해야 한다는 요구를 했다.

일지서식의 설계

우선 연구자로서 나는 서식에다 나 자신의 직관을 기록함으로써 서식의 다양한 종류를 시험해 보는 소규모 사전조사를 했고, 그 결과 선택된 서식이 가장 단순하고 가장 포괄적인 양식임이 밝혀졌다(부록 C 참조). 추가적인 의견을 적을 수 있는 공란을 둔 목적은 응답자들이 그들의 모든 직관에 대한 정보를 통합하도록 돕기 위해서였다. 직관이 대략 얼마나 자주 일어났는지, 상담 장면에서 일어났는지 아니면 상담 회기 사이나 이후에 일어났는지를 아는 것도 중요했다. 상담 회기의 번호를 요청해 직관이 상담의 초기나 말기에 일어나는 경향이 있는지에 관해 지표가 나올 수도 있었다. 내담자와 치료사가 경험하는 직관의 유형과 빈도 사이에 어떤 연관을 찾을 수 있을까 해서 내담자에 대한 간단한 사항도 적도록 하였다.

비밀유지

비밀유지는 어려운 문제이므로 주의 깊게 고려되어야 한다. 내담자에 대해서는 나이, 성별, 인종에 대한 암시와 함께 부호만 사용했고, 내담자를 알 수 있는 어떤 다른 정보도 요구하지 않았다. 특히 M의 일부 업무는 내담자에 대한 자료를 연구 목적으로 사용하는 것을 분명하게 금지하는 위탁기관과 관련되어 있었기 때문에 비밀유지에 대해 특히 우려를 했다. 그래서 M의 일지형식의 일부는 연구에서 제외될 수밖에 없었다. 다른 치료사들은 내담자를 알아보기에는 불충분한 세부사항이 주어졌다고 생각해서인지 우려를 덜 했다. 더군다나 치료사들은 연구의 초점이 내담자의 특정한 사례보다는 치료사 내면에서 일어나는 과정에 있음을 이해하고 있었다.

레이크의 저서에서 나온 자료를 포함시키는 것의 이점은 공적인 부분에서 비밀유지 문제가 이미 제거되었다는 것이다. 이 사례들의 상당한 세부사항들은 분석가의 내면에서 일어나는 직관과정에 대한 서술과 함께 공개되었다. 그러므로 이 자료는 손쉽게 일지형식으로 변환이 가능했다.

자료 분석

글래저와 스트라우스(Glaser & Strauss, 1967)가 처음 제안하고, 이후 스트라우스와 코빈(Strauss & Corbin, 1998)이 제안한 방식에 따라 자료에서 결과를 분류해 근거이론의 과정을 도출하는 것이 표본 집단의 연구에서 중요했다.

53개의 일지 항목을 다 수집한 후에 각 항목은 참가자의 부호(〈표 10-1〉 참조)와 각 치료사마다 1부터 시작하는 번호로 코드를 붙였는데, 예를 들면 C.2, R.16, K.23이었다. 동일한 상담 장면에서 두 번의 직관이 일어났다면 M.1a, M.1b 등으로 번호를 붙였다. 그래서 어떤 항목도 신속하게 알아볼 수 있었다.

그다음에 자료를 7개 범주에 배치했는데, 이는 일지의 일반적인 형식을 따른 것으로 다음과 같다.

- 촉발요인
- 직관의 형태
- 치료사의 반응
- 상담 장면에서의 적용
- 내담자의 반응
- 인식된 결과
- 확인

각 범주에 대해 일지의 항목에서 가져온 의미단위를 포함시키는 지침을 제공하는 정의를 만들었다. 그러자 이런 단위들을 하위범주로 묶을 수 있었고, 또 작성된 정의가 드러났다. 각 사례에서는 포함 혹은 제외라는 계속적인 비교방식(Glaser & Strauss, 1967)을 사용해서 단위를 부여했다. 각 하위범주에는 규칙의 핵심을 포착하는 제목을 붙였다. 그래서 모든 범주의 내용을 검토하고 내적 일관성을 얻을 때까지 약간의 수정이 이루어졌다. 처음에는 첫 번째 2개의 범주 사이에 약간 중복되는 듯했지만, 외부환경에 대해 치료사가 기록한 단서(범주 1)와 직관이 주관적으로 취한 형태(범주 2) 사이에 구분이 되었다. 일부 사례는 의미단위가 하나 이상의 범주에 배정될 수 있음이 드러나 가장 적절한 곳으로 배정했다.

모형과 도표의 구성은 이안 데이(Ian Dey, 1993)가 만든 기준에 근거했다.

분석과정 중에 이후 논의의 토대가 되는 이론적 근거를 만들었다.

결 과

범주 1, 2, 7(촉발요인, 직관의 형태, 확인)을 다루는 주제에 관한 논의가 문헌에는 있지만, 내가 아는 한, 치료사의 직관의 결과로 상담 장면에서 어떤 일이 일어나는지에 대해 특별히 조사한 연구는 없었다. 따라서 이것은 기본적인 자료에 불과하다(결과에 관한 더 완전한 정보는 Fulcher, 2002 참조).

범주 1: 촉발요인

이 범주는 '외부환경에서 무엇이 심리치료사에게 직관을 촉발시키는가?'라는 질문에 대한 답이다. 표본 집단에 대한 연구에서 단서와 계기를 포착하는 것을 직관과정의 필수 양상으로 열거했다. 하지만 이것이 융의 심리적 기능의 관점에서 결국에는 직관적이기보다는 감각적인 결과였는지에 대한 의문은 남아 있었다. 직관은 예리한 관찰을 포함하지만, 이것이 직관을 무효화하지는 않는다고 생각되었다. 일지자료에서 이런 견해를 뒷받침하고 있다.

현재의 연구에 나타나는 5가지 종류의 촉발요인에서([그림 10-1] 참조) '부조화'와 '내담자의 행동' 이 두 가지는 분명히 감각기능을 수반하는 관찰의 결과다. 우선 치료사는 신체언어나 드러난 감정이 말하는 것과 맞지 않음을 알게 된다.

호감 가는 미소—그가 벗을 수 없는 가면처럼—가 부적절한 때에
나타났는데, 다른 사람이라면 슬퍼하거나 화를 냈을 때였다. (K.13)

두 번째는 내담자가 하는 행동이 치료사에게 말보다 더 크게 말하는 것
처럼 보인다.

그녀는 모든 파일과 계획과 일정, 명단을 계속해서 보여 주었다.
왜? 나는 이런 것들의 내용이 아니라 나에게 보여 주는 과정이 문제가
됨을 알아차린다. (R.18)

그런 관찰은 직관과정을 시작하는 데 도움이 된다.
'신경역학적 자극'은 특성에 있어서 하가드와 이삭스(Haggard & Isaacs,
1966)가 연구한 '미세한 것'과 유사한데, 제6장에서 검토했다. 이것은 의
식적인 관찰을 수반하지는 않지만 잠재의식 수준에서 취한 작은 징후들
이다. 구두로 한 말과 차이가 나지 않는다면, 이것들은 탐지하기가 훨씬

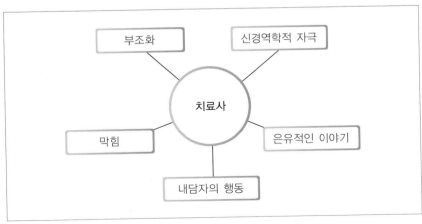

[그림 10-1] 촉발요인

더 어렵다.

> 나는 갑작스럽게 인지했다…… 상담을 하는 동안 심각한 두려움이
> 있음이 틀림없다……. 실제로 상담을 하면서 의식적인 지각이 없이 우
> 리가 이해하는 어떤 의미심장한 움직임. (K.5)

기록된 또 다른 형태의 암시는 '은유적인 이야기'인데, 여기서는 타인
에 대한 내담자의 이야기가 치료나 치료적 관계에 대한 메시지를 담고 있
는 듯이 보인다.

> 그녀가 자신의 아들을 자기 자신에 대한 은유로 사용하고 있으며
> 미묘하게 격려를 요청하고 있다는 생각. (R.16)

촉발요인의 다섯 번째 유형은 내담자가 치료를 계속 진행할 수 없는
'막힘'이다. 하지만 다른 접근방식을 선택해야 하기 때문에 창의성을 위
한 새로운 기회가 생긴다.

> 아주 친숙한 것 주위를 계속 맴돌다가 어느 순간 약간 다른 각도로
> 그것에 접근하게 된다. (C.1)

이후의 치료사와의 논의는 막힘 그 자체를 대상으로 함으로써 직관의 양
상이 의도적으로 생길 수 있음을 제시했다. 예를 들어, 치료사는 명상을 하
면서 거기에 맞는 상징을 떠올릴 수 있다. 이와 마찬가지로 내담자에게 이
미지를 만들고 그것을 그려 보라는 격려를 할 수도 있고, 여기서 공동 작업
이 잇따르면서 상담의 흐름을 방해하는 것에 대한 정보를 얻을 수 있다.

마지막 3개의 촉발요인 중 어떤 것도 의식적인 관찰을 반드시 수반하지는 않는다. 그러므로 직관과정에 사용된 암시는 감각기능을 사용할 수도, 사용하지 않을 수도 있다. 융은 직관의 정의에서 '구체적인' 형태와 '추상적인' 형태를 구별함으로써 감각적인 관여를 어느 정도 허용했는데, 전자는 사물의 현상과 관련이 있고, 후자는 생각과 관련이 있다(CW 6, para. 771). 융은 어떤 사례도 제시하지 않았기 때문에 그의 정확한 의미를 알아내기는 어렵다. 그럼에도 불구하고 현재 연구 자료는 융의 이론에 들어맞는 것으로 볼 수 있다. 미묘한 단서는 내담자에게 실제로 일이 어떻게 되었는지, 예를 들면 그 사람은 자신의 진짜 감정을 보여 주지 않으려는 최선의 노력에도 불구하고 신체언어나 행동을 통해서 이것이 '드러난다'는 사실을 지적한다. 그런 사례는 '구체적' 직관으로 불릴 수 있는데, 더 적절하게 말하자면 직관은 구체적인 관찰에 기반을 둔다. 하지만 '은유적인 이야기'는 치료사에게 은밀한 의미를 전달하고 있다는 생각을 하게 한다. 일지사례 R.16에서 내담자는 자신의 아들이 어떻게 수영 배우는 것을 겁내는지, 하지만 아들의 선생님이 어떻게 격려를 하고 자신감을 끌어올려 주는지를 묘사한다. 치료사는 내담자가 상담을 하는 동안 실제로는 자기 자신에게 격려를 요구하고 있다는 '갑작스러운 깨달음'을 얻는다. 그러므로 이것은 생각들이 연결되어 있다는 점에서 '추상적' 직관으로 묘사될 수 있을 것이다.

생각보다는 느낌이 이야기에 대한 치료사의 반응이 될 수 있다. 예를 들어, 어떤 내담자는 자신을 제대로 평가해 주지 않는다고 가족들을 비난하는데, 치료사는 "나는 그녀가 나한테 화가 났음을 느꼈다."라고 적었다. 직관에 대한 융의 정의를 보면, 이 기능은 느낌의 형태로 나타날 수 있지만, 그 느낌이 직관을 촉발하는 것은 아니라고 주장한다. 융의 이론에서는 이 부분이 빠진 것으로 보인다.

제6장에서 언급한 것처럼 페렌치(Ferenczi, 1995)는 내담자가 자신을 언

어적으로 표현할 수 없을 때 비언어적 메시지를 찾았고, 이런 메시지들은 주로 '내면아이'로부터 나온다고 생각했다. 그러나 '막힘'이라는 하위범 주의 일지자료에서 나온 2개의 사례 모두 이런 메시지에 관한 것이 아니다. 일지사례 R.1은 내담자의 건강상태에 대한 정보였다고 적었고, 일지 사례 C.1은 관련된 부부가 더 이상 사랑하는 사이가 아니라고 적었다. 하지만 다른 하위범주에서 나온 비언어적 메시지는 내면아이로부터 나오는 것으로 해석된다. 일지사례 R.2('부조화' 아래에 분류된)를 보면, '무엇이 직관을 촉발시켰는가?'에 대한 답은 다음과 같다.

> 그는 전(前) 아내가 사람을 조종하고 파괴적인 행동을 하는 것을 묘사 하면서 미소를 지었다. 그의 눈도 솔직함을 표현하는 듯 점점 커져 갔다. (R.2)

이것은 '그것이 어린 시절의 경험과 관련이 있다는 직감'을 낳았다. '부가적인 의견' 아래의 주에는 몇 주 후에 내담자가 세 살 때부터 누이에 의해 괴롭힘을 당해 왔다는 것을 갑자기 기억해 냈고, 이것으로 내담자는 직감이 옳았음에 동의했다.

단서를 포착하는 것은 몇몇 심리학과 정신분석학 문헌의 탐색과정과 관련이 있다. 프로이트(Freud)는 1914년에 세부 항목들을 철저히 관찰하여 위작을 원본과 분간하는 미술 감정가인 지오바니 모렐리(Giovanni Morelli)의 작업에 대한 정신분석의 영향에 관해 "그의 조사방식은 정신분석적 기법과 밀접하게 관련이 있는 것처럼 보인다. 정신분석에서도 고려하지 않았거나 주목하지 않은 세부사항들, 이를테면 우리의 관찰 쓰레기 더미에서 나온 신성한 비밀과 숨겨진 사물에 익숙하다."라고 썼다. 심리학자 가이 클락스톤(Guy Claxton, 1997, p. 169)은 문제에 대한 답이 분명하지 않을

때는 이런 종류의 탐지가 진가를 발휘한다고 주장한다. 클락스톤은 계속
해서 "그것은 '단서'가 필요한데, 그 중요성 혹은 심지어는 존재조차도 즉
각적으로 분명하지 않은 정보들"이라고 한다. 더군다나 '성공한 탐정은
경험의 세세한 부분에서 의미를 찾기 위해 외부세계에 대한 자신의 인식
을 훈련시킨다.' 일지에서 드러난 것처럼 직관적 지식으로 이끄는 단서는
대개 아주 미묘하여 그런 세부적인 단서에 세심하게 주의를 기울이는 것
이 중요하다.

범주 2: 직관의 형태

이 범주에는 치료사가 주의를 기울일 만한 또 다른 방식의 사례가 일지
에서 나왔다. 이것은 자신 안에서의 활동에 관한 것으로, 직관의 주관적
과정이 구체화되고 의식에 도달한다는 것이다. 이것은 13개의 유형으로,
일부는 결합되어 있을 수도 있다([그림 10-2] 참조).

가장 많은 건수(14)를 가진 하위범주는 연결 짓기에 관한 것으로, 이는
표본 집단이 직관과정의 본질적인 측면으로 생각하는 것이다. 집단토론
에서 주목한 것처럼, 이 의견은 바스틱의 저서에서 뒷받침되고 있다. 추가
적인 확증은 클락스톤에게서 얻을 수 있는데, 그는 "처음에는 그 의미가
무엇인지 모르지만, 이런 종류의 탐색은 뇌에서 일어나는 작은 물결이 활
성화될 수도 있는 어떤 중요한 연관을 드러내도록 세부사항들이 머물러
있을 수 있는 특별한 마음의 상태를 필요로 한다."라고 했다. 클락스톤은
새로운 연상을 할 수 있는 풍부한 배경지식과 경험이 중요하다고 강조하
면서 "이런 인내심으로 심사숙고하지 않으면 단서와 문제, 자료들을 유용
하게 연결시키지 못한다."(1997, p. 169)라고 계속한다. 레이크는 내담자의
이상한 행동과 이전의 다른 사례의 경험 사이를 연결하는 사례를 제시한

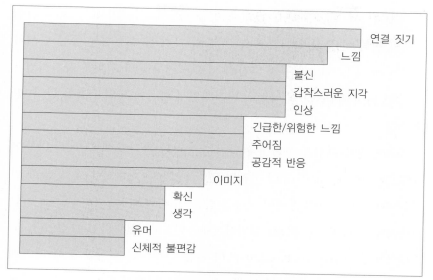

[그림 10-2] 직관의 형태

다. 이것은 그로 하여금 이상한 의식(儀式)이 특정한 유년 경험의 좌절을
보여 준다는 것을 이해하게 했다.

　　예를 들어, 내가 그의 행동의 실제 표현과 내용이 좌절에 의해서만
인식될 수 있다는 생각을 어디서 얻었겠는가? 분명히 분석에 관한 책
을 읽고 기억하는 것이나 강의나 세미나에 참석하는 것에서는 아닐 것
이다. …… 내가 어디서 이런 생각이 나왔는지를 찾아내려 했을 때, 나
는 그저 경험, 즉 내가 이전에 관찰했던 현상의 기억 흔적에서라고 답
을 할 수 있다(1948/1975, pp. 218-219).

　　클락스톤이 말하는 '심사숙고'를 레이크는 추측이라 부른다. 이 저자
(레이크) 역시 "이 (추측의) 예비단계에서 분석가는 탐정처럼 행동하는데,
탐정은 모든 단서를 보존하고 그것을 따르고 그것을 사용한다."라고 하면

서 탐정작업과 비교를 하고 있다. 논리를 사용하지는 않지만, '균형 잡힌 주의의 원칙'이 분석가가 '상반된 생각의 자취'를 추구하는 동안 단서와 기억 속에 이미 자리 잡은 지식 간의 새로운 연상을 할 기회를 증가시킨다 (pp. 222-223). 내담자와의 작업이 진전되면서 확신이 서면 추측을 할 수 있게 된다.

예술에 대한 관심은 사람을 판단하는 능력과 관련해 제4장에서 다루어졌다. 일지에서는 고려 중인 사례와 연극, 오페라, 책에서 나온 인물과 연결을 지음으로써 치료과정이 도움을 받은 네 개의 사례를 보여 준다. 이런 것은 쾌스틀러(1964/1989)가 설명한 '이연현상'의 전형적인 과정이다. 오페라 〈돈 죠반니(Don Giovanni)〉에서 나온 멜로디의 회상을 통해 레이크의 한 사례에 빛이 비추어졌는데(K.12), 그는 숨겨진 우울을 알아차리게되었다. 문제가 된 사례는 다른 남성을 사귀는 여성을 유혹해야만 하는 어떤 남성에 관한 것으로, 유혹을 한 다음에는 그 여성을 더 이상 만나 볼 생각이 없었다. 그렇지만 그 남성은 전형적인 돈 후안(Don Juan) 캐릭터는 아니었고 다른 남성에 대한 승리감도 없어 보였다. 레이크는 우울한 태도로 인해 왜 내담자가 자신을 사랑받는 남자로 전혀 생각하지 않는지에 대한 자문을 하면서 결국 사례를 이해하게 되었다. 예술에 대한 관심이 사람들을 정확하게 판단하는 데 도움을 줄 수 있다는 것이 관찰되는 이런 사례는 태프트(1955)가 옳았음을 보여 준다.

내담자의 외부관계와 상담 장면에서 형성되는 관계 사이에 연결이 이루어질 수도 있고 그렇지 않을 수도 있다. 이것은 일지사례 R.10에서 분명히 나타나는데, '불신'이라는 하위범주에 기록되었다. 여기서 치료사는 그렇지 않다는 내담자의 항의에도 불구하고 자신의 내담자가 그에 대한 아내의 의견에 매우 신경을 쓴다는 것을 '알고 있다.' 왜냐하면 상담을 하는 동안 이 내담자에 대한 자신의 경험과 연관시키고 있었기 때문이다.

그는 아내에 대해 "저는 아내가 저를 어떻게 생각하든 신경을 쓰지 않습니다."라고 말했다. 하지만 난 즉시 '그래, 그러시겠지요.'라고 혼자 생각을 했다. 아내가 생각하는 바에 대해 그가 신경을 쓴다는 걸 나는 어떻게 알았을까? 아마도 그에 대한 나의 의견에 그가 얼마나 민감한지를 알아차렸기 때문에 그랬을 것이다. (R.10)

연상에는 그림조각을 필요로 할 수도 있고, 아니면 직관의 형태가 다른 연결에 대한 인식 없이 분명한 하나의 이미지로 나타날 수도 있다. 상징 그 자체가 상담에서 그다음 단계로 이끌 수도 있는데, 이것은 성적 불능인 남성의 이미지에 관한 일지사례 R.17에 묘사되어 있다.

우리는 직장에서의 그녀의 관계를 살펴보았고, 아마도 주변의 남성들이 실제 그녀의 능력에 대해 분개하고 그녀를 끌어내리고 싶어 할 것이라고 생각했다. 그녀는 '통찰력 있고 유용한' 이런 이미지를 발견했다. (R.17)

심상화의 사례가 일지에서 설명한 네 가지보다 더 많을 것이라고 기대했다. 참가자들과 부족한 사례에 대해 논의하면서 어떤 이미지가 떠오를 때의 경험은 정말 놀라워서 사람들은 놀라움 자체를 기억하고, 이것이 어쩌면 이미지가 갖는 가치보다 훨씬 더 중요하다는 주장이 나왔다.

이보다 덜 분명한 것은 순간적인 '인상'인데, 이것은 잠재적인 수준에서 취해지는 많은 요소로 구성된 것처럼 보인다. 그때 치료사는 비록 나중에 생각해 보면 그 요소들 중의 일부를 떠올리는 것이 가능하지만, 어떻게 그런 인상에 도달했는지를 알아낼 수는 없다. 레이크는 인상이 의식으로 떠오르자마자 이것을 신뢰하는 것이 중요하다고 강조한다(1948/1975, p. 151).

일지사례 K.7은 표면적으로는 성실하고 우호적으로 보이는 한 전문직 여성에 관한 것이다. 하지만, 레이크는 그 여성의 이전 분석가가 인내심을 잃었다는 뚜렷한 인상을 받았다. 이후에 이 여성을 만나 본 후, 이런 첫인상은 사소한 자극이 원인이었음을 확인할 수 있었다. 이러한 통찰은 상담에서 중심이 되었는데, 이 여성 자신이 싫어하는 미묘한 방식으로 돌아가고 있었다(범주 4 참조).

연결 짓기도 갑작스러운 지각을 포함할 수도 있고, 아니면 직접적인 경험도 그 자체로 직관이 될 수 있는데, 이는 문헌에서 잘 알려진 특징인 것 같다. 바스틱(Bastick, 1992)은 그것을 속성 1번, 즉 '빠르고 즉각적이고 갑작스럽게 나타남'으로 열거한다. 그리고 이미 언급된 것처럼 그것을 선형적이고 논리적인 사고라는 더 느린 방법보다는 병렬처리의 탓으로 돌린다. 표본 집단의 카드 5번인 직관과정의 속도에 대한 언급이 22회 나오고 이 연구에 8회 나오는 것은 이 이론을 더 지지하는 증거를 제시해 준다.

유머는 직관에 대한 문헌에서 가끔씩 등장하는데, 재미의 의미와 즐기는 능력을 제4장에서 직관유형의 특성으로 간주했다. 이 연구에서는 유머가 단 2회만 나오지만 때로는 상담 장면에서 특별한 역할을 하는 것으로 보이는데, 안도감을 제공하여 내담자가 문제에 대한 새로운 관점이나 어떤 객관성을 얻도록 도와주는 사례들이었다. 쾌스틀러(Koestler, 1964/1989)는 상당한 분량을 창의성과 관련된 웃음과 다양한 유머에 관해 쓰고 있다. 그 과정은 주로 놀라운 효과, 즉 '이연현상의 충격'으로 '양립할 수 없는 기반의 충돌 결과'에 의존한다는 것이 그의 견해다(pp. 91-92). 여기서 다시 특별한, 즉 예기치 않은 연상이 일어남을 알 수 있다. 바스틱은 이를 '다시 중심 잡기' 혹은 '정서적 반응'의 요소들 간의 관계에 대한 변화라고 설명한다. 레이크는 '뜻밖의' 요소를 그가 분석가에게 사례를 이해하기 위해 가장 중요한 지식의 일부를 건드렸다는 표시로 간주하면서, "우리의 기예(심리치료)에서 가장 가치 있는 사람은 무의식에서 나오는 놀라운 아이디어의 체험적 가치를 이해하는 것을 배웠고 이것들을 기꺼이 환영한다."(1948/1975, p. 247)라고 했다. 내담자가 오랫동안 숨겨 왔던 무언가를 제시할 때 그가 경험하는 이런 놀라움이나 충격은 정화하는 효과를 가져올 수 있고, 대개 웃음으로 나타난다. 레이크는 전체 장을 독자가 언급한 정신분석과 재치에 할애하고 있다.

융의 정의에서는 직관과정의 속도에 관해서는 언급하지 않지만, 직관의 내용은 의식적인 사고에서 나오거나 만들어지기보다는 오히려 '주어진다.'는 인상을 포함하고 있다. 이런 양상은 일지에서 5회 등장하는데, 치료사가 때로는 그들의 업무에서 이런 자질을 경험하고 있음을 보여 주는 것이다.

> 나는 결코 꿈을 해석하려고 의식적으로 시도하지 않았다. 꿈은 말하자면 스스로를 해석했다. (K.1)

여기서 직관의 작용은 개인적인 통제하에 있지 않은 것으로 보인다.

내담자에 대한 반응에서 느낌에 관한 관찰은 정신분석 문헌에서 좋은 증거를 제공하고 있다. 느낌이 치료사 자신의 자료와 관련된 것이 아니라 내담자로부터 오는 무의식적 의사소통임을 치료사가 확신한다면, 이것은 상담을 하는 동안 사용될 수 있는 직관적 지식을 가리킬 수 있다. 통합심리치료에서 이것은 제7장에서 기술된 것처럼 일반적으로 '반응적 역전이'(Clarkson, 1995, p. 89)로 불리고 있다. 11개의 일지에 이 과정에 대한 분명한 사례들이 제시되어 있는데, 치료사의 불안, 짜증, 당황스러움과 같은 느낌을 포함하고 있다. 2개의 추가 기재사항은 어떻게 반응이 몸에서 인지되는지를 보여 준다. 일지사례 R.3에서는 이 특별한 내담자와 함께 '많은 단어들 속에서 길을 찾지 못하고 있을' 때 치료사가 어떻게 자의식의 느낌을 기록했는지를 설명하고 있다. 치료사는 질문형식으로 이것들을 회상했다. 이것은 내담자 내면의 '완벽주의자'와의 유용한 작업으로, 내담자와 그의 자식들과의 관계가 왜 항상 그렇게 불편했었는지 이해하게 되었다. 자식들은 스스로를 아버지와 비판적으로 비교하는 버릇을 형성했었다. 나중에 참가자들과의 인터뷰에서 모든 참가자들은 직관과정의 이런 측면에 있어서 약간의 훈련을 받았음이 밝혀졌는데, 이런 명칭으로는 아니었지만 대개 '역전이'로 분류가 되었다.

'공감적 반응'에는 단지 5개의 기재사항만이 있었다. 이것은 많은 학자들이 직관과정에서 공감의 핵심역할에 대해 강조하고 있음을 생각해 볼 때 특이한 경우로 보인다. C, R, K의 성격유형이 각각 ISTJ, INTJ, INTP로서 모두 감정기능보다는 사고기능을 선호하기 때문에 선택의 원인이 될 수도 있다. 그러므로 참가자들이 상담과 심리치료라는 직업 전반을 대표하는 것이 아닐 수도 있는데, 적어도 미국의 상담전공 학생(76%)들 사이에서 선호하는 기능은 NF유형인 듯하다(Myers & Myers, 1980/1993, p. 151). 표본집단의 참가자들은 내담자와 '잘 조율할 것'을 강조했고, 일지사례들은 이런 견해와 일치한다. 때때로 이것은 개입시기와 상담진행 속도에 관한 안내 형태를 띠었다. 이런 측면에 대한 단서는 눈, 머리, 다른 신체언어의 신호라는 미묘한 움직임의 형태를 띠었다. 이런 신체언어는 에크먼과 프리슨(Ekman & Friesen, 1969)이 '조절자(regulators)'라 부르는 것으로 제6장에서 논의되었다. 일지사례 R.8은 "내가 뭔가를 얘기해야 할 때가 언제임을 어떻게 아는가?"라고 묻고, 내담자의 "가늘게 뜬 눈은 내담자가 열심히 생각하는 듯이 보였고, 그래서 나는 조용히 있었다."라고 적고 있다. 이 페이지에는 이런 종류의 민감함이 좋은 치료적 관계를 구축하는 데 도움이 된다는 견해를 적고 있다.

표본 집단의 참가자들은 긴박감이나 위험한 느낌에 대해 상담업무에서 사례를 만들어 내는 데는 실패했지만, 강력한 인상을 주는 것으로 5개의 연구기록에서 분명하게 드러난다. 그 결과로 치료사는 내담자가 좀 더 안전하게 느끼도록 만들어 주는 관점에서, 갑자기 다음 예약시간을 변경함으로써 상담시간을 연장시키거나 개인적인 안전에 대해 조심하는 차원에서 그것을 따르도록 재촉하게 된다. 무엇이 이런 긴박감이나 위험을 낳게 하는지는 항상 분명하지는 않지만, '내담자의 목소리에 있는 무엇?'(M.1a) 아니면 일지사례 N.2에서처럼 신체적으로 불편한 형태를 취하는 '본능적 느낌'과 같이 미묘한 자극일 수 있다.

> 나는 내 아랫배에서 어떤 신체적인 감각을 느꼈는데, '몹시 주의해야 해.'라는 말을 하고 있었다. (N.2)

범주 3: 치료사의 반응

참가자들에게는 일지서식에 직관이 내담자와 상담을 하는 동안 일어났는지, 나중에 상담 회기와 회기 사이에 일어났는지를 적도록 했다. 일반적으로 내담자가 있을 때 직관이 인식되었지만(43건), 때로는 상담 회기와 회기 사이에 자연스럽게 일어나거나 내담자에 대해 숙고하는 동안 일어나기도 했다(10건). 이것은 어떤 직관은 연결 짓기를 위해서는 배양(培養) 기간이 필요함을 시사하는데, 이는 바스틱의 이론과 일치한다. 하지만 직관은 내담자를 처음 만났을 때 일어나기도 한다. 자료는 치료사가 직관을 알아차린 후 무슨 일이 일어나는지, 어떤 태도로 직관을 실행에 옮겼는지, 그렇지 않은지도 보여 준다. 반응은 언어적 의사소통, 행동, 직관 보류 등 세 가지 종류다([그림 10-3] 참조).

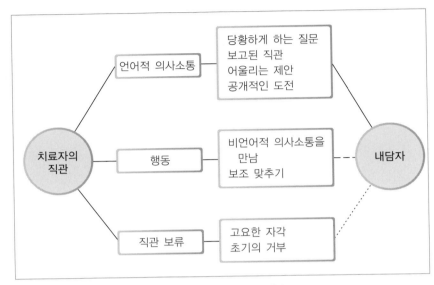

[그림 10-3] 치료사의 반응

　서식에서 모아진 자료로 볼 때 직관은 즉각적으로 영향을 주지 않는 것
이 분명하다. 직관을 사용할 기회가 있을 때까지 기억 속에 조용히 인식하
고 보류할 수도 있고, 아니면 다른 정보로 저장할 수도 있다. 서식을 사용
해서 치료사의 반응시간에 관해 평가를 해 보았다. 20건의 경우는 직관이
나타났을 때 바로 사용되지 않았고, 몇 달이 지나 이후 상담에서 사용되었
다. 즉각 사용되는 경우는 약간 더 많았고(25건), 동일한 상담 장면에서 후
반에 사용되기도 했다(8건).
　상담의 회기번호와 직관의 발생 사이에 어떤 상관관계도 형성되지 않
았다. 바꾸어 말하면, 내담자를 처음 만났을 때든 같이 상담을 하는 동안
이든 어느 때라도 직관을 경험할 수 있었다는 것이다.
　치료사의 판단에 있어서 내담자에게 직관을 직접 표현하는 것은 적절
하지 않은 듯하지만 추가적인 정보로 사용된다. M은 한 사례에서 내담자
의 욕구에 대해 어떤 것을 놓치고 있는지를 혼자 숙고하면서 반응을 한다.

내담자에 대해 더 많은 것을 알게 되었을 때, 직관은 나중에 사용될 수 있
는 퍼즐의 한 조각처럼 보일 수도 있다. 이것은 다른 요소들 간에 중요한
연결로서 결과적으로 새로운 이해를 가져다줄 수 있다.

> 아버지의 죽음에 대한 슬픔의 부재와 개에 대한 과도한 애도가 은
> 근히 연결되어 있을 것이라는 나의 처음 느낌이 맞았다. 내담자에게
> 내 생각을 말하지 않고 내담자의 기억을 말하기를 기다렸는데, 나의
> 기다림은 갑작스러운 통찰로 보상을 받았다. (K.22)

치료사가 직관을 사용하겠다고 결정하면, 이것을 간접적으로 사용하겠
다는 판단을 내릴 수 있다. 표본 집단의 참가자들에 의해 주어진 인상에도
불구하고, 이것은 치료사들이 자신의 상담 장면에서 직관을 따를 때 주의
를 하고 있음을 시사한다. 일지에 기재된 사항은 직관으로부터 질문이 형
성되었음을 보여 준다. 이것은 직관의 결과로서 내담자에게서 더 많은 정
보를 얻어 내고 또한 치료사가 바른 경로 위에 있음을 확인하는 이중의 목
적이 있다. 일지사례 R.5의 인용은 이것을 보여 준다.

> 그는 이전 여자 친구에 대해 얘기를 하고 있었다. ······ 여자 친구의
> 안전에 대한 욕구가 문제였다. ······ 내담자가 자기 자신, 자신의 안전
> 에 대한 욕구에 대해 말을 하고 있다는 생각이 갑자기 들었다. 나는 그
> 런지를 물어보았고, 내담자는 자기가 (아내와의 불화에도 불구하고) 집
> 에서 '편안하게' 느낀다고 시인했다. (R.5)

질문을 하는 것보다는 앞으로의 상담방향이 어떻게 될 것인지를 제안
할 수도 있다. 이것은 직관이 일어났을 때 바로 제안할 수도 있고, 내담자

가 이 제안을 받아들이기 어려울 것 같으면 긍정적으로 반응하기에 더 좋
은 시기라고 판단될 때 나중의 상담 장면에서 말할 수도 있다. 일지사례
R.14가 이것을 보여 준다.

> 내담자는 그 모든 것을 하면서 '바깥에' 있고 싶다고 선언했다. 하지
> 만 나는 확신이 들지 않는다. '그 모든 일을 하면서' 그녀가 진정으로
> 세상 바깥에 있고 싶지는 않음을 어떻게 내가 아는지는 모른다. 높고
> 징징거리는 목소리의 톤 때문이었을 수도 있다. …… 나는 나중에 내담
> 자의 직장생활에서 그녀가 승진하는 데 방해가 되는 것이 무엇인지 같
> 이 살펴보자고 제안했다. (R.14)

또한 심리치료사는 비언어적 의사소통을 행동으로 옮김으로써 그들이
비언어적 의사소통이라고 인지하는 것에 직접적으로 반응할 수도 있다.
일지에 보고된 5개의 사례는 모두 자기 파괴적 충동이 감지될 때 안전에
대한 느낌을 만들어 내거나 어떤 종류의 편안함을 제공하고, 아니면 그 사
람이 분명히 듣고 싶어 하는 것을 긍정적인 방식으로 말해 줌으로써 내담
자의 무언의 욕구에 대처하는 것과 관련이 있다.

> 비록 내담자가 원기 왕성해 보였지만…… 나는 상담 장면의 많은
> 부분을 안전하고 안정적인 분위기를 만드는 데 사용했다. (C.3)

하지만 직관은 자주 직접적으로 보고되고(10건), 또 가끔은 치료사의 공
개적인 도전을 야기하기도 한다(1건).

> 내가 그녀를 본 순간 나는 '너무 많은 책임감'이라는 생각을 했다.

매우 특별한 첫 번째 상담이었다. 나는 내담자에게 공개적으로 공격적이지는 않으면서도 단도직입적으로 이의를 제기했다. (N.2)

개인적으로 반응을 해 주는 것은 역전이 감정을 수반할 수 있는데, 이 경우는 치료사가 이런 피드백이 내담자에게 유용할 것이라고 타당하게 확신할 때다. 그렇다 하더라도 "나는 숙련되지 못했다는 느낌이 든다고 말하는 위험을 무릅썼다."(R.17)와 같은 이런 종류의 보고에는 불안감이 따를 수 있다. 치료사가 신체언어를 중요하다고 판단하는 경우 내담자에게 신체언어를 지시할 수 있다. 게슈탈트 치료사인 P는 어떤 해석도 하지 않고 내담자로부터 의미를 이끌어 내면서 반응을 한다(테이프의 변환). 정신분석적 맥락에서 해석은 내담자와 논의할 수도 있다.

나는…… 냉정하고 분리된 표면 아래에 그녀의 종교적 분위기의 양육이 미신적으로 존재하고 있다는 인상을 받았다. …… 분석과정은 처음에 의미했던 내 인상, 즉 그녀가 아주 무심히 언급한 낙태 경험이 그녀의 신경증의 발달에 무엇보다도 중요한 것이었다는 인상을 정확하게 증명해 주었다. 우리는 그녀가 낙태는 신에 의해 처벌을 받을 만한 살인행위였다는 무의식적인 생각에 사로잡혀 있음을 알았다. (K.20)

신체언어 혹은 목소리의 톤과 내용 사이에 '부조화'가 있을 때는, R.2에서처럼 구두로 한 이야기는 부차적인 중요성을 갖는 정보로 인식하고 직관적인 정보를 강조하게 된다.

그가 나에게 더 깊은 차원에서 다른 중요한 뭔가를 말하고 있었다는 느낌(을 받았다)…… 나는 그에게 미소를 지어 보였다. 그는 이것을 알아차리지 못했다.

대개 상대방을 당황하게 할까 봐 직관적 정보에 기초한 개인적인 언급은 하지 않도록 배우므로, 치료사의 입장에서 그런 행동은 서구 문화에서의 사회적 상황을 위반하는 것이다. 그러므로 치료사는 그런 상황을 무시하려고 노력해야 한다.

범주 4: 상담 장면에서의 적용

이 범주에 속하는 자료는 치료사의 직관이 즉각적인 상담과 앞으로의 상담 과정에 미칠 수 있는 영향에 대한 증거도 제공한다. 거기에는 공동 활동이 있을 수 있고, 내담자가 뒤따르는 상담을 통해 통찰을 경험할 수도 있고, 치료의 다음 단계가 실시될 수 있다([그림 10-4] 참조). 일지사례를 더 자세히 살펴보면, 직관이 내담자와 치료사 모두에게 도움이 될 수 있음을 알 수 있다.

직관의 결과로 상담이 새로운 방향을 따라가게 되면, 이것은 주로 치료사에 의해 시작되며 다음 단계에 취해야 할 지침으로 쓰이게 된다. 일지사례 R.10에서 직관은 인간으로서의 내담자의 정체성에 대한 탐색으로 이끌었다.

나는 이런 생각을 내담자에게 말한 건 아니었지만, 그에게 아내에 대해 좀 더 설명을 해 달라고 부탁했다. 그때에야 아내가 남편을 때렸고, 그녀에게 폭력적인 부모가 있었다는 것이 드러났다. 이 사실로 내담자의 정체성에 대한 작업이 시작되었다. 인간으로서 그는 누구인가? (R.10)

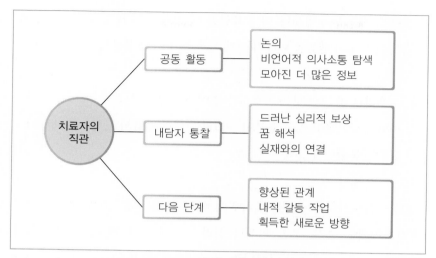

[그림 10-4] 상담 장면에서의 적용

직관은 어떤 내적 긴장이나 갈등을 나타낼 수도 있는데, 아마도 일지사례 R.15에서처럼 '부조화'의 결과로 인식되는 것 같다. 내담자는 자신이 주변에 대해 열정적으로 느낀다고 했지만, 치료사는 목소리에 에너지가 너무나 부족했기 때문에 내담자가 주변에 대해 아무것도 하지 않을 것임을 '알고 있었다.' 그래서 상담은 왜 주변 문제에 대해 그녀가 개입하지 않는지 살펴보는 것으로 방향을 바꾸었다.

> 그 후 몇 주 동안 내담자는 (내가 나의 좌절감에 대해 보고를 한 뒤) 자신이 내게 매우 화가 났었다고 말했다. 하지만 그녀는 자신에 대해서도 좌절을 느낀다고 시인했다. 자신의 확신에 따라 행동하지 못하게 하는 내적 갈등을 살펴보는 것으로 상담을 이끌었다. (R.15)

추가적인 정보 수집은 치료사가 사례에 대한 이해를 깊이 숙고하는 데 특히 도움이 된다. 일지사례 K.6의 인용에서 분석가는 학생들의 조심스럽고 통제된 말투가 그의 말보다 더 중요함을 깨달았다. 이 특징을 살펴본 결과, 그 학생의 부모의 행동을 이해하는 데 도움을 주는 배경정보가 드러났다.

우리는 곧 그의 낮은 목소리와 품위 있는 태도가 그의 부모, 특히 어머니의 날카롭고 높은 흥분된 목소리에 대한 반감의 표현으로 개발되었다는 통찰에 도달했다. (K.6)

종종 직관은 특히 무의식적 차원에서 일어나고 있는 일에 대해 내담자의 자기이해를 증진시키는 논의나 심리적 탐색을 야기한다. 이것은 증상의 원인과 연결 지으면서 나타나는 문제에 새로운 통찰을 준다. 일지사례 R.7은 거미 공포증이 있는 내담자와의 상담을 기술하고 있다. '사악한'이란 단어를 쓰면서 나온 직관은 내담자가 자신의 '나쁜' 부분을 자기가 아주 무서워하는 거미에 투사한다는 발견을 끌어냈다.

비언어적 의사소통은 내담자의 중요한 측면을 드러낼 수 있는데, 이것은 보상받지 못하는 행동패턴에 새로운 빛을 던져 줄 수 있다.

그런 곁눈질은 뭔가를 드러내고 있었다. …… 아주 짧은 순간 나는 가면 뒤의 진짜 얼굴을 포착했다. 결국 내담자 속에 있는 어떤 무의식적 경향이 자신을 싫어하도록 강요했음을 그녀에게 확신시키는 것은 더 쉬웠다. (K.7)

심리적 '보상'이나 혜택 또한 분명해질 수 있는데, 이것이 남아 있다면 내담자의 진행과정을 방해할 수 있다. 노련한 치료사는 이런 종류의 단서를 따라가는 가치를 알 것이다.

그녀는 자신의 순결에 관한 기괴한 불안으로 인해 그에게 특별한 방식으로 고통을 주었다. 이런 효과적인 복수는 신뢰할 수 없는 남편을 그녀 곁에 두면서 감시하는 부차적인 목적을 갖고 있었다. (K.16)

때때로 직관은 내담자의 위선이 드러나는 일지사례 K.8a에서처럼 내담자의 거짓된 자기 이면의 실체를 가리킬 수 있다.

그것은 나에게는 허위로 들렸는데, 마치 피아니스트가 키를 잘못 누른 것 같았다. 일상적인 대화에서 당신은 "그것은 간결함에 대한 나의 경향성과 모순된다."라고 말하겠는가? 이 경우 내담자의 위선적 태도가 드러났는데, 그는 자신을 아주 가식적이지 않다고 생각하길 좋아했다. (K.8a)

어떤 사람은 자신에 관한 진실과 대면하는 것이 불편할 수 있으므로 치료사는 그런 개입시기를 주의 깊게 판단해야 한다. 그럼에도 방어에 직면하게 되면 내담자는 실제 느낌과 접촉하게 되고 중요한 통찰에 도달하게 된다.

치료사는 꿈의 의미를 드러내는 연상을 할 수도 있으며, 그다음으로 내담자의 자기이해를 도울 수 있다. 일지사례 R.18에서 상담실에서 주목한 내담자의 곁눈질과 꿈에서 허공을 걷는 것을 연결시켰다.

나를 견제하는 것처럼 많은 곁눈질을 했다. 그는 내게 자신이 허공을 걷고 있었던 꿈 얘기를 했고, 곧 나는 "당신이 지금 어디에 서 있는지 확신이 없어 보입니다."라고 기회를 보아 말했다. 그는 이 문제가 인간관계에서 그에게 계속되는 주제임을 시인했다. (R.18)

이것은 내담자의 행동뿐만 아니라 그가 타인과 어떻게 관계를 맺는지
에 대해 통찰을 준다.

범주 5: 내담자의 반응

직관이 어떻게 내담자에 의해 받아들여지는가가 이 범주의 주제다. 그
것은 즉각적인 반발 및 반응과 관련되는데, 상담을 하는 동안의 치료사의
직관 사용에 달려 있다. [그림 10-5]에서 볼 수 있는 것처럼 내담자의 반응
은 긍정적, 부정적, 혼합, 혹은 탐지 불가일 수 있다.

자료는 내담자의 반응이 항상 긍정적이지는 않음을 의미한다. 따라서
직관은 주의 깊게 적용되어야 하며, 때로는 절대 사용하면 안 되는 것처럼
보인다. 2개의 사례에서 내담자는 그다음 상담에 나타나지 않았는데, 이
것은 치료사와 직관 자체의 양상으로 예견됐던 일이기는 했었다. 또 다른
사례에서는 방어가 일어났는데, 이것은 내담자가 직관적 개입을 들을 준
비가 되지 않았음을 보여 준다.

> 내담자는 그 문제를 피하기를 원했고, 아주 길고 지루해 보이는 수
> 다에 빠져들었다. (R.14)

직관에 대한 반응으로 충격이나 놀람이 보고되기도 하는데, 즉각적인
충격으로부터 회복된 후에 결과는 사실 긍정적이기는 하다.

> 내담자는 펄쩍 뛰면서 내가 유령이라도 되는 것처럼 바라보았다.
> (K.19)

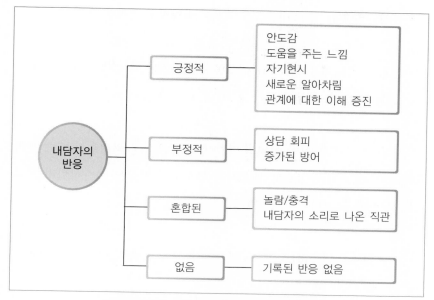

[그림 10-5] 치료사의 직관에 대한 내담자의 반응

더군다나 10개의 사례에서 내담자의 반응이 서식에 기록되지 않았다는 것은 주목할 만하다. 이것은 치료사가 반응을 항상 평가할 수 있는 것이 아니거나 즉각적인 반응이 전혀 없었다는 것을 보여 준다.

다른 경우에 범주 2에서 인용된 일지사례 R.17에서처럼 내담자가 도움을 얻거나 확신을 얻었지만, 명시된 경우는 2건뿐이었다. 다른 경우에는 불안이 줄어드는 것을 알아차리는 것처럼 내담자의 행동에서 재확신이 추론되었다.

그럼에도 불구하고 긍정적 반응이 우세했고(32건), 자신에 대해 더 많이 드러내고 충분히 신뢰감을 느끼고 이렇게 할 수 있음을 확신하는 측면에서 내담자의 참여를 치료과정에 포함시켰다. 이 하위범주인 자기현시는 가장 많은 12건의 사례에 들어 있다.

상담을 하는 동안 내담자는 대부분의 걱정이 제대로 일을 하지 않
음으로써 그를 실망시키는 타인에 관한 것임을 드러냈다. 어쩐 일인지
모르겠지만, 치료사로서 내가 그를 실망시키는 것에 대한 나 자신의
(보고된) 불안으로부터 이런 생각을 건져 올렸다. (R.4)

내담자 역시 향후 상담 이외의 시간에 특정 행동을 지켜보는 데에 동의
하거나 이 일을 자발적으로 하겠다고 함으로써 자각을 증가시키려는 열
의를 보여 줄 수 있다.

무언가를 배우려는 기회로 여기면서, 그는 미래에는 미소를 찾으려
할 것이다. (R.2)

이와 마찬가지로, 자조(自助)의 절차가 시행될 수 있다. 관계에 대한 이
해의 증진 면에서 내담자가 다른 사람과 있을 때 새로운 방식의 행동을 기
꺼이 실행해 보려 할 수 있다.

그는 '그럼 그렇게 해!'라는 공격적인 말대꾸 대신에 예를 들면 '난
무시당한 느낌이 들어.'라고 말함으로써 자신과 아내 사이의 역동을
바꿀 수 있다는 것을 깨달았다. (R.5)

무의식적 의사소통은 아무리 높이 평가해도 지나치지 않으며, 이것 역
시 양방향으로 간다. 두 개의 사례에서 치료사는 내담자가 말로 하지는 않
았지만 치료사의 직관을 받아들였음을 알아차리게 되었다.

내담자가 실제로 남편에게 복수를 하는 쪽으로 기울었음을 알지만,

그녀의 이야기는 내게 자신은 지지가 부족하다고 한다. 그래서 난 동
료들과 지지단체를 만들라고 제안한다. 내담자는 내 제안이 자신의 느
낌의 배경이라고 말하고, 나는 그녀의 질책을 알아차린다. (R.19)

범주 6: 인식된 결과

치료사에 의해 평가된 자료에서 전반적으로(26건) 직관에 의한 개입은
자기이해의 증진, 증상의 감소 혹은 더 효과적인 생활 관리의 측면에서 치
료를 긍정적인 진전으로 이끌었음을 보여 준다([그림 10-6] 참조). 아니면,
사례에 대한 치료사의 이해를 증가시키거나 치료적 관계를 향상시킨다.
하지만 이런 것들은 치료사의 인식일 뿐이고 내담자에게 확인한 것이 아
님을 강조해야 할 것이다. 많은 사례에서, 구체적으로는 9건에서, 직관의

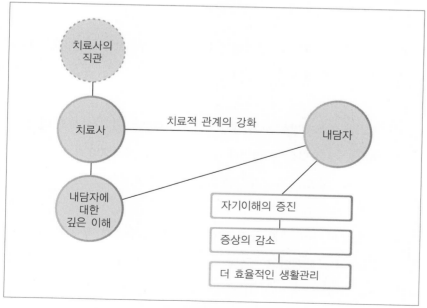

[그림 10-6] 인식된 결과

결과가 서술되지 않고 있다.

범주 4에서 드러난 것처럼 어떤 직관은 내담자를 도울 수 있고 또 다른 직관은 치료사를 도울 수 있지만, 전반적으로 치료적 직관이 내담자에게 아주 가치 있는 것으로 보인다. 자기이해의 증진은 14건으로 가장 빈번한 결과다. 내담자는 무의식적 동기에 대해 연결이 이루어졌기 때문에 왜 문제행동이 지속되는지, 신경증적 증상 뒤에 무엇이 있는지를 더 잘 이해하게 된다. 그 이상의 진행은 증상의 실질적 감소에 대한 자기이해를 넘어서서 이루어졌을 수도 있고, 내담자는 일지사례 K.20에서처럼 몇몇 사례에서는 이것을 인정한다.

> 그로부터 몇 달 후 그녀의 분석은 만족스러운 결과에 이르렀다. 주된 증상이 실제로 사라졌다. 몇 달 후 그녀는 임신을 했고 어머니가 되는 기대로 행복해하고 있다고 적었다. (K.20)

자신의 삶을 재구축하는 방법을 찾는 이전의 죄수처럼 내담자는 더 나은 대처전략을 개발했을 수도 있다.

> 그녀는 그녀가 말한 모든 희망을 잃어버렸고 내가 도착했을 때 내가 왔다는 것을 믿을 수 없었다. 그녀는 이후로 재활센터에 들어갔고 16년 만에 처음으로 자신의 삶을 되돌리려고 노력하는 중이다. (N.1)

그러한 향상은 주로 예를 들면 시기 선택, 보조 맞추기, 무언의 욕구 충족 등 치료사의 공감적이고 세심한 반응으로 인해 치료적 동맹의 강화에 의해 지지를 받았을 것이다. 결과적으로 내담자는 이전에는 결코 표현하지 못했던 더 힘든 경험을 충분히 확신을 갖고 드러내게 된다.

그녀는 나의 '일관성'과 내가 그녀에게 신뢰를 구축할 공간과 시간
을 허용했다는 사실을 평가했는데, 이것은 그녀에게 매우 중요했다.
이것이 아주 어려운 경험들을 점차적으로 드러내는 결과를 가져왔는
데, 이 경험은 이전에는 결코 입 밖에 낸 적이 없었다. (R.11)

내담자에 대한 직관적 이해가 앞으로의 상담진행에 이와 마찬가지로
중요할 수 있다. 각 내담자들이 독특하기 때문에, 일지를 보면 어떤 사례
는 교재를 찾아보거나 이론을 통해 이해할 수 없다는 것은 분명하다. 일지
사례 K.14는 이 점을 특히 강조한다.

객실 청소부와의 의미 없는 행동의 무의식적 의미는 무엇이었나?
실제 문장이…… 반전에 의해서만 인식될 수 있다는 생각은 어디에서
얻었나? 확실히 분석에 관한 책을 읽거나 강의나 세미나에 참석하는
것만으로는 아니었다. (K.14)

따라서 치료사는 종종 직관에 의지해야 한다.

범주 7: 확인

직관의 주관적 확실성과 정확성의 정도에 관한 문헌은 이미 앞 장에서
검토되었다. 아사지올리(Assagioli, 1974/1984)가 직관을 확인하는 데 이성
을 사용할 것을 추천했는데, 확실성에 대한 주관적 느낌이 객관적 정확성
을 함의하고 있지 못하기 때문이다. 아사지올리의 추정은 직관은 매우 쉽
게 믿을 수 있는 것으로 보이지만, 이것이 일지연구에서는 입증되지 않았
다. 실제로 처음에는 직관을 불신하고 거부하였음을 보여 주는 2개의 사

례가 있다. 표본 집단에서 직관은 "그것에 대한 일종의 '예(yes)'를 가지고 있다."는 C의 주장은 현상이 내재적 확실성과 확신을 지닌다는 융의 주장에 대한 사례로 채택될 수 있다. 그럼에도 일지에 따르면, 확실성에 대한 주관적 느낌은 진실성을 함의하고 있는 것으로 받아들여지지 않고 오히려 직관과정이 존재한다는 표시로 여겨진다. 그래서 확신감에 대한 3개의 일지사례가 범주 7(확인)보다는 범주 2(직관의 형태)에 열거되었다. 실제로 직관에 있어서 확신감은 불과 몇 번만 언급되고 있다.

일지자료는 치료사가 직관을 확인하는 6가지 방법을 보여 준다([그림 10-7] 참조).[2] 내담자는 직관에 대해 알려 주면 동의를 분명히 밝힘으로써 자발적으로 직관을 확인할 수 있다.

시각화를 하는 동안에 그녀는 상상으로 언덕까지 올라가는 산책 제안을 거부했다. 뭔가가 그녀를 가로막고 있었지만, 나는 그것이 무엇인지는 전혀 알 수 없었다. 내 머릿속에 마법의 양탄자 이미지가 떠올라서 양탄자 위에 올라서라고 제안했다. 그녀는 나중에 양탄자가 기분 좋게 느껴졌다고 나에게 말했다. (R.1)

이와 마찬가지로 치료사는 일지사례 M.2에서처럼 내담자와 직관적인 정보를 주의 깊게 확인할 수도 있다.

나의 내담자는 내게 동의한다고 말했고, 자신의 불안을 억제하고 친구가 다음 움직임으로 나아가도록 기다리겠다고 결정했다. (M.2)

일지사례 K.22에서처럼 치료사는 직관을 즉각적으로 드러내지 않고 직관의 정확성을 확인해 줄 더 많은 정보나 그 밖의 것이 다가올 때까지 기

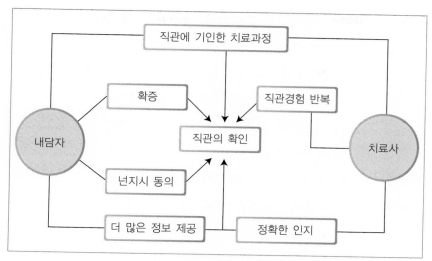

[그림 10-7] 직관 확인방법

다릴 수도 있다.

나중에 추가적인 기억들이 내담자의 분석에서 드러났고 사건들이
나의 재구성에 의해 제안된 경로를 실제로 따라갔다는 확신을 주었다.
(K.22)

또 다른 경우에는 직관이 들어맞는 새로운 자료와의 연결이 이루어질
수도 있다.

이 짧은 몇 분 동안 퍼즐조각처럼 함께 맞추어서 해석의 정수를 이
루는 생각이 떠올랐다. (K.1)

예감은 더 이상 무시당하지 않을 때까지 반복에 의해 입증될 수도 있다.
그러면 치료사는 직관적 지식을 상담 장면에 바로 가져올 수 있을 정도로

충분히 확신하게 된다. 일지사례 K.22에서는 이렇게 보고하고 있다.

> 분석가가 매우 주의 깊게 그의 내적 반응을 듣고 있을 때, 그는 자신
> 의 예감이 자신을 속이지 않음을 깨달을 것이다. 이 사례에서처럼 갑작
> 스러운 느낌은 첫인상이 본질적으로 옳았다는 것을 확인한다. (K.22)

내담자가 직관에 긍정적으로 반응하고 진행이 이루어지면, 일지사례 R.12의 사례처럼 직관이 정확함을 의미한다.

> 내담자는 검은색 안경을 끼고 도착했고, '이 사람은 자신에게서 용인
> 할 수 없는 것이 무엇인가?'라는 의문이 들었다. 나는 이런 관찰을 바로
> 제시하지 않았다……. 하지만 그녀의 내면아이와 게슈탈트 접근으로 상
> 담을 이끌었다. 이 아이가 자기혐오로 가득 차 있음이 드러났다. (R.12)

상담 시기와 보조 맞추기에 관한 한 치료사는 그 적절한 피드백을 주는 내담자에게 의존할 수 있고, 검토하는 동안 이에 대한 여유를 줄 수 있다. 아무런 말이 없으면, 가끔씩은 묵시적 동의가 이루어진 것으로 해석될 수 있다.

> (이런 인지행동적 상담에서) 거미를 얼마나 멀리에서 견디는지를
> '아는 것.' 그녀가 놀라지 않도록 얼마나 많이 받아들일 수 있는지를
> 판단하기. 내가 너무 빨리 나간다면 그녀가 나에게 말을 하리라고 확
> 신한다. (R.9)

직관을 확인하는 방법을 일지형식에서는 구체적으로 요구하지 않았지

만, 그럼에도 대부분의 사례에서는 분명하다. 이것은 치료사가 이 과정의 중요성을 인식하고 있고, 일반적으로 직관에 의한 자료를 도입하기 전에 상담 장면에 신중하다는 것을 의미하는데, 때로는 내담자로부터 부정적 반응을 초래하는 실수가 일어날 경우도 있기는 하다(범주 5 참조). 이 연구에서 심리치료사들은 노련한 전문가들이고, 이들의 관심은 1963년의 오스캠프(Oskamp)의 연구결과와 일치한다. 여기서 임상 경험은 임상적 판단을 내리는 확신을 저하시킨다는 것을 보여 주었다. 토니 바스틱의 이론 속성 9번에서 주목한 것처럼(1982, p. 25) 직관은 언제나 정확하지는 않다. 그럼에도 임상일지는 대부분의 치료사의 직관이 정확하고 도움이 된다는 것을 보여 준다.

직관의 빈도

이 연구를 하는 동안 직관의 순간을 알아차리는 데 참가자들이 어려움을 표현한 것은 주목할 만하다. 자료만을 놓고 보면 뚜렷한 직관의 빈도는 평균 매 7시간의 상담 동안에 1회 정도로 나타나서[3] 비교적 드물었다. 이것의 주된 이유는 관련된 무의식적 작용과 결론에 도달하는 단계가 애매한 탓으로 돌릴 수 있다.

P의 주장은 "나는 그것(직관)을 항상 사용한다."인데, 이것과는 분명히 반대 입장이다. 이 말은 P가 분명히 상담을 하는 동안 직관적인 태도를 견지함을 의미하는데, 비언어적 의사소통과 내담자가 현재 자각하지 못하는 행동양상에 관하여 내담자로부터 나오는 단서에 극도로 민감하다는 것이다. 이것은 이번 조사에서 드러난 중요한 특징으로 지적되는데, 이론과 직관은 양립할 수 없다는 것이다. 직관과 동시에 논리적인 연역적 사고과정은 실현 불가능하다는 증거가 드러났다. 치료사는 적절한 태도를 취

하면서 주어진 순간에 둘 중 하나를 선택해야 한다. 레이크는 이것들을 상호 배타적인 것으로 보지 않고 오히려 다른 차원에서 이들이 존재한다고 본다. 하지만 레이크는 하나가 다른 하나를 방해하지 않도록 두 영역이 분리되어야 한다고 시인한다(1948/1975, p. 25). 주 기능이 사고형인 사람들은 이들의 경향이 연역적 방식으로 향해 있기 때문에 다른 유형보다는 직관을 덜 믿을 것이다.

기록 가능한 직관이 많아 보이지는 않지만, 그럼에도 이 연구에서 볼 수 있었던 것처럼 직관의 영향은 좋은 상담협력 관계를 만드는 데 도움이 되고 상담을 앞으로 나아가게 하면서, 상담사 및 심리치료사에게는 중요한 정보를 주고 내담자에게는 통찰을 준다는 점에서 상당한 의미가 있다.

타당성에 대한 의문

이 연구가 어느 정도까지 유효하고 신뢰성이 있는지, 조사결과가 어느 정도로 상담과 심리치료 업무 전반에 보편화될 수 있는지에 대해 여기에서 평가가 내려진다.

분석과정 동안 자료에 근거한 기록임을 확실히 하기 위해 많은 주의를 기울였다. 의미의 단위들은 조사결과를 예시하기 위해 일지기록과 인용에서 직접 가져왔다. 상담 장면에서 직관의 본질과 출현의 결과로 어떤 일이 발생하는가에 관해 처음부터 질문형식으로 주요 범주들이 연구목적에 의해 정해졌다. 하지만 하위범주는 제시된 자료로만 구성되었다. 따라서 자료는 구성타당도가 좋다고 볼 수 있다.

3가지의 다른 출처에서 나온 자료를 택함으로써 삼각검증법으로 연구를 했다. 범주 분류는 자료의 전 범위에 걸쳐 이루어졌고, 하위범주는 모

든 정보제공자로부터 만들어졌다. 하지만 대부분의 기록이 치료사들의
집단(10)에서보다는 레이크의 사례자료(24)와 연구자인 나의 자료(19)에서
나왔다. 레이크와 내가 직관에 특별한 관심을 갖고 있으므로 편향되고 이
례적이라고 주장할 수 있다. 이것은 기존의 연구에서 나온 것은 아니지만,
대부분의 심리치료사들이 직관을 선호함을 보여 준다(Myers & McCaulley,
1985, pp. 73, 75).

　가능할 때마다 기존의 권위자들에게 문의를 했는데 이 부분은 이 책의
앞 장에서 자세하게 논의되었으며, 표본 집단에 대한 조사결과에 대해서
도 문의를 했다. 참조할 만한 실증적 자료가 부족하다는 것은 이미 지적되
었는데, 이는 어떤 이론가들에게는 신뢰도를 떨어뜨리는 것이다. 그러므
로 다양한 주장은 어느 정도까지는 제시된 증거에 의존해야만 했다. 때로
는 연구의 조사결과가 이전에 발표된 견해를 지지하지는 않았는데, 아마
이런 의견들이 매우 주관적이기 때문일 것이다. 이것은 특히 상담 장면에
서 일어나는 일과 관련이 있다. 직관의 본질에 관해서는 꽤 일치하는 것을
발견할 수 있다. 그러므로 구성타당도는 이 연구의 독창성 때문에 일부만
주장될 수 있다.

　연구의 복제 시 정확하게 동일한 결과를 산출할 것인지를 말하기는 어려
우므로 조사결과는 일반적 지침으로서만 채택되어야 한다. 치료사의 자각,
직관이 존재할 때 직관을 알아차리는 능력, 그것을 흔쾌히 기록하려는 자
세에 의해 많이 좌우된다. 어떤 직관은 의식에 이르지 못하므로 기술되지
못할 수도 있다. 또한 성격유형의 측면뿐만 아니라 이론적 지향의 측면에
서 업무 전반에 대해 참가자들이 얼마나 전형적인가 하는 의문이 있다. NF
유형이 상담직에 수적으로 우세한 것으로 보인다(Myers & Myers, 1980/1993,
p. 151). 하지만 선택된 표본은 약간은 더 사고지향적이다. 이미 언급된 것
처럼 이것은 '공감적 반응'에는 기재사항이 거의 없는 이유를 분명하게

설명한다. 그러므로 다른 성격유형이 어떤 범주에서는 다른 결과를 산출할 가능성이 있다.

참가자들의 이론적 지향은 정신역동적 접근이나 정신분석적 접근을 선호했고, 정신통합, 게슈탈트, 통합심리적 접근방식도 제공하고 있었다. 정신역동의 강조는 일부 영역에서의 직업에 반영되었지만, 통합심리적 접근이 현재 더 우세해지고 있다. 더 많은 심리치료사들에게 결과를 일반화하는 데에는 주의가 요구되며, 이 분야에서 추가적인 연구가 이루어지기를 바란다.

상담 및 심리치료 연구의 전반적인 맥락에서 살펴보면, 실제 조사결과와 함께 이 연구에 의해 이루어진 가장 중요한 공헌은 직관이 상담 장면에서 일어날 때 직관을 분류하는 구체적인 틀을 제시한 것이다.

미 주

1. 레이크의 유형을 INTP로 파악한 근거에는 『제3의 귀로 듣기(Listening with the Third Ear)』(1948/1975)에서 그의 접근방식, 글의 문체, 내용 등에 대한 고려가 포함되었다. 심리학적 자료에 대한 저술은 지적인 추구(T-사고 선호)로서, 주로 독립적(I-내향적)이다. 주제는 레이크 자신의 내적 경험(I)에 관한 관점에서 논의된다. 『뉴욕 타임스(New York Times)』는 레이크는 "진정 '제3의 귀'—그가 직관적 감수성(N-직관)에 붙인 명칭—를 소유하고 있다."라며 그의 저서에 대해 언급한다. 레이크는 직관유형(N)에 대한 선호표시로서 상상력과 창의력의 중요성을 강조한다(p. 22). 그는 다른 사람, 특히 프로이트의 규칙과 개념을 쉽게 수용하지 않는다(N). 그는 자신의 미국인 동료들이 주로 정신분석의 실제 적용에 관심을 갖고 있다고 적고 있다. 따라서 자신의 호기심은 이론을 만들고 의미를 밝히는 것인데도 감각기능(S)을 선호한다(p. xi)(N). 그렇지만 그가 세상에 이런 측면을 보여 주는 것을 선택했으므로 그의 직관은 외향적(E)일 것 같다. 글의 전반적인 문체는 탄탄한 짜임새를 갖고 있기보다는 장황하고 즉흥적이어서 판단기능(J)보다는 인지기능(P)을

선호하는 인상을 준다. 유형 역동에 따르면, 판단기능보다는 외부세계로 향해 있는 인지기능이 그의 직관이 외향적이라는 견해를 지지한다. 하지만 그의 전반적인 선호는 내향적인 것으로 보인다. 그러므로 그의 주 기능은 외향적 직관을 보조로 가진 내향적 사고형임을 시사한다. 이리하여 INTP 유형이 형성되었다.

2. 추가적인 방식, 실험 공감이 코헛(Kohut)에 의해 추천되었다. 제7장을 참조하라.

3. 나중에 한 참가자(M)는 말하는 순서와 속도를 나타내는 조절자를 직관적으로 선택했다는 것을 알았더라면 기록된 직관의 숫자가 훨씬 더 많았을 것이라고 진술했다.

제11장

직관을 가르칠 수 있는가

일지에 대한 연구결과가 나왔을 때 나는 흥분했다. 마침내 연구과정에서 진정한 경험적 자료들이 나왔는데, 이 자료들은 상담 장면에서의 직관 형태에 대한 이해를 돕고 직관이 어떻게 사용되고 또 그 결과로 무엇이 일어나는지를 알려 주었기 때문이다. 이제 이 자료들을 교육에 사용할 수 있을까? 다음 단계는 직관과 관련된 기존의 교육절차를 검토하는 것으로, 이 연구가 어떤 공헌을 하는지 알아보고자 한다.

이런 정보를 얻는 가장 간단한 방법은 다양한 방법론적 접근을 하는 대학을 대상으로 가능한 한 많은 상담을 하는 것이다. 이론적 주제로서의 직관은 대다수의 심리치료기관이나 상담기관에서 교육하지 않는다는 것이 내 느낌이다. 따라서 이것을 가설로 정하고자 한다.

교육 설문지

덧붙여서 만약 직관이 있다면, 상담자 교육에서 드러나는 방식과 관련해 특별히 묻고 싶은 중요한 질문이 있다. 직관의 본질을 학생들에게 설명할 수 있는지, 또 상담 장면에서 직관 적용에 관한 연구를 하고 있는지 알고 싶었다. 더 나아가 수련생은 좀 더 직관적이 되도록 적극적으로 권유를 받는지, 권유를 받는다면 어떻게 받는지를 알고자 했다. 받지 않는다면 직관 적용이 어떤 점에서 제한적이라는 것인가? 나는 상담과 심리치료에서 특정 방법론적 접근과 직관이나 직관을 교육하는 방식 사이에 어떤 관계가 있는지에 대해서도 호기심이 생겼다.

연구 방법론

이용 가능한 제한된 시간 안에 필요한 정보를 얻는 가장 효율적인 방법은 주의 깊게 작성된 설문지를 보내는 것이다. 따라서 오펜하임(Oppenheim, 1966/1992)의 추천에 의거하여 표본이 작성되었는데, 7개 부문에 20문항으로 주제별로 분류하고, 각 주제는 비언어적이고 무의식적인 의사소통, 창의성 및 상징과 은유의 사용, 직관적 특성 강화, 두 번째 자기 상담, 초월심리학, 시간과의 관계, 직관 교육 등이다. 대답은 '예/아니요' 구성 방식이며, 긍정적인 대답인 경우 약간의 시간이 더 필요하다. 추가로 응답자들이 평가를 하고 특정한 범주 내에서 더 많은 정보를 제공하도록 그들에게 여백을 제공한다. 따라서 전체적인 구성은 반구조적이며, 이는 양적 자료뿐만 아니라 질적 자료도 수집하기 위함이다. 첫 부분은 응답자들에게 '직관'이라는 용어에 대해 어떻게 이해하고 있는지를 묻는 개방형 질문들이고, 마지막에는 설문지 작성에 대한 경험을 설명하라는 내용이다(부록 E 참조).

설문지의 효율성을 시험하기 위해 동료 3명과 함께 소규모 사전조사를 실시했다. 사전조사에서 얻어진 자료로 몇 가지 내용을 수정하고 추가했다. 특히 직관 교육에 대한 질문은 앞부분보다 뒷부분에 두는 것이 낫다는 의견이었는데, 설문 응답자들이 설문지를 작성하고 나면 직관현상에 대한 다양한 특성을 더 잘 이해할 수 있을 것으로 사료되었기 때문이다.

이 연구의 조사결과와 다른 자료를 비교하기 위해 설문 응답자들에게 대학 안내책자를 이메일로 요청했는데, 12명이 응답해 왔지만 그중 8개만 사용 가능할 정도로 상세했다. 주요 연구에서 나타나지 않았기 때문에 특별히 정신분석과 게슈탈트의 대학 안내책자를 요청해 4개를 받았다. 설문지에 쓰인 내용을 확인하기 위해 많은 수련생도 상담을 받았다. 마침내 평가와 피드백을 받기 위해 연구결과를 독자적이고 경험 있는 상담사에게 의뢰했다.

참가자

이 목록은 『상담 및 심리치료 교육기관 명단(*Training in Counselling and Psychotherapy Directory*)』(BACP, 2003)에서 가져왔고 일관성을 주기 위해 무작위가 아닌 영국 공인기관으로 국한시켰다. 이는 사설기관은 물론 대학과 고등교육기관까지 합하여 총 100개다. 다른 이론적 접근의 주장을 확보하기 위해 통합심리, 인간중심, 정신역동, 정신분석, 인본주의, 실존주의, 교류분석, 게슈탈트, 초월심리학 및 인지행동 치료 등의 내용도 포함시켰다. 교육연수 부장이나 수석강사에게 각 설문지와 함께 제시된 책의 내용과 연구목적을 써넣은 첨부편지를 직접 보냈다. 27명이 답장을 보내왔고, 그중 4명은 그 과정이 중단되었거나 자료가 부족해 설문지를 작성할 수 없을 정도였다. 따라서 발송된 100통의 설문지 중 23개가 작성되었으며, 이 가운데는 게슈탈트와 정신분석을 제외한 위의 이론적 모델이 포함되어 있었다. 이런 연구에서 이 정도면 만족할 만한 반응이다(Sanders & Liptrot, 1994, p. 94).

분 석

작성된 각 설문지는 이론적 접근을 나타내기 위해 우선 한 글자로 부호화(P: 인간중심적 접근)하고 그 뒤에 번호를 표시하고, 그다음은 남성과 여성의 표시가 있는 응답이면 'm'과 'w'로 구분하고, 없으면 'n'으로 표시했다. 결과로 나온 부호의 예는 P5m과 같을 것이다.

연구 질문에 따른 범주 유형을 통해 부문별로 반응을 분석하고, 글래저와 스트라우스(Glaser & Strauss, 1967)가 추천한 대로 자료에 근거한 이론적 발견을 위해 분석이 행해졌다. 몇몇 작은 범주를 통합하여 좀 더 큰 범주로 만들 필요가 있어서 개념수준을 수정했다. 범주들 간의 모든 관계가 기록되었다. 그런 다음 각 부문의 응답 속의 의미를 총괄하여 찾았다. 또한 설문지의 구조적 측면에 대해서는 양적 분석을 했다.

연구결과

부록 E의 Part A에 있는 질문을 통한 나의 의도는 교육기간에 비언어적이거나 무의식적인 의사소통 교육을 하고 있는지 알아보는 것이다. 만약 교육을 한다면 어떻게, 어떤 측면을, 어느 정도로 교육하는지를 알아보았다. 1명을 제외한 모두가 비언어적 의사소통에 관한 한 긍정적인 대답을 했고, 단지 6명(26%)은 예를 들어 신체언어나 에너지 변화와 관련해 비언어적 의사소통을 직접 교육했다고 응답했다. 교육에 걸린 시간은 3년 과정에서 4~25시간에 이른다. 나머지는 주로 상담훈련이나 기술교육으로, 보다 적게는 역전이의 일부로 혹은 슈퍼비전으로 주로 통합된 것으로 나타났지만 시간으로는 측정할 수가 없었다. 좀 더 전문용어인 잠재의식적 지각과 관련된 질문 4에 대한 응답과 비교하여 대부분 부정적인 응답을 했다. 잠재의식적 지각을 심리학적·사회학적 관점에서 교육하지 않았고, 광범위한 실험 문헌에도 분명히 언급되어 있지 않았다. 실제로 한 응답자는 그 용어의 의미도 확신하지 못했다.

역전이는 많은 과정에서 65%(15명)로 나타났고, 그렇지 않은 경우에는 인간중심적 접근이거나 인지행동적 접근, 개념을 포함하지 않는 이론적 접근이므로 예측 가능하다. 그러나 1b(주제가 비언어적 의사소통 연구에 대해 다뤄짐)의 응답과 2(역전이)의 응답 사이의 관련성이 놀랍게도 너무 낮았다. 15명의 응답자 중 4명(3명은 정신역동, 1명은 초월심리)만이 역전이가 비언어적 의사소통과 관련이 있다고 여기는 것 같았다.

23개 중 19개(85%)의 기관이 교육에 고도의 공감을 포함시켰다. 그렇지 않은 2개의 기관은 모두 정신역동이었고 나머지 둘은 그 의미를 확신하지 못했다. 시간을 표시한 경우는 1~100까지 광범위하게 분포되거나 그렇지 않으면 과정의 여러 측면에 주제가 통합되었다.

학생들이 육감이나 직감으로 상담을 하도록 교육받는지를 묻는 질문 5a에는 전체적으로 긍정적인 대답이었으나 8명(35%)만이 자신의 소리에 귀 기울인다고 언급했는데, 예를 들면 자신의 몸과 느낌의 반응에 집중하고 주의를 기울인다는 것이다. 흥미롭게도 1명(통합심리)이 생각의 멈춤을 언급했다. 나머지는 그런 느낌을 슈퍼비전에서 탐색하고 주로 정신역동 이론의 맥락에서 보고 있음이 나타났다.

부록 E의 Part B의 12개 하위 질문의 의도는 꿈, 집단무의식을 포함한 이미지나 상징에 대한 탐구와 그림, 시, 모래놀이, 음악, 드라마 등을 통한 창의적 접근으로 교육이 얼마만큼 다른 방식의 논리적 운영을 통합할 수 있는지를 알아보는 것이다. 30%가 모든 질문, 또는 하나를 제외한 모든 질문에 긍정적으로 응답했고, 26%가 7~10개의 질문에, 44%가 절반 이하의 질문에 응답했다. 초월심리적 접근이 이 부문에서 가장 높게 나타났고 다음은 인본주의 접근으로 나타났다. 인간중심적 교육에서 응답이 매우 다양했고, 대부분은 교수의 개인적 성향이나 학생의 선택에 좌우된 것으로 보였다. 정신역동적 접근은 중간 이하로 우뇌 작업방식에 대한 기회를 많이 주지 않았다.

부록 E의 Part C의 목적은 무엇보다 학생들이 개인상담이나 집단과정을 통해 자기인식과 이해를 발달시키도록 얼마나 많이 자극을 받느냐는 것이다. 23명 중 18명이 개인상담은 그 과정이나 영국상담심리치료협회(BACP) 승인의 필요요건이라고 언급했다. 이는 78%로, 대다수의 교육 관리자들은 적어도 어느 정도의 개인성장이 중요하다는 것을 고려하고 있다는 인상을 준다. 그러나 시간은 개인상담에 10~200시간, 집단과정은 2~200시간으로 매우 다양하다.

부가적으로, Part C의 나머지 질문에 대한 응답이 정서적 민감성, 유형과의 관계 파악, 상상력이 풍부하고 창의적인 수평적 사고, 무비판적인 마음 상태, 독단 부재, 이론에 대한 의문과 같은 개인의 직관유형의 표현으로 드러난 어떤 특성을 계발하는 기회가 교육 안에 있는지 없는지를 나타내 주기를 바랐다. 이 10가지 질문 중 83%가 9개 또는 전부에 '예'라고 답했고, 나머지는 6개 미만에 '예'라고 답했다. 일반적으로 그런 주제에 특정하게 시간을 할애한 것은 아니기 때문에 시간을 수량화할 수 없었다. 그러나 논평은 기술훈련을 하는 동안 슈퍼비전, 집단과정, 추천된 선택과정 내에서 기회들이 있었다고 제시했다.

상담 대상이 될 수 있는 두 번째 자기, 즉 내면의 자기개념에 대한 2가지 사례를 제외한 모두가 긍정적으로 응답했다. 가장 일반적으로 사용된 용어가 '내부의 감독자(internal supervisor)'(14명)였고, 2명(둘 다 초월심리)은 '현명한 존재(wise being)', 1명(인간중심)은 '감각 느낌(felt sense)'이란 말을 사용했으며, 나머지는 특별한 용어나 문구를 쓰지 않았다. 수련생들에게는 일반적으로 자신의 상담업무에 대해 성찰하도록 권유하지만, 사고 형태는 캐이스먼트(Casement, 1985/1990)의 기법의 틀 설명에 근거해 일정 비율을 정한다는 느낌을 받았다. 독자들에게 제8장을 다시 보도록 권한다.

자신들의 과정에 초월심리적 접근이 포함되어 있다고 61%가 주장했지만, 대부분 시간을 표시하지 않아서 이 주제에 정신적 측면이 일부 포함된 것을 제외하고는 특정 교과목이 투입되지 않았다고 보아야 한다. 39%만이 절정경험 조사에 '예'라고 답했지만, 이들 대부분(2개의 초월심리 기관은 제외)은 그 주제에 대해 살짝만 언급했다. 명상에 관한 한 30%만 긍정적인 대답을 했고 초월심리학 교육을 제외하고는 3년간 3~20시간 정도였다. 정신역동적 접근에서는 학생들에게 명상수업을 하지 않았다. 직관적 지식에 대한 이런 중요한 경로가 대부분의 교과목에서 빠져 있는 것처럼 보인다. 응답자의 반이 학생들에게 영성과 신비주의를 발전적 연구방법으로 교육한다고 하면서도 종교적 차원의 통합과정(60시간)을 제외하면 비(非)초월심리학 교육은 2~4시간으로 매우 낮다.

몇몇 응답자들은 내가 왜 그들의 교육과정에서 과거, 현재, 미래를 강조하는지를 알아야 하는지에 대해 당혹스럽게 여기는 것 같았다. 제4장에서 시사한 것처럼, 직관유형은 미래지향적 경향이 있으므로 그 가능성에 들뜨게 된다. 응답자의 52%는 미래가 똑같이 중요하다고 하면서도 어떤 응답자도 현재나 과거보다 미래를 강조하지 않았다. 응답자의 30%의 교육은 전혀 미래에 중점을 두지 않았다.

부록 E의 Part G는 교육과정에서 직관이론을 다루는지, 학생들에게 특별히 이런 능력을 계발하도록 지지하고 있는지를 물었다. 52%는 이론적 관점에서 직관교육을 하지 않았고 이 중에서도 반 이상은 학생들이 직관을 계발하도록 장려하지 않았다. 이 교육기관들은 인간중심적, 정신역동적, 통합심리적, 인지행동적 접근의 혼합을 지향했다. 직관에 대한 이론교육을 했다고 주장하는 48% 중 절반 이하는 선택과목기준인지 3~20시간 정도를 어림짐작할 수 있었다. 나머지는 교육과정에 어떤 방식으로든 통합되었다고 생각하는 것 같았다. 초월심리적 접근 훈련에 60시간을 허용하는 것을 제외하면 직관계발과 관련해서는 시간이 거론되지 않았다. 어떻게 직관계발을 조장할 수 있는지에 대한 질문에 대해 몸과 느낌을 주시함으로써 개인적 반응의 처리와 관계가 있다는 8명의 한 그룹을 제외하고는 응답이 매우 다양해서 의미 있는 분류를 할 수 없었다.

끝에서 두 번째 질문은 교육기관이 직관수업을 교과목에 넣는 것이 좋은지를 물었고, Part G에서 이론적으로 직관을 가르쳤다고 넌지시 비쳤던 기관들 중 두 곳(둘 다 초월심리)만이 '이미 한다.'고 응답했다. 직관교육을 주장했던 다른 세 곳은 그 기관이 직관교육을 좋아하는지 의문스럽거나 (2곳) 좋아하지 않는다(1곳)고 응답했다. 그렇다면 직관을 비밀리에 교육하거나 실제로는 교육하지 않으면서 Part G에 엉뚱한 답을 썼다는 걸까? 아마 후자일 가능성이 더 높은 것 같다. 직관을 가르치지 않았던 곳(52%) 중 절반은 대학이 교육계획안에 직관교육을 넣는 것을 선호할 것이라고 생각했다. 전체의 22%, 즉 인간중심(1곳), 인본주의(1곳), 인지행동(1곳), 정신역동(2곳)은 직관연구를 원치 않을 것이라고 생각했다. 전반적으로 남녀의 큰 차이는 없었다.

논 의

첨부편지나 설문지 자체에 표현된 응답자들의 열성적인 반응은 매우 놀라웠다. 호의나 잘되기를 바라는 내용이 9건, 조사에 참여함으로써 즐거웠고 자극을 받았으며 관심이 늘었다고 느끼는 참가자가 8명, 재미있었다고 한 참가자가 5명, 도움이 되면 좋겠다고 한 참가자가 4명, 좀 더 하면 좋겠다고 한 참가자는 3명이었다. 이와 함께 직관을 정량화하는 어려움 때문에 주로 생기는 불만은 13번이나 언급되었는데, 이는 이미 예상되었던 것이다. 3명은 너무 바빠서 설문지에 온전히 주의를 기울이지 못한 데 대해 사과했고, 4명은 일부 질문을 잘못 이해했을까 봐 걱정했다. 1명은 연구를 사용 가능한 자료로 만드는 가능성에 대해 냉소적인 것처럼 보였다. 16명은 필요하다면 기꺼이 인터뷰를 더 하겠다고 했다.

제6장의 배경을 형성하는 연구에서 분명히 보았듯이 언어적 의사소통보다 비언어적 의사소통은 사람들이 함께 있을 때 언제나 우선권이 있다. 따라서 나는 이러한 균형이 교육에서도 반영되는지에 관해 호기심을 느낀다. 어떤 과정에서 얼마만큼 무언의 메시지를 배당하고 그것에 얼마만큼 중요성을 부여하는가? 이런 메시지가 전달되는 가장 확실한 방법은 신체언어이며, 따라서 상담 및 심리치료나 상담교육에서 이 주제가 다소 상세히 다루어져야 한다고 생각한다. 더욱이 이런 연구의 아주 유용한 배경을 형성하는 광범위한 심리 연구문헌들이 있다. 23명의 응답자 중 6명만이 과정당 평균 10시간을 신체언어와 관련하여 비언어적 의사소통에 할애한다고 했다. 학교 안내책자 중 하나만 언어적·비언어적 의사소통에 특정 교과목을 제공했다. 이것은 그 중요성을 생각해 볼 때 매우 낮은 수치로, 심리치료사들도 일반인과 마찬가지로 신체언어의 신호를 포착한다고 제시하는 제6장에서 인용된 연구를 생각할 때 특히 더 그러하다. 그러나 대부분의 응답자들은 상담기법 훈련 및 슈퍼비전 시간에 그것이 다루어진다고 했지만 시간을 수량화할 수 없다고 했다. 이런 점에서 비언어적 의사소통을 포함시킨 것이 다소 임의적인 것 같은 인상을 준다(Dittman et al., 1965). 이 분야의 심리학에 대한 참고자료는 전혀 없다. 반면에 일부 응답자들은 "의사소통은 미묘하고 주로 비언어적이라는 것은 당연하다."(H1w)며 진행 중에 자신들이 숨겨진 메시지의 중요성을 이해했다는 평을

덧붙였다.

슈퍼비전 시간에 이 주제를 다루는 것은 내담자가 없기 때문에 극히 어려우며, 슈퍼비전을 받는 사람은 약점이나 놓친 것을 보고할 수 없을 것이다. 어떤 응답자들은 녹음테이프나 비디오, 대인관계 과정회상[1]으로 작업할 것을 언급했다. 이런 것들은 내담자의 음색, 말의 속도, 숨소리, 에너지 변화, 몸동작 및 표정과 같은 요소들이 치료사의 반응과 어우러져 숨겨진 메시지를 확인하는 한계를 제시해 준다. 비디오로 녹화된 상담은 작업 전체에 영향을 미칠 수 있는 적절한 개입 시기, 말하는 순서를 나타내는 조절자의 업무, 무의식적인 자세의 일치와 같은 다른 요소와 관련된 상담자의 직관 반응을 연구할 기회를 준다. 심층 분석으로 빠뜨린 단서나 다른 몸동작보다 얼굴표정을 살펴보는 일반적인 경향을 알 수 있다. 상담사나 심리치료사는 여기서 상호작용이나 자신의 역할에 더 신경 쓸 필요가 있다.

이미 제6장에서 보았듯이 문화적 배경이나 사회계급의 차이, 위장한 표현규칙과 같은 요소들 때문에 자신도 모르는 사이에 잘못 해석하는 실수를 범하는 경우가 많이 있다. 수련생들은 그런 위험에 대해 알 필요가 있다. 게슈탈트 치료사에 의한 치료 도중 특별한 의미를 확인하기 위해서는 내담자로부터 직접 상세한 내용을 듣는 것이 보다 안전하다. 동작, 음색, 표정, 에너지 변화 등은 해석 없이 반영된다. 속뜻을 발견하기 위해 내담자에게 그 요소를 과장하거나 그 반대 요소를 설명해 보도록 권유하기도 한다. 설문지에서 2명의 응답자가 신체언어를 이해하는 경로로 게슈탈트 교육을 포함시켰다는 사실은 주목할 만하다. 정말 다른 접근을 지향하는 치료사들도 이 접근법에서 배울 것이 많이 있다.

17%(주로 정신역동)는 비언어적 의사소통이 역전이를 통해 학습된다고 말했다. 이 응답자들은 비언어적 의사소통을 검토할 수 있는 다른 방법은 언급하지 않았으므로 이 주제의 교육은 몇몇 경우에 이론적 모델에만 국

한되는 것으로 생각해야 한다. 역전이에서 우리는 자신을 민감한 도구로 사용하고 내담자의 속뜻에 관한 정보를 주기 위해 우리의 반응에 초점을 맞춘다. 이것은 특정한 속뜻을 받아들이고 이해하는 참으로 유용한 방법이며, 직관과정은 좀 더 분명해지지만 결코 포괄적이지는 않다. 제10장의 연구에서 보았듯이 많은 단서와 신호는 비(非)주관적인 직접 관찰을 포함한다. 게다가 직관은 포괄적이며 여러 요소들이 결합되어야만 유용한 지식을 만들어 낸다. 수련생들은 태어날 때부터 타고난 의사소통 관찰력이 있거나 이에 민감할 수도 있고 그렇지 않을 수도 있다. 이것은 교육 및 개인의 선호와 관련이 있어서, 성격이 괴팍하고 변덕스러운 부모가 기른 아이들은 살아남기 위해 비언어적 메시지를 읽는 법을 배우며 곧 일어날 갈등을 피하기 위해 행동을 조절한다. 감각기능이 주 기능인 유형은 세부사항을 알아차리는 능력이 뛰어나지만, 감각기능이 열등기능인 유형은 거의 알아차리지 못한다. 그런 의사소통은 어떻게 분류되어야 하는가? 수련생이 관찰한 요소를 확고한 틀에 넣을 수 있다면 매우 도움이 될 것이다. 이것은 인지적 이해에 기반을 둔다. 제6장에서 요약된 것처럼, 잘 연구된 모델이 의사소통 심리학에 이미 존재하고 있다. 비언어적으로 표현한 여러 유형의 메시지를 설명하기 위해 논의하는 것은 현재 진행 중인 상황을 이해하고 설명하는 데 상당한 도움이 된다.

응답자들에 의하면 83%의 대학에서 고도의 공감교육을 하고 있으며, 따라서 이것은 이건(Egan, 1975/1994)이 설명한 것처럼 내담자들의 숨겨지거나 거의 감지되지 않은 의미를 알아보고 요령 있게 또 위협적이지 않게 다시 반영하는 주요한 방법이 되는 것 같다. 전체에서 30%만 시간을 밝힌 반면, 나머지는 어떤 방식이든 과정 속에 시간이 통합되어 있음을 암시했다. 시간을 거론한 이들 중 가장 주목할 만한 것은 치료 중 이런 측면을 강조하는 데 큰 차이(형식적인 1시간에서 심층적인 100시간)가 있다는 것이다.

어떤 학생은 어떻게 숨은 뜻을 찾는가를 간단히만 다루고, 다른 학생은 많은 실습을 하는 것처럼 보인다. 따라서 어떤 수련생들은 좀 더 미묘한 내담자의 과정을 간과할 수도 있다는 것이다. 이것은 매우 단기적이고 목표 지향적인 상담, 특히 인지행동 기법이 우세한 상담에는 그다지 중요하지 않을 수도 있지만, 장기적인 상담 및 심리치료의 질에는 확실히 영향을 미칠 것이다.

다음 질문은 잠재의식적 지각을 교육했는지를 질문했다. 거의 70%가 '아니요'라고 응답했고, 긍정적으로 응답한 이들 중 아무도 시간을 표시하지는 않았다. 그러나 미세한 것과 관련해서 제6장에서 설명한 연구를 보면, 매우 순간적이어서 적어도 의식적으로 받아들일 수 없는 메시지에 관한 내용을 교육계획안에 포함시키는 것이 현명해 보인다. 그렇게 하지 않는다면 이런 메시지를 알아차리지 못하고, 특히 발화된 말과 다를 수도 있는 진짜 감정을 나타낼 때는 더 그렇다. 사람들과의 상담 경험은 그런 순간적인 표현에 대한 민감성을 높여 주는 것 같았다. 과정에 들어올 지원자를 평가할 때 이런 것을 고려해야 할 것 같다. 이와 마찬가지로 상담과 직접 관련이 없더라도 교육기간에 사람들과 함께하는 자원봉사를 유용하게 권장할 수 있다.

육감이나 직감으로 하는 업무와 관련해 가장 주목할 만한 사실은 학생들에게 이것을 어떻게 가르치느냐에 대한 입장이 매우 다르다는 것이다. 응답은 두 가지 대단히 중요한 범주로 나눠질 수 있는데, 수련생의 내면과정(자기경청, 창의성, 자기계발)에 중점을 두는 응답과 그런 학습이 외부매체(슈퍼비전, 기법 교육, 상담실습을 통해)에 포함된다고 생각하는 응답이다. 슈퍼바이저들은 정말 가끔씩 내담자에 대한 육감과 직감, 즉 어떤 것에 대한 강한 느낌을 가지지만, 수련생은 그것을 명확히 하거나 그 느낌의 기원을 정확히 알지 못한다. 직관과정의 특성을 이해하는 것은 그런 느낌을 만들어 낸 요소를 풀어내는 데 큰 도움을 줄 수 있다. 책의 다른 부분에서도 언급되었듯이 이런 것은 돌이켜 생각해 보면 알 수도 있다. 사고에 근거한 과정이기보다 게슈탈트 치료에서 사용되는 것과 같이 '비합리적인' 기법 이 가장 알맞은 것이다. 예를 들면, 수련생에게 치료 상황을 다시 만들기 위해 상상으로 내담자를 떠올리고 함께 있는 것이 어떠한지를 다시 느끼며 어떤 일이 일어나는지 다시 관찰하고 보이는 것을 상세히 묘사하도록 요청한다. 그렇지 않으면 그리기나 모래놀이도 도움이 된다. 숨겨져 있던 의사소통이 드러날 수 있고 슈퍼바이저는 이런 것을 내담자에게 다시 보여 줘야 할지 말지, 만약 그렇게 한다면 언제 할지에 대해 추천할 수 있다.

수련생 자신은 가령 통합심리 치료사들이 실시하는 일반적인 방식에 따라 직관적 이미지를 떠올리거나 그것을 심층적으로 모색하는 시각화를 통해 직관으로 작업하는 방식을 배워야 한다. 한 수련생은 우울증을 겪고 있는 한 내담자의 이야기를 듣고 어떻게 뱃속의 울렁거림을 느끼게 되었는지를 상세히 설명한다. 그런 신체적인 감각에 대한 생각에 주의를 집중하는데 사악한 뱀장어가 떠올랐다. 나중에 분명해졌지만 이것은 내담자의 억눌린 고통과 분노의 표현이었는데, 수련생은 그것을 직관적으로 포착했던 것이다(Baillie, 2003, p. 12). 젠들린(Gendlin, 1978/1981)이 설명한 것처럼, 포커싱 역시 자기 자신의 직관 반응을 느끼는 효과적인 방법이다. 설문지의 응답으로 판단하건대 교육과정의 대략 1/3만이 특히 이런 종류의 내면작업을 권장한다.

비인지적 접근을 다루는 Part B의 응답은 매우 다양했고, 또한 응답들은 개별 교수들의 관심뿐만 아니라 과정의 이론적 지향에 의거했다. 반 정도의 대학은 연구에 대한 비언어적 · 창의적 접근의 발달을 위한 적절하고 우수한 자료를 제공했지만, 44%는 학생들에게 한정된 기회만 제공하는 것으로 보인다. 초월심리적 접근, 특히 통합심리적 접근은 직관의 이런 측면을 고양시킬 최고의 기회를 제공했다. 학교 안내책자에 대한 연구는 특히 흥미로운 사실을 드러내 준다. 한 기관(A21w)은 합리적인 정신의 양자택일 사고를 넘어서 통합된 생각과 원칙이 있는 영역에서 창의성에 치중한다. 이것은 중요한 측면으로 보이는데, 이성적인 것을 너무 강조하다 보면 독창성을 잃어버릴 수 있기 때문이다. 통합심리적 접근에서는 창의성을 정신적인 맥락의 직관과 면밀히 연관된 것으로 생각한다. 따라서 창의성은 교육의 기본적인 측면이 된다. 특정 교과목은 상상, 꿈 작업, 또 수련생이 '종합적 사고와 과학적 전형을 넘어서는' 쪽으로 기울게 하는 창의적 과정에 집중한다. '종합적 사고'라는 용어는 심리학자들이 사용하는 '포괄적인 과정'과 맞먹는다. 여기서는 모든 요소들이 통합되어 완전한 전체를 만든다. 제3장에서 나타난 것처럼, 이것은 직관과정의 기본이다. 여기서 강조되는 것은 이론적 학습이기보다 명상, 시각화, 예술작품을 사용하는 경험적인 것이다. 집단작업은 드라마 및 무의식적 힘에 다가가는 의식을 포함할 수 있다. 노련한 치료사는 직관의 장인이 될 필요가 있고, 이런 교육은 직관기능을 향상시킬 수 있는 방법을 강조한다.

이와 같이 초월심리적 접근법을 제외하고는 직관유형을 나타내는 특성을 상담이나 심리치료에서 의도적으로 개발하지 않는 것으로 보이지만, 응답자들은 대체로 수련과정에 그 부분이 있다고 생각했다. 대부분 개인의 성장을 강조하지만, 안내책자에 따르면 개인의 성장은 내담자의 자기계발을 방해하지 않도록 주로 자기 자신의 과정을 이해하는 중요성과 주로 관련이 있었다. 이것 역시 정말 중요하지만 개인의 성장은 마이어스와 커비(Myers & Kirby, 1994, p. 35)가 추천한 것처럼 자신의 직관능력의 향상을 생산적으로 포함할 수도 있다. 학생들에게는 내면의 이미지를 잘 알고 계발하며 상담실습과 슈퍼비전에서 은유와 유추를 사용하도록 권유할 수 있다. 잘 알려진 것처럼 상징은 무의식의 언어이며 심도 있는 작업에 중심이 된다. 개인일지에는 시, 영화나 책에서 만나는 등장인물에 대한 회고를 포함시킬 수 있다. 유형과의 관계를 이해하는 능력은 화랑을 방문함으로써 향상시킬 수 있다. 내담자 이야기 속의 그것들처럼 시, 영화나 책에서 만나는 등장인물들은 사회적, 정치적, 문화적 맥락의 큰 틀 안에 놓일 수 있다. 수평적 사고와 새로운 관계 형성을 말장난, 농담 등을 통해 개발할 수 있다. 그런 모든 방법은 직관적 이해에 이를 수 있는 관계를 만드는 귀중한 자원을 낳는다. 정말 개인일지는 수련생이 어떻게 자신의 직관을 계발하고 있는지를 기록하는 특별한 기회를 제공한다. 아울러 개인 평가체계에 주의를 기울여야 하고 인지된 이론이나 독단을 내포하지 않는다는 가능성을 고려하였다.

상담 및 심리치료는 복잡한 주제이며 항상 어떤 과정에든 시간이 필요하다. 이와 같이 과외활동을 통하여 많은 훈련시간을 들이지 않고도 직관적 특성이 향상될 수 있지만, 지도교수는 그러한 훈련을 시작하고 감독하며 직관의 본질과 관련된 정보를 제공해야 한다. 그렇게 함으로써 수련생들은 그런 활동의 목적을 완전히 이해할 수 있다.

개인상담과 관련하여 30%의 응답자들이 30시간 이하를 권장했는데, 이것은 영국상담심리치료협회(BACP)의 최소 기준인 40시간에도 미치지 못한다. 많은 전문가들은 직관은 제쳐 두고 자기인식 및 자각을 개발한다는 관점에서만 보더라도 이것은 불충분하며, 특히 15시간 이하인 경우는 더 그렇다(26%). 인간중심적 접근 훈련이 이 낮은 범주에 속해 있지만, 왜냐고 물을 때 주된 반응은 수련생들이 정말 필요할 때만 개인상담을 해야 한다는 것이다. 한 응답자는 대부분이 실제로 그렇게 한다고 언급했다. 대조적으로 같은 비율의 대학들은 개인상담에 100시간 이상 권장할 정도로 높은 가치를 두었다. 안내서에는 강한 감정을 갖는 능력, 개인문제를 통해 훈련할 필요성을 이유로 제시하고 있는데, 만약 그렇지 않다면 상담사의 능력을 제한할 수도 있기 때문이다. 그러나 개인상담은 풍부한 학습 환경을 제공하기도 한다. 개인성장에 있어서 직관의 역할을 살펴볼 때, 패트릭 맥도널드와 클로드 맥도널드(McDonald & McDonald, 1993, p. 8)는 내면의 소리를 들을 수 있다는 중요성을 강조했다. 두 사람은 이것을 개인 심리치료의 맥락에서 배울 수 있다고 주장했다. 수련생과 대화해 보면, 많은 이들이 이런 반사과정을 직관에 맞출 수 있는 기반으로 소중히 여긴다는 것을 알 수 있다. 순간적인 감정과 느낌을 포착하기 위해서 개인은 그런 순간을 확인하도록 그러한 순간과 함께하고 그것들을 확장시키는 데 상당한 훈련을 할 필요가 있다. 이를 위해서는 자기 자신을 편안하게 느끼는 친근감이 있어야 하고, 발견될 수도 있는 것에 대한 두려움도 없어야 한다. 불확실하지만 적은 정보로 처리하는 데 확신을 갖는 것은 제4장에서 유익한 특징으로 나온다. 자존감이 낮은 사람은 자기에게서 뿜어져 나온 어떤 이해든 간에 과소평가하는 경향이 있어서 자신의 직관을 최대로 사용할 수 없다. 개인상담은 자긍심을 높이고 자신감을 증진시켜 자기 자신의 직관을 신뢰하는 데 큰 도움을 줄 수 있다.

정신분석학자인 샌포드 샤피로(Sanford Shapiro)는 자기심리학의 관점에서 치료사의 신뢰성과 비방어적 영향력을 유지하는 장점에 대한 글을 썼다(1995, p. 75). 상담사가 개인방어를 통해 작업을 하기만 한다면, 자기현시를 해야 하는지, 내담자의 경험에 머물러 있어야 하는지, 또는 그에 대적해야 하는지에 대해 직관의 주장을 자유롭게 따를 수 있다. 만약 분석가가 직관에 반하여 이론이나 슈퍼바이저의 생각을 따른다면, 그래서 실수를 하게 된다면 그 결과는 분열과 혼란을 가져올 수 있다고 지적한다. 특히 치료사가 자신감을 잃게 되면 상담실의 분위기는 신뢰와 안전에서 우려와 불안으로 바뀌게 된다.

집단과정에 소요되는 시간은 인간중심적 접근 훈련이 중간 이상이다.

따라서 이런 식으로 개인의 자각과 성장을 위한 시간을 허용하지만, 관계와 대인관계의 능숙함에 역점을 두고 있다. 이런 상황에서 참가자들은 그들 자신의 방어과정을 살펴보고 다른 상호 교류자와 육감이나 직감을 시험해 볼 진정한 기회가 있을 것이다. 여기서 다시 지도자에 의해 구체적인 지도를 받을 필요가 있다.

절정경험에 관한 한 아브라함 매슬로(Abraham Maslow)의 연구는 그러한 직면이 갖는 변형효과를 설명하고 있다(1970/1976; 제9장 참조). 게다가 직면은 정서적·정신적 건강 및 삶이 보람 있고 의미 있다는 느낌과 관련이 있다. 만약 상담사나 심리치료사가 그들 자신의 숭고한 경험을 억누르거나 최소화한다면, 다른 사람이 그들 자신의 이런 면을 인식하는 데 도움을 줄 처지가 못 된다. 이것은 매슬로의 연구에서 핵심 부분으로, 추정컨대 인간중심적 접근 훈련에서 절정경험의 내용을 뺀다면 이상할 것이다. 설문지 응답에서 지나치면서 잠깐 언급하는 것을 제외하고는, 이런 편견을 가진 어떤 과정도 절정경험을 가르치지 않았다. 아마도 그런 교육계획안을 만든 사람들이 절정경험에 대한 자신의 능력을 눌러 오지 않았는지 의문을 제기하는 것은 당연할 것이다. 분명히 절정경험은 교육과정의 중요 부분이 되어야 한다. 특히 그런 경험을 하는 것은 심리적 건강에 이르는 관문으로 알려져 있다.

비록 안내책자에는 다르게 설명되지만, 초월심리적 접근 훈련은 직관, 영성 사이에 직접적인 연관성을 만든다. 누구나 지속적인 알아차림과 명상을 '근원', 즉 깨달은 마음으로 가는 최고의 길로 생각한다. 주어진 상태에 대한, 또 어떻게 과거가 현재 안에 속해 있는지에 대한 진리에의 개방은 '자연스럽게 나오는 지혜'(A23n)를 허락한다. 이러한 지혜가 직관으로 불리는 것은 당연하다. 이런 접근은 상담사와 내담자 모두에게 일어나는 경험에 대한 민감성을 강조한다. '공명'의 형태로 깊은 공감을 교육하고, 이미지와 꿈, 상징과 전형을 시각화와 미묘하게 감지된 지각, 느낌의 특성 및 변형된 명상수행 등을 통해 분석한다. 몸과 마음의 복합체를 다루고, 모든 것이 서로 연관이 있다는 것을 당연하게 여기는데, 이는 불교심리에 바탕을 두고 있다. 안내책자를 읽어 보면, 이런 접근은 분석적이기보다는 직관적이며 인과관계보다는 전체를 강조한다.

　이미 언급된 통합심리 과정(A21w)은 상상과 독창성이 선형적이며 분석적 사고를 넘어서는 방법 외에도 반사적이고 수용적인 명상수업도 포함하고 있다. 제9장에서 이미 논의된 것처럼, 명상은 직관적 자료에 접근할 수 있는 중요한 통로다. 명상은 누구나 배울 수 있고 더욱이 내담자가 방문하기 전에 상담사나 심리치료사의 마음의 수다를 잠재우고 스스로를 안정시키고 개방된 상태로 이끄는 데 귀중한 수단이 될 수 있다. 앞에서 보았듯이 걱정은 직관에서는 천적이다. 불행하게도 대다수의 교육과정에는 그런 기법이 포함되어 있지 않다. 학생들이 영성이나 신비주의로 건설적으로 상담하는 방법을 교육받는가 하는 좀 더 일반적인 질문에 대해 절반은 그렇지 않다고 답했다. 이것이 문헌에 아주 잘 기록된 인간 경험의 강력한 측면이 될 수 있다는 점을 생각해 보면 우려할 만한 일이다(James, 1902/1982; Tart, 1975/1992). 한편, 의뢰받은 절반 이하의 대학들이 '어떤 사람이 될 수 있는가' 하는 미래를 강조한다는 점에서 그나마 희망이 있다. 일부 기관들이 부지불식간에 목적의 진정한 의미와 더 보람 있는 삶을 향한 길을 폐쇄시키고 있는가? 우리 문화에서 숭고하고 고유한 억압을 일반화하며 심리치료와 상담교육에 반영하고 있는가? 단서들이 흩어져 있고 하찮은 것일지라도 내담자의 잠재력을 감지하는 데 고도의 직관이 필요할 수 있다. 제임스 힐먼(James Hillman)은 이런 종류의 자료를 찾아내는 것과 관련해 글을 썼다(1990, pp. 61-63). 상담사나 심리치료사는 내담자가 가능성이 실현될 수 있으리라고 생각하기 훨씬 전부터 내담자에 대한 미래의 가능성을 가지고 있어야 할 것이다. 이는 자기 자신과 내담자 모두에게 믿음이 필요하다.

　상담사나 심리치료사가 하는 많은 업무들이 정서적인 문제이고, 또 이것이 주로 비언어적으로 전달되고(Andersen, 1999), 직관적으로 포착되므로, 모든 교육과정에 이런 능력의 계발을 포함해야 하지 않을까? 그러나 절반이 약간 넘는 정도가 그 주제를 이론적으로 가르치지 않고, 전체의 1/3은 직관계발을 포함시키지 않는 것 같다. 더군다나 22%는 직관을 교과목에 넣는 것을 원치 않는다고 생각했다. 이것은 의심할 여지없이 지적이고 분석적 사고에 바탕을 둔 서양의 교육방식을 반영하는 것이다. 그러나 진짜 문제는 내담자의 최선의 이익을 위해 어떤 교육방식이 가장 중요한가다. 학생들의 직관을 계발시킬 것을 권한다고 주장하는 대학들은 정확한 방법을 제시하는 데 어려움을 겪는 것으로 보인다. 인간중심적 접근 응답자 중 한 명(H10w)은 "방법을 알 수 없다!"라고 정직하게 외쳤다. 그러나 반영하기, 슈퍼비전, 창의적 방법, 교수 훈련을 포함한 몇몇 사례들로 자격을 갖추었다. 다른 응답자들은 개인연구, 자신의 반응에 대한 자각, '비이성적 청취', 대인관계 과정회상(IPR), 내담자에게 맞추기, 집단관계, 깊은 공감, 더 큰 그림, 심상화, 명상, 전이, 역전이를 언급했는데, 이들 중 어느 것이든 직관적인 면이 포함될 수 있다. 다양하고 일반적인 이런 응답들은 직관과정의 특성과 정확히 어떻게 그것이 향상될 수 있는지에 관한 명확성이 부족해 보인다. 직관이론에 대해서 응답자 가운데 단 1명이 인지심리학, 신경과학연구와 연관을 지은 반면, 다른 응답자 1명은 '좌뇌-우뇌'를 썼다. 이것을 제외하면 심리학자들이 행한 연구에 대한 언급은 없었다.

　참가자 가운데 30%는 자신들이 직관이라는 단어로 이해한 것을 명시하지 않았고, 2명이 응답하지 못한 데 대해 변명을 했다는 것은 아마도 중요한 일일 것이다. 물론 많은 사람들이 아주 바쁘고 시간이 부족했을 것이다. 그러나 이런 경우라면 상당수의 수련생들이 직관에 대한 정의를 제대로 파악하지 못한다는 것을 나타낸다. 주어진 의미가 다양한 것으로 볼 때, 이해에 대한 일관성이 거의 없다는 것이 분명하다. 4개의 분명한 범주가 생겨났는데, 앎이나 이해에 대한 근원(39%가 언급), 비인지적이거나 비합리적임(22%), 무의식적 접근 및 인지나 학습(22%), 직감(13%)이다. 역전이와 마찬가지로 장 본능, 예감, 육감, 체감, 감각 느낌, 조율하기, 갑작스러움, 깜짝 단어나 이미지, 집단무의식, 그림자나 장 현상, 말을 사용하지 않는 등 다른 측면은 잃어버릴 수 있고 배울 수 없고 계발될 수 있다고 한두 번 언급하였다. 위에 언급한 것들 중 어느 것이든 직관의 특별한 양상을 설명하지만, 어떤 반응도 직관의 다양한 특성을 포착하지는 못한다. 각 교육기관들의 직관의 의미에 대한 동질성 부족은 어쩌면 제5장에서 나온 표본 집단의 경험을 설명하면서 전문치료사들이 가졌던 어려움을 부분적으로 설명해 줄 것이다.

타당성에 대한 의문

설문지를 보내온 응답자들 가운데 어느 정도는 스스로 선택했을 가능성이 있음을 기억해야 할 것이다. 달리 말하면, 특히 설문지를 작성하는 데 걸리는 시간과 노력을 생각할 때 그 주제에 이미 관심이 있는 사람들을 끌어들였을 가능성이 크다는 것이다. 반면에 이런 가능성은 응답자의 22%가 그들의 교육과정에 직관연구에 대한 여지가 없을 것이라고 생각한 사실과 비교 검토되어야 한다. 이것은 적어도 대학 당국이 그 주제에 특별한 관심이 없다는 것을 보여 준다.

통계는 얼마나 신뢰할 만한가? 몇몇 설문지는 급히 완성되어서 응답에 다소 일관성이 없고, 또 모든 질문에 대해 응답을 하지 않은 것도 있었다. 이와는 대조적으로 분명히 많은 응답자들이 상당한 관심과 시간을 들여 대답했고 심지어 뒤쪽의 여백에 자신의 견해를 덧붙이기도 했다. 결과를 평가할 때 이런 요소들을 고려해야 했다.

통계조사의 표본이 상담과 심리치료 교육의 접근방식을 얼마나 잘 대표하고 있는가? 영국에서 이용 가능한 심리치료 교육 중 전형적인 것으로 여겨지는 것이 선택되었다. 그것은 영국상담심리치료협회(BACP)의 인가과정이나 그에 준하는 과정에 한정되었으므로 창의적 예술치료, 과정 지향적 치료와 같은 몇몇 교육방식은 제시하지 않았다. 그런 모델도 직관에 관해 할 말이 더 있을 수 있고 이런 관점에서의 연구가 환영받았을 수도 있다. 5개의 대학이 정신역동적 접근에 역점을 두었지만 다수의 과정이 인본주의적인 철학지향적 치료에 역점을 두었다. 그럼에도 불구하고 응답자들은 가장 인기 있는 방법을 합리적인 범위로 다루었다. 설문에 덧붙여 교육과정 안내책자도 살펴보고 비교하기 위해 학생, 동료들과 대화도 가졌다. 따라서 결과는 어느 정도 일반화될 수는 있겠지만, 다소 주의가 필요하다. 연구는 간단하게 되풀이될 수 있으므로 신뢰도 검증에는 아무런 어려움이 없다.

결 론

그렇다면 나의 가설이 사실로 확인되었는가? 나의 예상보다 많은 기관들이 임상에서뿐만 아니라 이론적으로도 직관을 교육한다고 주장하는 것을 보고 적잖이 놀랐다. 나의 가설은 잠정적으로 확인되었지만, 절반이 약간 안 되는 정도다. 그러나 일부 응답은 일관성이 다소 부족하다는 점과 직관교육에 '예'라고 답했지만 사실은 '아니요'를 의미했다는 의심이 드는 점이 밝혀졌다. 게다가 현상의 본질과 관련해 많은 응답이 대강 이루어지거나 존재하지 않았기 때문에, 이런 경우에 실제로 그 주제에 대한 이론교육을 하였는지 납득하기가 어려웠다. 이런 결과를 표본 집단 참가자들의 응답과 비교해 보니, 28%만 자신의 교육과정에 직관이 포함되었다는 사실을 기억했다.

전반적인 내 느낌은 직관은 적절한 기회가 있을 때, 예컨대 상담기법 교육이나 슈퍼비전에서 직관이 자발적으로 일어나는 경우에만 일반적으로 논의된다는 것이다. 게다가 만약 교수가 원한다면 직관과정의 설명이 특정 교수에게 맡겨진다. 그런 교육에 할당되는 특정 시간이나 교과목은 거의 없지만, 초월심리적 접근과 게슈탈트는 예외였다.

그렇다면 비언어적 의사소통과 관련해 직관의 중요성을 생각할 때 우리가 무엇을 배울 수 있고 내담자에게 무엇이 최선인가? 나는 생각이나 방법에 있어서 좀 더 폭넓은 상호교류를 추천하고 싶다. 확실히 통합심리적 접근의 인기가 높아짐에 따라 이미 이런 일이 발생하고 있다. 치료상의 관계가 모든 이론에서 결합요인이 되듯이 직관도 마찬가지다. 상담이나 심리치료에서 직관을 연구할 수 있다. 그러나 교수들은 대개 자신이 배워 온 대로 가르치고 그렇게 해서 다른 모델은 거의 참조하지 않은 채 특정한 모델이 한 세대에서 다음 세대로 전해지는 것이다. 정말 많은 교육기관은 자신의 졸업생에게 교수직을 제공해 줄 것이다. 그것은 마치 연기나 발레와 같은 기술을 학생에게 가르치는 것과 같으며 여기서 학생은 스타니슬라프스키(Stanislavski)나 체케티(Cecchetti) 방식을 배우게 된다. 이런 교육은 배타성과 화석화, 고착화가 문제다.

우리 모두는 서로서로 배울 것이 많다. 예를 들어, 역전이에 대한 정신역동 교육은 직관과정의 중요한 면을 보여 주는데, 우리의 생각, 느낌, 기분, 내담자에 대한 미묘한 반응, 그런 것들이 무엇을 나타낼 수 있는지를 되짚어가는 자기성찰 훈련을 포함하고 있다. 이와 마찬가지로 게슈탈트 알아차림 훈련은 신체언어와 비언어적 메시지를 통해 내담자가 말하고 있는 것에 더 주의를 기울이게 하고 기꺼이 알아보도록 하는 도움을 준다(제12장 참조). 초월심리적 접근은 흩어진 마음을 안정시키는 명상과 무의식적 메시지에 닿기 위한, 또는 내면의 지혜에 다가가기 위한 시각화를 제시해 준다. 한편 창의적 통합예술치료는 단어나 분석적 사고를 사용하지 않고도 얼마나 많이 표현되고 소통되는지를 보여 준다. 이와 같은 것들은 충분히 실험을 거쳐 이미 존재하는 방법이고, 일대일 상담이나 집단상담을 통해 개인 의식과 계발이 결합되면 직관 함양에 많은 도움을 줄 수 있다. 추가로 상담사와 심리치료사 및 심리학자들은 대화의 장을 마련하여 서로의 최신 연구를 익히 알 필요가 있다. 의사소통 심리학과 내재적 학습과 같은 관련 분야의 문헌이 이제는 많은데, 직관을 무시하는 것은 어처구니없는 일일 것이다.

아직 발견해야 할 것이 많다. 하지만, 많은 무의식 과정들이 잘 알려져 있기도 하다. 이 장에서 제시된 질문에 대한 답은 직관의 특성은 설명 가능하고, 상당 부분 교육이 가능하며, 각 개인은 분명히 의식적으로 그 기량을 계발할 수 있다는 것이다.

미 주

1. 대인관계 과정회상(Interpersonal Process Recall: IPR)은 카간 등(Kagan et al., 1963)에 의해 상담기법 교육을 위해 개발되었지만 이후 치료과정 연구에 사용되어 왔다. 비디오나 오디오 테이프로 수업이 이루어진다. 이렇게 한 후 몇 시간 내에 상담자(또는 내담자)가 테이프의 여러 부분에서 자신의 경험과 관련해 구조화된 질문에 응답한다. 참가자는 마음대로 테이프를 멈출 수 있고, 당시에 떠오르는 주관적인 생각이나 느낌을 고찰한다.

제 12 장

앞으로의 방향

♟♟♟

나는 한 동료에게 이 책을 쓰는 경험을 설명하면서 말로 표현할 수 없는 것을 파악하는 일이 매우 어렵다는 사실을 알았다고 얘기했다. 프로젝트를 시작할 때는 그것이 마치 미로처럼 느껴졌지만, 지금은 먼 산행에 비유할 수 있다. 첫 언덕을 보고는 에너지와 열정으로 시작했다. 그러나 꼭대기를 돌아 오르면서 끝없이 반복되는 언덕을 보고는 그것들이 감당하기 힘들어 보였다. 때로는 속력을 좀 낼 수 있는 내리막길도 있고 쉽게 갈 수 있는 완만한 고원지대도 있었지만, 가파른 경사를 느릿느릿 걸어야만 하는 일이 다반사였다. 그러다 안개가 드리우면 앞이 보이지 않아 할 수 없이 안개가 걷힐 때까지 쉬면서 기다려야 했다. 또 어떤 때는 짙은 안개로 길을 잃기도 했는데, 나도 모르는 사이에 제자리걸음을 하다 결국 확실한 출구를 발견하기도 했다. 마침내 정상이 시야에 들어오고 마지막 박차만 남아 있었다. 정상에 다가가면서 내가 거쳐 왔던 길을 뒤돌아보았다. 여전히 불분명한 구덩이도 있지만 시야에 분명하게 들어오는 곳들도 많았다. 적어도 내가 거쳐 온 땅에 대한 훌륭한 지식들이 쌓여서 다른 여행객들이 이를 참고할 수는 있을 것이다.

논리나 분석, 언어 수단 등을 사용하지 않고 영향을 미치는 과정에 관한 나의 새로운 발견들을 표현하기 위해 논리나 분석, 언어를 사용한다는 것이 모순처럼 보였다. 오르막을 오르기 위해 고군분투하는 느낌에 기여한 것은 분명히 바로 이런 대립, 즉 사고와 직관의 갈등이다. 구조에 관련된 선택, 언어의 리듬과 흐름 선택, 나 자신의 업무에서 얻은 내용을 상담에 추가하는 시기 등 적어도 이 책 내용의 일부는 직관적인 것이었다. 많은 자료가 수집되었고 또 그렇게 하는 것이 맞긴 하지만, 이 연구가 불완전하며 무의식적 과정과 관련 있는 더 많은 정보를 이용할 수 있을 때까지 아쉬움이 남을 거라는 사실도 매우 잘 알고 있다. 그럼에도 불구하고 이 연구가 상담과 심리치료에서처럼 둘 이상이 만나면 일어나는 그런 미묘한 상호작용을 이해하는 데 유용한 기여를 하기 바란다.

교육에서의 실제 적용

그래서 당면 문제는 치료적 상담의 효과를 위해 여기 모아 놓은 정보를 어떻게 잘 활용할 수 있느냐 하는 것이다. 직관이론을 가르칠 때 왜 그렇게 직관을 무시하는지, 왜 직관이 잘 이해되지 않는지 의문을 가지면서 이 연구를 시작했다. 여기에 제시된 구체적인 의문은 초자연적인 것(과학으로 설명할 수 없는)과의 연관성, 서구의 합리주의를 우선시하는 문화, 20세기의 상당 기간을 어떻게 행동주의가 심리학을 지배해 왔는지, 어떻게 정신분석이 과학으로 인정받기를 원했는지, 좀 더 일반적으로 말하자면 여성의 직관에 대한 폄하와 무의식에 관한 인간의 두려움 등에 관한 것이다. 이런 이유들 중 어떤 것이 여전히 적용되고 있고, 어떤 다른 것들이 있을 수 있는가?

물론 직관의 다면적 특성에 주의를 기울여야 한다. 우리가 발견한 것처럼 직관은 주로 알아차리지 못하고 일어나는 인지과정으로, 어떤 새로운 이해와 지식 혹은 창의성을 낳는 내·외적 단서를 모두 결합한다. 이것은 완전한 실체로서 의식에 도달하고 갑작스러움과 주관적 확신으로 나타날 수 있다. 직관은 어느 정도는 타고난 능력이지만 경험을 통해 얻어지기도 한다. 여기서 치료에 적용된 것처럼 정의에 대한 근거가 있다. 직관에 도움을 주는 단서의 유형, 내담자와 주위 환경에서 온 단서가 새로운 이해를 낳기 위해 어떻게 치료사의 정서반응, 신체반응, 주관적 심상화, 과거의 기억, 전문가의 경험과 결합되는지에 대한 더 많은 논의가 교육기간에 있었다. 초월심리적 접근과 깊은 연관성이 있지만, 나는 직관을 분명히 설명해 주고, 그 과정을 간단한 용어로 설명하는 것이 중요하다는 것을 강조하고 싶다. 간단히 말해서 직관은 우리의 마음을 사용하는 또 다른 중요한 방식이다. 우리가 일직선으로 한 단계 한 단계 인과관계를 찾으며 그 과정을 전달하는 언어를 사용하면서 논리적이고 합리적으로 생각하거나, 그렇지 않으면 우리의 무의식이 인상, 이미지, 신체반응, 단상과 느낌을 결합하면서 완전하고 의미 있는 형태로 의식에 도달해 우리 자신에게 '그래, 바로 이거야!'라고 말할 때까지 그 일을 하게 만든다. 수련장면에서의 직관경험을 수집하여 그 본질적 양상을 논의하고 그 조사결과를 이 책의 결과와 비교할 수 있다. 적어도 사람들 간의 상호작용의 65%가 비언어적이며 직관적으로 포착된다는 것을 기억할 필요가 있다. 따라서 만약 유능한 상담사가 되려면 지적 연구와 직관계발 사이에 균형이 잘 이루어져야 한다.

교육 설문응답자들은 직관과정의 측면들을 대체로 이해한다고 대답했지만, 나는 그런 작업이 더 구체적으로 직관과 관련이 있을 수 있다고 제안하고 싶다. 제5장에서 설명한 표본 집단은 초월심리적 접근 훈련을 받은 2명을 제외하고는 전문치료사들이 직관에 대한 교육을 전혀 받지 않았다는 사실을 밝혔다. 이것은 조사된 많은 치료사들의 인식과는 차이가 있었는데, 치료사들은 기법훈련과 슈퍼비전을 통해서 그 현상에 대한 경험과 이해를 제공하고 있다고 했다. 두 사람이 만날 때 일어나는 근본적인 무의식 과정에 대한 교수들과 학생들 사이의 의사소통에서 나타나는 분명한 차이를 다룰 필요가 있다. 이와 마찬가지로 학생은 개인상담과 알아차림 작업을

통해 자기 자신의 직관을 계발할 책임을 져야 하고, 수련생은 지속적인 상
담업무 능력 개발의 일환으로 자신의 직관계발을 책임져야 한다. 결국 성
공적인 치료적 관계는 민감한 직관 사용으로 주로 구축되는데, 이러한 관
계가 어떤 이론적 모델보다 치유에 도움이 된다는 것이 연구결과로 나타
났다(Clarkson, 1995).

아이와 양육자 사이의 초기 관계를 통해 직관이 함양되고 획득되는 방
법과 교육, 그리고 슈퍼비전 시간에 대한 설문지에서 응답자가 묘사하는
과정 사이에 재미있는 유사성이 있다. 각각의 경우에 이런 비언어적 전문
지식은 모방, 피드백 및 경험에 의해 얻어진다. 아이들에게는 관련 과정을
이해하는 인지능력이 없고, 또 그래야 할 필요도 없다. 반면에 어른들은
인지능력이 있으며, 직관기능이 직관계발에 얼마나 큰 도움이 되는지 이
해한다.

직관 자질 함양

어떤 사람은 다른 사람보다 더 직관적이어서 직관유형의 특성은 정해
져 있는 것처럼 보인다. 그 능력이 어떻게 개인 내부에서 함양될 수 있는
지를 보여 주는 제4장을 참조하면 윤곽이 드러난다. 창의적인 교수는 틀
림없이 학생을 위해 정서적 민감성, 상상에 의한 상징 사용, 새로운 관계
를 만드는 능력, 약간의 정보에서 의미를 끌어내는 자신감 등 자질을 높이
는 교육 프로그램을 고안해 낼 것이다. 또한 교수는 독단을 피할 것을 권
하고 내면의 권위의 자리를 구축하도록 학생을 도와줄 것이다. 유머 감각
과 창의성은 그런 훈련을 통해 발달하게 된다. 앞 장에서 직관일지의 기록
을 포함하여 몇 가지 제안을 했으나, 여기서 몇 가지 더 제시하고자 한다.

아사지올리(Assagioli, 1974/1984, pp. 76-79)가 설명한 기법은 개인의 삶에 특별한 자질을 가져다주는 연상단어를 사용하는 것이다. 아사지올리는 단어가 그것과 상응한 감정이나 생각, 행동을 유발할 수 있다고 주장한다. 가령 한 학생이 자신의 삶을 더 재미있게 살고 싶다면 그 학생은 재미라는 특정한 단어에 주의를 기울임으로써 시작할 수 있다. 그런 다음 그것을 카드에 써서 매일 보이는 곳에 놓아둘 수 있다. 긴장을 푼 다음 그것에 대해 명상하고 이미지가 떠오르도록 한다. 이런 이미지가 그려진 화려한 포스터를 벽에 걸 수도 있다. 다음 단계는 그 단어를 '느끼고', 그것과 동일시하며, 의식적으로 영감을 주는 자세와 동작을 취하는 것이다. 그 자질에 이런 종류의 주의를 집중하면 할수록 그것은 더 많이 그 학생의 삶의 일부가 된다. 물론 그 학생은 유머 있는 사람과의 교제를 추구하고, 학생 자신이 자신의 본성에서 익살스러운 부분을 표현할 수 있는 방법을 찾을 수 있다.

독단적인 주장으로부터 자유롭기 위해서는, 내면의 비평가나 비판자가 법을 정해 놓고 학생이나 수련생이 직감보다 정해진 이론을 따르도록 설득하는 내부의 역동을 살펴볼 필요가 있다. 하위인격 작업은 이런 맥락에서 가장 잘 드러날 수 있다. 내면의 모든 '의무'와 '책임' 목록을 작성하도록 학생에게 권유하고, 이후 그러한 지시를 하는 성격 부분을 나타내는 이미지를 불러올 수 있다. 그러면 그 학생은 충분히 자각하여 하위인격으로 다가가 이 위치에서 반대 측(인격)에 말하게 된다. 위치가 바뀌고, 반대 측이 대답한다. 이런 종류의 게슈탈트 대화는 이런 하위인격을 어느 정도 통제한다. 따라서 더 직관적인 양상에 대한 접근을 막는지를 잘 아는 데 도움을 준다. 이것은 개인상담과 알아차림 작업의 중요성을 보여 주는 한 예에 불과하다. 자기 자신의 통제하는 측면을 받아들이고 이해함으로써만 억눌린 창의성을 풀어 놓는 선택을 할 수 있다. 존 로완(John Rowan)은 하위인격에 관해 명쾌하게 쓰고 있는데, 그가 쓴 두 권의 책(1990, 1993a)은 그런 작업에 대한 풍부한 자료를 제공하고 있다.

아사지올리(1974/1984, pp. 79-83)가 추천한 다른 기법은 원하는 상태나 원하는 자질을 이미 소유한 '것처럼 행동하기'다. 실험심리학은 어떤 특정한 행동을 하고 그다음 그것에 대한 표현을 하면, 우리 안에 있는 상응한 감정이 야기된다는 것을 보여 준다. 어떤 학생이 더 자신감을 가지고 삶을 살아가고 싶다면, 먼저 자신감 있는 사람들에 대한 연구를 통해 그들의 일반적인 자세를 알아보고 그들이 다른 상황에서 어떻게 행동하는지를 알아보는 것이 필요하다. 믿을 수 있는 친구부터 시작해서 그것이 자연스럽게 느껴질 때까지 좀 더 적극적인 방법으로 추스르고 움직이며 말하는 것을 연습할 수 있다. 이 과정에서 자신감은 자동으로 행동과 어울려서 마침내 그 학생은 그것을 자기 자신의 것으로 주장할 수 있게 된다. 자신감을 구축하는 다른 방법은 나의 책 『마음의 눈(Your Mind's Eye)』(Charles, 2000) 제2장에 상세히 설명되어 있다. 자신과 자신의 판단을 긍정적으로 생각하는 것은 상담사가 자신의 직관에 대한 신뢰를 쌓는 데 도움을 준다. 이론들은 타인을 이해하는 틀을 제공해 주는 데 도움이 될 수 있지만, 모든 사례는 예외 없이 독특한 정신역동이 있다. 내담자에 관한 정보가 거의 없는 경우, 상담사나 심리치료사는 상담 초기에 평가를 하고 가설을 세우는 데 종종 직관을 끌어들일 필요가 있다. 이런 이해력은 미래의 상담과정이 어떠할지에 대한 가능성을 나타낸다.

표본 집단의 참가자들이 안정된 방법으로 자신의 직관에 자신감을 갖는 것은 필수적이며, 그렇지 않다면 이런 근원에서 나온 정보와 통찰을 반드시 무시할 것이다. 자신의 직관을 믿는 것은 직관이 잘 자라도록 해 준다. 따라서 자신의 직관능력을 규칙적으로 확인해 줄 필요가 있고, 먼저 직관에 주목하는 것은 직관에 신뢰성을 준다. 직관일지를 쓰는 것을 이미 추천했다. 언제 지성이 우세한지, 언제 직관이 뒤따라오는지 살펴보면서 하루를 마무리할 때 5분만 일지를 쓰면 그 과정을 의식으로 가져오는 데 도움이 된다. 상황을 충분히 생각하기보다 본능적으로 타고난 전문지식으로 얼마만큼 일을 처리하는지 매일 직관을 살펴보라. 다른 사람과 함께 있을 때 많은 것을 전달하는 무언의 메시지를 주시하라. 정확히 무엇이 사회적 상호관계를 원활하게 하는 데 도움을 주는가? 서로의 움직임과 무의식적으로 어울리는 방법을 의식으로 가져오라. 이것은 무엇을 표현하는가? 언제 말하고 언제 말하지 않는지 어떻게 아는가? 그런 사소한 신호를 인지하는 것을 배우라. 어떤 것에 대해 희미한 예감을 가졌지만 그것을 따르지 않은 적이 있는가? 바로 그것을 해 볼 수 있다.

특히 앞으로의 방향이 불확실할 때, 좀 더 깊은 단계의 정기적인 명상과 내면의 고요하고 작은 목소리에 주의를 기울이는 것은 내면의 안내자를 받아들이게 한다. 제8장에서 제시한 것처럼, 이러한 내면의 지혜를 알고 그것에 정체성을 주는 것은 자기 신뢰와 직관유형의 중요한 특성을 쌓는 데 도움을 준다. 이것은 물론 절대로 전문적인 감독을 대신하지는 못한다. 직관은 특히 긴장을 풀고 있을 때 예기치 않게 올 수 있다는 것을 기억하라. 따라서 '긴장을 푸는' 시간을 많이 가지도록 하라. 내 경우에 최상의, 가장 창의적인 생각은 대개 정원에서 빈둥거릴 때 나온다. 사람의 마음은 몸과 마찬가지로 휴식과 기분 전환이 필요하다. 걱정은 직관을 방해하는 결과를 가져온다는 사실을 기억하고 그러한 스트레스를 가능한 한 낮추도록 하라. 직관은 강요되는 것이 아니므로 오랜 시간을 두고 인내해야만 할지도 모른다. 직관과 소통하기까지는 많은 배양기간이 필요할 수도 있다.

보통 어떤 유형의 직관을 갖고 있는지 자신에게 물어보라. 직관을 찾을 때 그것이 나타나는가, 아니면 불시에 나타나는가? 대개 어떤 형태를 띠는가? 이미지, 생각, 느낌, 신체적 감각인가? 순식간에 오는가, 아니면 몽상의 일부처럼 서서히 나타나는가? 분명한 세부사항이 많이 들어 있는가, 아

니면 단순히 패턴에 대한 일반적인 느낌이나 모호한 개념인가? 꿈은 무의
식에서 오는 어떤 메시지를 주는가? 논리적으로 해 온 것을 입증하는 데
직관이 도움이 되는가? 일상생활에서 직관에 얼마나 의존하고 있는가? 당
연히 직관적인 사람은 모호한 예감이나 직감으로 장난치기를 즐기고 필
요한 느낌이 더 분명해질 때까지 그런 것을 자라게 하고 계발한다. 직관에
더 익숙해질수록 직관을 더 장려하고 직관에 안내와 영감을 호소할 수 있
다고 느낀다.

무의식의 언어는 은유와 유추, 상상이다. 이런 방식으로 마음을 사용하
는 것을 배우고, 현재 있는 능력을 계발하는 몇몇 훈련들은 아주 재미있고
매우 창의적일 수 있다. 다른 어떤 것의 관점, 예를 들어 화분, 나무, 동물,
비행기, 책 등의 관점에서 자신을 설명해 보라. 내담자를 이런 형태의 훈
련에 초대함으로써 상담의 부담을 덜어 줄 수 있고, 또 많은 것이 드러날
수 있다. 이후 이미지를 그리도록 제안하고 그 의미를 찾도록 한다. 일상
의 언어를 비유로 의인화하는 연습을 하라. 말장난과 재담에 흥미를 많이
느끼는 나의 남편은 수평적 사색가의 좋은 예로, 몇 가지 비유를 생각해
내라는 요청을 받았을 때 즉시 '비건(엄격한 채식주의자-역자 주)의 요리책
만큼 얇은', '증권 중개인의 지갑만큼 두꺼운' 같은 비유를 제시했다. 물
론 시(詩)는 이미지로 가득 차 있고 상상력을 자극하는 귀중한 자료다. 학
생들에게는 자신에게 말을 거는 시를 찾아보고 자신의 시를 쓰도록 권유
할 수 있다. 시각적 비유는 종종 통찰에 기여해 왔다. 프로이트는 본인이
인정하는 바에 의하면 본능의 승화라는 개념을 처음부터 논리적 사고를
통해서가 아니라 해학적인 잡지의 만화를 봄으로써 받아들였다. 첫 그림
은 막대기로 새끼 거위 무리를 몰고 있는 작은 소녀의 그림이지만, 두 번
째 그림은 비슷하게 파라솔을 쓰고 있는 젊은 여성들 무리를 선도하고 있
는 여성 지사로서의 이후의 삶을 묘사했다(Sachs, 1946, p. 98).

　　유형과 형태, 색깔 등과 이것들이 어떻게 관련되어 있는지에 대한 느낌은 미술에 관한 책을 연구하거나 화랑을 방문함으로써 의도적으로 향상시킬 수 있다. 그러나 피상적인 관심으로는 충분치 않다. 어떤 식으로든 관심을 끄는 그림을 하나 선택해서 심층적으로 숙고하면서 시간을 보내라. 미술가가 어떤 색을 선택했고, 왜 그랬는가? 어떤 모양이 그림을 지배하고 있는가? 어떻게 그것들이 배치되어 있는가? 필치를 살펴보고 색이 어떻게 칠해져 있는지를 알아보라. 이 그림이 미술가에 대해 무엇을 말해 주는가? 세세한 것까지 살펴보고 그것들이 기여하는 바를 고려해 보라. 왜 이 그림이 나에게 말을 걸었나? 왜 이 그림을 나와 동일시했는가? 아니면 나 자신의 일부 혹은 어떤 기억을 그림에 투사시켰는가? 그렇다면 눈을 감고 나 자신의 기억저장고에서 그 그림에 무엇이 추가되고 있는지 잘 알아보라. 그것을 분명히 하려는 의식적인 노력을 하라. 이후 눈을 뜨고 그림을 분명한 시각으로 다시 보라. 이제 뒤로 물러서서 그 일을 전체로 받아들이라. 나에게 무슨 메시지를 주는가?

　　토니 바스틱(Tony Bastick, 1982)은 정서적 민감성과 가변성은 직관과정에서 중요하다고 강조한다. 그러나 자기인식과 자기수용은 감정을 편하게 느끼는 기본적인 것이다. 나 자신의 스쳐 지나치는 기분을 어떻게 관찰해야 하는가? 얼마나 인정하지 못하는가? 직관은 자신이나 타인에 대해 모르는 게 더 나은 뭔가를 말해 줄 수도 있다. 이런 경우에 그것을 무시할 가능성이 있다. 장기간의 깊이 있는 개인상담이나 치료는 자신이나 타인에 대해 받아들이기 어려운 면을 접하게 되는 두려움을 상당히 줄여 준다.

　　과거의 어떤 사람을 기억나게 하는 사람을 만나는 것은 흔히 있는 경험이다. 첫 번째 사람과 연관된 느낌과 연상이 떠오를 가능성이 있다. 하지만, 그것들이 새로운 사람에 대한 판단을 흐리게 할 수도 있어서 모든 잘못된 추측을 가져오기도 한다. 직관은 그런 분위기에서는 작용할 수 없다. 지각이 분명할 때만 작용한다. 또한 그것이 어둡든 부정적이든 아주 긍정적이든 간에 자신의 것으로는 주장하지 않는 것을 타인에게 투사하는 경향이 있다는 사실을 기억하라. 이런 것들은 직관의 실질적 기능에 자기인식이 왜 그렇게 중요한가를 직접적으로 보여 주는 몇 가지 예에 불과하다.

　제7장에서는 공감과 직관의 관계를 다소 상세히 설명했고, 이러한 정서적 민감성은 개발될 수 있다는 제안을 했다. 인간중심적 상담접근에 관한 먼스와 손(Mearns & Thorne)의 책에서 두 사람은 치료사가 자신과 다른 배경을 가진 내담자와 공감을 느낄 수 있으려면, 세상의 다른 사회단체에 관한 지식을 늘릴 필요가 있다고 주장했다(1988/1999, p. 28). 가령 남성 내담자를 도우려고 노력하는 한 상담사가 어려운 경제 상황을 이해하려고 애쓰고 있다고 가정해 보자. 상담사 자신은 그런 경험을 해 본 적이 없고, 성인기의 대부분을 주부로, 엄마로 보냈다. 주부나 엄마로서의 특별한 세상 지식을 얻긴 했지만 다른 경험과는 엄청난 차이가 있다. 그때 어떻게 다른 사람의 처지가 되어 보는 상상을 할 수 있을까? 상담사가 필요한 경험을 직접 얻는 것은 불가능하지만, 그럼에도 소설을 읽거나 드라마를 연구함으로써 경험을 상당히 넓힐 수 있다. 먼스와 손은 "수련 중인 상담사에게 세상에서 가장 창의적인 작가를 심층적으로 연구하라고 요청하면 좋은 사례가 나올 수 있다."라고 말한다. 소설을 읽지 않는 상담사나 시집을 펼쳐 보지 않는 상담사는 공감을 계발하는 중요한 자료를 놓칠 수 있다. 상상력이나 공감뿐만 아니라 풍요로운 직관을 위해서 나는 그러한 견해를 전적으로 지지한다. 먼스와 손은 자기수용의 중요성도 마찬가지로 강조하고 있다. 만약 상담사가 심각한 곤경에 처해 있거나 자신을 방어해야 하고 남과 가까이 지내지 않는다면 완전히 공감할 수 없을 것이다.

　공감은 앞서 제안된 은유 연습을 확대함으로써, 또 상상 속에서 어떤 물체, 즉 동물이나 사람 등에 이입됨으로써 더 계발될 수 있다. 그런 물체나 존재의 자세, 동작, 표현을 취한다면 어떨까? 가령 말(馬)이 되어 보는 경험에 대해 써 보라. 다음에는 한 사람을 선정하고 다른 존재가 되어 내면에서 어떤 일이 일어나는지 묘사해 보라.

　직관적으로 얻어진 자료를 분명히 표현하는 능력은 일부 상담사에게는 어려울 수 있다. MBTI 연구에 따르면 대다수의 상담사들은 NF유형이고, 사고는 제3의 기능, 즉 열등기능에 위치한다(Myers & McCaulley, 1985, p. 257). 따라서 NF유형의 상담사나 심리치료사가 직관력을 지원하기 위해 사고유형을 발전시키는 것은 중요할 것이다. 자신의 선호유형을 아는 것이 상담사나 심리치료사로 하여금 자신의 약점과 편견에 주의를 기울이게 하는 데 도움이 될 수 있고, 또한 두 사람의 성격이 우연히 같은 경우 내담자와 무의식적인 결탁도 가능할 수 있다(제4장 참조). 융의 유형론과 마이어스-브릭스 유형 지표(MBTI)는 유형이 개인의 지각과 판단에 영향을 미치고, 따라서 주 기능이 직관형은 특히 숨겨진 메시지를 모으는 것이 뚜렷한 장점이라고 주장한다. 특정한 임상평가를 하는 데 치료사가 일반인과 별다를 바 없다고 하는 것은 더욱 놀라운 일이다. 수련생들은 직관적 인상을 전달 가능한 언어로 능숙하게 번역할 필요가 있다.

　또 다른 장애물은 많은 사람들이 생각과 느낌을 구별하는 데 어려움을 겪는다는 사실이다. 내담자에게 자신이 어떻게 느끼는지를 물으면, 생각으로 대답하는 것 때문에 자주 곤란을 겪는다. 적절하다면 그 차이를 좀 설명할 수도 있다. 가끔 많은 경험을 한 수련 중인 상담사에게도 이런 일이 일어난다. 느낌 언어에 익숙해지고 신체반응에 대해 설명할 수 있으면 직관적 양상을 의식적 자각으로 가져오는 데 큰 도움이 된다. 때때로 잠간 멈춰서 자신을 점검해 보라. 어떤 희미한 느낌이 있는가? 몸은 어떻게 반응하는가? 반응을 과장해 보라. 이런 것이 어떤 것인가 물어보면서 비유를 생각해 보고 그 이미지를 표현해 보라. 직관이 뭐라고 말하는가? 내가 여기서 타자를 치며 앉아 있을 때 햇빛이 천창을 통해 흘러 들어오고, 나는 밖으로 나가고 싶은 갈망을 알아차린다. 이것은 빨리 밀어붙여 이 장을 마무리하려는 욕구와 상충된다. 내 몸은 가슴에서 약간의 긴장감으로 반응하고 있고, 그곳에 조그만 조약돌 이미지가 떠오른다. 마음의 눈으로 그 이미지에 집중하면 그것은 분홍색 얼룩이 있는 알로 바뀌고 내 몸은 점점 불안해진다. 자세를 바꾸어 스트레칭을 하면 나는 큰 새장에 갇힌 새를 상상하게 된다. 탄생하는 어떤 느낌이 있긴 하지만, 벗어나서 날고 싶은 욕구도 있다. 물론 새장의 문은 열려 있다. 나의 직관은 일과 놀이 사이의 균형을 잘 유지하고 나 자신에게 너무 많은 스트레스를 주는 낡은 패턴으로 빠져들지 않도록 일깨워 준다. 나는 메시지를 듣는다. 컴퓨터를 끌 시간이다.

게슈탈트 알아차림 훈련

역설적으로 원래 직관적인 사람은 종종 세부적인 것을 알아차리지 못한다. 왜냐하면 직관형의 관심은 전체적인 큰 그림에 있기 때문이다. 더군다나 미래지향적인 경향이 있어서 현실에 충분히 신경을 쓰지 못한다. 펄스, 헤퍼린 그리고 굿맨(Perls, Hefferline, & Goodman, 1951/1973)이 설명하고 있는 현실 자각에 관한 전통적인 게슈탈트 훈련은 그런 직관적인 사람들을 좀 더 현재로 데려오는 데 도움을 줄 수 있다. 첫 번째는 아주 단순하고, '이제 나는 ~을 알아차린다.' '바로 이 순간 나는 ~.' '여기서 나는 ~.'과 같이 현재 경험에 관해 진술하는 것이다. 이 저자들은 현재는 바로 이 순간을 의미하고, 하루 중 이른 시간대가 아니라 잠시 후에 일어나리라 예상하는 것이라고 강조한다. 그래서 예를 들어 나는 '이제 나는 의자에 앉아 있다. 나는 의자가 딱딱하다는 것을 알아차린다. 나는 책상 위에 있는 스테이플러를 본다. 이제 나는 그것이 얼마나 붉은지 알아차린다. 바로 이 순간에 빛이 그 위에 어떻게 떨어지는지 본다. 이제 그 표면에 무늬가 있다는 것 등을 알아차린다……' 등으로 말할 수도 있다. '이제' '여기서' '나는 ~을 알아차린다'를 넣는 것을 기억하면서 실험을 반복한다. 하지만 이번에는 따분함, 성가심, 걱정의 형태를 띨 수 있는 어떤 저항에도 주의를 기울인다. 어떻게 자신이 매 순간 충만함을 경험하지 못하는가? 내가 이런 훈련에서 즉각적으로 배운 것은 예를 들어 스테이플러 설계자와 같은 것에 대해 추측하고자 하는 나의 바람이었다. 많은 사람들은 현실을 은폐해 버리는 효과를 가진 반(半)최면상태나 백일몽에 빠져 대부분의 인생을 보낸다.

또 다른 실험은 도형과 배경 사이의 관계다. 그 실험은 가령 테이블과 같은 어떤 물체에 관심을 집중하는 것이다. 즉, 뒤에 있는 물체가 배경으로 물러날 때 어떻게 테이블이 더 분명해지는지 지켜본 다음, 어떤 소리를 듣고 그 소리가 다른 소리와 어떤 연관이 있는지를 알아보라. 신체 감각에도 똑같은 실험을 해 보라. 그리고 하나의 감각에 주의를 집중할 때 다른 감각들이 어떻게 물러나는지 알아차리기 위해 주의를 기울여 보라. 상담 업무에도 이와 유사한 연습을 통합시킬 수 있다. 여기서 '내담자'의 목소리에서 나오는 음성만을 듣고 내용은 의식에서 사라지게 한다. 그 목소리를 상세히 묘사해 보라. 높은지 낮은지, 부드러운지 큰지, 낮춰진 소리인지 분명한 소리인지 등등. 그때 그 소리가 정서적인 면에서 자신에게 어떤 영향을 미치는지 알아차려 보라. 그 소리를 듣는 것이 부담되어 짜증이 나는가, 아니면 부드러운 음색으로 편안해지는가? 목소리에 다시 주의를 집중시켜 어떤 정서적 배경이 이런 독특한 음색을 낳았는지 생각해 보라. 이와 같은 훈련은 환경과의 직접적인 접촉을 증가시키고, 그것을 훈련하는 효과는 무슨 일이 일어나든 그것에 대한 관심을 높여 주는 것이다.

다음 단계는 외적이든 내적이든 모든 것을 알아차리기 위해 자기 자신을 주변 환경의 살아 있는 역동적인 부분으로 경험하고 현재의 상호교류를 추적하는 것이다. 이런 것들은 직접적인 관찰뿐만 아니라 소망, 해야 하는 것, 어떻게 과거나 미래를 묘사하고 있는지와 같은 것들이 될 수 있다. 한 예로 책상으로 돌아가 보면, '나는 스테이플러의 설계자에 관해 추측하고 싶지만 다시 관심을 책상으로 가져와야 한다는 것을 느낌으로 안다. 여기서 나는 펜의 모양과 밝은 색깔, 연필, 포스트잇(접착식 메모지)을 보고 지금 흥미를 느낀다. 내 마음은 현대 미술로 가고 싶어 한다는 것을 알아차린다. 나는 형상과 색깔을 갖고 놀면서 작품을 만들려는 욕구가 있지만 나 자신을 말린다. 테이트 모던(Tate Modern) 미술관을 갔던 일을 회상하면서 그때 가졌던 짜릿함을 가끔 다시 느껴 보고 싶어 한다는 것을 알아차린다. 창문 아래로 자동차 지나가는 소리가 들린다. 그 소리가 방해가 되어 짜증이 난다.

상담과 심리치료에서 중요한 것은 자기 자신과 다른 사람, 그 사이의 공간에 있는 미묘한 느낌의 강도를 아는 능력이다. 과거의 고통스러운 경험과 그것을 반복하는 두려움 때문에, 그리고 감정을 눌러 버리는 것을 배워 왔기 때문에 우리들 중 많은 사람은 연속적인 느낌 반응을 접해 보지 못했다. '중립' 모드로 가는 것이 더 안전했다. 여기서 할 일은 어린 시절의 신선한 비전과 우리가 한때 가졌던 솔직한 감정을 되찾는 것이다. 바깥을 산책하면서 아무리 희미한 것이라 해도 진행 중인 반응의 흐름을 의식하도록 하라. 날씨가 기분이나 신체반응과 관련해 무엇을 불러일으키는가? 피부에 닿는 신선한 공기를 의식하라. 오늘 발은 어떤 느낌인가? 이런저런 사람이 지나갈 때 어떤 일이 일어나는가? 화분이나 나무에 대한 반응은?

적어도 20분 정도 이렇게 계속해 보라. 어디에 있든 무엇을 하든 이 훈련을 계속하면 할수록 민감성이 함양되고, 따라서 직관이 강화될 것이다.

필립 골드버그(Philip Goldberg)는 자신의 책 『직관의 경계(*The Intuitive Edge*)』에서 관계 형성을 위한 기회 증진을 목적으로 '통합 세션'을 추천했다. 여기서는 장소를 정하되 보통은 잘 갈 수 없는 곳을 우선적으로 정한 다음, 그곳에 가서 자세히 살펴보라. 모든 새로운 경험을 편안한 경계태세로 흡수하면서 스펀지처럼 행동하라(1985, p. 167). 그곳에서 자연스럽게 보통과 다른 것을 하라.

좀 더 민감하고 기민해지며 좀 더 잘 인식하는 것과 방어기제의 눈부신 영향력 없이 세세한 세부사항을 알아내는 능력은 직관에서 중요하다. 알아차림 훈련을 계속하면서 더 생기가 넘치게 되고 반응에 민감해질 것이다.

전문상담에서의 직관

이 프로젝트를 연구하고 기록해 온 여러 해를 뒤돌아보면서 나의 직관이 눈떠 감에 따라 나 자신의 상담이 어떻게 변해 왔는지를 알았다. 우선 직관이 무엇인지 설명하는 것이 더 이상 어렵지 않다. 설명할 수 없는 것처럼 보였던 것을 붙잡으려고 애쓰던 초창기 시절의 모습은 오래전에 사라졌다. 적당한 말이나 그런 복잡한 현상을 아주 적절히 설명하는 어구를 더 이상 더듬거려 찾지 않아도 된다. 나의 이해 능력이 넓어지면서 마음의 광범위한 영역과 창의적인 힘에 대한 경외심을 갖게 된다. 이제 나는 나의 마음이 최소한 간섭할 필요가 있는 무엇이든 하도록 나 자신부터 허용할 수 있음을 알고 있다. 마찬가지로 나의 지성을 사용할 수 있고 나의 생각을 마음대로 지시할 수 있다.

융이나 다른 저명한 작가들에 대한 연구는 그들의 의견에 동의하든 동의하지 않든 전적으로 받아들여 내용을 풍부하게 했다. 나는 융의 유형론과 관련된 많은 이론을 실질적인 방식으로 상담에 통합할 수 있었다. 이것은 다른 성격들이 어떻게 기능하는지를 더 잘 받아들일 수 있도록 하는 데 도움을 주었다. 예를 들어, 내 유형의 반대는 ESFP(사교적, 실질적, 외향적 감각형)다. 이 유형의 사람들은 구조를 싫어하고 쉽게 산만해지며 목표 세우기를 힘들어한다. 따라서 나는 그런 유형의 내담자가 제 궤도에 오를 수 있도록 노력할 것이다. 나의 방식을 강요하기보다는 바로 그 순간에 작업을 함으로써, 또 내담자가 실질적인 제안에 가장 잘 반응한다는 것을 높이 평가함으로써 효과적으로 내담자와 조율할 수 있다.

사고기능의 지원을 받는 주 기능이 직관이라는 것을 아는 것이 나의 열등기능인 감각기능에 집중하도록 해 주었다. 앞에서 설명한 알아차림 훈련에 대한 작업은 모든 세부사항과 느낌의 정도에 눈을 뜨게 해 주었다. 그렇지 않았으면 내담자와 상담을 하면서 놓쳤을 수도 있었을 것이다. 의미가 잔뜩 담긴 작은 암시, 부분 동작, 희미한 냄새나 소리, 들이쉬는 숨과 같이 이전에는 단순히 지나쳤던 많은 것들이 표면으로 드러났다. 내면의 각성, 상담을 하는 동안 나 자신의 반응을 추적하는 것은 상담업무에 많은 가능성을 제공한다. 이제 사소한 직감이나 모호한 본능을 알아차리게 되고 그것들의 중요성이 분명해질 때까지 내버려 두었다.

나의 선호유형이 직관이라는 것을 안 것이 직관에 대해 더 큰 확신을 주었다. 나에게 주어진 문제가 꽤 복잡해 보이면 그 명백한 혼란을 지금은 새롭고 창의적인 것이 나올 수 있는 자원으로 볼 수 있다. 시인 키츠(Keats)의 말이 생각나는데, '부정적인 능력'으로 묘사한 것과 관련이 있다. 분명히 키츠는 불확실성과 불가사의, 의심스러운 자질을 묘사할 때 사실과 논리를 찾는 짜증 나는 확인 없이 경험에 의해 글을 쓰고 있었다(Goldberg,

1985, p. 157). 나 자신은 외견상의 무능력에 대해 염려하기보다 특정 개인의 미래를 보는 데 어려움을 느낀다면, 며칠 밤 좀 더 생각해 보고 필요한 시간을 가진 후에는 다음 단계의 의미가 생긴다는 것을 믿게 되었다. 참을성 있게 기다릴 필요가 있다.

나 자신의 직관을 없애려고 열중하면서 젊은 시절 타고난 민감성과 감지 능력을 차단시켜 버렸던 기억이 생생하게 떠올랐다. 너무 많은 것을 아는 것이 괴로웠다. 하지만 지금 나 자신은 다시금 그 경험을 하고 있다. 이것은 쉽지 않은 일이라 일종의 심리보호막을 준비해 둘 필요가 있다. 한 가지 도움이 되는 기법은 특히 괴로워하는 내담자가 도착하기 전에 잠시 시간을 내어 명상을 하고 상상 속에서 우리 각자에게 빛을 비추는 것이다. 나에게 그 빛은 일어나는 걱정을 잠재우고 내가 어떤 해도 끼치지 않는다는 사실을 일깨워 준다. 또 내담자에게는 내가 무엇을 느끼든지 그것은 바로 내담자가 그 당시에 필요로 하는 것이라는 사실을 나타낸다. 때때로 나 자신은 일종의 투명한 보호막 속에 있다고 느낀다. 그곳에 있는 무엇이든 지각할 수 있지만, 그 막은 어둡고 파괴적인 어떤 것도 막의 표면을 뚫을 수 없다는 것을 나 자신에게 확신시켜 주면서 안도감을 준다. 이와 같은 기법은 나 자신이 상담 장면에서 어떤 경험을 하든 자유롭게 받아들이도록 해 주었다.

3가지 연구를 준비하는 것이 힘들었지만 활력을 주기도 했다. 내가 상담에서 직관이라는 주제로 정말 독창적인 기여를 하려고 한다면, 그러한 기여는 바로 여기서 비롯된다. 나는 지식의 틈을 메꾸어야 한다는 것을 알았다. 이 틈은 상담과 직접 연관된 실증적 자료가 부족해서 나온 결과다. 표본 집단과 일지연구에 참가한 동료들이 제공한 귀중한 정보에 덧붙여 아주 분명한 것은 직관과 관련한 나 자신의 연구에 대한 추적이다. 이전에는 당연하다고 여기면서 거의 의식하지 못했던 과정을 완전히 인식해야만 했다. 직관을 주시하고 기록하면서 특히 비언어적 메시지의 이해와 관련된 경우 직관을 적절한 것으로 상담 장면에 포함시킴으로써 내담자들에게 더 큰 도움을 줄 수 있었다. 더욱이 의사소통 심리학을 연구한 후 나는 그러한 전달을 설명할 수 있는 기존의 어휘들을 접할 수 있었다.

일지자료를 분석하면서 직관이 무엇으로 구성되었는지를 이해하는 방법이 여기에 있다는 인식이 커졌다. 상담 장면에서 전문가들이 어떻게 그 현상을 이용하느냐를 더 정확히 정리하는 것이 이제 가능했다. 일부 결과는 기존 이론과 일치한 반면, 다른 결과는 오랫동안 믿어 왔던 사실을 반박하기도 했다. 더군다나 상담사나 심리치료사가 실제로 어떻게 직관을 확인하는지에 대한 새로운 정보가 나오기도 했다. 이 목록을 내 마음대로 가진다는 것은 내가 의도적으로 직관을 점검하기 위해 한 가지 이상의 방법을 선택할 수 있다는 것을 의미한다. 이런 목적으로 지성을 사용하는 것은 결코 직관을 점검하는 유일한 방법이 아니다.

이전에는 내담자에 관해 평가하거나 가설을 세울 때 주로 추론에 의존했다. 직관적 판단이 논리적 판단에 뒤지지 않는다는 내용을 실험문헌에서 읽고 두 가지 방법을 함께 사용하기로 했다. 이것은 하나를 다른 하나와 비교할 수도 있고 연구에 대한 더 확고한 기반을 구축할 수 있다는 것을 의미했다. 따라서 어떤 사례의 정신역동적 접근을 살펴보기도 하고 인과 과정을 인식하며 동시에 내가 가진 주관적이고 전반적인 인상을 참작할 수도 있다.

나의 상담업무에서 명상과 시각화를 규칙적으로 하고 있고, 일의 흐름이 종종 막힐 때는 내면의 지혜의 근원과 상의한다. 이것은 나에게 아름답고 빛나는 회색 머리를 가진 나이 든 갈까마귀처럼 보인다. 그 갈까마귀는 나의 왼쪽 어깨 위에 앉아서 내 귀에 메시지를 꺽꺽댄다. 여기에는 현재 일어나고 있는 것 위에 높이 솟아올라 다른 관점에서 모든 것을 볼 수 있는 새의 이미지가 있다. 종종 그 새는 특히 제시된 자료에 압도될 때, 나에게 내담자의 사례에 대한 전반적인 개요를 제공해 준다. 명상 역시 내면의 평정을 얻어 편견과 강요하는 생각을 비우는 데 도움을 준다. 그래서 내담 자에게 완전히 몰입할 수 있도록 해 주며 예기치 않은 것들을 환영할 수 있게 해 준다. 이런 상태는 모든 것이 첨예한 관심 속에 보이는 생동감이 그 특징이다. 상담 상황을 뒤덮어 전체적인 인상에 관심이 끌리지만 동시 에 내담자의 신체언어의 세부사항들을 포착하면서 차례로 펼쳐질 수 있 다. 동시에 나는 나 자신의 내면의 이미지에 예민하게 맞춰진다. 나의 경 험상 직관은 이런 형태로 가장 잘 나타나는 것을 알고 있다.

일지연구의 참가자들이 제공한 확인 가능한 직관이 상대적으로 거의 없음에도 불구하고 사실상 상담을 하는 동안 혹은 회기와 회기 사이에 직 관을 사용할 수 있는 다양한 방법이 있다. 전체적으로 직관은 이론이 뒷받 침되지 않는 정신적 이해로 구성된다. 살펴본 것처럼 그런 많은 직관이 현 재의 알아차림에서 주로 발생할 때 포착하기가 극히 어렵다. 그럼에도 치 료적 상담에서 가능한 직관 사용을 요약해서 제공하는 것이 도움이 될 수 있다. 이것은 종합적인 것으로 의도된 것은 아니지만, 적어도 좀 더 생각 하고 논의하는 데 기본적으로 도움이 될 것이다.

전문상담 업무에서의 직관 사용

초기사정
- 첫인상의 중요성 이해
- 드러나는 증상의 숨겨진 의미에 관한 안내
- 어떤 질문을 하고 언제 할지에 대한 감지
- 수집된 단서로 가설 형성
- 진단에 대한 지원 역할

효율적인 상담관계 형성과 유지

- 내담자와 조율하기
- 편안한 관계를 위한 신호를 포착하기
- 적절한 시기와 개입: 통찰과 가능한 해석을 제시하는 '심리적 순간' 감지하기
- 고요하게 머무는 시기
- 신뢰 형성하기

치료적 업무

- 치료적 방법 선택하기
- 다음 단계 결정 지원하기
- 내담자의 이야기에서 가장 두드러진 특징 찾아내기와 추구하는 바 파악하기
- 그림 그리기와 시각화 등 어떤 기법이, 언제 도움이 될지 파악하기
- 언제, 어떤 방법으로, 얼마나 사려 깊은 지원을 할지 판단하기
- 깊은 지형을 탐색하는 것이 얼마나 안전한지에 대한 지침 마련하기
- 실질적인 제안을 해야 할지, 하면 언제 할지 판단하기
- 내담자가 자존감을 구축하도록 확언하는 최고의 방법 마련하기
- 위협하지 않고 걱정을 일으키지 않도록 언제 도전하고 어떻게 도전할지에 대해 감지하기
- 내담자에게 어떤 잠재력이 있는지에 대한 느낌 갖기
- 내담자를 일상을 넘어 초월적 영역으로 안내할지 판단하기

사례에서의 정신역동 이해

- 역전이 반응: 자기 자신의 신체반응, 느낌, 사고, 이미지에 대한 관찰

을 통해 오는 정보

- 비언어적 신호를 포착함으로써 내담자의 무언의 감정, 사고 이해하기
- 몸의 자세를 통한 성격구조 지각하기
- 내면아이, 비판적 부모나 다른 하위인격이 언제 나타나는지 알기
- 저항과 방어 확인하기
- 과거의 중요한 경험에 대한 느낌
- 내담자에게 이런저런 행동을 강요하는 무의식적 동기(의식적 동기와 대조되는)에 대해 인지하기
- 일상적인 행동의 부재와 이것의 의미 자각하기
- 반복패턴에 대한 느낌
- '퍼즐' 조각들이 맞추어지는 방법 이해하기
- 내담자의 인생 '대본'에 대한 인식

내담자에 대한 심도 있는 이해

- 연결을 통한 사소한 의사소통 이해하기
- 심리적 통찰을 사례로 이끄는 연결하기
- 깊은 의미가 있을 수 있는 목소리의 어조와 다른 비언어적 신호를 통해 숨은 메시지 포착하기
- 평범한 말, 겉보기에는 중요치 않은 정보에서 중요성 보기
- 무의식의 탐색에서 나온 숨겨진 초자연적 정보 파악하기
- 내담자의 행동에 대한 직감적인 이해하기
- 더 깊은 이해를 제공하기 위해 다른 사례나 문학적 인물과의 유사점을 자연스럽게 찾기
- 재치와 말장난을 사용함으로써 다른 아이디어나 가능성에 접근하기
- 상징, 꿈, 유도된 상상의 의미 발견에 대해 지지하기

내담자 통찰 허용
• 정서적 배경 규명하기
• 관계와 관련하여 내담자의 무의식적인 요구 인식하기
• 의식적이든 무의식적이든 의미 있는 기만(속임수) 포착하기
• 긍정적이든 부정적이든 내담자가 파악하지 못하고 있는 것을 내담자
  를 대신하여 언어로 표현하는 능력 함양하기

확인
• 직관자료에 대한 진정한 느낌 갖기
• 무의식에서 일어나는 생각을 이전의 지식과 경험에 자연스럽게 연결
  하기
• 내담자에게 확인해야 할 것을 알고 언제 할지 알기

결 론

이 책의 배경을 이루고 있는 연구를 살펴보면, 직관은 상담 및 심리치료
의 상황에 이상적임이 분명하다. 정보가 겉으로 보기에 없거나 제한적이
어서 복잡하고 상담 장면에서 판단하기에 시간이 부족한 경우가 많다. 내
담자의 어려움과 관련해 중요한 정보를 제공하는 데 비언어적 표현이 언
어적 표현보다 더 중요할 수 있다. 잠재의식의 포괄적 처리가 특히 이 상
황에 잘 맞는 것을 보아 왔다. 결론적으로 직관은 상담 및 심리치료에서
매우 중요한 역할을 하고, 내담자에게 긍정적인 결과를 주는 데 공헌한다.
따라서 상당수의 상담사나 심리치료사들이 교육과정에 직관이 특별히 포
함되었는지 기억하지 못하는 것은 정말 우려할 만하다. 반면에 많은 교수

들은 일반적으로 직관이 포함되었다고 느꼈다. 이 책의 구성에서 직관의
특성에 대해 분명하게 설명하고, 또 상담 및 심리치료에서 직관이 취하는
다양한 형태를 제시하였으므로, 바라는 바는 직관이라는 주제를 의도적
으로 좀 더 교육과정에 포함시키는 것이다.

연결 짓기는 문헌을 통해 그리고 처음 2개의 연구에서 핵심적인 것으로
나타났지만, 초월적 접근과 영적인 요소를 포함하지 않는 접근방식 사이
에 차이가 있다. 융(Jung), 아사지올리 및 다른 초월심리 전문가들은 중요
한 관계를 형성하여 직관이 의식으로 표면화되는 가능성을 높이기 위해
명상에 초점을 두고 있다. 표본 집단에서 일부 상담사가 내담자에 대해 숙
고함으로써 이런 상담과정을 이용하고 있다는 증거가 있지만, 이것과 일
지연구에서 볼 때 이러한 접근이 표출된 문제와 내담자와 관련한 배경지
식, 유사한 사례의 이전 경험, 개인적인 인생사 사이의 자발적인 연상보다
훨씬 덜 일반적이라는 것이 분명해졌다. 책을 통해서 알 수 있듯이, 풍부
한 연상은 의도적으로 강화될 수 있고 융이 선택한 연구 분야는 신화와 비
교종교학이었다. 신화와 비교종교학은 20세기 초보다 현대의 상담사들에
게는 덜 중요한 것처럼 보인다. 융의 심리학에서 그렇게 중요한 위치를 차
지하는 신화적 이미지, 태고의 이미지에 대해 언급된 2개의 연구에서는
사례가 나타나지 않았다. 그러나 문학과 미술에서의 유명한 인물들의 이
연현상에 대한 몇몇 사례가 있었다. 개인의 성장과 사람들과의 연구경험
에 더해 인문학에 대한 관심을 발전시키라는 권고가 있었다.

직관기능을 좀 더 함양하려는 상담사나 심리치료사는 활발한 상상력으
로 작업하는 데 융의 예를 따르라는 충고를 많이 받는다. 융은 놀이와 예
술창작을 자신의 삶에 포함시켜 자신의 내부에 개방된 무비판적 태도를
발전시켰다. 이와 마찬가지로 융은 내담자들에게 떠오른 이미지를 통해
직관적 메시지를 받을 수 있는 그림과 다른 도구를 가지고 작업하기를 권

했다. 융은 내면의 격려의 원천을 필레몬 같은 인물로 의인화함으로써 그 것을 더 현실적인 것으로 만들었다. 이와 같은 창의적이고 상상력이 풍부한 접근을 통해 확산적 사고가 조성될 수 있다.

전체론은 그 논의에서 가장 중요한 것이긴 하지만, 직관과정에서 전체론의 역할에 대해서는 의견 차이가 있었다. 내용이 완벽하게 제시된다는 점은 논란이 되지 않지만, 감각이 포함된다는 점에는 의견 충돌이 집중되었다. 융의 유형론에서 강력한 주제는 심리적 기능의 반대 유형이라고 여겨졌지만, 토니 바스틱의 이론(1982)에서 중요한 것은 직관과정의 상호 간 피드백이다. 이런 조사는 실험심리학자들과 처음 2개 연구의 참가자들이 신체 상태와 정서 상태가 직관과 연관이 있다는 것을 증명했기 때문에 직관과 반대되는 감각은 문제가 많다는 사실을 밝혀냈다. 훈련받은 치료사들이 신체언어의 세부적인 신호를 포착하는 데 서툴다는 것이 연구로 밝혀져 우려를 표명했다. 따라서 직관계발에 더하여 상담사나 심리치료사는 감각기능을 더 잘 인식할 필요가 있다.

이 연구에서 강력한 주제는 영성이다. 표본 집단의 심리치료사들은 직관과정을 부분적으로는 '초월적인 것'으로 간주했다. 사람들이 직관과정을 어떻게 설명해야 할지 몰라서 신비한 경험이라고 할 수 있다. 한 참가자의 말에 따르면, 누구든 직관을 가질 결심을 할 수 없다는 사실이 분명해졌다. 어떤 사람은 이것을 '신이 준' 것으로 해석했다. 직관은 자연스럽게 나온다는 증거가 있지만, 일지연구는 적어도 연구과정에서 중요한 몇 단계는 과거로 거슬러 올라가 밝힐 수 있음을 보여 주었다. 따라서 결론은 많은 직관은 평범한 종류지만, 일부는 성격상 신비한 것으로 주관적인 경험을 할 수도 있다는 것이다. 직관적 지식의 영향은 항상 긍정적인 것만은 아니다. 직관은 때때로 무의식과 맞선다는 두려움 때문에, 또 전문적인 상담에서는 통제력 상실과 관련된 불안 때문에 억압될 수도 있다는 것이 연구로 드러났다. 이와 마찬가지로 특이한 경험이나 절정경험도 억압될 수 있고, 따라서 극도의 이상 병리가 관련이 있는 것으로 생각되었다. 융은 환자들 문제의 대부분은 영성 결핍이 핵심이라고 믿었다. 융의 견해가 극단적으로 여겨지긴 하지만, 그럼에도 치료사는 적절한 경우 내담자의 이런 경험을 격려할 수 있도록 초월적인 경험에 열려 있을 필요가 있다.

직관이 나타나는 형태와 관련한 부정확성과 혼란은 많은 저서, 특히 융의 저서에서 지적되어 왔다. 융은 직관은 감각에 의한 인식이나 느낌, 지적 추론이 아니라 부정확하고 혼란한 형태로 나타날 수 있다고 했다(CW 6, para. 770). 어떻게 직관이 나타날 수 있는지에 대한 설명과 그러한 주장을 뒷받침하는 실증적 자료가 현저하게 부족했다. 직관이 상담 장면에서 드러나는 13가지 방법의 정확한 예를 제공하는 일지연구로 이런 공백이 채워진다. 융이 언급한 3가지는 특히 치료사의 감각적 반응에 관한 것이다.

이 책에서 수집된 자료에 근거해 직관계발을 위한 권고를 여기에 요약한다. 이것은 크게 2개의 범주로 나뉜다. 첫 번째는 직관의 자각을 늘리기 위한 일상생활에서 직관과정의 강화와 관련이 있고, 두 번째는 상담과 심리치료에서의 상담 장면을 특별히 언급하고 있다.

전반적인 직관계발 방법

• 추정되는 외부의 탁월함, 즉 앎의 논리적 방식에 도전하라.
• 일상생활에서 직관을 관찰하고 연습하라.
• 확산적 사고를 중시하라.
• 특정 감정에의 잠재의식 부분에 대한 자기인식을 개발하라.
• 자신의 내면의 지혜에 주목하고 이것을 나타내기 위해 상징을 떠올려라.

- 직관을 점검함으로써 직관을 신뢰하라.
- 직관에 대한 두려움을 극복하고 무의식을 개방하라.
- 정신적이든 육체적이든 규칙적인 이완을 통해 불안 수준을 낮추고 긍정적인 지지 체계를 구축하라.
- 예술, 즉 드라마, 문학, 음악, 그림 등에 관심을 가지라.
- 상상력을 함양하고 공감과 정서적 민감성을 개발하는 데 상상력을 사용하라.
- 고양된 감각적 자각을 개발하라.
- 초월적 접근에 개방적이 되라. 절정과 신비한 경험을 허용하라.
- 자연스럽고 빠르게 적응하고 독창적이 되라.

상담 장면에서의 직관 향상 방법

- 거슬리는 생각을 없애고 좀 더 집중할 수 있도록 내담자가 도착하기 전에 명상하라.
- 무비판적인 내부의 감독자를 개발하라.
- 각 내담자에 대한 충분한 배경지식을 갖추라.
- 치료적 관계의 질을 알고 '조절자(regulator)'에 민감하라.
- 외부의 관계가 내면의 과정과 함께 만들어질 수 있도록 내담자와 화합을 도모하라.
- 내담자와의 느낌과 내담자에 관한 생각 사이를 왔다 갔다 하라.
- 내담자의 무언의 요구에 민감하라.
- 상담을 하는 동안 자기 자신의 느낌과 감각의 근원을 분명히 하라.
- 그림, 모델링, 동작, 드라마와 같이 비인지적 방법으로 즐겁게 작업하라.

- 시적인 것, 은유적인 것을 상담에 적용하라. 꿈을 환영하라. 이미지를 요청하고 제시하라.
- 놀이와 유머를 도입하라.
- 회기와 회기 사이에 반추할 시간을 가지라.
- 의미가 분명해질 때까지 세부사항을 곰곰이 생각하라.
- 배양기간에 애매성, 모호성을 허용할 각오를 하라.
- 숨겨진 메시지를 찾아서 표면 아래를 살피고 기꺼이 내담자의 이야기를 은유적으로 들어보라.
- 인상, '직감', 상세한 경험에 주목하라.
- 아무리 순간적이라도 이미지, 그림 조각에 주의하라.
- 연결 짓기를 위해 자유연상을 사용하라.
- 관계에서 오는 단서, 배경지식, 문제를 허용하라.
- 새로운 아이디어나 연상을 기꺼이 시험해 보고 모순되는 생각을 추구해 보라.
- 아주 주관적인 특이한 의미에도 유연하게 마음을 열라.
- 이론을 지침으로만 사용하고 독단은 피하라.
- 의식의 변화, 즉 집중된 자각, 전체 그림 보기를 탐구하라.
- 좀 더 미래지향적이 되도록 하고 가능성을 가지고 일하라.
- 최고의 억압을 경계하라.
- 판단과 해석을 할 때 적절하고 신중하게 하라.
- 직관을 내담자와 확인하고 더 많은 정보가 나올 때까지 기다려서 확인하라.
- 내담자가 직관적이라고 추측하지 마라. 실질적인 도움이 최고다.

＊ ＊ ＊ ＊

마지막으로 규정하기 어려운 직관의 특성을 적절히 묘사하는 『햄릿 (Hamlet)』(V.ii)에 나오는 인용구로 끝을 맺고 싶다. 고양된 자각상태는 결코 필요에 따라 나올 수는 없지만, 그것을 위한 각오가 되면 그것의 출입을 허용한다.

그것이 지금 온다면, 나중에는 오지 않을 것이고,

나중에 오지 않을 것이라면, 지금 올 것이다.

그것이 오고야 말 것이라면,

지금이 아니어도 언젠가는 올 것이다.

중요한 것은 준비다.

부/록/A

C: 글쎄요, 난 우리가 직관을 계발할 수 있는 방법을 지적해도 좋다고 생각합니다…….

G: 맞아요.

C: 그러니까, 더 유능해지기 위해 더 이완되거나 내려놓는 것으로 시작해도 좋고, 확장을 허용하는 것도……

G: 맞아요.

C: 내 말의 의미가 그거예요.

R: 좋아요. 그리고 여러분들은 '추상적인' '전체적이고 추상적인' 이란 말씀을 하셨어요…….

C: 음.

R: 어떤 의미죠?

C: 음, 글쎄요, 음, 그…… 그러니까, 나는 합리적이고 구체적인 것 사이를 구별하고 1차 과정으로 상황에 도달하는…… 어…… 인과관계의 영향, 그리고 직관이 오는 방법이, 음, 글쎄요, 음…… 내게는 상징이나 이미지로, 아니면, 인과관계가 없는 통찰 같은, 말하자면(손가락을 튕기며) 바로 그거예요.

R: 그래서 논리적이지 않고, 인과관계에 관한 것이 아니라는 것이 당신이 말한 것인가요?

C: 비슷해요, 거의 그것에 대한 해결책이에요. 당신이 원인과 결과로서 동일한

결론에 이를 수 있지만 직관은 한 가지 방법으로서 이와 분명히 다르다는 게 내 생각입니다. 당신이 알아차리는 것처럼.

R: 그러니까. 그것에 관해 뭔가 순간적이죠.

C: 그래요.

R: 저는 여기에서 몇 분이 고개를 끄덕이는 것을 봅니다. L, 그것에 동의하시나요?

L: 예, 왜냐면…… 난 그걸 생각하고 있었어요. 음, 난 직관이 무엇인지 모르지만, 음, 내가 그것에 대해 느끼는 것은 내가 직관을 가지려고 결심을 할 수 없다는 것입니다.

R: 네, 그렇군요.

L: 그게 내게서 일어나는 것 같은 그런 느낌이에요.

R: 당신에게 주어졌다는 의미로 그것이 당신에게서 일어나나요?

L: 일어나죠, 일어나요.

R: 그렇군요. 그건 직관이 가진 특별한 특징이네요…….

부 / 록 / B

카드 5번	직관과정의 속도
G: 1.19	단서 포착에 있어 치료사의 기술 때문에 가능한 한 빠른 결정
C: 3.23	정보가 갑자기 유용해진다.
C: 5.14	즉시. '바로 그거야.' 이것을 설명하기 위해 손가락을 튕기면서. 분명한 원인이 없다.
R & C: 5.19-20	그 과정이 순간적인 것에 동의
L: 6.24	'갑자기' 중요한 요소들이 함께 온다.
M: 8.15	'거기에서 매우 빨리 얻는다.' 하지만 그것을 이끌어 내는 방법을 설명할 수 없다.
M: 9.21-3	갑작스러움이 언급되었다. '갑자기 그것이 당신에게 온다.'
M: 9.25	매우 빠른 과정으로 설명되었다.
G: 18.22	'번뜩임'이라는 말은 속도를 나타낸다. 뭔가를 말하는 직관적인 번뜩임
L: 20.18	'완전히 자연스러운' 것으로 경험했다.
G: 23.19	'직관적인 번뜩임'이 언급되었다.
G: 23.23	'이치를 아는 번뜩임'

M: 27.16-17	뭔가를 매우 빨리 파악한다.
G: 28.1-2	상담 장면에서 직관적인 번뜩임을 따르는 경험과 관련 있다.
B: 35.10	'즉각적인 인지'로서 직관
A & M: 35.23-5	때맞춰 위치할 때 자명해지는 생각
M: 35.26	'현재 일'
M: 36.2	정신 때문에 생긴 외부의 시간
C: 36.3	과거, 현재, 미래를 포함한다.
L: 36.4	즉각적인
M: 37.19	그것은 '눈에 안 보이는 섬광'처럼 갑자기 온다.
R & A: 38.6-8	눈에 안 보이는 섬광은 꿈꾼 후에 나타나는 직관의 순간으로 생각되었다.
연결:	카드 3번. 단서를 포착하는 기술
	카드 4번. 전체적, 갑자기 함께 온다.
	카드 6번. 외부의 시간이면, 정신적 능력
	카드 9번. 원인과 결과는 분명하지 않다.
정의:	설명할 수 없는 과정에 의해 갑작스럽게 유용해지는 정보

부 / 록 / C

기록 날짜	직관 날짜

상담 번호   녹음 여부   예   아니요

(상담을 하는 동안인지 아니면 회기와 회
기 사이인지 기록하십시오)

내담자의 부호   나이(   ) 성별(   ) 인종(   )

무엇이 일어났는지 설명하십시오.

무엇이 직관을 촉발했습니까?

그것은 어떤 형태를 취했습니까?

귀하의 반응

상담 장면에서 적용

내담자의 반응

결과   날짜

더 하고 싶은 말

치료사의 이름

부／록／D

일지 쓰는 방법

이것은 상담 장면에서 치료사가 경험한 대로 직관의 특성에 관한 현상학적 조사입니다. 다시 말해서, 내담자가 아니라 치료사의 주관적인 경험에 관심이 있습니다.

조사기간은 한 달입니다.

기록을 일지에 적기 위해 귀하의 일상에서 메모하는 시간을 가지는 것이 가장 편할 것입니다. 대신에 테이프에 녹음을 해도 되지만 동일한 형식을 따르십시오. 가능하면 기록은 상담 후에, 아니면 그날 중으로 바로 하십시오. 만약 귀하가 잊어버리거나 기록할 시간이 없다면, 그것을 나중에 어떤 식으로든 적으십시오. 하지만 시간차를 표시하기 위해 날짜를 적어 주십시오. 또한 회기와 회기 사이에 내담자에 관해 일어나는 어떤 직관 순간이든 기록하십시오.

내담자의 이름을 적을 필요가 없습니다. 부호, 나이, 성, 인종만 적으면 됩니다. (부호는 진짜 누구인지 적어야 하는 것은 아니지만, 각 내담자에게 동일한 부호를 적어 주십시오)

귀하 본인의 말로 무엇이 일어났는지 설명하십시오. 그것이 일어난 형태는 이미지, 신체 감각, 생각, 느낌 등이 될 수 있습니다. 귀하 본인의 반응을 적어 주십시오. 귀하가 그것을 바로 행동하기로 결정하는지, 나중에 하려고 기억하는지 적어 주십시오. 결과는 즉시 아니면 나중에 나올 수 있습니다. 당신이 나중에 이것을 적는다면 날짜를 적음으로써 시간 간격을 표시해 주십시오.

빈도

직관에 영향을 받은 상담의 비율을 알고자 합니다(예, 5건 중에 1건). 이것을 한 달 후 마칠 때 마무리해 주십시오. 직관의 순간이 상담을 하는 동안이나 회기와 회기 사이에 일어나면, 귀하의 예약 일지에 내담자의 이름 'N'을 표시하십시오. 총 상담 횟수를 기록하고, 그다음 직관에 의해 영향을 받은 수로 나누어 주십시오. 아무것도 일어나지 않았는지도 물론 알아야 합니다.

테이프 녹음

만약 귀하가 상담 과정을 녹음할 수 있다면, 직관의 순간을 분석할 수 있도록 테이프에 위치를 표시해 주십시오. 테이프는 돌려 드릴 것이고 비밀은 지킬 것입니다.

이번 조사에 귀중한 도움을 주셔서 진심으로 감사드립니다!

부 / 록 / E

교육 질문
상담 및 심리치료에서의 직관

소속 학회:

소지 자격증:

핵심 이론 모델:

총 교육 시간:

방법:
적합한지 '예' '아니요'에 표시해 주십시오. 귀하의 대답이 '예'라면, 이 과정에 전념한 적합한 시간을 기록해 주십시오. 만약 시간을 알 수 없으면, 그 주제가 얼마나 포함되는지 종이 뒷면에 설명하십시오. 지시하는 곳에 더 많은 정보를 적고, 필요하면 종이 뒷면을 이용하십시오. 부담 없이 더 많은 의견을 적어도 됩니다.

귀하의 연구기관을 이 책에 기록해도 되겠습니까?   예(   ) 아니요(   )

(개인의 반응은 분석을 위해 암호화될 것이고
익명으로 기록됨을 알려드립니다)

귀하는 직관이라는 용어를 어떻게 이해합니까?

_____

_____

Part A

1a. 귀하의 교육과정에 비언어적인 의사소통   예(   ) 아니요(   ) 시간(   )
    연구가 구성되어 있습니까?

1b. 만약 '예'라면, 구성된 주제를 진술해 주십시오.

_____

2. 역전이에 대한 교육과정을 제공합니까?   예(   ) 아니요(   ) 시간(   )

3. 고도의 공감에 대해 가르칩니까?   예(   ) 아니요(   ) 시간(   )

4. 잠재의식적 지각이 교육과정에 포함되어   예(   ) 아니요(   ) 시간(   )
    있습니까?

5a. 학생들에게 예감이나 '장 본능'이 어떻게   예(   ) 아니요(   ) 시간(   )
    작용하는지를 가르칩니까?

5b. 만약 '예'라면, 어떻게 작용하는지 기술해 주십시오.

_____

Part A에 대한 조언

_____

_____

_____

_____

Part B

6. 귀하의 연구소에서는 다음 가운데 어떤 교육을 합니까?

6a. 꿈 해석   예( ) 아니요( ) 시간( )

6b. 유도된 시각화   예( ) 아니요( ) 시간( )

6c. 원형과 집단 무의식   예( ) 아니요( ) 시간( )

6d. 사이코드라마/역할극   예( ) 아니요( ) 시간( )

6e. 예술치료/치료적 그림그리기   예( ) 아니요( ) 시간( )

6f. 게슈탈트 대화/보이스 대화   예( ) 아니요( ) 시간( )

6g. 상징, 은유, 비유   예( ) 아니요( ) 시간( )

6h. 이야기 사용   예( ) 아니요( ) 시간( )

6i. 시 사용   예( ) 아니요( ) 시간( )

6j. 유머 사용   예( ) 아니요( ) 시간( )

6k. 음악 치료/음악 활용   예( ) 아니요( ) 시간( )

6l. 모래놀이   예( ) 아니요( ) 시간( )

6에 대한 조언

_____

_____

_____

_____

Part C

7. 학생들은 개인상담을 받습니까?   예( ) 아니요( ) 시간( )

8. 귀하의 교육에서 집단과정을 다룹니까?   예( ) 아니요( ) 시간( )

9. 귀하의 교육은 다음 중에서 특별히 어떤 것을 장려합니까?

9a. 자유롭게 움직이는 데 관심을 가짐   예( ) 아니요( ) 시간( )

9b. 개방적이고 무비판적인 마음의 틀   예( ) 아니요( ) 시간( )

9c. 상담에서 이완된 분위기   예( ) 아니요( ) 시간( )

9d. 정서적 민감성   예( ) 아니요( ) 시간( )

9e. 패턴과 관계를 이해함   예( ) 아니요( ) 시간( )

9f. 전체적이고 더 큰 그림을 생각함   예( ) 아니요( ) 시간( )

9g. 상상력   예( ) 아니요( ) 시간( )

9h. 창의성   예( ) 아니요( ) 시간( )

9i. 수평적 사고   예( ) 아니요( ) 시간( )

9j. 비판주의/이론에 대한 의문   예( ) 아니요( ) 시간( )

만약 귀하가 9번 질문에서 어떤 것이든 '예'라고 대답했다면, 어떻게 그것이 이루어지는지 그 과정을 제시해 주십시오.

_____

_____

_____

_____

Part D

10a. 귀하의 학생들은 그들 자신의 내면   예( ) 아니요( ) 시간( )
     의 지혜가 나타나고 상의하는 방법
     을, 예를 들어 '내부의 감독자' '현명
     한 존재' '두 번째 자기'와 같은 형태
     로 배웁니까?

10b. 만약 '예'라면, 사용한 말을 진술해 주십시오.

_____

_____

Part E

11. 귀하의 교육과정은 초월심리를 다룹니까?   예( ) 아니요( ) 시간( )

12. 학생들에게 명상에 대한 훈련을 합니까?   예( ) 아니요( ) 시간( )

13. 학생들에게 상담에 대한 묵상을 장려합니까? 예( ) 아니요( ) 시간( )

14. 귀하의 과정은 절정경험에 대한 연구를 다룹 예( ) 아니요( ) 시간( )
    니까?

15. 귀하의 학생들에게 영성/신비주의를 구조적 예( ) 아니요( ) 시간( )
    으로 어떻게 연구하는지 가르치고 있습니까?

Part F

16. 귀하의 핵심 모델은 다음 중 어느 것을 강조합니까?

16a. 과거   예( ) 아니요( )

16b. 현재   예( ) 아니요( )

16c. 미래   예( ) 아니요( )

Part G

17. 귀하의 교육과정은 이론적 관점에서 직관   예( ) 아니요( ) 시간( )
    이라는 주제를 다룹니까?

18a. 귀하의 교육은 학생들에게 직관을 계발하   예( ) 아니요( ) 시간( )
    도록 특별히 장려합니까?

18b. 그렇다면, 어떻게 하는지 진술해 주십시오.

_____

_____

_____

19. 귀하의 연구소는 직관연구의 내용을 교수   예(   ) 아니요(   ) 시간(   )
    과목으로 선호합니까?

20. 이 질문에 대한 귀하의 경험을 설명해 주십시오.

_____

_____

_____

더 하고 싶은 말이 있으시면 진술해 주십시오.

_____

_____

_____

이 질문지를 작성하면서, 귀하는 전화로 혹은 개별적으로 30분 미만으로 인터
뷰를 할 의사가 있습니까?   예(   ) 아니요(   )

질문에 응답하기 위해 귀한 시간을 내주셔서 대단히 감사합니다!

Allport GW (1965) Pattern and Growth in Personality. New York: Holt, Rinehart & Winston.

Andersen PA (1999) Nonverbal Communication: Forms and Functions. California: Mayfield.

Assagioli R (1965/1975) Psychosynthesis. Wellingborough: Turnstone Press.

Assagioli R (1974/1984) The Act of Will. Wellingborough: Turnstone Press.

Audi R (ed.) (1995) The Cambridge Dictionary of Philosophy. Cambridge University Press.

Baillie KL (2003) Beyond the Rational: Using and Developing Intuition in Therapeutic Practice. Unpublished dissertation. London: Psychosynthesis & Education Trust.

Baldwin M (ed.) (2000) The Use of the Self in Therapy. New York: The Haworth Press.

Barrett-Lennard GT (1965) Significant aspects of a helping relationship. Canada's Mental Health, Sup. 47(13): 1-5.

Bastick T (1982) Intuition: How We Think and Act. Chichester: Wiley.

Bateman A, Holmes J (1995) Introduction to Psychoanalysis. London: Routledge.

Beier E, Young D (1984) The Silent Language of Psychotherapy. New York: Aldine.

Beres D, Arlow MD (1974) Fantasy and identification in empathy. Psychoanalytic Quarterly 43: 26-50.

Berger DM (1987) Clinical Empathy. Northvale, New Jersey: Jason Aronson.

Bergson H (1913/1954) Creative Evolution. Transl. A Mitchell. London: Macmillan.

Berne E (1966) Principles of Group Treatment. New York: Grove Press.

Berne E (1977) Intuition and Ego States: The Origins of Transactional Analysis. San Francisco: Harper & Row.

Bion WR (1967) Second Thoughts: Selected Papers on Psychoanalysis. London: Karnac Books.

Birdwhistell RL (1970) Kinesics and Context. Philadelphia: University of Pennsylvania Press.

Blanco IM (1975) The Unconscious as Infinite Sets. London: Duckworth.

Board R (1958) Intuition in the methodology of psychoanalysis. Psychiatry 21: 233-9.

Boehme J (1622/1958) On the Divine Intuition. In: Six Theosophic Points and Other Writings: 163-208. Intr. by N Berdyaev. Michigan: University of Michigan Press.

Bornstein RF, Pittman TS (eds) (1992) Perception without Awareness: Cognitive, Clinical and Social Perspectives. New York: Guilford Press.

Bowers KS et al. (University of Waterloo, Canada) (1990) Intuition in the context of discovery. Cognitive Psychology 21(1): 72-110.

Breul K (1909) A German and English Dictionary. London: Cassell & Co.

British Association for Counselling and Psychotherapy (2003) Training in Counselling and Psychotherapy Directory (19th edn.) Rugby: BACP.

Brown DE (University of Illinois) (1993) Refocusing core intuitions: a concretizing role for analogy in conceptual change. Journal of Research in Science Teaching 30(10): 1273-90.

Burgoon M, Callister M, Hunsaker FG (1994) Patients who deceive: an empirical investigation of patient-physician communication. Journal of Language and Social Psychology 13: 443-68.

Capra F (1975) The Tao of Physics. Colorado: Shambala.

Casement P (1985/1990) On Learning From the Patient. Lodnon: Routledge.

Charles R (2000) Your Mind's Eye. London: Piatkus.[1]

Chodorow J (ed.) (1997) Jung on Active Imagination: Key Readings. London: Routledge.

Clark FV (1973) Exploring intuition: prospects and possibilities. Journal of Transpersonal Psychology 3: 156-69.

Clarkson P (1989) Gestalt Counselling in Action. London: Sage.

Clarkson P (1995) The Therapeutic Relationship. Lodnon: Whurr.

Claxton G (1997) Hare Brain, Tortoise Mind: Why Intelligence Increases When You Think Less. London: Fourth Estate Ltd.

Cohen D (1978) Psychologists on psychology. Journal of National Association of Teachers in Further and Higher Education 2:18.

Comte A (1830-42) Cours de philosophie positive. Paris: Bachelier, Everat.

Croce B (1901/1953) Aesthetic: As Science of Expression and General Linguistic. Transl. D Ainslie. London: Peter Owen.

Darwin C (1859/1968) The Origin of Species. London: Penguin Books.

Darwin C (1872) Expression of the Emotions in Man and Animals. London: Murray.

Davis-Floyd R, Arvidson PS (eds) (1997) Intuition, the Inside Story: Interdisciplinary Perspectives. New York: Routledge.

Desoille R (1945) Introduction à une Psychothérapie Rationelle. Paris.

Dey I (1993) Qualitative Data Analysis: A User-Friendly Guide for Social Scientists. London & New York: Routledge.

DiTiberio JK (1977) The strength of sensing-intuition preference on the MBTI as related to empathic discrimination of overt or covert feeling messages of others. PhD, Michigan State University, Dissertation Abstracts International 37, 5599A.

Dittman, AT, Parloff MB, Boomer DS (1965) Facial and bodily expression: a study of receptivity of emotional cues. Psychiatry 28(3): 239-44.

Dodds ER (1951) The Greeks and the Irrational. Berkeley: University of California Press.

Drever J (1952) A Dictionary of Psychology. Harmondsworth: Penguin.

Dymond R (1948) A preliminary investigation of the relationship of insight and empathy, Journal of Consulting Psychology 12: 228-33.

Dymond R (1949) A scale for the measurement of empathic ability. Journal of

Consulting Psychology 13: 127-33.

Dymond R (1953) Can clinicians predict individual behavior? Journal of Personality 22: 151-61.

Egan G (1975/1994) The Skilled Helper: A Problem-Management Approach to Helping. Pacific Grove, California: Brooks/Cole.

Einstein A (1945) Letter to Jacques Hadamard. In Hadamard (1945) (op.cit): 142-3.

Eisenbud J (1946) Telepathy and problems of psychoanalysis. Psychoanalytic Quarterly 15: 32-87.

Ekman P (1975) Unmasking the Face. New Jersey: Prentice-Hall.

Ekman P, Friesen WV (1969) The repertoire of nonverbal behavior: categories, origins, usage and coding. Semiotica 1(1): 49-98.

Ekman P, Friesen WV (1972) Hand movements. Journal of Communication 22: 353-74.

Ekman P, Friesen WV (1986) A new pancultural facial expression of emotion. Motivation and Emotion 10: 159-68.

Elkins D (1995) Psychotherapy and spirituality: toward a theory of the soul. Journal of Humanistic Psychology 35(2): 78-98.

Ellenberger HF (1970) The Discovery of the Unconscious. New York: Basic Books.

Etchegoyen H (1991) The Fundamentals of Psychoanalytic Technique. London: Karnac.

Eysenck HJ (1952) The Scientific Study of Personality. London: Routledge & Kegan Paul.

Eysenck HJ (1965) Fact and Fiction in Psychology. Harmondsworth: Penguin.

Fenichel O (1945) Psychoanalytic Theory of the Neuroses. New York: Norton.

Fenichel O (1953) Identification. In: Collected Papers, 1st series: 97-112. New York: Norton.

Ferenczi S (1928/1955) Child analysis in the analysis of adults. In M. Balint (ed.), Final Contributions to the Problems and Methods of Psychoanalysis: 126-42. New York: Basic Books.

Ferrucci P (1982/1995) What We May Be: The Visions and Techniques of

Psychosynthesis. London: Thorsons/HarperCollins.

Fichte JG (1802) Grundlage der gesammten Wissenschafstlehre. Leipzig: Mayer & Muller.

Fordham M (1957) New Developments in Analytical Psychology. London: Routledge & Kegan Paul.

Fordham M (1969) Children as Individuals. London: Hodder & Stoughton.

Frankl G (1994) Exploring the Unconscious: New Pathways in Depth Analysis. London: Open Gate Press.

Freud S (1899/1953) The Interpretation of Dreams, SE IV, Vol. 1. Transl. J Strachey. London: The Hogarth Press.

Freud S (1901/1960) The Psychopathology of Everyday Life, SE VI. Transl. J Strachey. London: The Hogarth Press.

Freud S (1905) Fragment of an Analysis of a Case of Hysteria, SE VII: 3-122. Transl. J Strachey. London: The Hogarth Press.

Freud S (1905/1960) Jokes and Their Relationship to the Unconscious, SE VIII. Transl. J Strachey. London: The Hogarth Press.

Freud S (1912/1958) Recommendations to physicians practising psycho-analysis, SE XII: 109-20. Transl. J Strachey. London: The Hogarth Press.

Freud S (1913/1958) On beginning the treatment, SE XII: 121-43. Transl. J Strachey. London: The Hogarth Press.

Freud S (1913/1958) The disposition to obsessional neurosis: a contribution to the choice of neurosis, SE XII: 313-26. Transl. J Strachey. London: The Hogarth Press.

Freud S (1914/1959) The Moses of Michelangelo. In Collected Papers IV: 257-87. Transl. J Riviere. New York: Basic Books.

Freud S (1921/1955) Group Psychology, SE XVIII: 65-143. Transl. J Strachey. London: The Hogarth Press.

Freud S (1933−1964). New Introductory Lectures on Psycho-analysis and Other Works, SE XXII. Transl. J Strachey. London: The Hogarth Press.

Freud S (1933/1964) Revision of the theory of dreams, SE XXII: 7-30. Transl. J Strachey. London: The Hogarth Press.

Freud S (1940) An Outline of Psycho-Analysis, SE XXIII. Transl. J Strachey. London: The Hogarth Press.

Frick RC (1970) A study of Intuition and Inference. Georgia: Atlanta University, School of Education.

Fulcher R (2002) The Role of Intuition in Psychotherapy. MPhil thesis. London University: Goldsmiths College.

Gendlin ET (1978/1981) Focusing. New York: Bantam.

Gendlin ET (1996) Focusing-Oriented Psychotherapy: A Manual of the Experiential Method. New York: The Guilford Press.

Ghiselin B (ed.) (1952) The Creative Process. New York: Mentor/The New American Library.

Gilbey T (transl.) (1951) Saint Thomas Aquinas (1225?-1274): Philosophical Texts. Oxford: Oxford University Press.

Glaser BG, Strauss A (1967) The Discovery of Grounded Theory. Chicago: Aldine.

Glover E (1950) Freud or Jung. London: Allen & Unwin.

Goldberg P (1985) The Intuitive Edge: Understanding and Developing Intuition. Wellingborough: Turnstone Press.

Goleman D (1996) Emotional Intelligence. London: Bloomsbury.

Graham T, Ickes W (1997) When women's intuition isn't greater than men's. In W Ickes (ed.), Empathic Accuracy. New York: Guilford.

Green E, Green A (1977) Beyond Biofeedback. New York: Delacorte Press.

Greenson RR (1960) Empathy and its vicissitudes. International Journal of Psycho-analysis 41: 418-24.

Grof S (1993) The Holotropic Mind: The Three Levels of Human Consciousness and How They Shape Our Lives. New York: HarperCollins.

Gross H (1918) Criminal Psychology. Transl. HM Kallen. Boston: Little, Brown.

Guiora AZ (1965) On clinical diagnosis and prediction. Psychological Reports 17:

779-84.

Guiora AZ, Bolin RK, Dutton CE et al. (1965) Intuition: a preliminary statement. Psychiatric Quarterly Supplement 39(1): 110-22.

Hadamard J (1945) The Psychology of Invention in the Mathematical Field: 142-3. New York: Dover.

Haftman W (1954) The Mind and Work of Paul Klee. London: Faber & Faber.

Haggard EA, Isaacs KS (1966) Micromomentary facial expressions as indicators of ego mechanisms in psychotherapy. In LA Gottschalk, AH Auerbach (eds), Methods of Research in Psychotherapy. New York: Appleton-Century-Crofts.

Hall JA (1984) Nonverbal Sex Differences: Communication, Accuracy and Expressive Styles. Baltimore, MD: Johns Hopkins University Press.

Hart T (2000) Deep empathy. In T Hart, PL Nelson, K Puhakka (eds), Transpersonal Knowing: Exploring the Horizon of Consciousness: 253-68. New York: State University of New York Press.

Hathaway SR (1955) Clinical intuition and inferential accuracy. Journal of Personality, 24: 223-50.

Hedges P (1993) Understanding Your Personality with Myers-Briggs and More. London: Sheldon Press.

Heimann P (1950) On counter-transference. International Journal of Psychoanalysis 31: 81-4.

Hillman J (1975) Revisioning Psychology. New York: Harper & Row.

Hillman J (1990) The Essential James Hillman: A Blue Fire. Intr. and ed. T Moore. London: Routledge.

Housman AE (1933) The Name and Nature of Poetry. Cambridge: Cambridge University Press.

James W (1902/1982) The Varieties of Religious Experiences. Harmondsworth: Penguin.

Jung CG (1902/1970) On the psychology and pathology of so-called occult phenomena. In CW 1, Psychiatric Studies, 2nd edn. Transl. RFC Hull. London:

Routledge & Kegan Paul.

Jung CG (1913/1961) The theory of psychoanalysis. In Freud and Psychoanalysis, CW 4: 83-226. Transl. RFC Hull. London: Routledge & Kegan Paul.

Jung CG (1921) Psychologische Typen. Zurich: Rascher Verlag.

Jung CG (1923/1971) Psychological Types, CW 6. Transl. HG Baynes, rev. RFC Hull. London: Routledge.

Jung CG (1929) Problems of modern psychotherapy. In CW 16: 53-75. Transl. RFC Hull. London: Routledge & Kegan Paul.

Jung CG (1933/1961) Modern Man in Search of a Soul. Transl. WS Dell, CF Baynes. London: Routledge & Kegan Paul.

Jung CG (1941/1966) Paracelsus the Physician. In CW 15: 13-30. Transl. RFC Hull. London: Routledge & Kegan Paul.

Jung CG (1963/1995) Memories, Dreams and Reflections. Ed. A Jaffé, transl. R Winston, C Winston. London: Fontana.

Jung CG (1984/1995) Dream Analysis (Part I): Notes of the Seminar Given in 1928-1930. Ed. W McGuire. London: Routledge.

Kagan N, Krathwohl DR, Miller R (1963) Stimulated recall in therapy using videotape − a case study. Journal of Counseling Psychology 10: 237-43.

Kant I (1798/1974) Anthropology from a Pragmatic Point of View. Transl. VL Dowdell. Carbondale: Southern Illinois University Press.

Keirsey D, Bates M (1978/1984) Please Understand Me: Character and Temperament Types. California: Prometheus Nemesis/Oxford: Oxford Psychologists Press.

Klinnert MD, Campos JJ, Sorce JF et al. (1983) Emotions as behavioral regulators: social referencing in infancy. In R Plutchik, H Kellerman (eds), Emotion: Theory, Research and Experience, Vol. 2: 57-86. New York: Academic Press.

Koestler A (1964/1989) The Act of Creation. London: Arkana/Penguin Group.

Köhler W (1929) Gestalt Psychology. New York: Liveright.

Kohut H (1959) Introspection, empathy and psychoanalysis: an examination between the mode of observation and theory. Journal of American

Psychological Association 7: 459-83.

Kohut H (1971) The Analysis of the Self. A Systematic Approach to the Psychoanalytic Treatment of Narcissistic Personality Disorders. New York: International Universities Press.

Kohut H (1977) The Restoration of the Self. New York: International Universities Press.

Kohut H (1980) Reflections. In A Goldberg (ed.), Advances in Self Psychology. New York: International Universities Press.

Kris E (1939) On inspiration: preliminary notes on emotional conditions in creative states. International Journal of Psycho-analysis, 20: 377-89.

Krueger RA (1994) Focus Groups: A Practical Guide for Applied Research. 2nd edn. California: Sage.

Langs RJ (1973a) The patient's view of the therapist: reality or fantasy. International Journal of Psychoanalytic Psychotherapy 2: 411-31.

Langs RJ (1973b) The Technique of Psychoanalytic Psychotherapy, Vol. 1. New York: Jason Aronson.

Langs RJ (1974) The Technique of Psychoanalytic Psychotherapy, Vol. 2. New York: Jason Aronson.

Langs RJ (1978) The Listening Process. New York: Aronson.

Lattimore R (transl.) (1965) The Odyssey of Homer. New York: HarperPerennial.

Leibniz GW von (1765/1981) Of ideas. In P Remnant, J Bennett (transl.), New Essays Concerning Human Understanding, Book II. Cambridge: Cambridge University Press.

Leuner H (1984) Guided Affective Imagery: Mental Imagery in Short-term Psychotherapy. New York: Thieme-Stratton Inc.

Levin LS (1978) Jungian personality variables of psychotherapists of five different theoretical orientations. PhD, Georgia State University. Dissertation Abstracts International 39: 40428-38.

Lévy-Bruhl L (1910/1966) How Natives Think. LA Clare (transl.). New York:

Washington Square Press.

Lieberman MD (2000) Intuition: a social cognitive neuroscience approach. Psychological Bulletin 126(1): 109-37.

Livingston Smith D (1989) An interview with Robert Langs. Changes 7(4): 117-21.

Livingston Smith D (1991) Hidden Conversations: An Introduction to Communicative Psychoanalysis. London and New York: Tavistock/Routledge.

Locke J (1689/1997) An Essay Concerning Human Understanding. R Woolhouse (ed.). Harmondsworth: Penguin Books.

Lomas P (1987) The Limits of Interpretation. London: Penguin Books.

Lomas P (1994) Cultivating Intuition. London: Penguin Books.

Lorenz KZ (1951) The role of Gestalt perception in animal and human behaviour. In LL White (ed.), Symposium on Aspects of Form. London: Lund Humphries.

Lowen A (1975) Bioenergetics. London: Penguin Books.

McCosh Rev. J (1882) Intuitions of the Mind, Inductively Investigated. 3rd edn. London: Macmillan.

McDonald P, McDonald C (1993) The role of intuition in personal development. Human Development 14(3): 5-9.

Mahrer AR (1993) Transformational psychotherapy sessions. Journal of Humanistic Psychology 33(2): 30-7.

Maine B (1933) Elgar: His Life and Works, Vol. I. London: G. Bell & Sons.

Maslow A (1970/1976) Religions, Values and Peak-Experiences. London: Penguin.

Mearns D, Thorne B (1988/1999) Person-centred Counselling in Action. London: Sage Publications.

Mehrabian A, Ferris SR (1967) Inference of attitudes from nonverbal communication in two channels. Journal of Consulting Psychology 31: 248-52.

Mendelsohn GP, Geller MH (1963) Effects of counselor-client similarity on the outcome of counseling. Journal of Counseling Psychology 10(1): 71-7.

Mendelson GP, Geller MH (1967) Similarity, missed sessions, and early termination. Journal of Counseling Psychology 14(3): 210-15.

Moreno JL (1946) Psychodrama. New York: Beacon House.

Mowrer HO (1960) Learning Theory and Behavior. New York: John Wiley.

Myers F (1892) The subliminal consciousness: the mechanism of genius, Proceedings of the SPR, 8: 333-403.

Myers I Briggs (1962) The Myers-Briggs Type Indicator Manual. New Jersey: Educational Testing Service.

Myers I Briggs (1975) The Myers-Briggs Type Indicator. California: Consulting Psychologists Press, Inc.

Myers I Briggs (1987/1994) Introduction to Type: A Guide to Understanding Your Results on the Myers-Briggs Type Indicator (European English version). Oxford: Oxford Psychologists Press.

Myers DG (2002) Intuition: Its Powers and Perils. New Haven: Yale University Press.

Myers KD, Kirby LK (1994) Introduction to Type Dynamics and Development. Oxford: Oxford Psychologists Press.

Myers I Briggs, McCaulley MH (1985) Manual: A Guide to the Development and Use of the Myers-Briggs Type Indicator. Palo Alto: Consulting Psychologists Press.

Myers I Briggs, Myers PB (1980/1993) Gifts Differing: Understanding Personality Type. California: Consulting Psychologists Press.

Newman LE (1979) Personality types of the therapist and client and their use in counseling. Research in Psychological Type 2: 46-55.

Oppenheim AN (1966/1992) Questionnaire Design, Interviewing and Attitude Measurement. London: Pinter.

Oskamp S (1963) The relationship of clinical experience and training methods to several criteria of clinical prediction. Psychological Monographs 76, No. 547.

Pearmain R (1999) What do we mean by developing empathy and intuition? Counselling 2: 45-8.

Perls FS (1973/1976) The Gestalt Approach and Eye Witness to Therapy. New York: Bantam Books.

Perls FS, Hefferline RF, Goodman P (1951/1973) Gestalt Therapy: Excitement and

Growth in the Human Personality. Harmondsworth: Pelican.

Peters RS (1952) Brett's History of Psychology. London: Allen & Unwin.

Petitmengin-Peugeot C (1999) The intuitive experience. Journal of Consciousness Studies 6(2-3): 43-77.

Plato (4th c. BC/1954) The Last Days of Socrates. H Tredennick, H Tarrant (transl.). Harmondsworth: Penguin.

Poincaré, Henri (1929/1969) Intuition and logic in mathematics. Mathematics Teacher 62(3): 205-12.

Pollio HR (1974) The Psychology of Symbolic Activity. New York: Addison-Wesley.

Racker H (1968/1982) Transference and Countertransference. London: Maresfield Reprints.

Raskin N (1974) Studies on psychotherapeutic orientation: ideology in practice. AAP Psychotherapy Research Monographs. Florida: American Academy of Psychotherapists.

Reich W (1945) Character Analysis: Principles and Technique for Psychoanalysts in Practice and Training, 2nd edn. Transl. TP Wolfe. New York: Orgone Insitute Press.

Reik T (1948/1975) Listening with the Third Ear: The Inner Experience of a Psychoanalyst. New York: Farrar, Straus & Giroux.

Robinson M, Davidson G (eds) (1999) Chambers Twenty-first Century Dictionary. Edinburgh: Chambers Harrap.

Robson C (1993) Real World Research: A Resource for Social Scientists and Practitioner-Researchers. Oxford: Blackwell.

Rogers CR (1959a) A theory of therapy, personality and interpersonal relationships, as developed in the client-centered framework. In S Koch (ed.), Psychology: A study of a Science, vol. 3: Formulations of the Person and the Social Context. New York: McGraw-Hill.

Rogers CR (1959b) Toward a theory of creativity. In HH Anderson (ed.), Creativity and its Cultivation, 6:80. New York: Harper & Row.

Rogers CR (1961/1967) On Becoming a Person: A Therapist's View of Psychotherapy. London: Constable.

Rogers CR (1980/1995) A Way of Being. New York: Houghton Mifflin.

Rowan J (1990) Subpersonalities: The People Inside Us. London: Routledge.

Rowan J (1993a) Discover Your Subpersonalities: Our Inner World and the People in It. London: Routledge.

Rowan J (1993b) The Transpersonal: Psychotherapy and Counselling. London: Routledge.

Russell B (1946/1961) History of Western Philosophy. London: George Allen & Unwin.

Sabini M (1988) The therapist's inferior function. Journal of Analytical Psychology 33: 373-94.

Sachs H (1946) Master and Friend. London: Imago Publishing Co.

Samuels A (1985) Countertransference, the 'mundus imaginalis' and a research project, Journal of Analytical Psychology 30: 47-71.

Sanctis S de (1928) Intuitions of children. Journal of Genetic Psychology 35: 18-25.

Sanders P, Liptrot D (1994) An Incomplete Guide to Qualitative Research Methods for Counsellors. Manchester: PCCS Books.

Sarbin TR (1941) Clinical psychology - art or science. Psychometrika 6: 391-40.

Scheflen AE (1963) Communication and regulation in psychotherapy. Psychiatry 26(2): 126-36.

Scheflen AE (1972) Body Language and the Social Order: Communication as Behavior Control. Englewood Cliffs, NJ: Prentice-Hall.

Schuster R (1979) Empathy and mindfulness. Journal of Humanistic Psychology 19(1): 71-7.

Shapiro S (1995) Talking with Patients: A Self Psychological View of Creative Intuition and Analytic Discipline. New Jersey: Jason Aronson.

Sheldon WN (1940) The Varieties of Human Physique. New York: Harper.

Sidis B (1898) The Psychology of Suggestion. New York: Appleton.

Siebeck (1880-1884) Geschichte der Psychologie. Gotha.

Simpson JA, Weiner ESC (eds) (1989) The Oxford English Dictionary, Vol. VIII, 2nd edn. Oxford: Clarendon Press.

Singer J, Loomis M (1984) The Singer-Loomis Inventory of Personality (SLIP). Palo Alto: Consulting Psychologists Press.

Skinner BF (1969) Contingencies of Reinforcement. New York: Appleton-Century-Crofts.

Spinoza B de (1677/1933) On the power of the understanding, or of human freedom. In: Philosophy of Spinoza, V: 250-77. Transl. RHM Elwes. New York: Tudor Publishing Co.

Stephenson W (1953) The Study of Behavior. Chicago: University of Chicago Press.

Stern D (1987) The Interpersonal World of the Infant. New York: Basic Books.

Stevens A (1990) On Jung. London: Penguin.

Storr A (1973) Jung. London: Fontana Press.

Strauss A, Corbin J (1998) Basics of Qualitative Research: Techniques and Procedures for Developing Grounded Theory, 2nd edn. California and London: Sage.

Suzuki DT (1959) Zen and Japanese Culture. Princeton, NJ: Princeton University Press.

Taft R (1955) The ability to judge people, Psychological Bulletin 52: 1-28.

Tart CT (1975/1992) Transpersonal Psychologies. London: Routledge & Kegan Paul.

Thorne B (2002a) The Mystical Power of Person-Centred Therapy: Hope beyond Despair. London: Whurr.

Thorne B (2002b) Regulation – a treacherous path? Counselling and Psychotherapy Journal 13(2): 4-5.

Toukmanian SG, Rennie DL (eds) (1992) Psychotherapy Process Research: Paradigmatic and Narrative Approaches. London: Sage.

Valentine CW (1929) The relative reliability of men and women in intuitive judgments of character. British Journal of Psychology 19: 213-38.

Vanaerschot G (1993) Empathy as releasing several micro-processes in the client. In

D Brazier (ed.), Beyond Carl Rogers: Towards a Psychotherapy for the 21st Century. London: Constable.

Van der Post L (1975/1989) A Mantis Carol. Harmondsworth: Penguin.

Vaughan FE (1979) Awakening Intuition. New York: Anchor/Doubleday.

Vernon PE (1933) Some characteristics of the good judge of personality. Journal of Social Psychology 4: 42-57.

Watson JB (1924) Behaviorism. New York: Norton.

Westcott MR (1968) Toward a Contemporary Psychology of Intuition. New York: Holt, Rinehart & Winston.

Wheelwright JB, Wheelwright JH, Buehler A (1964) Jungian Type Survey: the Gray-Wheelwright Test Manual. San Francisco: Society of Jungian Analysts of Northern California.

Whitmore D (1991) Psychosynthesis Counselling in Action. London: Sage.

Whyte LL (1962/1967) The Unconscious Before Freud. New York: Basic Books.

Wild KW (1938) Intuition. Cambridge: Cambridge University Press.

Winnicott DW (1971) Playing and Reality. London: Tavistock.

Winnicott DW (1975) Hate in the countertransference. In: Through Paediatrics to Psychoanalysis: 194-203. London: Hogarth Press.

Wippich W (1994) Intuition in the context of implicit memory. Psychological Research 56(2): 104-9.

미 주

1. 저자는 2005년에 이 책의 신판을 간행하게 된다.

Allport FH (1924) Social Psychology. Cambridge: Riverside Press.

Allport FH, Allport GW (1921) Personality traits: their classification and measurement. Journal of Abnormal and Social Psychology 16: 6-37.

Anderson WT (1990) Reality Is Not What It Used To Be. San Francisco: Harper & Row.

Atkinson T, Claxton G (2000) The Intuitive Practitioner: On the Value of Not Always Knowing What One Is Doing. Buckingham: Open University Press.

Bahm AJ (1960) Types of Intuition. New Mexico: University of New Mexico Press.

Bailey AA (1960) From Intellect to Intuition. New York & London: Lucis.

Bayne R (1995) The Myers-Briggs Type Indicator: A Critical Review and Practical Guide. London: Chapman & Hall.

Bigge ML, Hunt MP (1965) Psychological Foundations of Education. New York: Harper & Row.

Bohm D (1983) Wholeness and the Implicate Order. London: Ark/Routledge & Kegan Paul.

Boring E (1929) A History of Experimental Psychology. New York: Appleton-Century-Crofts.

Bunge M (1962) Intuition and Science. New Jersey: Prentice-Hall.

Buzby DE (1924) The interpretation of facial expression. American Journal of Psychology 35: 602-4.

Claxton G (1994) Noises From the Darkroom: The Science and Mystery of the Mind. London: Aquarian/HarperCollins.

Eagleton T (1990) The Ideology of the Aesthetic. Oxford: Blackwell.

Elliott R, Shapiro DA (1988) Brief structured recall: a more efficient method for studying significant therapy events. British Journal of Medical Psychology 61: 141-53.

Elliott R, Hill CE, Stiles WB et al. (1987) Primary therapist response modes: comparison of six rating systems. Journal of Consulting and Clinical Psychology, 55: 223-8.

Ewing AC (1941) Reason and intuition. Proceedings of the British Academy 55: 67-107.

Eysenck HJ (1957) Sense and Nonsense in Psychology. Harmondsworth: Penguin.

Fange EA von (1961) Implications for School Administration of the Personality Structure of Educational Personnel (PhD). Canada: University of Alberta.

Fordham F (1953/1966) An Introduction to Jung's Psychology. Harmondsworth: Penguin.

Freud S (1909/1955) Analysis of a phobia in a five-year-old boy. SE X: 5-149. Transl. J Strachey. London: The Hogarth Press.

Freud S (1927/1961) The future of an illusion. SE XXI: 5-56. Transl. J Strachey. London: The Hogarth Press.

Furlong D (1996) Develop Your Intuition and Psychic Powers. London: Bloomsbury.

Ghistra D, Nandagopal D, Ramamurthi B et al. (1976) Physiological characterisation of the 'meditative state' during intuitional practice (The Ananda Marga System of Meditation) and its therapeutic value. Medical and Biological Engineering 14(2): 209-14.

Good DA, Watts FN (1989) Qualitative research. In G Parry, FN Watts (eds), Behavioural and Mental Health Research: A Handbook of Skills and Methods. Hove: Lawrence Erlbaum Associates.

Hannah B (1976) Jung: His Life and Work. New York: Perigee Books.

Harman W, Rheingold H (1984) Higher Creativity. Los Angeles: Holloway House.

Heppner PP, Kiolighan Jr DM, Wampold BE (1992) Research Design in Counseling. California: Brooks/Cole.

Hill CE, O'Grady KE (1985) List of therapist intentions illustrated by a case study and with therapists of varying theoretical orientations. Journal of Counseling Psychology 32: 3-22.

Hillman J (1997) The Soul's Code: In Search of Character and Calling. London: Bantam.

Holstein JA, Gubrium JF (1995) The Active Interview. London and New York: Sage.

Humbert E (1984/1988) C.G. Jung: The Fundamentals of Theory and Practice. Illinois: Chiron Publications.

Inglis B, West R with the Koestler Foundation (1989) The Unknown Guest: The Mystery of Intuition. Hodder & Stoughton.

Jacobi J (1942/1968) The Psychology of C.G Jung. London: Routledge & Kegan Paul.

Jacobi J (1953) Psychological Reflections. Bollingen Series XXXI. New York: Pantheon.

James W (1907/1978) Pragmatism: A New Name for Some Old Ways of Thinking. Massachusetts: Harvard University Press.

Jarrett J (1988) Jung's theory of functions: some questions. Journal of Analytical Psychology 33: 355-72.

Jordan F (1896) Character as Seen in Body and Parentage. 3rd edn. London: Macmillan.

Jung CG (1912/1956) Symbols of Transformation, CW 5. Transl. RFC Hull. London: Routledge & Kegan Paul.

Jung CG (1929) Paracelsus, in CW 15: 1-12. Transl. RFC Hull. London: Routledge & Kegan Paul.

Jung CG (1936) Psychologische Typologie. Süddeutsche Monatshefte, XXXIII (5): 264-72.

Jung CG (1938/1986) Aspects of the Feminine. Transl. RFC Hull. London: Ark/Routledge.

Jung CG (1946/1954) Psychology of the transference (Die Psychologie der Ubertragung). In: The Practice of Psychotherapy, CW 16. London: Routledge &

Kegan Paul.

Jung CG (1960/1969) The Structure and Dynamics of the Psyche, CW 8. Transl. RFC Hull. London: Routledge & Kegan Paul.

Jung CG (1990) C.G. Jung: Typologie. Munich: Deutscher Taschenbuch Verlag.

Kagan N, Krathwohl DR, Miller R (1963) Stimulated recall in therapy using videotape — a case study. Journal of Counselling Psychology 10: 237-43.

Kant I (1781/1902) Kritik der reinen Vernunft. Berlin: Preussische Akademie der Wissenschaft.

Keefe T (1976) Empathy: the critical skill. Social Work 21(1): 10-14.

Kendall E (1998) Myers-Briggs Type Indicator, Manual Supplement, Step 1 (European English ed.). Oxford: Oxford Psychologists Press.

Klein M (1961/1989) Narrative of a Child Analysis. London: Virago.

Klein MH, Mathieu-Coughlan P, Kiesler DJ (1969/1986) The experiencing scales. In LS Greenberg, WM Pinsof (eds), The Psychotherapeutic Process: A Research Handbook. New York: Guilford Press.

Le Shan L (1974/1983) How To Meditate. Wellingborough: Turnstone Press.

McKenna S (transl.) (1926) Plotinus: The Ethical and Other Treatises, Vol. 1. London and Boston: The Medici Society.

McLeod J (1994) Doing Counselling Research. London: Sage.

Maritain J (1977) Creative Intuition in Art and Poetry. Guilford: Princeton University Press.

Maslow AH (1971/1993) The Farther Reaches of Human Nature. London: Penguin/Arkana.

Masson J (1989/1993) Against Therapy. London: HarperCollins.

Myers I Briggs (1976) Report Form for Myers-Briggs Type Indicator. California: Consulting Psychologists Press, Inc.

Nadel L (1996) Sixth Sense. London: Prion.

Naparstek B (1997) Your Sixth Sense. San Francisco: HarperCollins.

Papadopoulos RK (ed.) (1992) Carl Gustav Jung: Critical Assessments, Vols. I-IV.

London & New York: Routledge.

Perls FS (1969/1992) Gestalt Therapy Verbatim. New York: The Center for Gestalt Development.

Poincaré H (1913/1946) Mathematical Creation. In GB Halsted (transl.), The Foundations of Science. New York: The Science Press.

Quenk AT (1984) Psychological Types and Psychotherapy. Florida: Center for Applications of Psychological Type.

Reber A (1993) Implicit Learning and Tacit Knowledge: An Essay on the Cognitive Unconscious. Oxford: Oxford University Press.

Rogers CR (1951) Client-Centered Therapy: Its Current Practice, Implications and Theory. London: Constable.

Rycroft C, Gorer G, Storr A et al. (1966/1968) Psychoanalysis Observed. Harmondsworth: Penguin.

Samuels A, Shorter B, Plaut, F. (1986). A Critical Dictionary of Jungian Analysis. London: Routledge.

Sanford A (1983) Models, Mind and Man: Aspects of the Psychology of Understanding, Intuition and Thinking. Glasgow: Pressgang.

Schiller F (1869/1967) On the Aesthetic Education of Man: In a Series of Letters. EM Wilkinson, LA Willoughby (eds and transl.). Oxford: Clarendon Press.

Schopenhauer A (1883/1910) The World as Will and Idea, 7th edn. Transl. RB Haldane, J Kemp. London: Kegan Paul, Trench, Trubner.

Spoto A (1989/1995) Jung's Typology in Perspective. Illinois: Chiron.

Stocks JL (1939) Reason and Intuition. Oxford: Oxford University Press.

Storr A (1972/1991) The Dynamics of Creation. London: Penguin Books.

Sullivan HS (1947) Modern Conceptions of Psychiatry. New York: William Allison White Foundation.

Szalita-Pemow AB (1955) The 'intuitive process' and its relation to work with schizophrenics. Journal of the American Psychoanalytic Association, 3: 7-18.

Taylor E (1992) William James and C.G. Jung. In Papadopoulos (1992) (op.cit.).

Van der Hoop, JH (1939) Conscious Orientation. New York: Harcourt Brace.

Vaughan F (1985/1995) The Inward Arc. Nevada City: Blue Dolphin.

Westcott MR (1964) Empirical studies of intuition. In CW Taylor (ed.), Widening Horizons. New York: John Wiley.

Winnicott DW (1965) The Maturational Process and the Facilitating Environment. London: The Hogarth Press.

Wordsworth W (1807/1950) The Poetical Works of Wordsworth. Ed. T Hutchinson. London: Oxford University Press.

Wundt WM (1862). Beiträge zur Theorie der Sinneswahrnehmung. Leipzig: Wilhelm Engelmann.

Wundt WM (1907) Outlines of Psychology. Transl. CH Judd. 3rd. rev. English edn. Leipzig: Wilhelm Engelmann.

Yontef GM (1979) Gestalt therapy: clinical phenomenology. Gestalt Journal 2(1): 27-45.

Zohar D (1991) The Quantum Self. London: Fontana.

찾아보기

내 용

저자 소개

Rachel Charles
문학 학사 BA(Hons)
철학 석사 MPhil.
영국 상담심리치료협회(BACP) 수석 공인전문가
통합심리치료사

저서
Your Mind's Eye(2000)

역자 소개

이선화(Lee Sun-Hwa)
교육학 박사(상담심리 전공)
한국직관상담학회 초대회장
한국상담학회 수련감독 전문상담사
한국상담심리학회 1급상담사
한국초월영성상담학회 부회장
현 국립 창원대학교 대학원 상담심리전공
　　초빙교수

역서
타로카드 100배 즐기기(물병자리, 2005)
타로의 지혜(슈리크리슈나다스아쉬람, 2006)
변형: 오쇼의 변형 타로(슈리크리슈나다스아쉬
람, 2009)
타로와 심리학(학지사, 2010)

박애영(Park Ae-Young)
교육학 박사(상담심리 전공)
한국직관상담학회 부회장
한국상담학회 전문상담사
한국초월영성상담학회 이사
현 몸마음힐링 심리상담센터장

역서
아유르베다와 마르마 테라피(슈리크리슈나다스
아쉬람, 2011)
레이키 힐링 핸드북(공역, 슈리크리슈나다스아
쉬람, 2013)
몸, 마음, 영혼을 위한 힐링(공역, 학지사, 2014)

상담사와 심리치료사를 위한 직관
Intuition in Psychotherapy and Counselling

2015년 3월 10일 1판 1쇄 인쇄
2015년 3월 20일 1판 1쇄 발행

지은이 • Rachel Charles
옮긴이 • 이선화 · 박애영
펴낸이 • 김진환
펴낸곳 • (주) 학지사
　　　　　121-838 서울특별시 마포구 양화로 15길 20 마인드월드빌딩
대표전화 • 02-330-5114　　팩스 • 02-324-2345
등록번호 • 제313-2006-000265호

홈페이지 • http://www.hakjisa.co.kr
커뮤니티 • http://cafe.naver.com/hakjisa

ISBN 978-89-997-0637-0　93180

Korean Translation Copyright © 2015 by Hakjisa Publisher, Inc.

정가 18,000원

인터넷 학술논문 원문 서비스 뉴논문 www.newnonmun.com

이 도서의 국립중앙도서관 출판시도서목록(CIP)은 서지정보유통지원
시스템 홈페이지(http://seoji.nl.go.kr)와 국가자료공동목록시스템
(http://www.nl.go.kr/kolisnet)에서 이용하실 수 있습니다.
(CIP 제어번호: CIP2015004262)